國家社科基金
GUOJIA SHEKE JIJIN HOUQI ZIZHU XIANGMU
後期資助項目

《周易》各本用字比較研究

A Comparative Study of Character Usage in Different Versions of the Zhouyi

張喆 著

陝西新華出版
陝西人民出版社

圖書在版編目(CIP)數據

《周易》各本用字比較研究 / 張喆著. -- 西安 :
陝西人民出版社, 2025. -- ISBN 978-7-224-15792-5

Ⅰ. H028

中國國家版本館 CIP 數據核字第 2025PE0371 號

出版統籌： 晏　藜
責任編輯： 王彦龍
封面設計： 蒲夢雅

《周易》各本用字比較研究
ZHOUYI GEBEN YONGZI BIJIAO YANJIU

作　　者 張　喆
出版發行 陝西人民出版社
（西安市北大街 147 號　郵編：710003）
印　　刷 中煤地西安地圖製印有限公司
開　　本 787 毫米×1092 毫米　1/16
印　　張 27
字　　數 450 千字
版　　次 2025 年 5 月第 1 版
印　　次 2025 年 5 月第 1 次印刷
書　　號 ISBN 978-7-224-15792-5
定　　價 98.00 圓

國家社科基金後期資助項目出版説明

後期資助項目是國家社科基金設立的一類重要項目，旨在鼓勵廣大社科研究者潛心治學，支持基礎研究多出優秀成果。它是經過嚴格評審，從接近完成的科研成果中遴選立項的。爲擴大後期資助項目的影響，更好地推動學術發展，促進成果轉化，全國哲學社會科學工作辦公室按照“統一設計、統一標識、統一版式、形成系列”的總體要求，組織出版國家社科基金後期資助項目成果。

全國哲學社會科學工作辦公室

序

李運富

中國的文字學已有兩三千年的歷史，傳統文字學内容龐雜，包括語言文字的各種要素（如形、音、義）；現代漢字學跟語言學分立，把音和義劃歸語言學，漢字學就只研究形體了。只有形體的漢字學内容單薄，實用價值不大，學科地位降低，難以擔負傳承了數千年的厚重的漢字文化。鑒於這種狀況，最近二十多年來，我嘗試重新認識漢字的本體屬性，提出要從形體、結構和職用三個維度研究漢字，從而形成“漢字學三平面理論”，并以此理論爲指導，建立漢字形體學、漢字結構學、漢字職用學三門分支學科。這種三維視角的立體式漢字學，克服了傳統漢字學包含語言學内容的龐雜，也彌補了現代漢字學只關注形體的内容貧弱。

漢字職用學作爲三維漢字學的分支之一，以研究漢字的職能和漢字的使用爲主要内容。職能就漢字構形的本體而言，使用就使用者的實際需求而言，兩方面合起來統稱職用。漢字職用的考察與描寫是建立漢字職用史和完善漢字職用學的事實基礎。但要全面整體認識歷史漢字的職用面貌，短時間是很難實現的，考察漢字職用的有效方法是化整爲零，先從個體、專書、類别、局部入手，并設置一套獨立而系統的指稱術語用來描寫。通過字符和語符的個體職用及相互關係的考察，進而按人、時、地、集團、文體、專書等分項分類進行描寫和比較，積累材料，彙聚現象，分析特點，揭示規律，解釋原因，纔有可能獲知漢字職用的歷史過程和總體面貌。考察漢字職用的有效材料是書寫時代明確的文本，以及可以反映文本用字原貌的古代注釋。現在研究語言的歷史，有許多語料庫可供利用；而研究漢字的使用歷史，却缺乏保存了原形原貌的字料庫。有的所謂字料庫，只是單字形體的集合，脱離了使用環境，那也是不能用來考察職用的。所以考察文字職用的歷史情況，目前條件下還是只能利用書寫時代明確的文本，其中出土文本由於没有傳世改動的過程，是更爲可靠的字用考察材料。

張喆曾在北師大跟我讀博士，學習過漢字職用學。她決定以漢字職用學理論爲指導，對《周易》的六個出土版本和一個傳世版本中的用字情況進行全面測查和研究。經過兩年多的努力，初步的研究成果作爲博士論文通過了畢業答辯。此後，經過三年的修改完善，張喆在博士論文的基礎上申報獲得了國家社科基金後期資助項目，證明通過對專書文獻的不同版本進行用字測查來考察漢字職用的選題和實踐得到了學界專家的認可。立項後，張喆還多次找我請教過書稿修改的細節問題，對原博士論文中的許多字例進行了更加細緻的分析，也對用字規律做出了更加深入的總結。立項以來，又經過了七年時間，現在這個成果終於可以出版了，我很爲她感到高興。

該書作者整理了《周易》七個版本的全文文本并逐句對比，製作各版本的同詞異字情況總表和異文切圖總表，在此基礎上對每種版本的字量、字頻、字用屬性、字用功能都進行了詳細的測查和統計，進而對《周易》幾個版本的用字現象及特徵進行了全面的描寫，并在此基礎上對各本的用字進行比較研究，重點討論了各本之間的同詞異字、一字多用現象，以及各本用字的傳承演變和總體特徵。這種從第一手材料出發、憑事實説話的研究成果，可信度高，對了解漢字在文獻中的實際應用情況、揭示漢字職用的發展演變規律具有一定的學術價值，也可供訓詁學研究、文獻解讀和字典辭書編撰者參考。其通過出土文獻考察封閉材料範圍内用字歷時變化的方法具有示範作用，可爲漢字職用發展史及漢字職用學的研究提供借鑒；書中提出的判斷文獻用字“同一性”的具體操作規程，也有助於漢字職用學的完善。

當然，還有一些問題是值得作者進一步努力的，比如書中羅列、排比材料比較多，討論、辨析問題不够充分，對用字現象的規律性總結也不够全面。漢字職用現象是很複雜的，在今後的字用研究中，若能突破《周易》文本的局限，關注甲骨文、金文、簡帛等更廣範的寫本和刻本材料，應該會有更多的發現。

李運富

2025 年 6 月 24 日

目　録

緒　論

一、專書文獻用字研究的理論及方法

《周易》内容深邃、版本衆多、用字現象複雜，有必要從文字學的角度對文獻中的字義進行考察。目前已有一些對《周易》各出土本及今本的用字現象進行專門研究的論文、著作，但内容還不够全面，研究還不够深入、規範。我們希望運用漢字職用學的理論和方法，對《周易》文獻的用字做更進一步的研究。鑒於《易傳》部分内容龐雜，各本涉及和殘存情况差異較大，本書將研究重點集中在《易經》部分，對於各本所涉《易傳》的字用情况，可以作爲本書的後續研究對象，以形成一個完整的《周易》用字研究體系。

（一）漢字構形學

漢字是記録漢語的視覺符號系統，它的音與義來源於漢語，字形纔是它的本體。科學的漢字學應該是對漢字本體即字形的研究。漢字構形學以漢字的本體爲研究對象，探討漢字的形體依一定的理據構成和演變的規律，包括個體字符的構成方式和漢字構形的總體系統中所包含的規律[①]。就漢字的發展歷史來説，不同歷史階段的漢字構形具有各自的特色，而漢字構形學能够涵蓋各階段漢字構形的諸多現象，爲各個歷史層面上漢字構形系統的描寫和歷時層面上漢字構形不同系統的比較服務，爲之建立基礎的理論與可操作的方法[②]。

漢字在造字之初是根據詞義構形的，漢字字形中攜帶着可供分析的意義信息和文化信息，這種情况從漢字使用以來并没有發生太大變化，這是漢字之所以能超越時空局限，超越不同的歷史階段和各個方言區的主要原因。雖然在漫長的歷史演變中大多數漢字構形所表現的最初造義與漢字所負載的語言中的語義有了一定的距離，但它們之間的聯繫往往可以通過對構形理據的分析來辨别（音借字除外）。漢字之所以能成爲解讀古書、考

---

① 王寧. 漢字構形學講座［M］. 上海：上海教育出版社，2002：10.

② 王寧. 系統論與漢字構形學的創建［J］. 暨南學報，2000，22（2）：15.

證古義的依據，不僅因爲它具有記録漢語的功能，還因爲它始終是表義文字系統，據義而構形，從字形上可以探求詞的本義，以本義推導引申義，再加上語音的因素找到本字而辨明假借義。對於個體字符而言，漢字構形學關注其構形元素的組合層次和組合模式；對於字符系統而言，漢字構形學關注其内部構成的有序性和規律性。漢字構形學爲考察專書文獻用字提供了分析字符本義、借義的理論依據和方法，也爲考察文獻不同階段的用字特徵提供了比較的角度和路徑。

（二）漢字職用學

漢字職用學（簡稱“字用學”）是一門新的學科，屬於文字學的分支，主要内容是研究漢字的使用職能和使用現象。它不同於只研究漢字本體形義的漢字構形學，也不同於只研究文獻用字意義的訓詁學，而是將二者結合起來，既研究本形本義，也研究漢字所記録的意義在具體文獻中的變化，從而理清相關字詞之間的關係。漢字職用學的主要内容包括：考察一個字記録了哪些詞，或者一個詞用了哪些字來記録；對特定文本用字現象的全面測查描寫，包括字量、字頻、字用屬性等；對單字的使用職能和文本的用字現象進行比較分析，總結使用規律、探討變化原因、進行專題論述等。

王寧先生率先提出了“字用學”，她在《〈説文解字〉與漢字學》一書中説：“漢字學既要弄清一個字源出初造字時的狀況——字源，又要弄清漢字在各個歷史階段書面的言語作品中使用的情況——字用。”還指出：“漢字字用學就是漢字學中探討漢字使用職能變化規律的分科。”①這裏所説的“漢字字用學”，也就是我們説的漢字職用學。

李運富先生在王寧先生提出的“字用”概念的基礎上，在《漢字語用學論綱》②一文中，正式提出應建立“漢字語用學”③，該文討論了建立這一學科的學理依據、學科定義和學科内容（在本小節開頭已經介紹）。李運富先生還發表了《論漢字數量的統計原則》《論漢語字詞形義關係的表述》《論出土文本字詞關係的考證和表述》《論漢字的字際關係》《關於“異體”字的幾個問題》《論漢字職能的演變》《論漢字的記録職能》（上、

① 王寧.《説文解字》與漢字學［M］. 鄭州：河南人民出版社，1994.

② 李運富. 漢字漢語論稿［M］. 北京：學苑出版社，2008：57.

③ 爲了不跟語言學中的“語用學”混淆，也爲了包涵“字用”和“用字”兩個考察角度，李運富後來把“漢字語用學”改稱爲“漢字職用學”。所以本文除引用原文外，一般都稱“漢字職用學”，簡稱爲“字用學”。但當“字用”和“用字”相對而言時，“字用”指字的職能或用法，“用字”則指語言的某個成分或作品的用字情況。本文就屬於《周易》各本的用字研究。

下)、《楚簡"謨"字及相關諸字考辯》《〈包山楚簡〉"謨"義解詁》《早期有關"古今字"的表述用語及材料辨析》等一系列論文，來探討漢字職用學的學科内容和研究方法。以上論文均收入《漢字漢語論稿》①一書中。在李運富先生2012年的新著《漢字學新論》②中，已將漢字職用學理論指導下的對漢字職能和漢字關係的研究納入漢字學的大框架内，形成了包括漢字形體學、漢字結構學、漢字語用學三個平面的漢字學體系。

根據漢字職用學的理論，專書文獻的用字研究應從以下幾個方面開展：

第一，對文獻用字現象進行全面測查和描寫，包括統計字量和字頻；根據文獻中漢字的實際使用情況確定字用屬性，看是本用（用本字記本詞)、兼用（本字記本詞的派生詞)，還是借用（借字記他詞)；統計同字異詞和異字同詞的種類及比率。對每項内容都形成詳實的資料和立體圖表展示。

第二，比較不同文獻之間用字數據的差異和用字現象的不同。用字數據主要考察各本字量、字頻的差異；用字現象主要比較各出土本本用、兼用、借用的情況，以及各本同字異詞和異字同詞的種類和比率。

第三，對不同文獻的同詞異字現象做專題研究。研究的主要目的是梳理記録同一詞項的不同用字之間的關係。根據漢字職用學的理論，對字際關係的判别，要看在文獻的具體語境中，針對同一詞項而言，不同用字之間是本字與本字的關係，還是本字與借字的關係，或者是借字與借字的關係。在本字與本字的關係中，還存在異體字、源本字和分化本字兩種情況；本字與借字的關係中，存在本字與通假字、假借字與後造本字兩種情況；借字與借字的關係中，存在通假字與通假字、假借字與假借字兩種情況。這些字際關係能够説明各文獻之間用字差異的學理基礎。

第四，通過對不同文獻用字數據的統計、用字現象的描寫，以及同詞異字的分析，探討用字差異形成的原因，總結文字使用的規律，從共時和歷時的角度全方位表現專書文獻在歷史發展過程中的用字面貌。

本書即在漢字職用學理論的指導下研究《周易》經文部分六個出土本及今本的用字問題。六個出土本包括：戰國楚竹書本、馬王堆帛書本、阜陽漢簡本、熹平石經本、敦煌唐寫本及開成石經本。今本指的是阮元刻《十三經注疏・孔穎達〈周易正義〉》本。用字問題包括：各本用字基本情況（包括字量、字頻、字位、字用功能及字用屬性的統計和分析)、各本

---

① 李運富．漢字漢語論稿［M］．北京：學苑出版社，2008.

② 李運富．漢字學新論［M］．北京：北京師範大學出版社，2012.

用字的特點分析、各本用字比較研究、各本同詞異字現象、各本用字的傳承與演變以及各本用字的總體特徵。本研究的意義在於：

（一）從訓詁學方面進一步梳理文獻中的字詞關係和字際關係。對於專書出土文獻用字進行全面測查，并把這些測查結果與傳世本進行比對，可以溝通文獻中的字詞關係和字際關係，從而正確理解每個漢字在文獻中的實際職能。這不僅有利於準確解讀文獻字詞含義，而且對於現代字典辭書的編撰和修訂也有重要參考價值。

（二）從文字學方面進一步開展與漢字職能相關的字用學研究。開展不同版本的用字現象及用字規律研究、形體變異研究、漢字職能演變及字際關係研究，對豐富和完善漢字史、漢字學的内容，特別是對漢字學的分支“字用學”將有建設意義。

（三）從易學方面可以進一步説明文本解讀、確定版本來源。通過文字方面的考釋，對《周易》中存在争議的文句進行解讀；通過出土本與傳世本用字差異的對比，可發現傳世本用字的特點，從而確定傳世本的版本來源；同時可幫助現代人了解《周易》不同版本的整體面貌。

（四）從材料方面首次搜集整理全部《周易》出土本及傳世本的資料，并建立數據庫。這是前人從未做過的工作，有關資料庫建成之後，將開放共用，讓它爲學界的各項研究服務。這將大大方便學人，省却搜尋檢索之苦，提供驗證統計之利。

二、出土文獻文字單位的確定原則及標準

（一）出土文本字樣的楷定原則

以上《周易》出土文本中，出現的都是不同時代不同字體的原形，在進行統一整理和比較研究時，就有如何轉寫的問題，轉寫的原則和方法不同，得到的字位可能不同。針對這個問題，我們以李運富先生在《漢字學新論》[①]一書中提出的出土文本字樣楷定的原則和方式爲標準，參考各出土本已有的注釋成果，確定各出土本的楷定字形。

李運富先生所説的“楷定”，即把古文字的字樣原形按照一定的原則和方式轉寫爲現代通行的楷體字形。“楷定”一語是仿“隸定”而來，漢代經學家們出於學經和傳經的需要，常常把本來用先秦古文字書寫的經文轉寫爲當時通行的隸書，并稱之爲“隸古定”，簡稱“隸定”。如今隸書不再通行，而楷之於隸，形體結構變異較大，繼續沿用“隸定”一詞來指稱

① 李運富．漢字學新論［M］．北京：北京師範大學出版社，2012：105.

將古文字轉寫爲楷書，名不副實，難免産生歧義和誤解，所以改稱爲“楷定”。这裏的“隸”和“楷”不是指字體風格，而是代表着不同的形制體系。

楷定方式可以有三種：一是筆畫對應摹寫，即按原字形的綫條輪廓轉寫爲楷書中相應的筆畫。二是構件對應轉寫，即先將原字大致切分爲若干組成部分，然後按照每個部分在楷書中的相應形體轉寫過來，對某些裝飾性筆畫和省變筆畫則可以忽略。三是功能對應轉寫，即按照原字使用時的記詞功能，轉寫爲楷書中功能相當的字，并不計較它們的構件及組合方式是否相同。

其中第一、二種筆畫對應摹寫和構件對應轉寫，雖然對出土本中原字的筆畫和構件進行了轉寫，但楷定之後形成的字與原字還是同一個字，只是書寫方式不同。而第三種功能對應轉寫，楷定之後形成的字與原字僅僅是字用功能相同而已，其結構和本來記録的詞都不相同，是不同的字。本書的目的是考察出土本《易經》的實際字用情況，所以我們在對各本釋文進行楷定時，以第一、二種方式爲主。

（二）“字”的同一性判定

互有差異的幾個形體是同一個字還是不同的字，有時很難判斷，因爲“字”的所指并不確定。要判斷某幾個形體是不是同一個“字”，首先得確定這個“字”的所指。理論上“字”可以分别指外形，指結構，指功能，但通常所謂的“字”主要指結構而言，因爲外形的字和功能的字無法窮盡，不便於統計和描寫。本書的考察涉及總體字量和個體字的用法，所以也以結構的同一與否爲“字”的基本判别標準；同時考慮文獻用字的特殊情況，把具有功能差異的形體變化也看作不同結構的字（即用變異構字法構造的新字）。具體操作條例如下：

1. 凡結構屬性不同的形體，不管功能是否相同，都看作不同的字。包括直接構件不同和直接構件功能組合不同。

直接構件不同包括構件種類不同和構件數量不同等情況。構件種類不同者，不限於構字作用明確的功能構件，也包括功能不明的代號構件。如：

“少”與“小”：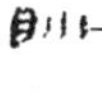—眑—眇

“夭”與“犬”：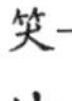—笑—笑

“步”與“出”：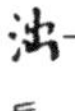—泏—涉

“貝”與“𠀐”：—𣆪—賜

“几”與“乃”：—朶—朵

“革”與“女”：—㛐—鞏

“尤”與“冗”：—䀔—眈

"足"與"走"：—蹇—蹇
"日"與"目"：—眀—明
"交"與"高"：—鄗—郊
"羊"與"角"：—羸—羸
"冫"與"心"：—寒—寒
"宀"與"冖"，"元"與"礻"：—冦—寇
"文"與"乂"，"口"與"厶"：—𠫤—吝

構件數量不同通常表現爲某個構件的有無，如：

有無"艹"：—桒—桑
有無"心"：—𢖼—冬　—慼—戚
有無"儿"：—兇—凶
有無"刂"：—剋—克
有無"止"：—𣥠—來
有無"止"和"木"：—棶—來
有無"水"：—汬—井
有無"卩"：—卹—血
有無"糸"：—繲—解
有無"辵"：—𨓈—旅
有無"金"：—鈚—匕
有無"礻"：—祰—告
有無"臼"：—𦥴—牙
有無"口"：—啐—萃
有無"彳"：—㝵—得
有無"貝"：—易—賜　—易—賜
有無"山"：—支—岐

2. 凡結構屬性相同而只是外形有某些差異且并不影響整字功能的，都看作同一字。包括構件和筆畫兩個層面的情况。

首先，構件層面表現爲直接構件的分布不同，指直接構件的種類及數量相同但相對位置不同，這種情况下按照目前常用字形楷定，看作同一字。具體有以下幾種：

（1）左右結構與上下結構，如：

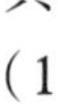—翔　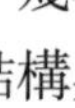—涉　—楑　—褔　—福　—悖

（2）左右結構構件位置互换，如：

—鳴　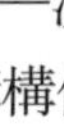—拇　—鉼　—瞙

（3）左右結構與半包圍結構，如：

亙—恒—恒

其次，筆畫層面表現爲筆畫數量不同、筆畫種類不同、筆畫交接方式不同和筆畫形態不同。

（1）筆畫數量不同，如：

坤—坤　井—井　井—井　未—未

攣—攣　死—死　先—先　係—係

（2）筆畫種類不同，如或點或横等，如：

童—童　言—言　爾—爾

（3）筆畫交接方式不同，或相交，或分離，或交叉等，如：

蒙—蒙　敬—敬　豶—豶　垂—垂　翔—翔

奔—奔　彼—彼　跛—跛　升—升　馬—馬

谷—谷　趾—趾　涉—涉　利—利　肉—肉

次—次　官—官

（4）筆畫置向不同，如：

琑—琑　遂—遂　益—益　虎—虎　戚—戚

（5）筆畫形態不同，如：

虞—虞　直—直　昊—昊　于—于　非—非

而—而　休—休

三、本書常用術語界定

字用：“字用”是漢字職用學中的術語，指字的職能和用法。“字用”是個寬泛的概念，是一個字所具有的所有職能和用法的總稱。

用字：指語言或作品中具體詞項的用字情況。“用字”是一個具體的概念，涉及單個漢字在具體語言環境中的實際用法。本書就屬於《易經》各本的用字研究，包括字量、字位、字頻、字用屬性和字用功能這幾個方面。

字量：本書所説的“字量”是指在每個版本中實際的存字量，是所有重複和不重複的單字數量。

字位：本書所説的“字位”是指没有結構屬性差異的字形單位，即把没有結構屬性差異而僅僅是寫法不同的字形歸納爲一個單位，具有結構屬性差異的字形則屬於不同字位。字位也叫單字，簡稱爲字。結構屬性包括構字方法、構件功能、構件關係、結構布局等。列舉字位時使用代表字形。

字頻：本書所説的“字頻”是指各本所存不重複的單字出現的次數。

字用屬性：本書所説的“字用屬性”是指某個字用來記録文獻中具體詞項的使用屬性，包括本用和借用兩種。本用是指用本字記録跟字形有密切聯繫的本義或者跟本義有某種聯繫的引申義的情況

（其中記録引申義可稱爲兼用，兼用也屬於本用的一部分）；借用是指用借字記録跟字形没有聯繫的假借義的情況。

字用功能：“字用功能”指一個字記録詞項的功能。本書的“字用功能”，限於測查的文本範圍，如果一個字在該文本中只記録了一個詞項，就叫作“單用字”；如果一個字在該文本中同時記録了多個詞項，就叫作“多用字”。

同詞異字：指記録同一個詞用了不同的字。在具體文獻中，則表現爲記録同一個詞項用了不同的字。

詞項：指單個的音義結合體。也就是詞體現在具體語言環境中的某個用法。

第一章 《周易》各本用字研究綜述

第一節 《周易》各本概況

按照目前學術界的普遍觀點，出土文獻是指從墓葬、遺址、古建築等中發現的文獻，主要包括甲骨文和金石文獻、簡帛文獻以及敦煌文獻幾大類。我們按照這個標準，將目前出土的與《周易》有關的材料進行了彙總。出於本書的研究目的，彙總内容主要集中在《周易》文獻的出土時間、地點、《周易》經傳的殘存情況等方面。更詳細的出土《周易》材料彙總可參見濮茅左《楚竹書〈周易〉研究——兼述先秦兩漢出土與傳世易學文獻資料》[①]一書，另外陳仁仁《戰國楚竹書〈周易〉研究》[②]對戰國楚地出土的易筮資料和易學文獻有比較詳盡的綜述。本書在二者基礎上進行了取捨和補充。下面先介紹總體情況，再確定本書的材料範圍。

甲骨、青銅器及陶器上所見數字卦[③]。包括1950年在河南安陽四盤磨村、小屯南地發現的商代晚期卜甲；1956年在陝西長安張家坡發現的西周卜骨；1977年在陝西岐山鳳雛村發現的周初卜骨。這些卜甲或卜骨上有由“一、五、六、七、八”三個一組或六個一組縱向排列而成的數字卦。個別數字卦旁邊有“喪”“亡”“𢦏(災)”“吉”“貞吉”等表示占卜結果的文字。商周青銅器銘文中也有不少數字卦，單卦和重卦都有，金文中還屢見“爻”字。在河南安陽殷墟出土的商代晚期陶片、陶範，山東平陰朱家橋出土的商代晚期陶罐，陝西長安張家坡出土的西周早期陶紡輪、骨角鏃，淳化石橋鎮出土的西周陶罐，陝西長安西仁村出土的西周陶拍上，也都發現過數字卦。

青銅鏡上所見八卦[④]。包括湖北襄陽、陝西西安出土的唐代八卦鏡；

① 濮茅左. 楚竹書《周易》研究——兼述先秦兩漢出土與傳世易學文獻資料［M］. 上海：上海古籍出版社，2006.

② 陳仁仁. 戰國楚竹書《周易》研究［M］. 武漢：武漢大學出版社，2010.

③ 濮茅左. 楚竹書《周易》研究——兼述先秦兩漢出土與傳世易學文獻資料［M］. 上海：上海古籍出版社，2006：435-485.

④ 濮茅左. 楚竹書《周易》研究——兼述先秦兩漢出土與傳世易學文獻資料［M］. 上海：上海古籍出版社，2006：486-495.

河南鞏義、四川成都、湖南麻城以及河北保定、張家口、山海關等地出土的宋代八卦鏡。

王家臺秦簡《歸藏》[①]。1993年，湖北江陵縣荆州鎮王家臺15號秦墓出土了大批秦代竹簡，主要内容爲效律、日書和易占。該墓的年限應不晚於秦代。經過學者們的深入研究，大多數人認爲王家臺秦簡易占即是《歸藏》。王家臺秦簡《歸藏》包括不重複的卦畫54種，卦名53個，卦名之後有卦辭。總字數4000餘字。

望山楚簡易筮[②]。1965年冬至1966年春，湖北江陵縣紀南城周邊望山1、2號墓出土陵竹簡，其中易筮資料簡出於1號墓。簡文在千字左右，内容主要是爲墓主卜筮祭禱的記録，包括卜筮的時間、工具、所問事項、卜筮結果等，但未見有卦畫，可能是殘損的緣故。據推測，竹簡的寫成時代下限應爲戰國中期偏後。

包山楚簡中所見數字卦[③]。1987年1月，在湖北荆門十里鋪鎮王場村包山崗戰國楚墓中發現。包山楚簡的製作書寫時代爲戰國中晚期，共計448枚，内容可分作文書、卜筮祭禱記録、遣策三大類。其中卜筮簡包括前辭、命辭、占辭、禱詞和第二次占筮等内容，記載了卜筮祭禱時間、人物、事由、卜筮結論等内容。共發現數字卦簡6枚。

新蔡楚簡中所見數字卦[④]。1994年5月，在河南新蔡葛陵故城東北部發現的戰國中晚期至西漢早期楚墓中，有竹簡1571枚，内容包括文書、卜筮祭禱記録、遣策三大類，與包山楚簡相似，其中涉及易卦者15枚。

天星觀卜筮竹簡中所存數字卦[⑤]。1978年1月8日至3月28日，湖北荆州地區博物館對江陵天星觀1號墓進行發掘，其中出土了70餘枚完整的“卜筮記録”和“遣策”類竹簡和部分斷簡，其製作年代爲戰國中期（前350年左右）。卜筮簡中有數字卦16處。

秦家咀楚簡易筮[⑥]。1986年5月至1987年6月，爲配合荆沙鐵路修建工程，在江陵廟湖魚場所轄的秦家咀鐵路綫段上共發掘楚墓105座。其

---

① 荆州地區博物館．江陵王家臺15號秦墓［J］．文物，1995（1）；王明欽．王家臺秦墓竹簡概述［A］．//艾蘭，邢文．新出簡帛研究［C］．北京：文物出版社，2004．

② 湖北省文物考古研究所，北京大學中文系編．望山楚簡［M］．北京：中華書局，1995．

③ 湖北省荆沙鐵路考古隊包山墓地整理小組．荆門市包山楚墓發掘簡報［J］．文物，1988（5）；包山墓地竹簡整理小組．包山2號墓竹簡概述［J］．文物，1988（5）．

④ 河南省文物考古研究所，河南省駐馬店市文化局，新蔡縣文物局保護管理所．河南新蔡平夜君成墓的發掘［J］．文物，2002（8）．

⑤ 湖北省荆州地區博物館．江陵天星觀一號楚墓［J］．考古學報，1982（1）．

⑥ 沙鐵路考古隊．江陵秦家咀楚墓發掘簡報［J］．江漢考古，1988（2）．

中秦家咀楚墓出土殘簡 41 支，内容包括“祈福於王父”等祈禱文字，以及“貞之吉無咎”“占之日吉”等占卜類文字，另外還有一些遣策内容。該批墓葬的年代下限當在戰國晚期早段，即公元前 278 年以前。

戰國楚竹書《周易》①。1994 年，上海博物館從香港文物市場上購得一批戰國楚竹書。内容涉及哲學、文學、歷史、宗教、軍事、教育、政論、音樂、文字學等，以儒家類爲主，兼及道家、兵家、陰陽家等。包括少數重本的書篇在内，這批楚竹書近百種，其中能和業已流傳的先秦古籍相對照的不到十種，《周易》便是其中之一。楚竹書《周易》共 58 簡，涉及 34 個卦的内容，共 1806 字，其中有 3 個合文，8 個重文，還有 25 個卦畫。每一卦，或占兩簡，或占三簡。是已經公布的幾批竹簡中篇幅最長的一篇。楚簡《周易》的内容與帛書易和今本易相同，即由卦名、卦辭、爻題、爻辭組成。用字、用辭、用句有所不同。

阜陽漢簡《周易》②。1977 年 7 月，安徽阜陽雙古堆西漢第二代汝陰侯墓出土了一批竹書，該墓下葬於漢文帝前元十五年（前 165），《周易》是其中保存數量最多的典籍。根據韓自强《阜陽漢簡〈周易〉研究》，阜陽《易》有 752 個破碎簡片，已無一簡完整，現存 3119 字，屬經文的有 1110 字，包括卦名、爻題、卦辭、爻辭等内容；屬今本《周易》没有的卜辭有 2009 字。阜陽《易》的卜辭都是銜接在卦辭、爻辭之後，與經文没有明顯的區分，有的僅在卜問辭前加個“卜”或“以”字，有的直接把卜辭與卦爻辭連在一起，成爲經文注解似的句子，卜辭卜問的内容涉及社會生活的方方面面，保存了《周易》作爲卜筮之書的原始面貌。阜陽《易》存有卦畫五個，分别是大有、林、賁、大過、離，陰爻寫爲八字形，與包山楚簡、馬王堆漢墓帛書卦畫寫法相同。阜簡《易經》不避高祖之諱“邦”，如《帀（師）》：“上六：大君有命，啓邦□□，□□□□。”表明其抄寫時代應在高祖統一全國（前 202）之前。

馬王堆漢墓帛書《周易》③。1973 年 12 月，湖南長沙馬王堆 3 號漢墓出土了一批帛書文獻，該墓的下葬年代爲漢文帝十二年（前 168），此

---

① 馬承源. 上海博物館藏戰國楚竹書（三）[M]. 上海：上海古籍出版社，2003.

② 安徽省文物工作隊，阜陽地區博物館，阜陽縣文化局. 阜陽雙古堆西漢汝陰侯墓發掘簡報 [J]. 文物，1978（8）；國家文物局古文獻研究室、安徽省阜陽地區博物館阜陽漢簡整理組. 阜陽漢簡簡介 [J]. 文物，1983（2）；韓自强. 阜陽漢簡《周易》研究 [M]. 上海古籍出版社，2004；胡平生. 阜陽漢簡周易概述 [A]. //李學勤，謝桂華.《簡帛研究》（第 3 輯）[C]. 南寧：廣西教育出版社，1998.

③ 湖南省博物館，中國科學院考古研究所. 馬王堆二、三號漢墓發掘簡報 [J]. 文物，1974（7）. 曉菡. 長沙馬王堆漢墓帛書概述 [J]. 文物，1974（9）.

爲馬王堆帛書抄寫年代的下限。帛書《易經》避高祖之諱，如《師》："尚六：大人君有命，啓國承家，小人勿□。"表明其抄寫時代應在高祖統一全國之後，此爲帛書《易經》抄寫年代的上限。帛書《周易》内容包括《易經》和《易傳》，其中《易傳》共六篇，有《繫辭》和《易傳》佚書《易之義》《二三子問》《要》《繆和》《昭力》，是目前出土易學文獻中分量最重的一種。帛書《易經》共4900餘字，内容完整，其卦名、卦辭、爻辭、卦序與今本或有不同。

熹平石經《周易》①。《熹平石經》始刻於東漢熹平四年（175），光和六年（183）刻成，由蔡邕奏請并主持刊刻。目的是通過統一經文，達到統一經學。石碑刻成後立於洛陽太學講論堂東西兩側。據《後漢書·靈帝紀》記載，原石包括《詩》《書》《易》《禮記》《春秋》《公羊傳》《論語》，共46碑，200910字。後幾經戰火遷徙，至唐代已十不存一，現原碑皆毁，僅存殘石、拓片。唐代之後陸續出土殘石百餘塊。現上海博物館藏熹平石經《周易》殘存有巽卦、兑卦、涣卦、節卦、中孚卦、小過卦、既濟卦、未濟卦的經文，完整文字227個，殘缺文字25個；還刻有《彖上》和《彖下》。西安碑林博物館藏殘熹平石經《周易》刻有"家人"至"歸妹"共18卦，計191字，還有《文言》《説卦》的内容。北京圖書館藏熹平石經《周易》拓本。

敦煌唐寫本《周易》②。20世紀初，在甘肅敦煌莫高窟藏經洞發現了6萬件左右唐朝前後的手寫本和少數刻本書獻，震動了全世界。遺憾的是這些文獻發現不久，大多被國外的"探險家"劫掠至英、法、俄、印等國。20世紀50至70年代，我國和英國、法國先後將各自收藏的大部分敦煌文獻攝製成微縮膠卷；20世紀80年代，中國臺灣學者據微縮膠卷編輯影印了140册的《敦煌寶藏》；近幾年國内幾家出版社又據原卷照片影印出版了各國所藏敦煌文獻。但這些出版物都是按各地館藏流水號影印出版的，没有分類，編排雜亂，不便閱讀。而且敦煌文獻主要是寫本，有許多與後世刻本不同之處，閱讀起來困難重重。1997年起，以張涌泉爲首的一批學者開始編纂《敦煌文獻合集》，進行類聚和彙校的工作，歷經八年完成《敦煌經部文獻合集》。根據《合集》的整理，敦煌唐寫本《周易》包括王弼作《周易注》，底卷分藏於俄羅斯科學院東方研究所聖彼得堡分

① 北京圖書館金石組編. 北京圖書館藏中國古代石刻拓本彙編（秦漢部分）第一册［M］. 鄭州：中州古籍出版社，1989；李慧主編. 陝西石刻文獻目録集存［C］. 西安：三秦出版社，1990.

② 張涌泉主編. 敦煌經部文獻合集（第1册）［M］. 北京：中華書局，2008.

所、英國國家圖書館、法國國家圖書館；孔穎達作賁卦《周易正義》，底卷藏於臺北“中央研究院”傅斯年圖書館。

開成石經《周易》①。《開成石經》是唐文宗太和四年（830）下令刊刻，至開成二年十月（837）刻成的、用於規範經籍用字字形的儒家經碑。刻成後立於唐長安城國子監内太學講經堂兩廊，給閲讀者校對和抄録用。原書於北宋哲宗元祐五年（1090）漕運使吕大忠移置“府學北墉”，即今西安碑林。石經刻成後，屢經戰亂，又經明嘉靖間關中大地震，除略有殘損外，基本保存完好。民國十五年（1926），皕忍堂根據石刻本，依原拓字體影摹刻版，殘缺處按阮元覆刻宋槧十行本經文雙鈎補足。中華書局1996年據原刻縮印，出版《景刊唐開成石經》。其中有《周易》九卷，包括《易經》《彖傳》《象傳》《文言》《繫辭》《説卦》《序卦》《雜卦》。上下經用王弼注本，繫辭、説卦用韩康伯注本②。

我們將以上出土易類文獻分爲三類：

第一，没有卦爻辭的。這類文獻只有卦畫（數字或八卦），有的包括卦名，有的不包括，都没有卦爻辭。這些文獻所呈現的是《易經》作爲卜筮工具的原始面貌，人們根據數字或卦象，主觀地對所占卜之事進行判斷，并没有統一的占斷標準。包括甲骨、青銅器及陶器上所見數字卦、青銅鏡上所見八卦、包山楚簡中所見數字卦、天星觀卜筮竹簡中所數字卦、新蔡葛陵楚墓竹簡中所見數字卦、望山楚簡易筮、秦家咀楚簡易筮。王家臺秦簡《歸藏》雖然有繇詞，但不同於《易經》的卦爻辭，也屬於該類。

第二，有卦爻辭的。此類文獻包括卦畫、卦名、卦爻辭，此時的《易經》已經發展成爲實用的占筮手册，通過固定的卦爻辭爲所占卜之事提供斷定吉凶禍福的標準。這一類的是阜陽漢簡《周易》。

第三，有卦爻辭以及傳文的。此類文獻已經表現出《易經》從卜筮之書變爲經學或哲學書籍的面貌。包括戰國楚竹書《周易》、熹平石經《周易》、敦煌唐寫本《周易》、開成石經《周易》。

本書所做的《周易》出土文本用字研究，將第一類没有卦爻辭的文獻排除在外，因爲没有卦爻辭就無法表現當時字用的面貌，研究範圍包括第二、三類的出土《周易》文獻。屬於我們研究範圍的出土《周易》文獻有：阜陽漢簡《周易》、戰國楚竹書《周易》、熹平石經《周易》、敦煌唐寫本《周易》、開成石經《周易》。這些《周易》的内容不一，最完整的開

---

① 景刊唐開成石經［M］. 北京：中華書局，1997.
② 夏傳才. 十三經講座［M］. 南寧：廣西師範大學出版社，2006：15.

成石經《周易》包括今本《周易》從《易經》到《易傳》所有内容，且保存基本完整。帛書《周易》的《易經》涉及卦數也相對完整，《易傳》有6種，存在一定程度的殘損。楚竹書《周易》涉及34卦較完整的内容。阜陽漢簡《周易》、熹平石經《周易》、敦煌唐寫本《周易》所存《易經》内容比較有限，《易傳》部分也都各不相同。鑒於《易傳》部分内容龐雜，各本涉及和殘存情況差異較大，本書將研究重點集中在《易經》部分，對於各本所涉《易傳》的字用情況，可以作爲本書的後續研究對象，以形成一個完整的《周易》用字研究體系。

除了以上出土本，本書還對“今本”《周易》，即孔穎達《周易正義》文本的用字情況進行研究，以與出土本的用字現象進行比對，同時也可以比較傳世本用字的變化情況。

第二節 《周易》各本用字研究現狀

一、戰國楚竹書《周易》

上海博物館藏戰國楚竹書《周易》首次公布在馬承源先生主編的《上海博物館藏戰國楚竹書（三）》上，由上海古籍出版社出版（2004年4月）。一時間引起了一大批學者對楚竹書《周易》的研究。2005年第2期《周易研究》刊登的陳仁仁《上海博物館藏戰國楚竹書〈周易〉研綜述》一文，對持續了一年多的竹書《周易》研究熱潮進行了階段性總結。該文認爲，一年來對竹書《周易》的研究主要集中在文字考釋、文本解讀、竹書特殊符號以及卦序問題上，其中又以文字考釋和特殊符號的討論最多。

《上海博物館藏戰國楚竹書（三）》收録的濮茅左《楚竹書〈周易〉釋文》，是對楚竹書《周易》最早的釋文，成爲日後學者研究竹書《周易》、進行與其他版本異文比較的基礎。2006年濮茅左將釋文收録進著作《楚竹書〈周易〉研究》，由上海古籍出版社出版。

學者們對於單個文字的考釋討論，由於種種原因，大都集中發表在網络上，比如簡帛研究網站、孔子2000網站·清華大學簡帛研究專欄等。對於竹書《周易》的文字考釋，陳仁仁在《上海博物館藏戰國楚竹書〈周易〉研究綜述》一文中指出：“但由於楚竹書《周易》文字難識，文義古奥，不但整理者自己在正式出版的釋文中留有待考之字，即使是某些由整理者已考出之字，學者們也有一些不同的意見。”文中隨後列舉了一些在考釋上面有分歧的字詞，搜集了廖名春、季旭昇、陳斯鵬、何琳儀、趙秋成、黄錫全、楊澤生、趙爻、劉大鈞、陳偉、徐在國、吴新楚、秦樺林、蘇建洲、裘錫圭、孟蓬生、楊澤生等對原釋文（即濮茅左《楚竹書〈周易〉釋文》）的不同意見。比如：竹本中的，原釋文作“𡥈”（《需》卦），今本作“需”，濮茅左認爲從子、從而省，即“孺”字，讀爲“需”；或釋“包”字，從子、從包省。廖名春認爲此字可釋爲“孚”，讀爲“俟”；徐在國認爲此字上從“死”，應讀爲“耎”；陳斯鵬、季旭昇、何琳儀與程燕、趙秋成等都認爲應釋爲“孠”，從司從子，爲“嗣”之古文或異體；黄錫全認爲應是“俛”字；楊澤生認爲是“孺”字；陳爻疑爲“乳”字異體[①]。另外還有對原釋文將釋爲“褱”（《訟》卦）、釋爲“海”（《比》卦）、釋爲“甬”（《謙》卦）、釋爲“欲瘇”（《豫》卦）、釋爲“杲”（《豫》卦）、釋爲“菜”（《无妄》卦）、釋爲“戔”（《大畜》卦）、釋爲“䨻”（《頤》卦）、釋爲“普”（《井》卦）、釋爲“同”（《艮》卦）、釋爲“欲”（《小過》卦）的不同看法。

2006 年之後，林志鵬[②]、丁四新[③]、陳仁仁[④]、劉大鈞[⑤]繼續對竹書《周易》的釋文進行研究，提出了許多新的見解，丁四新和董春爲楚竹書《周易》做了新的全面校注，詳細内容可參見他們各自的論文及著作。

二、阜陽漢簡《周易》

（一）阜陽漢簡《周易》釋文

阜陽漢簡《周易》的整理工作由韓自强承擔，韓自强的《阜陽漢簡〈周易〉釋文》收録於上海古籍出版社 2004 年出版的《阜陽漢簡〈周易〉研究》[⑥]中。釋文對無法辨認的字迹用“□”表示；因在整理中已確認後又損毁的字用“〔〕”表示。釋文對於卦名與今本不同的異文，以“（）”標出今本的卦名，如“肫（屯）”“隋（隨）”“林（臨）”；對於卦爻辭中阜本《周易》與今本的異文没有一一進行判别，只是在每句釋文之後附上今本與帛本《周易》的文本，給讀者一個直觀的比對。釋文最後所附的注釋，

① 陳仁仁. 上海博物館藏戰國楚竹書《周易》研究綜述［J］. 周易研究，2005（2）.

② 林志鵬. 上博館藏楚竹書《周易》校釋七則［J］. 周易研究，2009（2）.

③ 丁四新. 楚竹書《周易》疑難卦爻辭校劄八則［J］. 武漢大學學報（人文科學版），2011（1）；楚竹書《周易》疑難卦爻辭校劄九則［J］. 社會科學戰綫，2011（8）；楚竹書與漢帛書《周易》校注［M］. 上海：上海古籍出版社，2011.

④ 陳仁仁. 上海博物館藏戰國楚竹書《周易》研究［D］. 武漢大學，2005.

⑤ 劉大均. 今、帛、竹書《周易》綜考［M］. 上海：上海古籍出版社，2005.

⑥ 韓自强. 阜陽漢簡《周易》研究［M］. 上海：上海古籍出版社，2004：45-46.

只有對帛本《周易》卜辭的注釋，没有對卦爻辭的注釋。

濮茅左《楚竹書〈周易〉研究——兼述先秦兩漢出土與傳世易學文獻資料》和侯乃峰《〈周易〉文字彙校集釋》對韓自强釋文中誤釋和漏釋之處進行了糾正。鄔可晶《讀阜陽漢簡〈周易〉釋文小記》對釋文也提出了補正意見。

（二）阜陽漢簡《周易》異文研究

韓自强的《阜陽漢簡〈周易〉異文》也收録於《阜陽漢簡〈周易〉研究》[①]中，根據該文的統計，阜陽漢簡《周易》屬卦爻辭的約 1108 字，分屬 53 個卦，保存了 32 個卦名，大多與今本卦名相同，但也有 8 個卦名不同，這 8 個中有 5 個與帛書《周易》相同，只有《僕》《无亡》卦與《椽》卦和今本、帛書有别。而《僕》卦之名又與失傳的《歸藏》相同。文中還統計出阜本與今本、帛書不同的異文有 36 個；和今本相同而與帛書有别的異文有 51 個；和帛書相同與今本有别的異文有 26 個。還有因增減文字而造成的阜本、帛書與今本的 18 處不同。以上阜陽漢簡《周易》出現的異文總計 140 個。作者認爲阜本異文都是因爲衍、奪、通假和使用的古今字不同而造成的，并通過音近義通等方式尋找異文之間相通的證據。文末形成若干對照表格，包括《阜易、帛書六十四卦、帛書〈繫辭〉、漢石經、今本卦名對照表》《阜易與帛書、今本異文表》《阜易、今本相同與帛書相異字表》《阜易、帛書同，與今本異文表》《阜易、帛書、今本辭句相異表》。

另外，葉紅慶《〈阜陽漢簡〉文字研究二題》[②]對阜簡中《詩經》《周易》《儒家者言》《春秋事語》等材料中的異體字進行了彙總，做出了文字編，并結合《説文》給予分析，對這些異體字形成的原因進行分類。文中結合異體字研究，對文獻的釋文疏誤之處進行了補正。論文還做了阜陽漢簡文字索引，對於後續研究有很大的幫助。

三、馬王堆漢墓帛書《周易》

目前對帛書《周易》的用字研究主要集中在兩個方面：一是釋文中對異文性質的初步辨别；二是注釋中對異文間字際關係的分析。這裏的異文指的是將帛書《周易》與王弼注本《周易》或阮元刻《十三經注疏》本《周易正義》進行對校後發現的不同用字。以下分别概述釋文和注釋中的

① 韓自强. 阜陽漢簡《周易》研究［M］. 上海：上海古籍出版社，2004：100.

② 葉紅慶.《阜陽漢簡》文字研究二題［D］. 西南大學，2008.

異文研究成果。

（一）帛書《周易》釋文

最早一篇帛書《周易》釋文是“馬王堆漢墓帛書整理小組”在1984年第3期《文物》雜志上發表的《馬王堆帛書〈六十四卦〉釋文》（以下按學界慣例將這篇釋文簡稱爲“文物本”）。釋文前附簡略的注釋，没有介紹校勘所使用的對校本（根據同時發表的張政烺《帛書〈六十四卦〉跋》[1]可知，整理者之一張政烺先生是用《周易》王弼注本及漢唐石經殘卷與帛本進行對校的），只提到了釋文的體例：“以‘（ ）’注出假借字、異體字之本字；以‘〈 〉’表示改正明顯的誤字。”[2]這種體例説明整理者將帛本異文確定爲假借字、異體字和誤字三種情況。

在《張政烺論易叢稿》一書中收録了張政烺《六十四卦》釋文，與“文物本”比較接近。該篇釋文將異體字和假借字（同音異字）用圓括號標明，對於假借字没有區分本字和借字，也不説明本義或引申義，作者指出要作這種分别很難，短期内很難做到，一般來説帛書假借字多，王弼本用字要好得多，但也不能一概而論。同義異字，如“臣”“僕”，在第一次出現時出校記，其中有音韻關係者按假借字處理。對字、句不同者，出校記。字形、字音的解釋以及個别字義問題出校記，指出假借字其字音關係不明者。于豪亮先生也參與了馬王堆帛書《周易》的整理，他的《帛書周易》也發表在1984年第三期《文物》上。張政烺在《六十四卦》釋文的手稿中提到：“于稿字數太多，讀起來沉悶，今加以選擇。選取的是于稿的精華，全部在此。”所以張政烺《六十四卦》釋文中也吸收了于豪亮先生的研究成果。

1998年，廖名春作《馬王堆帛書周易經傳釋文》，刊於上海古籍出版社《續修四庫全書》第一册，後收録於《易學集成》第三卷及廖名春《帛書周易論集》。該釋文是在“文物本”的基礎上形成的。學界一般將廖名春釋文稱爲“四庫本”，我們認爲出於嚴謹考慮，應稱爲“續修四庫本”。“續修四庫本”釋文没有對帛本的通假字、異體字做出標示，對於帛本字形的轉寫有的與“文物本”釋文不同。比如《鍵》卦初九爻辭“文物本”釋文爲“浸龍勿用”，“續修四庫本”釋文爲“濅龍勿用”；九四爻辭“文物本”釋文爲“或鯩在淵”，“續修四庫本”釋文爲“或鱹在潚”；九五爻辭“文物本”釋文爲“翡龍在天”，“續修四庫本”釋文爲“翡龔在天”；

① 張政烺. 張政烺論易叢稿［M］. 北京：中華書局，2010：30.
② 馬王堆漢墓帛書整理小組. 馬王堆帛書《六十四卦》釋文［J］. 文物，1984（3）.

尚九爻辭“文物本”釋文爲“抗龍有悔”,“續修四庫本”釋文爲“抗龍有𢘓”。以上所列僅《鍵》卦的釋文就有5處不同,其餘卦的不同釋文也比較多。不同釋文從另一個側面反映和印證了帛書《周易》用字現象的複雜性,以致在釋文的轉寫過程中存在諸多疑難點。同時,不同釋文對於確定帛本與今本異文的相互關係具有一定的參考價值。

(二)帛書《周易》注釋

下面我們彙總了影響比較大的成果,主要整理了幾位學者對帛書《周易》經文進行校釋時,對與今本相異文字的處理方式,包括標注的方式、確定字際關係的依據、參照文本、參考文獻等。

鄧球柏《帛書周易校釋》是第一部對帛書《周易》進行校釋的著作,以“文物本”爲底本,以《四部叢刊》影宋本王弼注《周易》本爲校本(書中簡稱“通行本”),參校本主要有《經典釋文》本、《周易集解》本、《唐開成石經》本、《周易音訓》本。書中將帛本和通行本并列排出,以展示二者的異同,并彙總了帛本卦爻辭中與通行本的異文,列以表格形式。書中統計帛本卦名與通行本同者29、異者35;帛書卦辭(不含卦名)共64條計636字,僅缺損35字,與通行本不同的字81個;帛書爻辭共386條,計3444字(不含爻名,含《乖·九二》複出之“無咎”二字);與通行本不同的字771個。這些彙總和數字對後人的研究提供了很大的便利。鄧球柏先生指出:“……與通行本不同的字是研究古文字、音韻、訓詁以及研究春秋、戰國、秦、漢社會的物質生活、精神生活的極寶貴的材料。其中有一些不見於字書的字,是研究文字變遷的珍貴資料。其中大部分是同源字,這些同源字到了音韻學家手中或許能够發現規律性的東西。”①對出現的異文,作者從文字的本義出發,判斷該字在卦爻詞中表示的意思是假借還是引申;對帛本與今本不同用字之間的關係試圖做出解釋,對進一步的研究提供了參考。

張立文《帛書〈周易〉注釋》②專注帛書《周易》卦爻辭,原文以“文物本”爲底本,參照《帛書六十四卦》書影,與王弼注《周易》《周易正義》和《周易集解》做比對,吸收了清人及近人研究成果。釋文以圓括號標出假借字和異體字之本字。注釋的順序爲先校勘,次釋假借字、異體字,次注釋字意和文義,再給出今譯。《帛書〈周易〉注釋》對釋文中的假借字和異體字進行了詳細的考證,充分借助古代訓詁注釋典籍,儘量爲

① 鄧球柏. 帛書周易校釋[M]. 長沙:湖南人民出版社,2002.
② 張立文. 帛書《周易》注釋[M]. 鄭州:中州古籍出版社,2008.

異文之間的假借或異體關係尋求合理的解釋。

連劭名《帛書周易疏證》①對《周易》經文部分，注重利用文字訓詁的方法辨析卦象，從讀音、意義的角度找出帛書《周易》與今本《周易》所用不同文字的聯繫，但對於異文之間的具體關係未作分別。

肖從禮的碩士論文《馬王堆帛書〈周易〉考釋》②以“文物本”爲底本，以《周易正義》本爲主校本，以楚竹書本《周易》、阜陽簡本《周易》和熹平石經本《周易》爲參校本。對諸本異文的音義關係做出了分辨。

何琳儀《帛書〈周易〉校記》③以帛書《周易》爲底本，參考上海博物館藏戰國楚竹書《周易》、阜陽漢簡《周易》以及《十三經注疏》本互校，寫出 20 條劄記。對“文物本”提出一些疑議，對幾個本子異文的關係做出一些判斷。丁四新《馬王堆帛書〈周易〉卦爻辭校劄九則》④就部分疑難卦爻辭的訓釋做了探討。吴辛丑《從帛書異文看〈周易〉訓詁中存在的問題》⑤在比較通行本《周易》和漢墓帛書《周易》文字異同的基礎上，結合語法分析，對《周易》訓詁中的一些疑難詞句提出了新的看法，并從語言學角度對《周易》訓詁中存在的一些問題進行了分析。西山尚志《從帛書〈周易〉“小”“少”的區分釋“亨小利”》⑥根據統計分析提出通行本與阜陽簡本、上博本都没有“小”“少”的區别，但是，帛書本却存在明顯的區别，由此認爲，“亨小利”斷句還是應該以“亨小，利……”爲是。

（三）帛書《周易》異文及假借研究

異文研究方面：朱方棡《帛本〈周易〉與通行本〈周易〉卦名異字考》⑦將卦名異字詳細劃分爲同音而可以代用的、由於語音關係可以通假的、意義上有聯繫而可以代用的三種情況。劉大均《今、帛、竹書〈周易〉綜考》⑧從漢代今文、古文經學研究的角度，對各本經文中的異文作了考證，對經文中的某些今、古文，依據傳統資料進行辨析。行文中將各本經文一一列出，并整理了異文對照表格。王永嘉《馬王堆帛書〈周易〉

---

① 連劭名. 帛書周易疏證［M］. 北京：中華書局，2012.

② 肖從禮. 馬王堆帛書《周易》考釋［D］. 西北師範大學，2008.

③ 何琳儀. 帛書《周易》校記［J］. 周易研究，2007（1）.

④ 丁四新. 馬王堆帛書《周易》卦爻辭校劄九則［J］. 周易研究，2011（3）.

⑤ 吴辛丑. 從帛書異文看《周易》訓詁中存在的問題［J］. 華南師範大學學報（社會科學版），1993（1）.

⑥ ［日］西山尚志. 從帛書《周易》“小”“少”的區分釋“亨小利”［J］. 周易研究，2008（3）.

⑦ 朱方棡. 帛本《周易》與通行本《周易》卦名異字考［J］. 社會科學家，2004（9）.

⑧ 劉大均. 今、帛、竹書《周易》綜考［M］. 上海：上海古籍出版社，2005.

卦文校證（選録）》[①]將帛本與今本異文劃分爲通假字、後起增加義旁字、字形混訛、虚字通用四類，并對每組異文做了簡要分析舉證。

研究假借字方面：劉元春《馬王堆帛書〈周易〉通假字例釋》[②]認識到對帛書《周易》通假字研究的薄弱，選取帛書《周易》通假字中的若干個案，加以分析。分爲音義確定通假字和音義不確定通假字兩類。劉元春《略論馬王堆帛書〈周易〉本經通假字的類型與傳承》[③]將帛書〈周易〉本經通假字分爲四類：無形體聯繫的通假字、聲符相同形符不同的通假字、省減形符的通假字、增加形符的通假字。并研究了這些通假字的流傳演變和整體特徵。

四、熹平石經《周易》

對熹平石經《周易》的整理著録可見於“北京圖書館金石組”編《北京圖書館藏中國古代石刻拓本彙編（秦漢部分）》第一册，中州古籍出版社，1989年5月；屈萬里《漢魏石經殘字附校録》，1934年山東省立圖書館集拓本；屈萬里《漢石經周易殘石集證》，刊《屈萬里全集》第11册，臺灣聯經出版事業公司，1984年7月；范邦瑾《一塊現存最大的〈熹平石經〉殘石考釋》，《考古與文物》，1990年第1期；《熹平石經〈周易〉》，刊李慧主編《陝西石刻文獻目録集存》，三秦出版社，1990年4月等。[④]

據羅福頤《漢熹平石經概説》，現存的熹平石經《周易》殘石共29石，存1365字。行款每碑約38行，行73字，共約4碑。文中將熹平石經《易經》與朱熹《周易本義》對校，發現異同的字數比今本多1字，少12字，不同者11字。

五、敦煌唐寫本《周易》

敦煌《周易》殘卷共11件，其中10件藏於俄羅斯科學院東方研究所聖彼德堡分所，1件藏於英國國家圖書館。張涌泉主編《敦煌經部文獻合集》對這11件《周易》殘卷進行了詳細描寫，分别注明各件在原藏處的編號，標明了每件所屬卦的起止順序。“本書的整理工作包括定名、解題、

---

① 王永嘉. 馬王堆帛書《周易》卦文校證（選録）[J]. 寧波師院學報（社會科學版），1987(3).

② 劉元春. 馬王堆帛書《周易》通假字例釋［J］. 中國文字研究，2007（2）.

③ 劉元春. 略論馬王堆帛書《周易》本經通假字的類型與傳承［J］. 廣西社會科學，2008(8).

④ 濮茅左. 楚竹書《周易》研究——兼述先秦兩漢出土與傳世易學文獻資料［M］. 上海：上海古籍出版社，2006：639.

録文、校勘等項……尊重前人已有的著録研究成果，除了在題解中作總體説明外，前人一些比較重要的正確的校勘意見亦在校記中加以採納。”“録文力求儘量與敦煌寫本中的寫法保持一致，一般的異寫字（結構不變而筆劃略有變異的字）徑加楷正，但異構字（包括異體字、古本字、古正字、古分用字）及有特定目的的通用字一律照原卷録寫。鑒於俗寫扌旁與木旁、巾旁與忄旁、衤旁與礻旁以及‘己’與‘已’、‘瓜’與‘爪’、‘曰’與‘日’之類相混無别，一般徑據文意録定，不一一出校説明。異體俗字録寫時小學類寫卷從嚴，其他寫卷適當從寬；單字從嚴，用作偏旁時從寬。”校記中交待了各本重要的異文，如假借字、異義字及異體字。可考明的假借字、常見俗字、訛字則注明本字或正字，不易考明者加以説明。敦煌文獻中常見俗字如“由（繇）”“交（教）”“惠（慧）”則不一一注明。缺筆避諱字先在題解中説明底卷哪些字避諱缺筆，然後文中第一次出現時出校説明。

六、開成石經《周易》

我們能見到的《唐開成石經》，是中華書局出版的《景刊唐開成石經》，1997 年 10 月版。《景刊唐開成石經》，是民國十五年（1926），皕忍堂根據《唐開成石經》的石刻本，依原拓字體影摹刻版印製而成的。《唐開成石經》有 114 石，兩面刻字，計 228 面，每面 8 列，共 650252 字。影摹刻印時，殘缺處按阮元覆刻宋槧十行本經文雙鈎補足。全書之後附嚴可均所著《唐石經校文》十卷[①]。

吴麗君《〈唐開成石經〉用字狀況淺論》[②]選取了石經中較能反映常用字使用狀況的《周禮》和《春秋左傳》進行用字狀況的全面測查，得到不重複字樣 3669 個，將這些字樣以異寫、異位、異構的原則進行分類，得出異寫字 198 個、異位字 11 個、異構字 134 個。這些數據對於我們要進行的開成石經《周易》用字狀況考察具有對比參照意義。

七、今本《周易》

本書所指的“今本”《周易》是指孔穎達《周易正義》的文本，見於阮元刻《十三經注疏》。對於今本《周易》的用字問題，目前專門研究還較少。

---

① 吴麗君.《唐開成石經》在漢字發展史上的作用［J］. 承德民族師專學報. 2011（4）.
② 吴麗君.《唐開成石經》用字狀況淺論［J］. 河北民族師範學院學報，2013（1）.

第三節 《周易》各本用字研究的不足

首先，對字際關係的判斷很多時候并不準確。上述學者大都認同出土《周易》與今本的用字差異有字際關係演變的原因，也試圖做出一些基本的解釋，疏通了異文之間的音義聯繫，對於幫助讀者認讀出土《易經》來説，這種注釋使讀者很容易就明白不認識的字可以當現在的哪個字講，不影響文本的整體閱讀。但如果不考慮字詞實際的形義聯繫，僅憑一兩個證據就確定字詞關係的做法是不科學的，正如李運富在《論出土文本字詞關係的考證與表述》①一文中提出的，僅僅根據異文就斷言某字是某字的借字，或者僅僅根據形體相近就斷言某字跟某字同字或讀音相同，這在邏輯上是不具備充分理由的，不同時代的用字差異并不都是假借關係，更不會全是先代的字借用爲後代的字。異文之間的關係是多種多樣的，除了借字跟本字的關係外，還可以是異體字關係、同義字關係、借字跟借字的關係，甚至各自用借字來構成同義字關係。而在出土《易經》的注釋中，異文基本上都被定爲異體或假借關係，實際情況却并不一定如此。以《馬王堆帛書〈六十四卦〉釋文》中《鍵》卦卦爻辭爲例，整理者將帛本與王弼注本《易經》對校後形成的釋文如下：

> 鍵（乾），元享〈亨〉，利貞。初九：浸（潛）龍勿用。九二：見龍在田，利見大人。九三：君子終日鍵（乾）鍵（乾），夕泥（惕）若厲，無咎。九四：或鰴（躍）在淵，無咎。九五：翡（飛）龍在天，利見大人。尚（上）九，抗龍有悔。迵（用）九，見羣龍無首，吉。

以上釋文帛本與王弼本的異文共9組，分别是：鍵—乾、享—亨、浸—潛、泥—惕、鰴—躍、翡—飛、尚—上、抗—亢、迵—用。釋文校勘説明："以'( )'注出假借字、異體字之本字；以'〈〉'表示改正明顯的誤字。"可知除"享—亨"組外，其餘都用括號標明是異體或假借關係，釋文本身并没有對二者做出區分，至於王弼本字形是否一定就是本字，也值得商榷。之後我們看到在《張政烺論易叢稿》中所收的《六十四卦》校

① 李運富. 漢字漢語論稿［M］. 北京：學苑出版社，2008：117.

勘説明對這種情況有比較客觀的解釋："假借字（同音異字），在行間用圓括號標明，不出校記。這樣作不能準確分辨出哪是'正字'，哪是'借字'；哪是'本義'，哪是'引申義'。要作這種分别很困難，不是我們的學力（對《周易》講）在短期内能作到的。一般説來，帛書假借字（即白字）多，王弼本用字要好的多，但也不能一概而論。"①這裏可以看出整理小組對異文中假借字的判斷條件是"同音異字"。張政烺先生對待異文的態度是謹慎客觀的，但是由於時間精力所限，不能對異文的實際關係詳加考證，因此在釋文中還是出現了一些偏誤。

釋文將"享"視爲"明顯的誤字"，用"〈〉"標出正確的字形"亨"，其實"享"并不一定是錯字。"亨"《子夏傳》釋："通也。"《廣韻》："亨，通也。或作'亯'。"《説文·亯部》："亯，獻也。從高省，曰象進孰物形。"段注："其形，薦神作亨，亦作享。飪物作亨，亦作烹。《易》之'元亨'，則皆作亨。皆今字也。"表示祭獻鬼神的意思最初用"亯"，後"亨"和"享"都可以用來表示祭獻。通過祭獻祈求亨通，所以"亨""享"又都可表示祭獻的引申義亨通。《廣雅·釋詁》："亭，通也。""亭"爲"享"古文字形。因此可知在表示亨通義時，"亨""享"均爲本字，二者構成異體字關係，不能簡單地將"享"認定爲誤字。

除"享—亨"組外，上述異文中還有并非假借或異體關係的字組，如："尚—上"。"尚"《説文·小部》釋："曾也。"段注曰："曾，重也。尚，上也。皆積纍加高之意。義亦相通也。"《康熙字典·小部》："尚，與上通。"《詩·魏風》："上慎旃哉，猶來無止。"注曰："上猶尚也。"《尚書序》："尚者，上也。言此上代以來書，故曰《尚書》。"由此可知"尚"的本義爲曾，引申爲積纍增高，含有向上的意思。因此在表示上的意思時，"上""尚"均爲本字，二者構成同義字關係。

其次，對字際關係的術語使用有時也不規範。已有的《周易》注釋在解釋字際關係時，還存在術語使用不當的問題。注釋術語和文字學術語的含義是不同的，古人在注釋古書時，常使用"某某古今字"或"某同某"的説法，來告訴讀者某個字應該當什麼字理解。這些説法屬於注釋家的術語，它能幫助讀者按對應字理解文意，而又避免了許多麻煩，但因爲它不是嚴格的文字學術語，所以不能反映字的使用屬性（是本用還是借用）和字際關係（是異體字關係還是本字跟借字的關係等）。如今我們在考釋文本時，有時是用古時注釋家的術語來表示字際關係的概念，難

① 張政烺．張政烺論易叢稿［M］．北京：中華書局，2010：98.

免出現偏差。在考釋時對於不能確定其字際關係的字，應該避免使用“假借”“異體”等術語，使用“某相當於某”這種可以起到文意疏通作用的表述就可以了。

如《井》卦爻辭：“九五：井戾寒湶食。”張立文《帛書周易注釋》：“‘湶’爲‘泉’之異體字。《字牖》引漢相《孫君碑》：‘波鄣湶溉。’‘湶’與‘泉’同。《楊君石門頌》：‘平阿湶泥。’泉作湶。故湶與泉相假。”①這段注釋先後使用了“某爲某之異體”“某與某同”“某與某相假”三種表達字際關係的術語，反而增加了問題的複雜程度。其實作者只是想說明在這句話中，“湶”的意思就是泉水，相當於“泉”字。避開複雜的字際關係表述，能够使注釋更清楚。如果要進行字際關係的梳理，可以說在表示泉水這個意思時，“泉”是本字，“湶”是增加義符的重造本字，二者構成異體關係。

第三，對字際關係的梳理不全面。已有研究成果只是對於今本或其他出土版本有異的文字進行了字際關係的初步説明，但未從《周易》整體用字特點的角度，對文獻中所有字詞關係進行梳理，因而無法體現《周易》用字的整體風貌。目前還没有見到運用漢語字用學理論和方法對《周易》進行系統研究的成果。

① 張立文．帛書《周易》注釋［M］．北京：中州古籍出版社，2008：179.

第二章 《周易》各本用字情況及特徵

第一節 竹本《周易》用字情況及特徵

一、竹本用字情況

以下從字量、字位、字頻、字用屬性和字用功能幾個方面對竹本用字的基本情況進行分析研究。

（一）字量字位

按照上文"文字單位確定"的原則，對竹本的字樣認同別異，先統計出字量總數，再從中歸納出不重複的單字數量，即字位。經統計，竹本《周易》殘卷現存字數1806個（其中合文2個，重文9個），不重複的字位451個（詳見表1）。

（二）字頻分布

我們又對竹本《周易》中的451個字位進行了字頻總計，并列入表1。表中第一欄爲某個字位出現的次數，第二欄爲有多少字位出現了相應的次數，第三欄爲具體的字位。

表1 竹本字頻分布

出現次數	字位數量	字位
1	238	安、芳、班、备、褯、并、菜、長、朝、輮、逞、啻、敱、此、道、悳、弟、敚、遏、尒、伐、反、飛、縪、肥、芬、焚、缶、否、弗、复、佝、古、苽、脴、官、光、閨、龜、寒、蒿、好、斛、虎、户、昏、隓、汲、即、既、悸、夾、叚、建、角、今、堇、卒、芺、堅、孜、口、需、連、良、林、綸、羅、縷、萃、門、迷、宊、榠、寞、啉、内、梶、年、鳥、伓、敀、皮、缾、替、淒、囔、芑、啓、氣、莳、床、妾、慶、丘、驅、敆、涼、羣、戎、綮、若、殺、山、身、弦、牲、餌、師、十、石、實、矢、碩、思、死、祀、泝、倆、豕、芵、它、廷、同、童、外、尾、未、胃、雩、次、顯、莧、言、洨、小、選、酉、畲、羊、繇、藥、一、衣、

續表

出現次數	字位數量	字位
		昜、剝、聿、浴、孕、載、則、折、敳、㪚、止、志、隹、酌、宗、走、足、左、坎、喪、坭、筌、戔、豫、亟、晉、廮、噩、緒、豣、掙、拡、妿、雀、欽、舸、矦、滷、彝、褭、蕢、稷、罯、矫、䏽、斅、敏、覓、樚、蓳、韉、圂、剽、陸、䨳、盜、塱、虘、戫、乘、執、㝮、塬、勑、簪、衛、戠、悳、坴、惪、矘、徙、腮、斗、㢈、頯、尸、衛、䶿、痦、玳、审、忞、鱸、达、賵、槔、汲、敄、繫、䝴、訇、懜、䆅、鼬、礷
2	82	邦、北、臣、成、丞、畜、賜、從、方、東、芾、福、父、坿、婦、工、觀、祭、嘉、甲、交、戒、緷、金、經、杈、舊、央、克、敂、佤、困、辜、迷、明、莫、拇、南、縷、求、卣、鬱、百、受、疋、蜀、爲、我、需、衃、血、亦、由、猷、右、魚、雨、愬、譽、章、詠、埶、宔、攸、事、无、罌、脊、嗶、遉、頌、僨、遈、綎、亩、夾、殮、逘、陞、衝、轟、盨
3	37	才、車、豐、船、鳴、黄、疾、楑、馬、龙、鳴、命、母、乃、橐、豕、是、巳、所、天、畋、心、羕、愈、曰、丈、悳、宋、樟、豦、羆、羸、藏、遊、迎、艘、芒
4	21	而、非、肤、蛊、或、吝、牛、亓、訟、僮、西、係、吕、攺、邑、侌、陵、箁、唐、漸、禮
5	13	出、革、死、尻、君、取、孚、忘、中、自、厩、徐、寇
6	10	比、飤、欽、遇、至、豚、复、復、逨、遨
7	7	夫、艮、言、頤、市、征、䵹
8	4	行、可、日、王
9	2	女、訐
10	4	涉、川、元、卣
11	2	勿、少
12	5	冬、萘、卿、礦、子
13	2	孚、見
14	2	㤅、造
16	2	人、用

續表

出現次數	字位數量	字位
19	1	于
22	1	大
23	2	五、凶
24	1	初
25	1	二
26	1	上
27	1	之
28	1	四
34	1	咎
35	1	晶
40	1	不
42	1	貞
47	1	又
49	2	利、丌
58	1	吉
65	1	亡
71	1	九
78	1	六

根據字位數量分布，將列表中出現次數在 1～10 次的定爲低頻字，出現次數在 11～30 次的定爲中頻字，30 次以上的定爲高頻字。竹本中低頻字 418 個，约占所有字位的 92%，其中只使用了 1 次的字有 238 個，约占所有字位的 52%；中頻字 22 個，约占所有字位的 5%；高頻字 11 個，约占所有字位的 2%。出現頻率越高，對應的字位就越少；出現頻率越低，對應的字位就越多。竹本《周易》中出現的字書、字庫中未見的新字形，根據上述“字”的同一性原則判定爲一個字的，共有 136 個，其中 133 個都屬於低頻字，中頻字 2 個，高頻字只有 1 個。

竹本中出現頻率最高的字，從頻率由高到低分別是：六、九、亡、吉、利、丌、又、貞、不、晶、咎。

這些高頻字反映出《周易》作爲卜筮之書的性質，數字“六”和“九”分别代表陰和陽，是《周易》以陰陽爻的變化和規律判斷吉凶禍福的核心；竹本中的“亡”記録的是{無}，“亡咎”是竹本《周易》的常用語句，今本作“无咎”，即没有灾禍；比“亡咎”更好的占卜結果是“吉”，这些都是判斷吉凶的斷辭；“貞”是占卜的意思；“晶”在竹本中記録數字{三}，是指示爻位的數字。竹本《周易》的高頻字不但反映了《周易》的性質，還反映出竹本《周易》與今本《易經》在用字上的顯著差異，11個高頻字有4個與今本用字不同，分别是“亡”“丌”“又”“晶”，今本用的分别是“无”“其”“有”“三”，差異率接近30%，是本研究所考察的版本中與今本高頻字差異率最高的。

（三）字用屬性

本小結對《周易》中每個字的實際用法進行分析統計，分析内容包括每個字記録的是文獻中的哪個詞，這個字的構意、本義以及在文獻中的實際用法，隨後判斷這個字在文獻的具體位置中是本用（本字記録本義或者引申義），還是借用（借字記録假借義），對於一些文字誤用的現象也分别指明，對於無法判定字用屬性的字存疑。

以竹本《蒙》卦爻辭“六晶，勿用取女，見金夫，不又躳。亡卣利”爲例，这句爻辭中共用了15個字，以下逐一分析这15個字的字用屬性：

【六】

“六”的甲骨文有（商・菁1.1《甲》）、（商・鐵135.3《甲》）、（商・佚76《甲》），本義不詳，借用爲數名。徐中舒《甲骨文字典》：“象兩壁架有一極兩宇之棚舍正視形，此爲田野中臨時寄居之處……即古之所謂廬。……廬、六古音近，故得借爲數詞六。”學者或根據以爲是“宀”之假，或根據以爲是“入”之假，均無確證。《説文・六部》：“六，《易》之數，陰變於六，正於八。”按：“六”在此爻辭中表示數詞{六}，爲借字借用記録假借義。

【晶】

“晶”今本及其他各本均作“三”。濮茅左説：“‘晶’，用作‘三’，楚竹書《周易》中的‘三’字，均作此形。與甲骨文‘’（《殷墟文字甲編》）等字形同，象三星形。甲骨文、簡文‘晶’當‘參’之本字。《詩・國風・綢繆》：‘綢繆束薪，三星在天。’毛傳：‘三星，參也。’‘參’，本

作‘曑’。”①何琳儀説：“‘參’，帛本、阜本、今本均作‘三’，韻母同屬侵部。‘參’原篆作‘晶’形，乃‘參’之省簡。”《説文・晶部》：“曑，商星也。從晶㐱聲。參，曑或省。”按：“晶”爲“參”的省簡體，“參”本義爲參宿三星，引申爲精華的亮光。《説文・晶部》：“晶，精光也。從三日。”徐灝《注箋》：“晶即星之象形文。”“小篆形體有似於三日而非從日也。古書傳於晶字别無他義。精光之訓即星之引申，因聲轉爲子盈切，遂歧而二之耳。”

竹本《周易》中用“晶”記録數詞｛三｝，其形義關係有兩種可能，一是用三星之形指天上具有三顆明星的參宿，那麽記録數詞｛三｝就是借用；二是可以看作用三個星形的標識代表三的數量，那麽記録｛三｝就屬於本字本用。鑒於在并没有“晶”作數詞的其他用例，竹本中以“晶”記録數詞｛三｝爲特殊情況，我們按照通常的看法作借字借用處理。

【勿】

“勿”甲骨文作（商・甲640《甲》），象刀旁有血滴形，刀形或正或反，血滴或二點或三點。本義爲切割，當即“刎”字初文。（裘錫圭《釋勿發》）從甲骨文起，“勿”就被借用爲否定詞，相當於“不”或“不要”。如：“貞：勿升。”（《合集》22945）大盂鼎：“勿法（廢）朕令。”《説文》：“勿，州里所建旗。象其柄，有三遊。雜帛，幅半異。”“勿”的字形在演變中點筆逐漸拉長，成爲小篆字形的來源，如（秦・睡・法106《張》），《説文》根據小篆字形以“勿”爲雜色旗之義是不準確的。《説文》段注：“經傳多作物，而假借勿爲毋字。”按：“勿”在此爻辭中表示不要，爲借字借用。

【用】

“用”甲骨文作（商・甲2324《甲》）、（商・鐵26.1《甲》），于省吾《甲骨文字釋林・釋用》以爲有柄之桶，是“桶”的初文，假借爲施用之義。《説文》：“用，可施行也。”所釋并非用的本義。“用”與“不用”是甲骨學術語，出現在命辭之後，表示對命辭内容施行可否的判定。《合集》30719：“㞢（侑）于且乙一牛？用。”《殷契佚存》86：“辛未又（侑）于出日？兹不用。”“勿用”爲《周易》占卜術語，表示不要施行。按：在此爻辭中“用”表示施行義，爲借字借用表假借義。

① 濮茅左. 楚竹書《周易》釋文注釋［A］. //上海博物館藏戰國楚竹書（三）［C］. 上海：上海古籍出版社，2003.

【取】

“取”,《説文》:“捕取也。從又從耳。”引申記録{娶}。《漢書·王莽傳》:“考論五經,定取禮。”師古注曰:“取,讀曰娶。”“娶”爲“取”增加義符的分化本字。按:“取”在此爻辭中表示{娶},爲本字本用表引申義。

【女】

“女”,《説文》:“婦人也。象形。”按:“女”在此爻辭中表示{女},爲本字本用表本義。

【見】

“見”,《説文》:“視也。從儿從目。”段《注》:“析言之有視而不見者,聽而不聞者。渾言之則視與見、聞與聽一也。”按:“見”在此爻辭中表示{視},爲本字本用表本義。

【金】

“金”金文作(周早·利簋《金》),字形從,象金餅形的青銅器原材料,一般認爲是“吕”的初文,右旁所從有象斧鉞之形。《過伯簋》中還有從吕從王今聲之形(周早·過伯簋《金》)。“金”的本義爲銅,引申指一切金屬。《説文》:“金,五色金也。”是金的引申義。段《注》:“凡有五色。皆謂之金也。下文白金,青金,赤金,黑金,合黄金爲五色。黄爲之長。故獨得金名。”以“金”表示黄金,是因爲黄金爲五金中最貴重的,所以從“金”的金屬義中又引申出黄金義。按:“金”在此爻辭中表示黄金,爲本字本用表引申義。

【夫】

“夫”,《説文》:“丈夫也。從大,一以象簪也。周制以八寸爲尺,十尺爲丈。人長八尺,故曰丈夫。”按:“夫”在此爻辭中表示成年男子,爲本字本用表本義。

【不】

鄭樵《通志》謂“不”象花萼蒂之形;甲骨文作(商·鐵7.1《甲》),羅振玉、王國維等學者多主此説。《詩·小雅·常棣》:“棠棣之華,鄂不韡韡。”鄭玄箋:“承華(花)者曰‘鄂’,‘不’當作柎,柎,萼足也。古音‘不’‘柎’同。”陳世輝《釋𠀠——兼説甲骨文不字》、何琳儀《戰典》則主張象根亥之形,亦可參。《説文》謂:“鳥飛上翔不下來也。從一,一猶天也。象形。”解説不確,所訓爲假借義。段《注》:“凡云不然者，皆於此義引申叚借。”按：“不”在此爻辭中表示否定義，爲借字借用表假借義。

【又】

竹本“又”今本作“有”。《説文》：“又，手也。象形。”“又”與“有”相通。《集韻》：“有，尤救切。與又通。”《書·堯典》：“期三百有六旬有六日。”《詩·邶風·終風》：“不日有曀。”毛亨《注》曰：“有，又也。”按：“又”在此爻辭中表示{有}，爲借字借用表假借義。

【躳】

《説文·吕部》：“躳，身也。從身從吕。躬，躳或從弓。”按：“躳”在此爻辭中表示身體義，爲本字本用表本義。

【亡】

竹本“亡卣利”之“亡”，今本、帛書、阜簡、開成石經作“无”。

“亡”甲骨文作（商·前4·6·7《甲》），字形從刀，短竪指示鋒芒之所在，爲“鋒芒”之義的初文。西周金文中指示符號演變爲弧筆，寫作（周早·天亡簋《金》），遂與“入”形近，《説文·亾部》誤認爲“從入從乚”。“亡”假借爲逃亡、滅亡，又可通“無”。《合集》：“正焚姜，亡其雨。”士父鐘：“降余魯多福亡疆。”郭店楚墓竹簡《老子甲》1：“盜賊亡有。”“亡”表示有無義屬借字借用。

“无”，段《注》：“奇字無也。謂古文奇字如此作也。今六經惟《易》用此字。”“無”是“舞”的初文，甲骨文作（商甲·2858《甲》），像人兩手持動物尾巴或鳥羽類飾物舞蹈之形，本義是舞蹈，金文中開始假借爲有無之無。《广韵·虞韵》：“無，有無也。”《頌簋》：“頌其萬年眉壽無彊（疆）。”《左傳·宣公二年》：“人誰無過？過而能改，善莫大焉。”於是在“無”下加雙脚之形另造了一個“舞”字來表示舞蹈的意思。“无”字由秦漢隸書中“無”的簡體（睡虎地秦簡54·43）演變而來，“无”表示有無義時也屬借字借用。

【卣】

“卣”今本、開成石經作“攸”，“攸”，《説文·攴部》：“行水也。”《釋言》：“攸，所也。水之安行爲攸。故凡可安爲攸。”“卣”字字書不見，丁四新引濮茅左説釋爲“卣”，“後世以爲‘卣’之古文，經典作‘卣’，通‘攸’。”①《説文》中“卣”字段《注》：“卣之隸變爲卣。”“卣”讀作“攸”，二字均爲

① 丁四新．楚竹書與漢帛書周易校注［M］．上海：上海古籍出版社，2011：4.

喻紐幽部。按："卣"在此爻辭中表示語氣助詞｛所｝，爲"卣"之異體，屬借字借用表示假借義。

【利】

"利"，本義爲鋒利。《易・繫辭上》："二人同心，其利斷金。"《説文》："利，銛也。從刀。和然後利，從和省。《易》曰：'利者，義之和也。'"段《注》："引伸爲銛利字。銛利引伸爲凡利害之利。"《廣韻・至韻》："利，吉也。"按：在此爻辭中"利"表示有利、順利、吉利義，爲本字本用表引申義。

經以上分析，竹本《蒙》卦六三的爻辭中，本字本用的有 10 個字，借字借用的有 5 個，分别是"勿""不""又""亡""卣"。竹本《周易》共計 1806 個字，其中屬於以本字表示本義或引申義的，即本字本用的，有 954 個，占 53%；屬於以借字表示假借義，即借用的，有 824 個，占 46%。

（四）字用功能

字用功能指一個字記録詞的功能。本書所謂字用功能，限於測查的文本範圍，如果一個字在該文本中只記録了一個詞項，就叫作"單用字"；如果一個字在該文本中同時記録了多個詞項，就叫作"多用字"。

例如，"君"，在竹本《周易》中出現了 5 次，分别是：

《帀》："上六：大君子又命，啓邦丞豪，少人勿用。"
《壓》："壓：卿，君子又冬。"
《壓》："初六：壓君子，甬涉大川，吉。"
《豚》："九四：好豚，君子吉，少人否。"
《夬》："九晶，藏于頄，又凶。君子夬夬蜀行，遇雨女雱，又磺，亡咎。"

這五次用法，都是記録君子的意思，所以"君"在竹本《周易》中是一個單用字。

再比如，"肤"，在竹本《周易》中一共使用了 4 次，分别是：

《楑》："六五：悬岦。陞宗噬肤，斆可咎？"
《夬》："九四：誫亡肤，丌行緀疋。喪羊悬亡，聒言不冬。"
《敂》："九晶，誫亡肤，丌行緀疋，磺，亡大咎。"

《訟》："九二：不克訟，逯肤，丌邑人晶四户，亡眚。"

《楑》《夬》《敂》三卦中，"肤"都記録的是皮膚的意思，而竹本《訟》卦"逯肤"記録的是{逋}。"肤"今本、敦本、開本均作"歸而逋"。《説文》："逋，亡也。"《周易集解》引荀爽曰："逋，逃也。""肤"記録{肤}，是本用；記録{逋}，是借用。因爲"肤"有兩種用法，所以是一個多用字。

竹本中共有不重複的字位451個，經統計，單用字有436個，占所有字位的97%；多用字有15個，占所有字位的3%。按照多用字産生的原因，將竹本中的多用字分爲以下三類①：

1. 因借用造成的多用字

竹本中因借用造成的多用字共11個，占竹本所有多用字的73%。其中有6個字的用法既有本用也有借用，占竹本因借用造成的多用字的55%：

（1）取——{取}{娶}

《説文》："取，捕取也。從又從耳。《周禮》：'獲者取左耳。'《司馬法》曰：'載獻聝。'聝者，耳也。""獻聝"即古代戰争殺死敵人取其左耳獻上記功。"取"的本義就是割取敵人的耳朵，引申爲有所獲取，包含"奪取""獲取"等義，也都是"取"的常用義。竹本用"取"記録{取}2次，表示獲取義，爲本用：

《遯》："初六：遯羸，此丌所取惥。"
《小𨾴》："□□：□□□□，□□□□，□□取皮才坹。"

"取"可借用爲"娶"。"娶"甲骨文作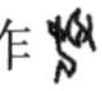（《甲骨文編》470頁）。《説文》："娶，取婦也。從女，從取，取亦聲。"睡虎地秦簡《日書》甲《除》："陰日利以家室祭祀。家（嫁）子取婦入材大吉。"銀雀山竹簡《三十時》："不可爲嗇夫嫁女取婦禱……"《後漢書》："太子般娶於楚。"竹本用"取"記録{娶}3次，表示娶妻義，爲借用：

《蒙》："六晶：勿用取女，見金夫，不又躳。亡卣利。"
《欽》："欽：卿，利貞。取女吉。"

① 此處各本僅簡要列出該版本多用字及其所記録的詞項，每個字記録各個詞項的具體次數、不同詞項的具體含義。不同版本同一個字的多用情況及例句，可詳見本書第五章"《周易》各本一字多用專題研究"。

《敂》："敂：女藏，勿用取女。"

（2）孚——｛俘｝｛孚｝｛浮｝

"孚"字從爪從子，甲骨文、金文構形均與小篆相同，金文中的"孚金""孚貝"指的是俘獲銅、貝等財物。兒童也是古代戰争中俘獲的對象，"爪子"即爲俘獲孩子。"孚"當爲"俘"之初文，本義是俘虜、俘獲。竹本用"孚"記録｛俘｝9次，均爲本用。其中1次表俘獲義：

《陵》："九五：孚于嘉，吉。"

8次表俘虜義，均爲"又（有）孚"結構（一説該結構的"孚"爲誠信義），如：

《𡕒》："𡕒：又孚，光卿。貞吉，利涉大川。"
《比》："初六：又孚比之，亡咎。又孚浻缶，冬逨又它，吉。"

《説文》將"孚"釋爲"孵化"，該義爲"孚"的借用。于省吾《甲骨文字釋林·釋孚》："至於鳥孚卵之孚，係用借字，後世則以'孵'爲之。""誠信"之義是從"孵化"義引申而來，亦爲"孚"借用之義。竹本用"孚"記録｛孚｝3次，表誠信義，屬借用：

《大有》："六五：氒孚洨女，惪女，吉。"
《楑》："□四：楑佤，遇元夫，交孚，礪亡咎。"
《革》："革：攺日卤孚。元羕貞，利貞，毎亡。"

竹本用"孚"記録｛浮｝1次，表浮躁、躁動義（一説爲哺乳義），屬借用：

《敂》："初六：繫于金柅，貞吉。又卣逜，見凶，羸豕孚是蜀。"

"孚"可借用爲"浮"。竹本"羸豕孚是蜀"（今本作"羸豕孚蹢躅"），王弼注：“務燥也。”

（3）陵——｛骽｝｛隨｝

“陵”原簡作，與（陸）、（陛）爲異體。《説文·𨸏部》：“陸，敗城𨸏曰陸。從𨸏，𢀩聲。（𡐦），篆文。”劉信芳認爲“陸”隸變爲“墮”，季旭昇認爲“陵”爲“陸”的繁體[①]。竹本用“陵”記録｛隨｝3次，表示隨從、跟隨義，均出現在《陵（隨）》卦，爲借用，如：

《陵》：“六晶：係丈夫，遊少子，陵求又旻。利尻貞。”

《陵》：“九四：陵又膄，貞工。又孚才道，已明，可咎？”

“陵求又旻”，帛本、阜本作“隋有求得”，開本、今本作“隨有求得”；“陵又膄”帛本作“隋有獲”，開本、今本作“隨有獲”。《説文·辵部》：“隨，從也。從辵、𡐦省聲。”其聲符爲“陸”字異體，二字諧聲通假，“陵”與“陸”異體，亦與“隨”相通。馬王堆帛書《戰國縱横家書·須賈説穰侯章》：“宋、中山數伐而數割，而國隋以亡。”《戰國策·魏策三》：“宋、中山數伐數割，而隨以亡。”又馬王堆帛書《老子·道經》甲、乙本：“……先、後之相隋，恆也。”乙本：“隋而不見其後，迎而不見其首。”“故物或行或隋……”以上三處“隋”字通行本皆作“隨”。《墨子·耕柱》“隋侯之珠”，《文選》李斯《上秦始皇書》李善注引“隋”作“隨”。

“孚”可借用爲“浮”。竹本用“陵”記録｛骽（腿）｝1次，表示大腿，爲借用：

《艮》：“六二：艮丌足，不陞丌陵，丌心不悸。”

“不陞丌陵”帛本作“不登亓隋”，開本、今本作“不拯其隨”。《咸》：“九三：咸其股，執其隨，往吝。”俞樾《群經平議》：“此爻之辭，與《艮》六二‘艮其腓，不拯其隨’，文法相似。王氏彼注曰：‘隨謂趾也。’竊疑隨乃骽（腿）之叚字。古無骽字，故以隨爲之。”漢賈誼《新書·跪容》：“隨前以舉，項衡以下。”俞樾《群經平議》：“隨乃骽之叚字。言拜之時，其骽必以前舉，其項必衡以下也。”“陵”可通“隨”，在竹本中也借用爲“骽”。《咸》“執其隨”竹本《欽（咸）》作“䞇丌陸”，“陸”亦借用爲“骽”。

① 季旭昇. 説文新證［M］. 臺北：藝文印書館，2004：945.

（4）女——｛女｝｛如｝

《説文》：“女，婦人也。”“女”的本義爲婦女，竹本用“女”記録｛女｝2次，表示女性，屬本用：

《欽》：“欽：卿，利貞，取女吉。”

《澌》：“澌：女遈吉，利貞。”

竹本用“女”記録｛如｝4次，表示似、像義，或作連詞表示則、而，均屬借用：

《大有》：“六五：毕孚洨女，𢡟女，吉。”

《既濟》：“九五：東箸殺牛，不女西箸之酌祭，是受福，吉。”

《夬》：“九晶：藏于頄，又凶。君子夬夬蜀行，遇雨女雽，又礪，亡咎。”

竹本《大有》中“洨女”帛本、開本、今本作“交如”，“𢡟女”帛本作“委如”，開本、今本作“威如”，“女”讀作“如”[①]，表示像……的樣子。竹本《既濟》“不女西𦊅之酌祭”中“不女”帛本作“不若”，敦本、開本、今本作“不如”，表示不如、比不上。燕璽、晉璽“相女”讀作“相如”，爲習見人名。上博簡、信陽簡、郭店簡、鄂君啓節、中山王器中“女”常讀爲“如”，如中山王鼎：“事少女（如）長，事愚女（如）智。”[②]竹本《夬》“女雽”帛本作“如濡”，熹本、敦本、開本、今本作“若濡”，“女”讀作“如”。“如”“若”音通義同，訓則也，而也[③]。孔穎達《正義》：“則受濡濕其衣。”王引之《經傳釋詞》卷七“若”條：“顧懽注《老子》曰：‘若，而也。’……《易·夬》九三曰：‘君子夬夬獨行，遇雨若濡。’言遇雨而濡也。”

（5）是——｛是｝｛躓｝｛實｝

“是”金文作（周中·虢季子白盤《金》），造字本義不明。郭沫若以爲“匙”之初文；張日昇以爲蟲類“蝭蟧”之象形；林義光以爲上象人首、下象手足倚弛緩不行之形；高鴻縉以爲從手遮日光、審諦安行之義

① 丁四新．楚竹書與漢帛書周易校注［M］．上海：上海古籍出版社，2011：35.

② 黄德寬，何琳儀．古文字譜系疏證［M］．北京：商務印書館，2007：1554.

③ 丁四新．楚竹書與漢帛書周易校注［M］．上海：上海古籍出版社，2011：116.

（俱見《金文詁林》），均無確證。《説文》訓爲“直”，引申出“正直”“正是”的意義系列。竹本用“是”記録“正是”義1次，以《説文》訓釋可認爲屬本用：

《小過》：“上六：弗遇𠀤之，飛鳥羅之，凶，是胃亦𤆍𧜵。”

竹本用“是”記録｛蹢｝1次，表示蹢躅，爲借用：

《敂》：“初六：繫于金柅，貞吉。又攸逞，見凶，羸豕孚是蜀。”

“羸豕孚是蜀”帛本作“羸豨復適屬”，今本、開本作“羸豕孚蹢躅”。“是”古音屬定紐支部，“蹢”古音屬端紐錫部，《釋文》：“蹢，一作‘躑’。”“躑”古音屬定紐錫部，與“是”同音，由此可知“是”“蹢”二字古音相近，支錫對轉，端定旁紐，屬於音近通假。“是”又通“適”，阜陽漢簡《詩經》：“寧是不來，微我有咎。”毛詩之《小雅·伐木》作：“寧適不來。”

竹本用“是”記録｛實｝1次，表示充實、滿，亦爲借用：

《既濟》：“九五：東𨛭殺牛，不女西𨛭之酌祭，是受福，吉。”

“是受福”帛本作“實受亓福”，今本、敦本、開本作“實受其福”。古韻“實”在至部，“是”在支部，至、支韻部最近，故二字可通假。《詩經·召南·小星》：“實命不同。”又《邶風·燕燕》：“瞻望弗及，實勞我心。”《毛傳》：“實，是也。”清華大學藏戰國竹簡（陸）《鄭甲》：“白（伯）父是（實）被複（覆），不𦒸（穀）以能與（就）宑（次）。”

（6）至——｛至｝｛致｝

“至”甲骨文作（商·鐵125.4《甲》），象箭矢落在地面之形，本義爲到達。《説文》釋爲“鳥飛從高下至地也”，不知所據。竹本用“至”記録｛至｝4次，表到達義，屬本用：

《林》：“六四：至林，无咎。”

《恭》：“恭：改邑不改恭，亡喪亡㝵。逞整恭恭。氣至亦母䯆恭，羸丌缾，凶。”①

竹本用“至”記録{致}2次，表示致使、導致，屬借用：

《孠》：“九晶：孠于坭，至寇至。”

《繲》：“六晶：傎虘輓，至寇至，□□。”

竹本“至寇至”帛本、熹本、敦本、開本、今本第一個“至”作“致”。五年召伯虎簋：“余弗敢𤔲（亂）余或（國）至我考我母令（命）。”簡帛文字中“致”也常作“至”，如：馬王堆帛書《老子》甲、乙本《道經》：“三者不可至計（詰），故𡈼（混）而爲一。”通行本“至”作“致”。包山楚簡205：“卲吉爲𥚊（位），既禱至福。”《儀禮·少儀》：“爲人祭曰致福。”包山楚簡中還有“至命”“至隻（胙）”等，均應讀爲“致”；郭店楚簡《緇衣》簡11：“則民至行𠔌（己）以敚（悦）上。”“至”《禮記·緇衣》今本作“致”。

竹本中的多用字，所有用法都是借用的有4個，占竹本因借用造成的多用字的45%：

（1）忘——{妄}{無}

《説文》：“忘，不識也。從心從亡，亡亦聲。”竹本用“忘”記録{妄}4次，表希望義，爲借用，均出現在《亡忘》卦中，如：

《亡忘》：“初九：亡忘，吉。”

“亡忘”帛本作“无孟”，阜本作“无亡”，開本、敦本、今本作“无妄”。戰國文字“忘”多用其本義，郭店簡“忘”讀“妄”②，武威漢簡34號：“勿忘傳也。”意在戒止人們妄爲流傳。《大戴禮記·衛將軍文子》：“是故不忘。”《孔子家語·弟子行》“忘”作“妄”。

竹本還用“忘”記録{無}1次，表否定義，亦屬借用：

《夬》：“上六：忘虐，中又凶。”

① 竹本“恭”下原爲重文符號。

② 黄德寬，何琳儀. 古文字譜系疏證［M］. 北京：商務印書館，2007：1968.

“忘虐”帛本、開本、今本均作“无號”。“忘”原考釋者訓爲：“喻小人乘陵君子之上，必致凶危，故戒之，忘以吼聲提醒，會致凶。‘忘’亦通‘亡’，‘忘虐’或讀爲‘無號’。”①“忘”古音屬明紐陽部，“无”古音亦屬明紐陽部，季旭昇指出其字爲“無”之分化字，“無”小篆字形[illegible]所從之“亡”，兼聲亦兼義，是説可從②。

（2）于——{於}{爲}

“于”甲骨文作[illegible]（商·後 2.16.2《甲》），省略作[illegible]（商·拾 5.14《甲》），本義爲樂器竽（裘錫圭《甲骨文中的幾種樂器名稱——釋“庸”“豐”“鞀”》），假借爲往也、虛詞{於}，“於”字形由“烏”字分化而來，“于”“於”形義俱不相同，後用法漸漸不分。《説文》：“于，於也。”是以後世假借義釋“于”。竹本用“于”記録{於}1 次，作介詞，引出動作的時間、處所、對象等，屬借用，如：

> 《夬》：“九晶：藏于頄，又凶。君子夬夬蜀行，遇雨女雺，又礪，亡咎。”
>
> 《漸》：“初六：鳿漸于[illegible]。少子礪，又言，不冬。”

竹本用“于”記録{爲}1 次，表示作爲，屬借用：

> 《萃》：“初六：又孚不冬，乃䙴亂萃，若虐，一斛于芺，勿卹，進亡咎。”

“一斛于芺”帛本作“一屋于芺”，熹本、開本、今本“于”作“爲”。清王引之《經傳釋詞》卷一：“于，猶爲也。”卷二：“爲，猶于也。”《尚書·蔡仲之命》：“降霍叔于庶人。”漢鄭玄注：“于，猶爲也。”《詩經·鄘風·定之方中》：“定之方中，作于楚宫。揆之以日，作于楚室。”清王引之《經義述聞》：“于，當讀曰爲，謂作爲此宫室也。古聲于與爲通。”《文選》漢司馬相如《長門賦》：“因于悲秋之辭。”唐李善注引鄭玄《儀禮》：“于，猶爲也。”

---

① 濮茅左. 楚竹書《周易》釋文注釋［A］. //馬承源. 上海博物館藏戰國楚竹書（三）［C］. 上海：上海古籍出版社，2003：189.

② 季旭昇. 説文新證［M］. 臺北：藝文印書館，2004：205.

（3）亡——{亡}{無}

“亡”的本義是鋒芒，各本中均假借爲{亡}，表示逃亡、滅亡、消亡、消失、喪失等意義。在竹本中“亡”還可借用爲{無}，表示否定義，他本作“无”。竹本用“亡”記録{亡}21次，爲借用，如：

《夬》：“九四：誫亡肤，丌行緀疋。喪羊𢘻亡，䎽言不冬。”

《恒》：“革：攺日廼孚。元羕貞，利貞，吇亡。”

竹本用“亡”記録{無}（没有）57次，屬借用，如：

《訟》：“九二：不克訟，逋肤。丌邑人晶四户，亡眚。”

《帀》：“九二：才帀，吉，亡咎，王晶賜命。”

（4）肤——{肤}{逋}

竹本用“肤”記録{肤}3次，屬本用：

《楑》：“六五：𢘻亡。陞宗𡍮肤，𢾊可咎？”

《夬》：“九四：誫亡肤，丌行緀疋。喪羊𢘻亡，䎽言不冬。”

《敂》：“九晶，誫亡肤，丌行緀疋，礪，亡大咎。”

用“肤”記録{逋}1次，屬借用：

《訟》：“九二：不克訟，逋肤。丌邑人晶四户，亡眚。”

2. 因詞義引申造成的多用字

詞義引申是造成一字多義的主要原因，也是漢語中較爲普遍的現象，一般認爲，當若干詞項（包括本義和引申義）之間意義關係密切、未發生字形或字音上的分化，通常仍將之視爲同一個詞。比如“歸”在《易經》中有{出嫁}和{回歸}兩個詞項，“君”有{君王}和{君子}兩個詞項，“首”有{人頭}和{首領}兩個詞項，這三個字各自所記録的兩個詞項之間關係緊密，并且都没有發生字形或者字音上的分化，仍可以看作一個詞，因此“歸”“君”“首”在《易經》中都只記録了一個詞，不屬於多用字。再比如“取”在《易經》中有{拿取}和{娶妻}兩個詞項，記録兩個詞項的字發生了字形變化，可以看作兩個詞，因此“取”屬於多用字；再比如“好”在《易經》中記録了{美好}和{喜愛}兩個詞項，當表示美好的意思時讀“hǎo”，當表示喜愛的意思時讀hào，發生了字音上的分化，可以看作兩個詞，因此“好”屬於多用字。

竹本中因詞義引申造成的多用字有2個，占竹本所有多用字的13%：

（1）右——{右}{祐}

“右”是“又”的分化字，甲骨文中只見“又”，不見“右”，周代以後加分化符號“口”。《説文》：“右，手口相助也。”李守奎認爲“口”在文字演變的過程中常作爲裝飾符號或區别符號，與口舌之“口”無關[1]。“右”是在“又”上加區别符號“口”來分承“又”的“左右”之義和“佐佑”之義，爲這兩個義項的分化本字。竹本用“右”記録{右}1次，表示左右義，屬分化本字記録本義的本用：

《豐》：“九晶：豐丌芾，日中見芠，折丌右拡，亡咎。”

竹本用“右”記録{祐}1次，表示神靈的保祐，亦屬分化本字記録本義的本用：

《大有》：“上九：自天右之，吉，亡不利。”

竹本“自天右之”帛本亦作“自天右之”，開本、今本作“自天祐之”。《説文》：“祐，助也。”《廣韻·宥韻》：“祐，神助。”甲骨文中的再又之“又”、左右之“右”、福祐之“祐”、有無之“有”、侑祭之“侑”都作（又）（商·粹1113《甲》），“右”“祐”“有”“侑”都是從“又”分化而來。《小屯·殷墟文字丙編》三八：“貞，咸弗又（祐）王？”“祐”爲神祐之義的分化本字。

（2）行——{行1}{行2}

“行”甲骨文作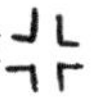（商·後下2.12《甲》），羅振玉《殷墟書契考釋》：“像四達之所行也。”即十字路口的形狀，本義爲道路。《説文》根據訛變後的小篆字形將“行”釋爲“人之步趨也。從彳、從亍”是不準確

① 李學勤. 字源［M］. 天津：天津古籍出版社，2012：220.

的。《詩經・小雅・小弁》：“行有死人，尚或墐之。”{行} 從道路義引申出行列義，又由行列義引申出排行、行業等意義，這些意義均讀“háng”。從道路義又可引申出動詞的行走義，流行、通行、施行、行爲等意義均由此系列引申而來，讀爲“xíng”。竹本用“行”記録 {行 1} 1 次，表示道路義，其他各本同：

《夬》：“九五：莧茓夬夬，中行亡咎。”

竹本用“行”記録 {行 2} 7 次，表示行走、行動等義，其他各本同，如：

《壓》：“上六：鳴壓，可用行帀，征邦。”

《夬》：“九晶：藏于頄，又凶。君子夬夬蜀行，遇雨女雺，又礪，亡咎。”

3. 因字形訛誤造成的多用字

竹本中因字形訛誤造成的多用字有 2 個，占竹本多用字的 13%。

（1）北—— {北} {丘}

《説文》：“北，乖也。從二人相背。”“北”的本義爲乖背，借用表示北方。竹本用“北”記録 {北} 1 次，表示方位義，屬借用，他本同：

《訐》：“訐：利西南，不利東北，利見大人。貞吉。”

竹本用“北”記録 {丘} 1 次，爲“丘”字的形近誤用：

《頤》：“六二：曰遉頤，𢍜經于北洍。征凶。”

“北洍”帛本作“北頤”，阜本、敦本、開本、今本作“丘頤”。甲骨文“丘”作（商・乙 4320）、（商・佚 733），商承祚以爲“丘爲高阜，似山而低，故甲骨文作兩峰”①。甲骨文“山”作（商・合 96），

① 商承祚. 殷契佚存考釋［M］. 南京：金陵大學中國文化研究所影印本，1933：86.

三峰爲山，兩峰爲丘。春秋以後“丘”字上部逐漸訛變爲“北”形作（春晚）、（戰·齊·子禾子釜），因此有了“人所居在丘南”等錯誤的説法，《説文》也因此誤將“丘”字釋爲“從北，從一”。戰國文字或加一横爲區别符號作（戰·楚·包 2.90），或加意符“土”作（戰·楚·包 2.237），或加聲符“丌”作（戰·燕·璽彙 3384），或同時加“土”和“丌”作（戰·楚·鄂君啓車節）。

（2）四——{四}{百}

“四”字的甲骨文（商·甲 504 ·徐王子旃鐘）以積劃成數的方式記録數字四，爲指事構字。春秋以後作（春秋）、（春秋·郘鐘），丁山《數名古誼》謂該字形爲“呬”之本字，假借謂數字“四”，曾憲通《吴王鐘銘考釋》據吴王鐘以爲“四”象鼻息下引之形，即“呬息”；李孝定以爲“象鼻端有物下垂，不爲泗則爲息”①。季旭昇以爲“四”記録數字四爲假借②。竹本用“四”記録{四}27次，表示數字四，均出現于爻辭“九四”“六四”中，屬借用，他本同，如：

《龙》：“六四：困龙，吝。”
《亡忘》：“九四：可貞，亡咎。”

竹本用“四”記録{百}1次，表示數量詞百，爲“百”字的形近誤用：

《訟》：“九二：不克訟，逋肤。丌邑人晶四户，亡眚。”

“丌邑人晶四户”帛本、敦本、開本、今本均作“三百户”。“四”和“百”在先秦時期曾有過容易混淆的階段，金文“四”作（戰·晉·大梁鼎《金》），金文“百”作（周中·舀鼎），二字形近，又都表示數量詞，容易訛混。後“四”字中間的兩横或者挪到字形中間，如（戰·楚·帛乙 4.6），或者省略，同時字形更趨寬扁，如楚簡作（戰·楚·信 2.1）、秦簡作（秦·睡 23.6），楚簡中還有刻意將字形中間兩竪拉長的（戰·楚·包 115）或（戰·楚·包 226）；“百”字上

① 李孝定，周法高，張日昇. 金文詁林附録［M］. 香港：香港中文大學，1974：1644.
② 季旭昇. 説文新證［M］. 臺北：藝文印書館，2004：948.

的一横與下面的構件分離，字形更趨窄長，如金文作（春秋・沇耳鐘），楚簡作（戰・楚・郭・語一 18），楚簡中還有在字形上方增加區別符號的（戰・楚・包 115）或（戰・楚・包 131），後秦簡省作（秦・睡 23.8），二字區別逐漸明顯。

二、竹本用字特徵

1. 異文數量多

與今本字形差異大。主要表現在三個方面。首先是整體字形差異比率高。竹本《周易》殘卷現存字數 1806 個，其中不重複的字位 454 個。將這些字位與今本中的字位進行對比，共有 261 個字位與今本不同，差異率達到 55%。這種差異使得竹本《周易》在整體字形風貌上風格獨特，同時也難以識讀。

其次是高頻字與今本字形差異大。竹本中出現頻率最高的字，從頻率由高到低分別是： 六、九、亡、吉、利、丌、又、貞、不、晶、咎。這使用頻率最高的 11 個字，有 4 個與今本用字不同，分別是“亡”“丌”“又”“晶”，今本用的分別是“无”“其”“有”“三”，差異率達到 30%以上。在書寫中使用率較高的字，與使用率較低的字相比，穩定性更强，接受度更高，使用範圍更廣。

2. 字形穩定性低

竹本《周易》殘卷現存字數 1806 個，其中不重複的字位 454 個，其中 129 個字的字形無法在現有字書、字庫中找到對應字形，都屬於漢字歷史上特定時代和地域中的曇花一現，隨後就被其他字形取代了。

3. 字用功能較單一

經統計，竹本中一字記録一義的單用字有 436 個，占所有字位的 97%；一字記録多義的多用字有 15 個，占所有字位的 3%。今本《周易》的多用字占 13%，相較而言，竹本的字用功能較單一，多用字較少，一字一用的比例更高。

4. 文字借用比例高

竹本《周易》中屬於以本字表示本義或引申義的，即本字本用的，有 954 個，占 53%；屬於以借字表示假借義，即借用的，有 824 個，占 46%。經統計，今本《周易》用字的借用率爲 31%。可以看出竹本的借用比例大大高於今本。

從一字多用的原因上看，竹本中的多用字共 15 個，其中因借用造成的多用字有 11 個，占竹本一字多用的 73%，略低於今本 79%的比例。但是進一步對竹本中因借用而造成的多用字的具體用法進行分析，發現在竹本的 11 個因假借造成的多用字中，有 6 個字的用法既有本用也有借用，有 5 個字的用法全部都是借用，全部用法都是借用的多用字幾乎占到多用字的 50%；但是在今本的 38 個因借用造成的多用字中，有 34 個字既有本用也有借用，只有 4 個字的用法全部都是借用，只占多用字的 11%，此對比也從一個側面反應出竹本的借用現象較爲普遍。

5. 同詞異字現象多

在竹本《周易》的文本範圍内，用不同字記録同一個詞的同詞異字現象較多。目前一共統計出 18 組，而今本中的同詞異字現象僅有 10 組，而且竹本的統計只是在竹本殘卷的範圍内進行，存字量不到今本的 40%，如果竹本是完整的，同詞異字的數量勢必更多。

第二節 阜本《周易》用字情況及特徵

一、阜本用字情況

阜陽漢簡《周易》存字量 959 個，其中本用的約 618 個，約占阜本所存字量的 64%；借用的約 332 個，約占阜本所存字量的 35%（本書對本用、借用的説明和分析方法見竹本“字用屬性”一節，此處及下文只列出各本的統計結果，不再重複分析過程）。阜本所存不重複的字位 363 個，字頻統計結果如表 2 所示：

表 2 阜本字頻分布

出現次數	字位數量	字位
1	229	菁、壺、纍、苐、䏶、欿、偶、厄、拔、般、邦、北、傰、匕、潎、辨、剥、跛、差、産、嗔、乘、赤、畜、觸、川、垂、戴、导、登、帝、奠、鼎、動、獨、端、而、耳、藩、方、焚、馮、伏、枹、福、負、婦、富、甘、膏、告、葛、艮、耕、宫、菁、谷、官、光、龜、巂、國、果、害、行、好、洪、矦、虎、徽、昏、或、獲、疾、蒺、覿、嬰、祭、甲、絜、節、戒、進、井、敬、酒、拘、據、屨、爵、克、枯、闚、廆、腊、老、羸、藟、藜、離、吏、洌、鄰、靈、龔、漏、鹿、攣、茅、門、迷、密、明、鳴、莫、纆、木、目、乃、迺、南、能、年、躭、寧、佲、頻、皤、啓、蹇、前、乾、且、丘、求、驅、去、然、橈、戎、喪、生、眚、勝、

續表

出現次數	字位數量	字位
		尸、十、石、實、矢、豕、事、首、説、碩、隋、損、它、英、泰、堂、天、田、橦、突、塗、退、臀、惟、尾、未、吾、武、勿、習、下、先、閒、險、心、信、休、羞、虛、玄、穴、血、薰、言、羊、楊、野、壄、一、遺、乙、易、義、攸、幽、憂、牖、雨、與、遇、獄、遠、曰、刖、雲、載、閘、戰、章、延、正、政、支、枝、止、至、寘、簪、終、朱、株、壯、肫、宗、足
2	62	鞮、蔑、椽、堅、出、牀、眈、道、東、兑、敦、反、飛、膚、紱、高、歌、翰、鄗、黄、幾、嘉、交、經、可、寇、臨、馬、命、母、鳥、牛、女、禽、肉、若、山、涉、食、視、祀、歲、坦、童、王、爲、吴、喜、係、校、夷、宜、劓、音、豫、月、則、丈、中、逐、字、鞥
3	24	白、比、車、夫、父、何、後、金、履、威、僕、妻、日、入、舍、失、亡、毋、西、徐、以、邑、元、市
4	6	賁、得、冬、弗、過、同
5	7	凾、非、觀、吝、筮、我、頤
6	4	見、君、來、自
7	3	困、厲、子
8	2	小、用
9	3	缶、如、之
10	1	往
11	1	復
12	5	亨、上、四、五、兇
13	1	人
14	2	初、大
15	1	二
16	2	咎、三
20	1	利
21	2	于、其

續表

出現次數	字位數量	字位
23	1	无
26	2	不、貞
29	1	有
30	1	吉
34	1	九
42	1	六

阜本中出現 1～10 次的低頻字共 341 個，占所有字位的 94%，其中只使用了 1 次的字有 229 個，占所有字位的 63%；出現 11～30 次的中頻字共 20 個，占所有字位的 5%；出現 30 次以上的高頻字共 2 個，占所有字位的 1%。

因爲阜本高頻字數量很少，爲了更好地展現阜本的用字狀況，也便於與其他出土本做比較，我們還要關注阜本的中頻字。阜本的高、中頻字按頻率從高到低依次如下：六、九、吉、有、不、貞、无、利、其、于、咎、三、二、人、亨、上、四、五、兇、復。

阜本所存不重複的 363 個字位中，單用字 352 個，占阜本所存字位的 97%；多用字 11 個，占阜本所存字位的 3%。

1. 因借用造成的多用字

阜本中因借用造成的多用字 10 個，占阜本所有多用字的 91%。其中有 9 個字的用法既有本用，也有借用，占阜本因借用造成的一字多用的 90%：

（1）何——{荷}{何}

（2）亨——{亨}{享}

（3）貞——{貞}{正}

（4）有——{有}{於}

（5）復——{復}{俘}

（6）幾——{幾}{冀}

有 1 個字的用法都是借用，占阜本因借用造成的一字多用的 10%：

（1）亡——{亡}{望}

（2）上——{上}{尚}

（3）如——{如}{茹}

（4）父——｛膚｝｛輔｝

2. 因詞義引申造成的多用字

皁本中因詞義引申造成的多用字 1 個，占皁本所有多用字的 9%：

反——｛反｝｛返｝

二、皁本用字特徵

1. 異文數量減少

皁本的文字書寫比較潦草，筆畫省減、黏連的現象比較常見。比如“咎”字在皁本中出現了、、、等寫法，可以看出右上角的構件和帛本中的一樣，是“人”，并不是現在的“卜”。“其”字有、、、、等寫法，後三種寫法的上部與前兩種寫法不同，出現了省減，是“其”字現在寫法的來源。

2. 出現一些特殊構形的字

“悔”字是《周易》中的高頻字，在竹本中寫作，在帛本中寫作，兩個都楷定爲“悬”，“每”是“母”的異寫，故都是以“母”和“心”構形。而這個字在皁本中作，楷定爲“𣫭”，右邊的構件換成了“卜”，這可能與《周易》作爲卜筮之書的性質有關。

又如“龍”在各個版本中的寫法都只有筆畫書寫的差異，但是在皁本中作，楷定爲蠪，增加了表意構件“虫”，《説文》：“龍，鱗蟲之長。”“攸”，竹，皁本作，今本和帛本作“攸”。

3. 與帛本用字存在相似性

皁本中的一些字形和帛本相同，都是今本的異體，如：今本的“望”字帛本作“”、皁本作“”，楷定爲“朢”；“笑”字帛本作，皁本作，下面都從犬，楷定爲“芺”；“朋”字帛本作，皁本作，楷定爲“傰”。

還有一些用了和帛本相同的借字，如：“饋”字帛本作、皁本作，楷定爲“貴”；“遯”在帛本中作、皁本作，二者都楷定爲“椽”，在文本中借用爲“遯”；“弧”帛本作、皁本作，楷定爲“壺”，在文本中借用爲“弧”。

皁本中用的有些字雖然與帛本不同，但字形與帛本字形在構件上有相同或相似的部分，如：“輔”字帛本作（胶），帛本作；“德”字帛本作、皁本作，皁本字形是“得”的省減。“錯”字帛本作、皁本作。今本“維”在帛本中作，楷定爲“雋”，皁本作，楷定爲

“巂”，在文本中借用爲“維”；“噬”字帛本作[illegible]、阜本作[illegible]。阜本和帛本用的字都是借用爲今本的字，可見二者在借字時所用的字形具有相似性。

第三節 帛本《周易》用字情况及特徵

一、帛本用字情况

馬王堆漢墓帛書《周易》全文存字量 4583 個，其中本用的 2601 個，占帛本所存字量的 57%；借用的 1941 個，占帛本所存字量的 42%。帛本所存不重複的字位 732 個，字頻統計結果如表 3 所示：

表 3 帛本字頻分布

出現次數	字位數量	字位
1	298	譃、搋、栽、蓺、坵、韡、闟、截、蕺、蓦、㑘、鬏、哭、參、蓁、禮、湯、藹、系、翔、茈、肥、原、鰞、欰、眇、䎤、八、敗、般、坂、半、貝、鼻、敝、編、辯、冰、竝、波、讒、常、朝、城、池、赤、楚、處、掫、垂、茨、賜、錯、帶、地、娣、奠、經、釘、棟、毒、瀆、譌、耳、廢、蕡、仿、翡、紛、棼、忿、馮、服、蜉、斧、付、負、腹、甘、肝、革、耕、工、弓、功、攻、狗、枸、姤、詬、柧、官、貫、盥、晛、雟、鬼、貴、搋、海、含、寒、好、合、河、荷、褐、鶴、壺、濩、壞、回、諱、火、穫、箕、及、蒺、跡、藉、忌、洎、恝、柣、綾、介、疥、經、景、鞫、浚、抗、客、哭、块、筐、刲、腊、闌、勞、藜、里、叟、籠、鹿、繼、論、律、莽、袂、廟、蔑、茉、纆、目、幕、内、朋、堋、鈚、品、鄞、期、啓、氣、棄、牽、遷、濡、頃、慶、親、睘、驅、瞿、涼、闕、眇、然、橈、嬬、沙、殺、山、觴、舌、身、脤、繩、時、使、適、收、守、鼠、屬、庶、霜、隨、壇、湯、檮、梯、提、踢、填、突、徒、塗、豚、沱、外、妄、忘、望、胃、蔄、謂、塭、温、聞、問、巫、毋、夕、息、璽、陜、騢、顯、莧、相、享、巷、校、荆、垪、興、羞、宿、胥、虚、序、玄、塤、薰、旬、牙、噞、陽、葯、要、藥、夜、衣、宜、萬、疑、已、亦、翼、陰、引、友、右、佑、俞、馀、羽、與、獄、譽、淵、掾、頨、菑、再、戰、張、撜、知、炙、桎、衆、晝、株、絑、逐、酌、棨、齏、禝、總、足、祖、尊、作、癘

續表

出現次數	字位數量	字位
2	157	𧰼、股、茀、茝、斋、蕃、鼙、屄、樂、安、犮、白、百、必、賓、跛、臣、訦、成、遲、齒、畜、觸、此、次、亶、瓶、笛、弟、顛、斗、獨、端、貳、伐、煩、反、缶、彿、福、膏、歌、庚、宮、共、股、鼓、闉、龜、裹、和、狐、户、華、惠、幾、舊、祭、戔、堅、鍵、角、階、戒、進、禁、舉、句、懼、夬、枯、梏、老、離、立、戾、連、良、陵、陸、綸、栂、迷、密、冥、母、木、皮、牝、平、前、乾、且、妾、去、戎、容、肉、乳、入、塞、商、舍、矢、士、是、受、疏、思、死、巳、祀、瑣、它、桃、涕、退、屯、望、委、屋、無、武、信、休、洫、啞、閻、楊、野、拙、遺、乙、易、意、音、飲、盈、庸、幽、牖、杅、禺、遇、諭、遠、曰、雲、丈、折、真、直、執、致、雉、字、纍
3	68	藩、翟、轂、竈、厚、北、帝、鼎、東、迥、擅、敦、發、肥、富、緮、高、茋、乖、光、虎、濟、嘉、甲、叚、建、駭、解、金、酒、快、羅、茅、滅、莫、剖、七、羣、妻、巧、勝、石、訟、廷、爲、爲、昔、豨、習、係、下、夐、徐、穴、亞、衍、宜、憂、輿、浴、允、載、章、濯、兹、宗、左、敬
4	37	承、乘、道、虋、方、膚、父、何、疾、汲、交、茭、勒、羸、孟、闃、鳴、泥、鳥、寧、僕、禽、取、缺、射、實、視、筭、隋、損、同、未、喜、魚、月、臧、卒
5	41	剥、牀、從、德、而、芳、豐、箇、公、國、過、鴻、渙、節、居、鄰、旅、門、南、年、求、失、十、首、説、歲、所、芺、泰、田、唯、嗛、羊、一、頤、餘、則、止、主、壯、榦
6	19	灊、偹、奪、告、黄、獲、漸、林、龍、妹、蒙、命、濡、生、省、筮、朔、欽、雨
7	20	椽、觀、號、即、既、寇、困、乃、能、牛、蹇、繻、遂、天、尾、西、心、益、永、至
8	14	比、車、夫、枹、贛、恒、疾、茹、少、童、我、先、邑、愚
9	12	出、冬、非、禮、婦、明、歸、後、女、上、師、言
10	7	登、克、馬、血、夷、在、自

續表

出現次數	字位數量	字位
11	7	根、家、可、若、涉、食、事
12	4	辰、川、弗、井
13	2	正、中
16	2	日、王
17	3	行、以、終
18	2	或、小
19	1	闇
20	2	厲、見
21	3	君、勿、元
22	2	如、兇
23	1	來
24	1	得
28	1	攸
30	1	凶
31	2	悬、子
35	2	亨、亡
41	1	大
42	1	往
47	1	用
50	1	復
52	1	四
54	1	尚
57	1	人
58	1	五
61	1	初
63	1	二
67	1	之

續表

出現次數	字位數量	字位
68	1	于
73	1	三
89	2	不、咎
93	1	亓
99	1	有
102	1	利
103	1	貞
124	1	吉
136	1	无
172	1	九
173	1	六

依照在竹本用字研究時確定的標準,將列表中出現次數在1～10次的叫作低頻字,出現次數在11～30的叫作中頻字,30次以上的叫作高頻字。經統計,帛本中低頻字共673個,占所有字位的92%,其中只使用了1次的字有298個,占所有字位的41%;帛本中的中頻字共32個,占所有字位的4%;帛本中的高頻字共27個,占所有字位的4%。

帛本中的高頻字按頻率從高到低依次爲:六、九、无、吉、貞、利、有、亓、不、咎、三、于、之、二、初、五、人、尚、四、復、用、往、大、亨、亡、悬、子。

帛本《周易》不重複的732個字位中,單用字647個,約占帛本所存字位的88%;多用字85個,約占帛本所存字位的12%。按照多用字産生的原因,將帛本中的多用字分爲以下四類:

1. 因借用造成的多用字

帛本中因借用造成的多用字共74個,占帛本所有多用字的87%。其中有52個字的用法既有本用也有借用,占帛本因借用造成的多用字的70%:

(1)取——{取}{娶}

(2)隋——{隨}{骰}

(3)何——{荷}{何}

(4)貞——{貞}{正}

（5）復——{復}{覆}{孚}{俘}
（6）幾——{幾}{冀}
（7）血——{血}{恤}
（8）載——{載}{哉}
（9）允——{允}{猶}{鞔}
（10）尚——{尚}{上}{賞}
（11）告——{告}{誥}
（12）承——{承}{脀}
（13）次——{次}{趑}
（14）以——{以}{與}
（15）節——{節}{即}
（16）婦——{婦}{否}
（17）比——{比}{妣}
（18）得——{得}{德}
（19）牀——{牀}{壯}
（20）汲——{汲}{泣}
（21）既——{既}{即}
（22）堅——{堅}{牽}
（23）敬——{敬}{驚}
（24）林——{林}{臨}
（25）泥——{泥}{惕}
（26）寧——{寧}{惕}
（27）商——{商}{賞}
（28）石——{石}{碩}
（29）筮——{筮}{噬}
（30）爲——{爲}{維}
（31）委——{委}{威}
（32）亞——{亞}{啞}
（33）衍——{衍}{衎}
（34）宜——{宜}{儀}
（35）憂——{憂}{羞}
（36）遠——{遠}{桓}
（37）榦——{幹}{翰}
（38）不——{不}{否}{彼}

（39）辰——{震}{臀}
（40）華——{花}{虞}
（41）肥——{肥}{腓}{妃}
（42）即——{即}{則}{既}
（43）臧——{臧}{牀}{戕}
（44）傰——{傰}{朋}
（45）勒——{革}{棘}{芖}
（46）襦——{襦}{需}{濡}
（47）茹——{茹}{如}{袽}
（48）如——{如}{若}
（49）生——{生}{牲}
（50）交——{交}{絞}
（51）贏——{贏}{靡}
（52）利——{利}{履}

帛本中因借用而造成的多用字中有 22 個字的用法都是借用，占帛本因借用造成的多用字的 30%：

（1）于——{於}{爲}
（2）而——{而}{爾}
（3）椽——{遯}{飢}
（4）擅——{瀆}{覿}
（5）發——{紱}{髮}
（6）奪——{脱}{悦}
（7）根——{艱}{艮}
（8）句——{履}{漏}
（9）戾——{列}{洌}
（10）皮——{彼}{罷}
（11）容——{欲}{戎}
（12）昔——{錯}{索}
（13）洫——{發}{窒}
（14）閨——{闚}{圭}
（15）杅——{歌}{虞}
（16）章——{章}{商}
（17）必——{必}{匹}
（18）亡——{亡}{網}

（19）巧—— {考} {孝} {簋}
（20）羅—— {麗} {鸝} {離}
（21）枹—— {包} {庖} {苞} {匏}
（22）夷—— {夷} {痍}

2. 因詞義引申造成的多用字

帛本中因詞義引申而造成的多用字共 6 個，占帛本多用字的 7%：
（1）行—— {行 1} {行 2}
（2）反—— {反} {返}
（3）田—— {畋} {田}
（4）見—— {見} {現}
（5）弟—— {第} {弟}
（6）立—— {立} {位}

3. 因字形訛誤造成的多用字

帛本中因字形訛誤而造成的多用字共 4 個，占帛本多用字的 5%：
（1）北—— {北} {丘}
（2）人—— {人} {入}
（3）亨—— {亨} {克}
（4）快—— {快} {袂}

4. 因多種原因造成的多用字

帛本中因字形訛誤而造成的多用字共 1 個，占帛本多用字的 1%：
遂—— {遂} {隊} {逐} {覿}

二、帛本用字特徵

1. 與今本的異文比例較高

帛本 732 個字位中與今本不同的有 279 個，占帛本字位的 38%。雖然與竹本的 55%相比，帛本的異文比例已經明顯下降，但是與同爲漢代的阜本（16%）、熹本（10%）相比，帛本的異文比例仍比較高。從帛本與今本的卦名差異，也能看出二者異文的情況。帛本與今本不同的卦名分别是：鍵（乾）、川（坤）、襦（需）、少**蓺**（小畜）、禮（履）、婦（否）、嗛（謙）、餘（豫）、隋（隨）、林（臨）、箇（蠱）、筮□（噬嗑）、蘩（賁）、泰蓄（大畜）、无孟（无妄）、泰過（大過）、贛（坎）、羅（離）、欽（咸）、椽（遯）、泰壯（大壯）、明夷（明夷）、乖（夬）、蹇（蹇）、**溍**（晉）、狗（姤）、卒（萃）、登（升）、辰（震）、根（艮）、筭（巽）、奪（兑）、中復（中孚）、少過（小過）、即濟（既濟），共 35 卦，占到 64 卦的 56%。

2. 與今本高頻字趨於一致

根據字頻統計結果，帛本高頻字有：六、九、无、吉、貞、利、有、亓、不、咎、三、于、之、二、初、五、人、尚、四、復、用、往、大、亨、亡、悬、子。今本高頻字有：九、六、无、吉、有、利、貞、其、咎、不、三、之、于、初、二、上、四、五、凶、用、大、人、往、亨、孚、子、悔、小、攸、如。雖然帛本與今本的異文比例高，但這些高頻字在帛本中的寫法與今本基本一致。其中今本中的"其"在帛本中作"亓"，《集韻》："其，古作亓，丌。"二字異構；今本中的"悔"在帛本中作"悬"，"凶"在帛本中有時寫法和今本一樣，但有時作"兇"，這兩個屬於因爲構件的差異而產生的異體字；今本的"上"在帛本中作"尚"，"孚"作"復"，還有一次作"蜉"，這三個屬於因爲文字借用而產生的異文。

另外，今本的高頻字"攸""如"没有出現在帛本高頻字中，这兩個字形在帛本中的寫法與今本一致，只是因爲帛本存在殘損，所以出現的頻次較少。

帛本的高頻字"亡"，在今本中不屬於高頻字，"亡"字在帛本中出現了 31 次，而在今本中只出現了 24 次，也就是説有幾次的用法是和今本不同的。

今本中"亡"有 19 次用於"悔亡"這個句式，如《咸》卦九四的爻辭"貞吉，悔亡"，表示"消失"的意思；1 次表示"死亡"，出現在《泰》卦爻辭"朋亡"；2 次表示"滅亡"，出現在《否》卦爻辭"其亡其亡，系于苞桑"；還有 2 次表示"丢失"，出現在《旅》卦的"一矢亡"和《中孚》的"馬匹亡"。

而在帛本中，"亡"字表示"丢失"義的用法有 13 次，除了與今本一樣的"一矢亡""馬匹亡"，還有《川》卦"西南得朋，東北亡朋"這樣的用法，帛本的《川》卦即今本的《坤》卦，在今本《坤》卦中，這句爻辭是"西南得朋，東北喪朋"，也就是説在帛本中，"亡"還表示"喪失"的意思，承擔了今本中"喪"的職能，又如今本《大壯》卦"喪羊于易"帛本作"亡羊于易"，今本《睽》卦"喪馬勿逐"帛本作"亡馬勿逐"，今本《旅》卦"喪牛于易"帛本作"亡牛□易"等。由此，"亡"在帛本中的使用頻率就有所增加了。

3. 一字多用現象較多

帛本中一字多用的情況是幾個版本中最多的，多用字的比例爲 21%，超過了開本的 19%。帛本中一字多用現象較多，主要表現在帛本中的某個字有其他版本中没有的用法，大部分爲假借用法。比如今本中的"允"

字可以表示“誠信”，如《晉》卦：“六三：衆允，悔亡。”該用法與帛本一致，但帛本中“允”還借用爲“猶”，表示“猶豫”的意思，比如帛本《餘》：“九四：允餘，大有得，勿疑。傰甲讒。”其中的“允餘”竹本作“猷𢓎”，今本作“由豫”，都借用爲“猶豫”。再比如“尚”在今本中可以表示“高尚”，例如今本《蠱》：“高尚其事。”帛本《箇》：“高尚亓德。”“尚”在今本中還可借用爲“賞賜”的意思，例如“行有尚”“往有尚”“得尚于中行”等，但在帛本中，“尚”還可以表示“上”，其他版本中的“上六”“上九”，在帛本中都寫作“尚六”“上九”。

第四節　熹本《周易》用字情況及特徵

一、熹本用字情況

熹平石經《周易》存字量 1156 個，其中本用的約有 772 個，占熹本存字量的 67%；借用的有 384 個，占熹本存字量的 33%。熹本所存不重複的字位 346 個，字頻統計結果如表 4 所示：

表 4　熹本字頻分布

出現次數	字位數量	字位
1	195	㧊、按、罷、般、豹、奔、崩、妣、賓、承、乘、疇、出、處、巛、德、敵、弟、娣、顛、東、動、獨、反、方、腓、匪、焚、豐、否、大、紱、福、簠、父、婦、覆、幹、高、告、歌、革、葛、肱、谷、鼓、蠱、故、觀、盥、圭、歸、劊、國、寒、何、恒、狐、黄、机、擊、及、疾、覿、幾、艱、薦、交、角、階、嗟、近、拘、屨、厥、考、可、寇、封、虧、藟、離、立、連、洌、鄰、臨、龍、旅、馬、莽、妹、昧、門、蒙、戚、冥、莫、拇、幕、内、能、翩、僕、汔、泣、牽、慶、丘、驅、取、泉、喪、尚、裳、省、勝、尸、師、實、史、豕、是、收、斯、祀、訟、夙、餗、歲、惕、天、庭、徒、塗、威、違、聞、問、握、巫、劓、西、錫、喜、係、下、閑、巷、校、芙、荆、須、旋、穴、血、言、揚、野、夷、邑、剌、引、永、幽、友、渝、顒、獄、豫、鼉、淵、曰、月、瀹、躍、允、愠、載、占、章、折、拼、致、憤、甃、朱、酌、資、自、宗、足、祖、左、作

續表

出現次數	字位數量	字位
2	65	包、賁、比、辯、剥、臣、成、川、牀、從、鼎、兑、斧、負、復、艮、公、躬、姤、孤、龜、號、鳿、虎、惠、漸、節、解、晉、酒、克、困、陵、孿、亂、輪、南、女、七、羣、日、入、涉、升、失、十、蘇、童、臀、維、未、我、嘻、衍、羊、曳、改、飲、魚、輿、震、止、至、逐、主
3	29	次、萃、而、富、過、涣、濟、家、假、睽、履、朋、齊、且、食、事、噬、首、損、望、爲、尾、心、恤、巽、一、雨、在、壯
4	8	膚、夬、既、亡、以、益、譽、則
5	8	吝、得、井、君、厲、乃、若、中
6	8	見、來、如、濡、王、遇、征、子
7	3	蹇、弗、行
8	3	或、小、終
9	3	勿、悔、攸
10	3	初、用、元
11	1	亨
12	3	人、往、凶
14	2	不、四
15	1	貞
17	4	二、孚、上、之
18	1	五
19	1	三
23	1	利
29	2	其、有
34	1	咎
39	1	吉
45	1	无

續表

出現次數	字位數量	字位
50	1	九
49	1	六

熹本中出現 1～10 次的低頻字共 325 個，占所有字位的 94%，其中只使用了 1 次的字有 195 個，占所有字位的 56%；出現 11～30 次的中頻字共 16 個，占所有字位的 5%；出現 30 次以上的高頻字共 5 個，占所有字位的 1%。

熹本的高頻字也很少，和阜本一樣，爲了更好地展現熹本的用字狀況，也便於與其他出土本作比較，我們還要關注熹本的中頻字。熹本中的高、中頻字按頻率從高到低依次如下：六、九、无、吉、咎、有、之、二、利、三、其、五、大、孚、上、四、于、貞。

熹本殘石共存字位 346 個，其中單用字 339 個，約占熹本所存字位的 98%；多用字 7 個，約占熹本所存字位的 2%，按其產生原因可分爲以下三類：

1. 因借用造成的多用字

熹本中因借用造成的多用字有 6 個，占熹本多用字的 86%。其中有 5 個字的用法既有本用也有借用，占熹本因借用造成的多用字的 83%：

（1）孚——｛孚｝｛俘｝

（2）亨——｛亨｝｛享｝

（3）有——｛有｝｛於｝

（4）次——｛次｝｛趑｝

（5）維——｛維｝｛唯｝

有 1 個字的用法都是借用，占熹本因借用造成的多用字的 17%：

且——｛且｝｛趄｝

2. 因詞義引申造成的多用字

熹本中因詞義引申造成的多用字共 1 個，占熹本所有多用字的 14%：

見——｛見｝｛現｝

二、熹本用字特徵

1. 文字齊整規範

字形整齊，每個字的大小、位置、高低都有了一致的標準，橫平豎直的筆畫書寫形式已經定型，呈現出十分穩定的方塊字間架結構，如“无”

的帛書、阜簡與熹本的對比：、、。因手寫而有意拉長的末筆一方面與左邊的筆畫齊平，另一方面加大了彎轉的弧度，收尾時接近横畫，增强了字形的穩定感。字形書寫規範基本上没有竹本、帛本、阜本中同一字形書寫差異的問題。

2. 文字構形穩定

一個字的字形在《周易》這個文獻範圍之内，没有異寫異構的差異，説明作爲政府碑刻文獻的用字規範性已經達到了非常嚴格的程度。雖然熹本字量、字位數量在各本中是最少的，但與今本用字相比，用字相同比例已經達到90%，其中高頻字與今本的相同比例達到100%。

熹本高頻字是：六、九、无、吉、咎、有、之、二、利、三、其、五、大、孚、上、四、于、貞。全部與今本的高頻字重合，由於熹本存字量少，因此今本中的其他高頻字“不、初、凶、用、人、往、亨、子、悔、小、攸、如”没有出現在熹本高頻字中。熹本中只有“用”的一處用法與今本不同，即《益》：“益：利有攸往。利涉大川。”帛本和熹本均作“益：利用攸往。利涉大川”。“利有攸往”是《周易》的常見語句，《賁》《剥》《復》《无妄》《大過》《恒》《損》《夬》《萃》《巽》的卦詞和《大畜》九三爻辭都出現了“利有攸往”，帛本和熹本除了《益》卦之外也都用的是“利有攸往”，因此懷疑帛本和熹本《益》卦卦辭中的“利用攸往”是訛誤。

3. 文字借用率降低

從字用屬性上看，竹本、帛本中的借用字都達到了近30%，阜本中的借用字達到了近20%，而熹本中只有16%。説明經過用字規範，熹本有效減少了手寫中的臨時借用現象。

4. 用字的延續性

熹本用字與竹本、帛本、阜本存在很明顯的延續性，比如在構形構造方面，今本“笑”字，竹本作、帛本作、阜本作、熹本作，都楷定爲“芺”。今本的“形”熹本作、帛本作，都楷定爲“刑”，是今本字異體字。

再比如在文字借用方面，今本的“鼫”，竹本作、熹本作，都楷定爲“剶”，熹本延用了竹本的字，二者都借用爲“鼫”；今本“磐”字，阜本作，熹本作，都楷定爲“般”，借用爲“磐”。

還有一些熹本的用字與之前版本雖然不同，但是字形構造方面有聯繫，有的是省減了構件，有的是增加了構件。比如今本“拯”字竹本，作，楷定爲“抍”，熹本作，與竹本用字一致，二者都是“拯”的本字。今本“朋”字帛本作、阜本作，都楷定爲“倗”，是朋的本字，熹本

作“”，楷定爲“崩”，是帛本、阜本用字的省減。

5. 用字的獨特性

儘管熹本中的用字，特别是與今本存在差異的用字，大部分與竹本、帛本、阜本相同或存在某種延續性，但熹本中也存在一些與之前版本不同的獨特用字，比如把“蹇”字寫作（寋），把“吝”字寫作（各），這是字形構造上的差異；再比如熹本中用（顛）借用爲“頻”，用（剭）借用爲“渥”，用借用爲“變”、用（劊）借用爲“㸌”、用（瀹）借用爲“禴”、用（籚）借用爲“膚”，這些都是文字借用的獨特性。

第五節　敦本《周易》用字情况及特徵

一、敦本用字情况

敦煌唐寫本《周易》存字量 1849 個，其中本用的 1261 個，占敦本所存字量的 68%；借用的 583 個，占敦本所存字量的 32%。敦本《周易》所存不重複的字位 471 個，字頻統計結果如表 5 所示：

表 5　敦本字頻分布

出現次數	字位數量	字位
1	256	復、醜、寂、篚、鬼、罷、百、奔、妣、彼、必、辨、帛、跛、逋、長、朝、車、掣、成、承、乘、褫、寵、處、次、叢、錯、帶、窞、登、敵、弟、帝、耋、頂、東、敦、豚、朵、尒、惡、貳、伐、防、腓、焚、豶、否、茀、福、輔、負、甘、哥、歌、耕、躬、宮、媾、股、牿、貫、珪、歸、簋、果、汗、好、昊、曷、鶴、後、華、徽、婚、惑、穫、机、擊、及、棘、藉、己、祭、濟、嘉、頰、艱、介、誡、敬、酒、舊、爵、開、考、剋、口、寇、傾、睽、立、良、叒、靈、隆、廬、亂、輪、律、茅、脢、門、靡、密、蜜、眇、廟、滅、鳴、莫、纆、目、納、内、女、磐、頻、平、慼、祇、泣、棄、牽、遷、前、戕、趄、驅、衢、羣、然、戎、袽、繻、殺、商、舌、射、勝、失、矢、豕、使、士、是、筮、受、疋、束、帥、碩、斯、死、素、歲、隼、他、它、稊、遯、涕、童、突、徒、臀、沱、外、未、謂、聞、問、吾、武、習、系、係、下、顯、祥、享、巷、信、休、須、恤、旋、穴、牙、燕、羊、藥、衣、依、夷、遺、已、弋、義、劓、陰、引、墉、幽、由、

續表

出現次數	字位數量	字位
		友、牅、畬、渝、虞、與、欲、譽、原、園、遠、約、禴、愠、載、臧、丈、折、枕、拯、正、衹、趾、致、窒、寘、泏、主、酌、趑、蕃、宗、足、祖、樽、左、作、狐、皤、几
2	85	眖、際、安、臣、遄、顛、獨、爾、反、方、膚、富、輹、高、鼓、觀、國、翰、户、號、何、和、恒、黄、惠、即、幾、假、戔、郊、解、戒、經、枯、苦、老、吝、攣、栂、蔑、能、年、寧、牝、七、妻、禽、求、取、去、橈、濡、入、喪、尚、舍、生、尸、實、首、説、思、愬、所、坦、惕、田、慟、望、違、維、錫、咥、險、血、曳、一、宜、音、盈、魚、月、雲、執、至
3	35	白、畜、牀、道、德、棟、飛、缶、拂、婦、告、龜、獲、見、嗟、居、命、鳥、且、丘、十、食、視、訟、天、庭、爲、西、喜、心、言、楊、災、在、壯
4	16	從、而、夫、公、虎、疾、既、夬、克、離、日、眚、尾、邑、雨、征
5	13	兑、匪、家、馬、牛、朋、若、妄、我、永、遇、則、逐
6	7	節、坎、師、損、咸、輿、中
7	13	賁、比、剥、弗、過、君、可、涉、事、亡、以、益、子
8	8	出、川、行、涣、來、無、頤、自
9	2	厲、王
10	3	復、悔、履
11	5	得、或、勿、元、終
12	1	小
13	1	攸
14	2	如、于
16	1	孚
17	1	大
18	2	亨、往
19	1	用

續表

出現次數	字位數量	字位
21	1	人
23	1	五
24	1	上
25	1	二
26	1	四
27	1	初
31	1	凶
34	1	不
35	1	三
38	1	其
39	2	利、貞
42	1	之
43	1	咎
47	1	有
54	2	吉、无
73	1	六
74	1	九

敦本中出現 1～10 次的低頻字共 438 個，占所有字位的 93%，其中只使用了 1 次的字有 255 個，占所有字位的 54%；敦本中出現 11～30 次的中頻字共 20 個，占所有字位的 4%；敦本中出現 30 次以上的高頻字共 13 個，占所有字位的 3%。

敦本中的高頻字按頻率從高到低依次如下：九、六、吉、无、有、咎、之、利、貞、其、三、不、凶。

敦本《易經》的 471 個字位中，單用字 457 個，約占敦本所存字位的 97%；多用字 14 個，約占敦本所存字位的 3%，按其產生原因可分爲以下三類：

1. 因借用造成的多用字

敦本中因借用造成的多用字 10 個，均爲既有本用也有借用，占敦本所有多用字的 71%。其中有 9 個字的用法既有本用也有借用：

（1）何——{何}{荷}

（2）血——{血}{恤}

（3）尚——{尚}{賞}

（4）告——{告}{誥}

（5）以——{以}{與}

（6）維——{維}{唯}

（7）實——{實}{食}

（8）匪——{非}{彼}

（9）楊——{楊}{揚}

（10）離——{鸝}{離}{麗}

2. 因詞義引申造成的多用字

敦本中因詞義引申造成的多用字共 4 個，占敦本所有多用字的 29%：

（1）行——{行 1}{行 2}

（2）反——{反}{返}

（3）田——{畋}{田}

（4）見——{見}{現}

二、敦本用字特徵

1. 保留了許多近代俗字字形

敦煌文獻産生於魏晉南北朝至唐五代時期，這個時期是漢字變形較爲劇烈的時期，産生了大量俗字，這些俗字對於梳理漢字學史具有史料價值，許多後代的省體字、簡體字都能在敦煌文書中找到源头。敦本《周易》中就保留了大量近代俗字字形，有的還沒有被收入古代字書或近代字典、辭書中。比如“涉”作“渋”（P. 2619）、“害”作“⿱宀吉”（S. 5992）、“媾”作“⿰女冓”（P. 2530）等。

再以寫本中出現的“剛”字及其異體字形爲例：“⿰⿱罒山刂”（P. 2530）、“⿰⿱罒正刂”（S. 6162）、“⿰⿱罒止刂”（P. 2532）、“⿰⿱罒正寸”（S. 6162）、“⿰⿱罒正寸”（S. 6162）、“⿰⿵門山刂”（S. 5992）、“⿰⿵冂山刂”（Дх. 12653）。當表示剛强義時，“剛”爲本字，《説文》：“剛，疆斷也。從刀岡聲。”“⿰⿱罒山刂”是將“剛”的構件“冂”寫爲“罒”後産生的字體，《幹禄字書》中認定爲“剛”之通體，即當時社會上的通行字體，《敦煌俗字譜》中有收録。“⿰⿱罒止刂”是“⿰⿱罒山刂”的構件“山”訛變爲“止”，《廣韻》：“剛，强也。⿰⿱罒止刂，俗。”《金石文字辨異》：“⿰⿱罒止刂即剛。”“⿰⿱罒正刂”是“⿰⿱罒山刂”的構件“山”訛變爲“正”，《正字通》：“㓻，俗剛字。”“對”，《正字通》認爲：“對，剄字之訛。”“對”見《精嚴新集大藏音·寸部》，與“對”并列共釋爲“剛”，當爲“剄”之訛變。以上幾種異體都是“剛”字構件“冂”寫爲“罒”後因手寫體筆劃相近而演變出的字形。而敦本《周易》中的“剛”“剛”兩個字形并没有在古代字書中出現，有可能是因爲它們從字形結構上與“剛”一致，没有改變“剛”字左邊的半包圍結構，因此細微的差異没有影響對這個字的認讀，但這兩個字形對於理解“剛”字異體化的過程非常重要。它們的出現表明“剛”的異體并不只是在構件“冂”寫爲“罒”的基礎上産生，在保留構件“冂”的情况下，通過構件“山”訛變爲“止”和“匚”，也可以産生異體。“剛”字異體化的過程由此得到更全面的呈現，即“剛”的異體是通過“冂”變形爲“罒”，“山”變形爲“止”“正”或“匚”，“刂”變形爲“寸”三個途徑産生的，這也説明在漢字異體化的過程中，每一個構件的變形都可能是産生異體的緣由。

2. 用字介於俗體與正體之間

敦本《周易》作爲儒家經典，其俗字與佛教文獻、社會文書、俗文學作品中的俗字相比，呈現出更加規範、更有理據、更易辨識的特點，很少能看到如敦煌文獻中常見的疑難怪字，大部分俗字能找到字形來源，保持着一定的理據，也不難認讀。而這些俗字在《幹禄字書》中不少被歸入“通”類，如《幹禄字書》釋従（S. 6162）：“從従從：上中通，下正。”釋𠫭（P. 2532）：“叁㕘，上通，下正。”釋明（Дx. 12653）：“明朙：上通，下正。”可以説，敦本《周易》中的俗字是經過唐代正字運動規範後的介於民間俗體與典範正體之間的取捨，是忠於經典原貌與易於書寫流傳的折中。

同時，因其書寫者不同，書寫時代跨度大，敦本《周易》中的俗字呈現出明顯的由正到俗的流變過程，對於研究俗字的形成具有參考價值。敦煌俗字的形成從大趨勢上可包括“簡化”“繁化”“類化”三類。“簡化”和“繁化”是在原正字的基礎上減少或增加筆劃、構件，如“德”（P. 2532）是“德”字減省横畫而成，“坤”（Дx. 12653）是“坤”字右下方增加點畫而成；“類化”指的是文字書寫時偏旁構件趨於一致的現象，敦煌卷子中類化現象比較常見，如 S. 9219《需·初九》爻辭：“需於郊。”“需”爲“需”的俗字，《龍龕手鏡·而部》：“需，俗。需，正。”敦煌寫卷中“需”作偏旁，也類化爲“需”，從而産生相應的俗字，如 P. 3640《夬·九三》爻辭：“君子夬夬獨行，遇雨若濡，有愠無咎。”中的“濡”，《龍龕手鏡·水部》：“濡，俗。濡，正。”敦煌 P. 2173《禦注金剛般若波羅蜜經宣演》中“儒”作“儛”，S. 388《正名要録》中“繻”作“繻”。《隸釋》卷八《衛尉衡方碑》：“君之烈祖，少以濡術，安貧樂道。”洪適跋：“碑以濡爲儒。”（90-91）故“濡”即“濡”字，此文中通作“儒”。據此，則“需”旁作“需”東漢以來已然。據《説文》，“需”從雨而聲，俗作“需”，當是涉聲旁而類化。

第六節 開本《周易》用字情況及特徵

一、開本用字情況

開成石經《周易》存字量4925個，其中本用的3379個，占開本所存字量的69%；借用的1545個，占開本所存字量的16%。開本所存不重複的字位784個，字頻統計結果如表6所示：

表6 開本字頻分布

出現次數	字位數量	字位
1	326	褫、蕃、薦、醜、皤、八、罷、敗、苞、豹、陂、貝、背、奔、鼻、匕、妣、彼、必、敝、辨、冰、并、帛、逋、惻、長、鬯、巢、朝、掣、城、赤、寵、仇、愁、疇、垂、業、摧、錯、帶、敵、地、弟、耋、頂、動、毒、朶、惡、貳、防、肥、紛、豶、馮、伏、茀、輻、腹、鮒、覆、干、葛、耕、功、攻、肱、鞏、牯、故、梏、瓜、官、貫、盥、圭、果、害、寒、汗、昊、河、曷、盍、鶴、華、懷、桓、荒、隍、徽、晦、穫、机、箕、躋、齎、及、汲、棘、蒺、藉、頰、堅、接、階、誡、驚、就、拘、據、屨、决、桷、爵、浚、開、康、亢、考、嗑、客、口、筐、刲、虧、頄、廊、饋、坤、括、腊、勞、藟、藜、里、立、連、漣、列、冽、林、靈、隆、漏、廬、鹿、律、莽、脢、靡、面、沬、纆、目、幕、囊、内、柅、鮠、鞶、沛、配、彭、匹、品、瓶、戚、期、岐、祇、起、弃、慾、遷、潛、戕、侵、傾、慶、驅、衢、闃、泉、然、衂、繻、塞、桑、沙、殺、商、賞、裳、舌、牲、時、鼫、史、使、收、狩、鼠、束、庶、帥、霜、夙、素、速、餗、雖、隼、泰、稊、洟、逖、突、徒、塗、豚、沱、外、惟、撝、位、衛、謂、聞、問、甕、握、渥、巫、屋、吾、夕、息、系、遐、顯、限、莧、相、巷、渫、刑、形、興、盱、虚、序、玄、薰、旬、牙、燕、揚、藥、夜、衣、依、儀、弋、亦、意、億、翼、陰、飧、

續表

出現次數	字位數量	字位
		友、牗、右、祐、畬、顒、羽、與、玉、育、欲、御、獄、禦、繘、淵、原、園、遠、約、刖、躍、慍、菑、再、簪、臧、遭、占、戰、張、枕、振、正、知、祇、直、蹢、桎、窒、衆、晝、甃、朱、株、躅、酌、咨、兹、胏、祖、樽、作、寘
2	153	孤、狐、弧、拔、百、北、變、賔、跛、遲、憧、處、觸、遄、眈、窞、登、羝、斗、獨、瀆、發、腓、紱、斧、輔、負、輹、甘、膏、歌、庚、宫、姤、谷、股、鼓、簋、含、翰、好、和、嗃、惠、彙、擊、覿、祭、繫、甲、戔、進、經、敬、舊、厥、矍、衎、枯、苦、快、闃、老、良、攣、亂、輪、袂、迷、密、眇、廟、蔑、冥、母、拇、木、納、寧、磐、翩、頻、牝、平、僕、汔、泣、牽、前、妾、去、羣、橈、肉、茹、山、身、尸、石、士、是、筮、碩、思、斯、死、祀、蘇、愬、索、瑣、坦、咷、涕、罔、威、違、武、嘻、咥、閑、險、校、信、休、羞、須、鉉、楊、野、疑、遺、乙、易、劓、音、引、飲、盈、墉、憂、由、虞、裕、曰、雲、允、孕、祉、致、雉、字、足
3	68	藩、鬼、習、安、白、班、蔀、成、帝、娣、東、棟、敦、顛、耳、爾、焚、缶、拂、光、龜、改、嘉、建、角、解、介、戒、户、睽、陵、陸、茅、泥、七、妻、丘、戎、舍、射、勝、矢、豕、受、巳、遂、它、退、屯、臀、望、錫、下、享、徐、穴、曳、幽、禴、載、章、丈、折、拯、執、資、宗、左
4	41	虩、車、臣、承、畜、萃、道、伐、反、福、父、富、幹、高、躬、幾、濟、假、交、郊、嗟、酒、羸、門、滅、鳴、莫、鳥、禽、實、視、訟、所、惕、維、喜、巽、啞、宜、魚、月
5	38	豫、虎、乘、牀、次、德、飛、豐、膚、媾、何、侯、婚、即、既、晉、離、南、年、乾、且、取、生、失、十、隨、歲、田、庭、同、妄、未、係、笑、羊、一、災、主
6	32	從、兑、遯、而、方、告、公、蠱、國、鴻、艱、節、金、居、夬、鄰、龍、妹、求、尚、升、眚、噬、首、説、需、恤、血、雨、譽、趾、逐

續表

出現次數	字位數量	字位
7	23	號、包、賁、比、剥、鼎、革、過、獲、漸、臨、旅、命、能、謙、濡、損、童、尾、西、先、益、永
8	18	恒、婦、艮、涣、黄、蹇、坎、困、寇、蒙、牛、天、爲、咸、心、頤、輿、至
9	11	否、弗、觀、疾、明、乃、入、夷、邑、則、壯
10	9	夫、歸、後、家、克、女、朋、若、在
11	5	履、馬、喪、師、事
12	8	出、井、可、食、言、遇、震、自
13	4	川、匪、涉、我
14	1	中
16	1	或
17	1	復
19	3	日、王、征
20	1	行
21	2	見、吝
23	1	以
24	1	亡
25	1	來
26	2	君、勿
27	3	得、厲、元
29	1	終
31	1	如
32	2	小、攸
33	1	悔
34	1	子
42	1	孚
47	1	亨

續表

出現次數	字位數量	字位
50	1	往
55	2	大、人
58	2	用、凶
64	2	四、五
65	2	二、上
69	1	初
77	2	于、之
87	1	三
97	1	不
101	1	咎
109	1	其
111	1	貞
118	1	利
120	1	有
144	1	吉
160	1	无
193	2	九、六

開本中出現 1～10 次的低頻字共 719 個，占所有字位的 92%，其中只使用了 1 次的字有 326 個，占所有字位的 42%；開本中出現 11～30 次的中頻字共 35 個，占所有字位的 4%；開本中出現 30 次以上的高頻字共 30 個，占所有字位的 4%。

開本中的高頻字按頻率從高到低依次如下：九、六、无、吉、有、利、貞、其、咎、不、三、于、之、初、二、上、四、五、凶、用、大、人、往、亨、孚、子、悔、小、攸、如。

開本《周易》所存不重複的 784 個字位中，單用字 736 個，約占 94%；多用字 48 個，約占 6%，按產生原因可分爲兩類：

1. 因借用造成的多用字

開本中因借用造成的多用字有 38 個，占開本所有多用字的 79%。其中既有本用也有借用的有 34 個，占開本因借用造成的多用字的 89%：

（1）取——{取}{娶}
（2）孚——{孚}{俘}
（3）何——{荷}{何}
（4）亨——{亨}{享}
（5）貞——{貞}{正}
（6）有——{有}{於}
（7）復——{復}{覆}
（8）幾——{幾}{冀}
（9）血——{血}{恤}
（10）載——{載}{哉}
（11）允——{允}{進}
（12）尚——{尚}{賞}
（13）告——{告}{誥}
（14）承——{承}{脅}
（15）次——{次}{趑}
（16）以——{以}{與}
（17）維——{維}{唯}
（18）實——{實}{食}
（19）離——{鸝}{離}{罹}
（20）隨——{隨}{骽（腿）}
（21）陸——{陸}{苵}
（22）頻——{頻}{顰}
（23）罔——{網}{罔}
（24）閑——{閑}{嫻}
（25）須——{須}{嬬}
（26）由——{由}{猶}
（27）虞——{虞}{娛}
（28）劓——{劓}{鼿}
（29）巳——{已}{改}
（30）介——{砎}{大}{芥}
（31）莫——{暮}{莫}
（32）包——{包}{庖}
（33）遂——{遂}{隊}

（34）交——{交}{絞}

開本中多用字的用法都是借用的有 4 個，占開本因借用造成的多用字的 11%：

（1）磐——{盤}{阪}

（2）匪——{非}{彼}

（3）且——{且}{趄}

（4）夷——{夷}{易}

2. 因詞義引申造成的多用字

開本中因詞義引申造成的多用字共 10 個，占開本所有多用字的 21%：

（1）行——{行 1}{行 2}

（2）反——{反}{返}

（3）田——{畋}{田}

（4）見——{見}{現}

（5）處——{處 1}{處 2}

（6）屯——{屯 1}{屯 2}

（7）乾——{乾 1}{乾 2}

（8）好——{好 1}{好 2}

（9）否——{否 1}{否 2}

（10）考——{考}{老}

二、開本用字特徵

1. 保存最爲完整，與今本異文最少

開成石經保存比較完整，開本《周易》存字 4925 個，僅比今本缺損了 11 個字，分別是《訟》卦上九爻辭“終朝三褫之”的“之”字，以及《訟》卦之後的《履》卦的爻辭“上九：視履考祥，其旋元吉”。其餘經文均保存完整。

在異文方面，開本和今本的異文主要是避諱而產生的缺筆字，比如：“褫、醜、睹、鬼、虎、虩、號、恒、豫、弧、狐”。或是改變、省簡構件以避諱，如今本的“婚”在開本中作“婚”，今本的“棄”在開本中作“弃”，今本的“渫”在開本中作“泺”。除了這些異文之外，其他異文較少，有的是開本獨有的異文，在别的版本中没有出現，比如：今本的“習”開本作“習”，今本的“賓”開本作“賔”，今本的“薦”開本作“薦”，今本的“笑”開本作“笑”；有的是開本和基本同時代的敦本相同的異文，如今本的“乘”開本和敦本均作“乘”，今本的“寇”開本和敦本均作

“寇”，今本的“歲”開本和敦本均作“歲”；有的是和其他好幾個版本相同的異文，比如今本的“宜”字，開本和帛本、阜本、敦本一致，均作“冝”。異文的減少體現了唐代正字運動的成效。

2. 古文字形與通俗字形并存

開本《周易》既保留了一些古文字形，又採用了通俗字體，表現出唐代嚴中有寬的漢字規範理念。一方面，唐代正字運動確定了比較嚴格的楷體正字標準。《干禄字書》將異體字分爲正、通、俗三類，但取法寬鬆，具體使用時容易混用。國子監司業張參不滿對文字規範放鬆要求的做法，於大曆十年（755）奉詔主持校訂經典，著成《五經文字》，確立了經文正字的標準；太和七年（823），唐太宗下詔覆定九經字樣，唐玄度於此時著《新加九經字樣》，使正字標準更加完善："古今體異，隸變不同，如總據《説文》，即古體驚俗；若依近代文字，或傳寫乖僞。今與校勘官同商較是非，取其適中。"所謂"取其適中"，就是在楷書中排除不規則俗體，而用合於六書或有字理可説的正體①。因此唐石經中出現了“㫃”“乘”等古文字形。

另一方面，唐代採取了較爲寬鬆的漢字規範理念。唐石刻本與阮刻本產生異文最多一類是正俗體的區别，其中大部分是唐石刻用了俗字，阮刻本用了正字。唐石刻是在唐代漢字規範的背景下刊刻的，當時文字異體的現象比較嚴重，北朝顔之推在《顔氏家訓・書證》中曾提到面對漢字正俗體的困惑："吾昔初看《説文》，蚩薄世字，從正則懼人不識，隨俗則意嫌其非，略是不得下筆也。所見漸廣，更知變通，救前之執，將欲半焉。若文章著述，猶擇微相影響者行之，官曹文書，世間尺犢，幸不違俗也。"顔之推既承認《説文》正字，又關注文字使用的客觀實際，認爲不應完全違俗。唐初陸德明訂正經籍文字，採納了顔之推的方法，保留某些與《説文》正字相背但被廣爲使用的俗字，這也奠定了唐代漢字規範重視實際、適當變通的基本理念②。

3. 仍存在異體字和訛誤字

處在漢字由隸向楷過渡的時期，開本中的一些異體字和訛誤字没能完全消除。唐代漢字規範雖然對確立正字、限制異體字的使用起到顯著作用，但没能完全消除字形從隸書到楷書的變化過程中產生的異體字、訛誤字。《干禄字書》本身就認可異體字，《五經文字》和《新加九經字樣》對

① 陸錫興. 唐代的文字規範和楷體正字的形成［J］. 語文建設，1992（6）.

② 陸錫興. 唐代的文字規範和楷體正字的形成［J］. 語文建設，1992（6）.

正字的標準十分嚴格，但與整個唐代漢字規範較寬鬆的理念有所衝突，在具體使用中也難以完全實施。唐代漢字規範是在漢字隸變的過程中展開的，一些隸變而產生的訛誤字沒有得到及時規範。

第七節　今本《周易》用字情況及特徵

一、今本用字情況

今本《周易》存字量 4936 個，其中本用的 4161 個，占 84%；借用的 773 個，占 16%。今本所存不重複的字位 790 個，字頻統計結果如表 7 所示。

表 7　今本字頻分布

出現次數	字位數量	字位
1	328	八、罷、敗、苞、豹、陂、貝、背、奔、鼻、匕、妣、彼、必、敝、辨、冰、并、帛、逋、惻、長、鬯、巢、朝、掣、城、虩、赤、寵、仇、愁、疇、垂、醜、業、摧、錯、帶、敵、地、弟、耋、頂、動、毒、朵、惡、貳、蕃、防、肥、紛、豶、馮、伏、茀、輻、腹、鮒、覆、干、葛、耕、功、攻、肱、鞏、牿、故、梏、瓜、官、貫、盥、圭、果、害、寒、汗、河、曷、盍、鶴、華、懷、桓、荒、隍、徽、晦、穫、机、箕、躋、齎、及、汲、棘、蒺、藉、頻、堅、薦、接、階、誡、驚、就、拘、據、屨、决、桷、爵、浚、開、康、亢、嗑、客、口、筐、刲、虧、頄、尯、饋、坤、括、腊、勞、藟、藜、里、立、連、漣、列、洌、林、靈、隆、漏、廬、鹿、律、莽、脢、靡、面、沬、纆、目、幕、囊、內、柅、鼫、鞶、沛、配、彭、匹、品、瓶、皤、戚、期、岐、杞、祇、起、棄、愆、遷、潛、戕、侵、傾、慶、驅、衢、闃、泉、然、袽、繻、塞、桑、沙、殺、商、賞、裳、舌、牲、時、鼫、史、使、收、狩、鼠、束、庶、帥、霜、夙、素、速、餗、雖、隼、泰、稊、洟、遯、突、徒、塗、豚、沱、外、惟、撝、位、衛、謂、聞、問、甕、握、渥、巫、屋、吾、夕、息、系、遐、顯、限、莧、相、祥、巷、渫、刑、形、興、盱、虛、序、玄、旋、薰、旬、牙、燕、揚、藥、夜、衣、依、儀、已、弋、亦、意、億、翼、陰、夤、友、牖、右、祐、畬、顒、羽、與、玉、育、欲、御、獄、禦、

續表

出現次數	字位數量	字位
		繘、淵、原、園、遠、約、刖、躍、慍、菑、再、簪、臧、昃、邅、占、戰、張、枕、振、正、知、直、蹢、桎、窒、寘、衆、晝、髭、朱、株、躅、酌、咨、玆、胏、祖、樽、作
2	155	拔、百、北、變、賓、跛、遲、憧、處、觸、遄、眈、窞、登、羝、斗、獨、瀆、發、腓、紱、斧、輔、負、輹、甘、膏、歌、庚、宮、孤、姤、谷、股、鼓、簋、含、翰、好、和、嗃、狐、弧、惠、彙、擊、覿、祭、繫、甲、戔、進、經、敬、舊、厥、矍、衎、考、枯、苦、快、闃、老、良、攣、亂、輪、袂、迷、密、眇、廟、蔑、冥、母、拇、木、納、寧、磐、翩、頻、牝、平、僕、祇、汔、泣、牽、前、妾、去、羣、橈、肉、茹、山、身、尸、石、士、是、筮、碩、思、斯、死、祀、蘇、愬、索、瑣、坦、咷、涕、罔、威、違、武、嘻、咥、閑、險、校、信、休、羞、須、鉉、楊、野、疑、遺、乙、易、劓、音、引、飲、盈、墉、憂、由、虞、裕、曰、雲、允、孕、祉、致、雉、字、足
3	69	安、白、班、蔀、成、帝、娣、顛、東、棟、敦、耳、爾、藩、焚、缶、拂、改、光、龜、鬼、户、嘉、建、角、解、介、戒、睽、陵、陸、茅、泥、七、妻、丘、戎、舍、射、勝、矢、豕、受、巳、遂、它、退、屯、臀、望、錫、習、下、享、徐、穴、曳、幽、渝、禴、載、章、丈、折、拯、執、資、宗、左
4	40	車、臣、承、畜、萃、道、伐、反、福、父、富、幹、高、躬、幾、濟、假、交、郊、嗟、酒、羸、門、滅、鳴、莫、鳥、禽、實、訟、所、惕、維、喜、虩、巽、啞、宜、魚、月
5	39	乘、牀、次、德、飛、豐、膚、媾、何、侯、虎、婚、即、既、晉、離、南、年、乾、且、取、生、視、失、十、隨、歲、田、庭、同、妄、未、係、笑、羊、一、豫、災、主
6	32	從、兑、遯、而、方、告、公、蠱、國、鴻、艱、節、金、居、夬、鄰、龍、妹、求、尚、升、眚、噬、首、説、需、恤、血、雨、譽、趾、逐

續表

出現次數	字位數量	字位
7	23	包、賁、比、剥、鼎、革、過、號、獲、漸、臨、旅、命、能、謙、濡、損、童、尾、西、先、益、永
8	18	婦、艮、涣、恒、黄、蹇、坎、困、寇、蒙、牛、天、爲、咸、心、頤、輿、至
9	11	否、弗、觀、疾、明、乃、入、夷、邑、則、壯
10	9	夫、歸、後、家、克、女、朋、若、在
11	4	馬、喪、師、事
12	9	出、井、可、履、食、言、遇、震、自
13	4	川、匪、涉、我
14	1	中
16	1	或
17	1	復
19	3	日、王、征
20	1	行
21	2	見、吝
23	1	以
24	1	亡
25	1	來
26	2	君、勿
27	2	得、厲
28	1	元
29	1	終
31	1	如
32	2	小、攸
33	1	悔
34	1	子
42	1	孚

續表

出現次數	字位數量	字位
48	1	亨
50	1	往
55	2	大、人
58	2	用、凶
64	2	四、五
65	1	二
66	1	上
69	1	初
77	1	于
78	1	之
87	1	三
97	1	不
101	1	咎
110	1	其
111	1	貞
118	1	利
120	1	有
144	1	吉
160	1	无
193	1	六
194	1	九

今本中出現1～10次的低頻字共725個，占所有字位的92%，其中只使用了1次的字有328個，占所有字位的42%；今本中出現11～30次的中頻字共35個，占所有字位的4%；今本中出現30次以上的高頻字共30個，占所有字位的4%。

今本中的高頻字按頻率從高到低依次如下：九、六、无、吉、有、利、貞、其、咎、不、三、之、于、初、上、二、四、五、用、凶、大、人、往、亨、孚、子、悔、小、攸、如。

今本《易經》所存不重複的字位 790 個中，單用字 742 個，占 94%；多用字 48 個，約占 6%，按其産生原因可分爲以下兩類：

1. 因借用造成的多用字

今本中因借用造成的多用字有 38 個，占今本所有多用字的 79%。其中既有本用也有借用的有 34 個，占今本因借用造成的多用字的 89%：

（1）取——{取}{娶}

（2）孚——{孚}{俘}

（3）何——{荷}{何}

（4）亨——{亨}{享}

（5）貞——{貞}{正}

（6）有——{有}{於}

（7）復——{復}{覆}

（8）幾——{幾}{冀}

（9）血——{血}{恤}

（10）載——{載}{哉}

（11）允——{允}{進}

（12）尚——{尚}{賞}

（13）告——{告}{誥}

（14）承——{承}{脀}

（15）次——{次}{趑}

（16）以——{以}{與}

（17）維——{維}{唯}

（18）實——{實}{食}

（19）離——{鸝}{離}{麗}

（20）隨——{隨}{骽（腿）}

（21）陸——{陸}{苂}

（22）頻——{頻}{顰}

（23）罔——{網}{罔}

（24）閑——{閑}{嫻}

（25）須——{須}{嬬}

（26）由——{由}{猶}

（27）虞——{虞}{娛}

（28）劓——{劓}{鼿}

（29）巳—— {已} {改}
（30）介—— {砎} {大} {芥}
（31）莫—— {暮} {莫}
（32）包—— {包} {庖}
（33）遂—— {遂} {隊}
（34）交—— {交} {絞}

今本中多用字的用法都是借用的有 4 個，占今本因借用造成的多用字的 11%：

（1）匪—— {非} {彼}
（2）且—— {且} {趄}
（3）磐—— {盤} {阪}
（4）夷—— {夷} {痍}

2. 因詞義引申造成的多用字

今本中因詞義引申造成的多用字共 10 個，占今本所有多用字的 21%：

（1）田—— {畋} {田}
（2）處—— {處 1} {處 2}
（3）屯—— {屯 1} {屯 2}
（4）乾—— {乾 1} {乾 2}
（5）好—— {好 1} {好 2}
（6）見—— {見} {現}
（7）行—— {行 1} {行 2}
（8）否—— {否 1} {否 2}
（9）反—— {反} {返}
（10）考—— {考} {老}

二、今本用字特徵

宋代以後，理學興起，經學家究理疑古，改經易字，甚至出現隨心造字、隨意作解的現象，使儒家經典的內容出現混亂，對語言文字規範産生了負面影響；元明之世，坊間經書刻本繁多，以盈利爲目的、粗製濫造的版本流布廣泛，訛字、別字、俗字、異體字、生造字層出不窮，文字的混亂更爲明顯。據開成石經，可考證其誤，對於恢復經書文字的規範功不可没。①

南宋以前，儒家經典與注、疏分別單行刊印；南渡之後，開始出現合

① 范可育，王志方，丁方豪. 楷字規範史略［M］. 上海：華東師範大學出版社，2000.

刻本。其中南宋十行本注疏（岳珂《九經三傳沿革例》所載）爲年代較早、後世流傳最廣的經文注疏合刻本。其版由元入明，遞有修補。明嘉靖中據十行本重刻，稱閩本；萬曆中又據閩本重刻，稱明監本，輾轉翻刻，訛謬百出；崇禎中毛晉汲古閣又據明監本重刻，稱毛本，此本漫漶不可識讀，時人修補更多訛舛。清代乾隆四年（1739）武英殿曾刻《十三經注疏》附《考證》，但廣泛流行、公稱善本的，是清代嘉慶二十一年（1816）由阮元主持的南昌學堂重刊宋本《十三經注疏》附《校勘記》，通稱阮本。

《十三經注疏校勘記》是阮本優於其他版本的最有價值的成就。阮元對《十三經注疏》作了一次全面系統的正本清源的工作，以唐石經、宋經注本校宋注疏十行本，又以宋注疏十行本校明刻諸種注疏本，并以清盧文弨等所校本爲藍本，詳列諸本異同，定其是非，附於各經各卷之下，以正明刻諸本之訛，對經學發展起到承上啓下的作用①。

阮元以唐石經作爲校勘對照本之一，這是因爲他充分認識到唐石經在内容及文字上的典範性，所以在面對當時各版本混雜訛誤的情況時，始終以唐石經爲正統。乾隆四十八年（1783），20 歲的阮元開始樹立校勘《十三經注疏》的志向，《雷塘庵主弟子》卷二記載："先生弱冠時，以汲古閣本《十三經注疏》多訛謬，曾以《釋文》、唐石經等書手自校改。"乾隆五十六年（1791），28 歲的阮元"奉詔充石經校勘官，時先生分校，得《儀禮》。而那祭酒以《爾雅石經》、彭大司空以《毛詩石經》屬先生襄理，亦多所商正"。阮元《恭進〈十三經注疏校勘記〉折》："乾隆五十六年，奉敕分校太學石經，曾以唐石經及各宋板悉心校勘，比之幼時所校，又加詳備。"阮元《〈十三經注疏校勘記〉序》："總漢石經殘字、陸德明《釋文》、唐石經……綜而核之，經文字體擇善而從，録成四卷，用付經館。"②

阮元校訂《十三經注疏》的背景，是在漫長的流傳和刊刻過程中，儒家經典混雜了不同時代不同文化層次的用字，當時政府及學者認識到經典文獻用字必須恢復到正統的、有依據的面貌，因此阮元校訂《十三經注疏》以《説文》作爲其審辯、擇取異文的重要參考，未被《説文》字頭收録的字形常不予保留，如《詩經注疏》中《揚之水》"白石晧晧"，"晧"唐石經作"皓"。《校勘記》："案：晧字是也。《説文》白部無皓，是晧字

① 李學勤主編. 十三經注疏・周易正義［M］. 北京：北京大學出版社，1999.

② 錢宗武. 論阮元《十三經注疏校勘記》兩個版本系統［J］. 揚州大學學報（人文社會科學版），2007（5）.

本從日也。”“晧”見於《說文》:“日出皃，從日告聲。”“皓”不見於《說文》,《校勘記》由此認定“晧字本從日”，這表現出阮元“俗字不用於經典”的校勘理念。

第三章 《周易》各本用字對比分析

通過對《周易》各個出土本及今本用字情况的全面統計和分析，可大致把握各本用字的基本面貌，本章將竹本、帛本、阜本、熹本、敦本、開本、今本的用字進行對比分析。

第一節 字量字位對比分析

據統計，《周易》各出土本及今本的字量和字位數量如表格8所示：

表8 《周易》出土本及今本字量字位統計

版本	竹本	阜本	帛本	熹本	敦本	開本	今本
字量	1806	959	4583	1156	1849	4925	4936
字位	451	363	732	346	471	784	790

可以看出與今本比較而言，開本是6個出土本中字量、字位最多的，也就是説開本《周易》是保存最完整的出土本；接下來是帛本，帛本的字量與今本相差353個，但是字位的數量只差58個，這説明通過帛本，已經可以比較全面地了解漢代初期《周易》的用字情况了；竹本和敦本的字量都是今本的五分之二左右，字位數量占到今本的一半以上，竹本是戰國時期的出土本，雖然只保存了一半的字位數量，但是對於研究《易經》在先秦時期的用字面貌有非常重要的意義；敦本是唐代的手寫材料，書寫者不止一人，字迹有的工整有的潦草，所以可作爲《周易》在唐代用字的補充研究材料，尤其是可以反映出民間俗字的使用現象；阜本、熹本《周易》字量爲今本的五分之一左右，阜本表現出了秦代書同文之後秦末漢初民間的用字情况，熹本反映了漢代罷黜百家獨尊儒術之後規範經書用字的情况，通過這兩個版本可以全面反映漢代《周易》用字現象。

各出土本和今本所存的字位并不只有數量的差異，還有字位本身的差異，比如竹本所存字位451個，但這451個字位中，有一半以上都是與今本不同的字位，各本字位與今本字位異同的情况可見表9。通過該表可以看出，雖然各出土本存留的字位數量不同，但如果將各本的字位與今本字位進行比對，就會發現，并不完全是存留的字位越多，與今本相同的字位就越多；相反，不管存留的字位有多少，與今本相同的字位基本都是隨着出土本書寫時間的推移而增多的，表中“與今本相同的字位比例”一欄的數據非常明顯地説明了這個變化的過程。

表 9 《周易》出土本及今本異文對比

版本	字位數量	與今本相同字位數量	與今本相同字位比例	與今本不同字位數量	與今本不同字位比例
竹本	451	190	42%	261	58%
阜本	363	304	84%	59	16%
帛本	732	453	62%	279	38%
熹本	346	317	92%	29	8%
敦本	471	426	90%	45	10%
開本	784	762	97%	22	3%

先秦時期的竹本，反映的是戰國時期楚地的用字狀況，字形與今本差異很大，有 43%的字位都與今本不同。寫於漢高祖統一全國之前的阜本與今本相同的字位達到 84%，這是秦代以小篆統一六國文字的結果。形成於漢代的帛本和熹本雖然同屬於一個大時代，但字位存留情況却有明顯差異，其中帛本是唐代以前出土本中存留最完整的，所存字位中與今本相同的比例下降到 62%，這是漢初小篆向隸書過度的結果，同時在一定程度上反映出今古文經用字的差異。漢代熹本與今本字位的相同率爲 92%，《熹平石經》東漢熹平四年（175）始刻，光和六年（183）刻成，刊刻目的是通過統一經文來統一經學，作爲國家推行的標準經文版本，熹平石經起到了教科書和範本的作用，是漢隸最規範的用字代表，隸書與楷書在字形結構上大體一致，所以熹本雖然只存留 350 個字位，但與今本的相同率却高達 92%。

唐代敦本是在敦煌藏經洞内發現的唐朝前後的手抄本，《周易》文本用楷書寫成，從現存文本版圖的書寫風格看，至少有 6 位寫手參與了抄寫工作，每個人的書寫習慣不同，用字習慣也有差異，致使敦本的字位數量雖然比熹本多 136 個，但與今本相同的比例却比熹本低 2%（如果從整體文本來預測，敦本的比例應該比熹本更低），這説明雖然字體楷化後字的書寫形式和字體結構應更加固定，與今本應更趨一致，但是文本的書寫或刊刻用途不同，也會影響到用字的情况，導致敦本中出現的異體字和訛誤字的數量比熹平石經更多。而唐代的《開成石經》代表的是國家對於漢字規範的最高標準，是唐代正體用字的範本，所以開本中與今本相同的字位比率達到最高，可以説開本是今本的直接來源。

第二節 字頻分布對比分析

在進行字頻統計時，我們根據各本字頻表格的字位數量分布，大致劃分了幾個字頻的等級，即出現次數在 1～10 次的爲低頻字，出現次數在 11～30 次的爲中頻字，30 次以上的爲高頻字。表 10 是各本低、中、高三個頻次字位數量占各本總字位數量的百分比情况：

表 10 《周易》出土本及今本字頻統計

	竹本	帛本	阜本	熹本	敦本	開本	今本
低頻字	418（93%）	673（92%）	341（94%）	325（94%）	438（93%）	719（92%）	725（92%）
中頻字	22（5%）	32（4%）	20（5%）	16（5%）	20（4%）	35（4%）	35（4%）
高頻字	11（2%）	27（4%）	2（1%）	5（1%）	13（3%）	30（4%）	30（4%）
總字位數	451	732	363	346	471	784	790

從上表可以看出，雖然每個出土本的字位數量不同，數量最多的開本是數量最低的熹本的 2 倍左右，但是各本用字頻次的分布是一致的，都是使用頻次越低的字數量越多，竹本中僅使用了 1 次的字占所有字位的 54%，帛本中僅使用了 1 次的字占所有字位的 41%，阜本中僅使用了 1 次的字占所有字位的 63%，熹本中僅使用了 1 次的字占所有字位的 63%，敦本中僅使用了 1 次的字占所有字位的 54%，開本中僅使用了 1 次的字占所有字位的 42%，今本中僅使用了 1 次的字占所有字位的 42%。相反，頻次越高的字位數量越少。而且各本用字頻次的百分比基本是穩定的，低頻字的數量占 90%～94%，中頻字的數量占 4%～6%，高頻字的數量占 1%～4%。

各本的高頻字按使用頻率從高至低如表 11 所示（其中阜本、熹本因高頻字數量過少，都只有兩個，爲便於比對，將這兩個本子的中頻字也收入表格）：

表 11 《周易》出土本及今本高頻字統計

版本	高頻字
竹本	六、九、亡、吉、丌、又、利、貞、不、晶、咎

續表

版本	高頻字
帛本	六、九、无、吉、貞、利、有、亓、不、咎、三、于、之、二、初、五、人、尚、四、復、用、往、大、亨、亡、悬、子
阜本	吉、有、不、貞、无、利、其、于、咎、三、二、人、亨、上、四、五、兇、復
熹本	无、吉、咎、有、之、二、利、三、其、五、大、孚、上、四、于、貞
敦本	九、六、吉、无、有、咎、之、利、貞、其、三、不、凶
開本	九、六、无、吉、有、利、貞、其、咎、不、三、于、之、初、二、上、四、五、凶、用、大、人、往、亨、孚、子、悔、小、攸、如
今本	九、六、无、吉、有、利、貞、其、咎、不、三、之、于、初、二、上、四、五、凶、用、大、人、往、亨、孚、子、悔、小、攸、如

第一，除了竹本中的“亓”“晶”，帛本中的“尚”“復”“悬”，阜本的“兇”和“復”之外，其餘各本的高頻字都包括在今本的高頻字範圍之內，這説明同一内容的出土文獻，不管其缺損程度如何，文本中高頻字的出現情况都没有大的變化。儘管由於版本缺損，會使某些本是高頻字的出現頻次降低，成爲中頻字，但存留下來的高頻字仍然包含在完整版本（今本）的高頻字範圍之内。

第二，各本間高頻字的異文數量非常少，竹本與今本只有“亓—其”“无—無”“又—有”“晶—三”四組異文；帛本與今本只有“尚—上”“悬—悔”兩組異文；阜本與今本只有“兇—凶”一組異文；其餘幾個版本則没有與今本的異文。結合各本低頻字、中頻字與今本的異文現象來看，高頻字的使用是最穩定的。

第三節　字用屬性對比分析

根據前文對《周易》各出土本及今本所用文字的職能分析和統計，得出圖 1。

首先，不管是哪個時代的出土本，字的本職使用都是占絶對比例的，也就是説 50%以上的漢字都還是承擔着它們在造字之初就被賦予的記録某個詞的職能，這也是符合字用規律的，雖然漢字産生之後經歷了數千年的發展演變，但我們至今依然能看懂大部分古人的字，讀懂古人的書，就是靠着這至少 50%的本用傳承，這些字記録的意思從古至今都没有改變或者改變了但也有内在的能讓人理解的聯繫。

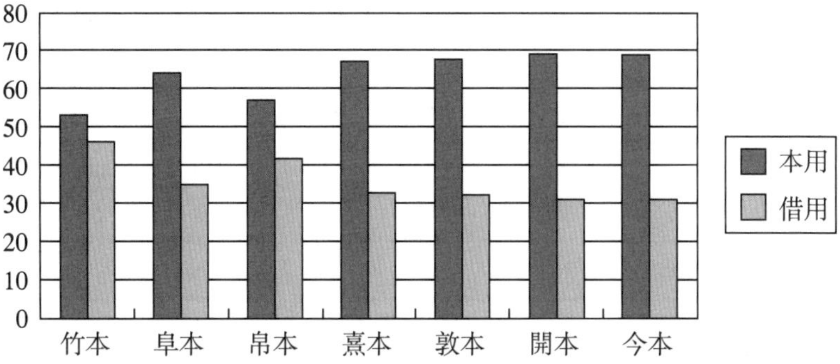

圖 1 《周易》出土本及今本字用職能統計圖（百分比）

其次，依然有至少 30%以上的字，没有被用來記録本用詞項，而是被借用記録其他的詞項。從《周易》歷代出土本的字用統計來看，戰國楚竹書的借用比例是最高的，達到近 46%，漢初的帛書的借用比例與竹書相當，也達到了 40%以上，這與戰國和漢代初期漢字使用仍然相對隨意有關，不管是在字形的書寫還是在字的職能方面，都存在較多變化；但是到了熹平石經之後，隨着漢字的使用越來越規範，漢字的形義聯繫越來越穩固，許多通假字被本字取代，假借字被後造本字取代，借用的比例開始逐漸下降，從 40%降到了唐代開成石經的 30%左右。

第三，漢字 30%左右的借用比例在唐代之後就相對固定了，與今本的比例幾乎没有差别，這説明經過歷代的發展演變，這 30%左右的借用，已經成爲漢字固定的用法，也就是説從漢字使用者的角度，已經將這些字的借用職能當作了它們的基本職能。

第四節　字用功能對比分析

《周易》各出土本中單用字和多用字的數量與比例如表 12 所示。單用多用受文本存留内容的影響較大，比較效果有限，但是我們從字用功能統計表中可以看出，竹本、敦本的存字數量相近、多用字比例也一致；阜本和熹本存字量相近，多用字比例僅差一個百分點；開本和今本的存字量基本相同，多用字比例相同。但是帛本的多用字明顯比其他幾個版本高。我們認爲，帛本多用字的比例比竹本、阜本、熹本高的主要原因是這幾個本子的殘損度比較高，一個字記録别的詞的用法可能我們無法看到。而帛本比開本多用字的比例高，主要是因爲漢字發展到唐代，有不少多用字的職能被其他字分化了，只有少量帛本中的一字多用現象被存留下來。

表 12 《周易》出土本及今本字用功能

	竹本	阜本	帛本	熹本	敦本	開本	今本
單用字	436（97%）	352（97%）	647（88%）	339（98%）	457（97%）	736（94%）	742（94%）
多用字	15（3%）	11（3%）	85（12%）	8（2%）	14（3%）	48（6%）	48（6%）
字位數	451	363	732	346	471	784	790

各本的單用字和多用字綜合起來看也存在個體差異，原因主要有以下三個方面：

第一，版本缺損造成的字用功能差異。比如“取”在竹本、帛本、開本、今本中都是多用字，記録了｛取｝和｛娶｝兩個詞項，但在阜本、熹本中只存留了｛娶｝的用法，考察原文發現在這兩個版本中，記録｛取｝的文句缺損了，因此無法看出這兩個版本中“取”字是否爲多用字。

第二，同樣是用一個字記録多個詞項，不同版本用了不同的字。如開本和今本“包”記録了｛包｝、｛庖｝、｛匏｝三個詞項，其中記録｛包｝（包容）是本用，記録另外兩個是借用。但帛本是用“枹”記録｛包｝、｛庖｝、｛匏｝的，“枹”的本義是“鼓槌”，它記録的這三個詞項都屬借用。

第三，某一個版本用一個字記録多個詞項，這些詞項有的是這個字的本用，有的是借用，借用的詞項在别的版本中用這個詞項的本字來記録。比如竹本用“方”記録｛方｝（方國）和｛牽｝兩個詞項，均屬借用，但在其他版本中，｛牽｝不是借用“方”來記録，而是用本字“牽”記録，因此竹本中“方”的字用功能就與别本不同，是個多用字，而在别的版本中，“方”是個單用字。又如帛本用“尚”記録｛尚｝、｛上｝、｛賞｝三個義項，其中記録｛尚｝是本用，記録另外兩個是借用，但在其他版本中，｛上｝不是借用“尚”來記録，而是用本字“上”記録，因此帛本“尚”的字用功能就與别本不同，承擔了别本中“上”的職能。

第四章 《周易》各本同詞異字專題研究

記録同一個詞如果用了不同的字，就會出現同詞異字。在對《周易》各出土本的字用進行考察時，同詞異字是一個重點的研究對象，因爲《周易》文句在歷代的發展變化中，雖然會小有變化，但基本上是固定不變的，可是我們對比《周易》的不同出土本，却發現面貌差異很大，這并不是因爲不同出土本换用了不用的詞，而是换用了不同的字。各個出土本用了哪些不同的字，這些不同的字和它們所表示的詞之間是本用還是借用的關係，從歷史發展的角度，各個出土本的用字是怎樣變化的，有怎樣的變化規律，變化的原因是什麽，這些都是我們考察的重點。

同詞異字除了在各個出土本的歷時對比中産生，在每個出土本内部也會出現，各個出土本歷時對比産生的同詞異字可以叫作歷時同詞異字，每個出土本中的同詞異字可以叫作同時同詞異字。比如：{肱}，意思是上臂，記録這個詞的字，竹本是“厷”，帛本是“弓”，熹本、開本、今本是“肱”，竹本、帛本中的字都是今本的異文，也就是説在記録{肱}時，從歷時的角度，曾用過“厷”“弓”兩個字，這些字是歷時同詞異字。再比如：{恒}，意思是恒久，記録這個詞的字，竹本是“亙”和“緪”，帛本、熹本、敦本、開本是“恒”。其中“亙”“緪”和“恒”是歷時同詞異字；“亙”和“緪”是竹本中記録{恒}的兩個字，屬於同時同詞異字。可以看出歷時同詞異字包括同時同詞異字，而同時同詞異字只在某一個特定時期存在，到了下一個時期，有可能被保留下來，也有可能就消失了。

本章我們先對各個出土本的同時同詞異字進行考察，再在第六章對比各本同時同詞異字的情況，考察各本的歷時同詞異字。

第一節 各本中的同時同詞異字研究

一、竹本同詞異字

竹本《周易》中同時同詞異字共35組，我們依據記録同詞的用字屬性，將它們分爲三類：

（一）本字與本字

當記録同一個詞時，所用的不同字之間是異體關係，即都是這個詞的本字，如：

{中}——中、审

當表示内部、中間的意思時，竹本有4次用“中”：

《訟》：“訟：又孚，懥悳，中吉，冬凶。”
《夬》：“九五：莧苵夬夬，中行亡咎。”
《豐》：“九晶：豐丌芾，日中見茇，折丌右拡，亡咎。”
《豐》：“九四：豐丌坿，日中見斗，遇丌层宔，吉。”

1次用“审”：

《帀》：“九二：才帀审，吉，亡咎，王晶賜命。”

“审”，字書中没有收録，竹本原文爲，經陳斯鵬測查，“审”爲戰國楚系簡帛表示{中}的習用字形①，是“中”的異體。

{悔}——𢘻、晦

表示悔恨義時，竹本《易經》共使用“𢘻”字14次，如：

《㑋》：“六晶：可㑋，𢘻，迟又㥪。”
《復》：“□□：辜復，亡𢘻。”
《夬》：“九四：誫亡肤，丌行緀疋。喪羊𢘻亡，䎽言不冬。”
《困》：“上六：困于䓬，于劓□，曰迖𢘻又𢘻，征吉。”

“晦”只在《革》卦中出現了1次：

《革》：“革：攺日逌孚。元羕貞，利貞，晦亡。”

“𢘻”同“謀”，《集韻》：“謀，或作𢘻。”“晦”字《説文》未收，《説文》：“𠰏，古文謀字。”“𠰏”《集韻》：“或書作晦。”“𠰏”“晦”只有構

① 陳斯鵬. 楚系簡帛中字形與音義關係研究[M]. 北京：中國社會科學出版社，2011：287.

件位置的變化，當爲異體關係。今本“思”“㖀”作“悔”，“悔亡”“無悔”是《易經》的常用語，表示没有悔恨，文句含義與“謀”字無關，“思”“㖀”當爲異體，當表示悔恨義時，二者均爲本字。

（二）本字與借字

{凶}——凶、工

當表示險惡義時，竹本習用字爲“凶”，共使用24次，如：

《帀》：“初六：帀出㠯聿，不𢡺，凶。”
《頤》：“初九：𦤎介需龜，觀我㪉頤，凶。”

用“工”表示{凶}僅見1例：

《陵》：“九四：陵又臒，貞工。又孚才道，巳明，可咎？”

竹本《陵》卦“貞工”，今本作“貞凶”，“貞凶”是《易經》常用詞句，表示貞卜的結果是險惡的、有危險的。“凶”，《説文》：“惡也。象地穿交陷其中也。”是險惡義的本字。“工”，《説文》：“巧飾也。象人有規榘也。”《廣韻》中“工”“凶”均爲東韻，讀音相近，“工”借爲“凶”表示險惡義。

{譽}——譽、悬

當表示贊譽的意思時，竹本有1次用“譽”：

《訐》：“初六：㞷訐坙譽。”

1次用“悬”：

《豐》：“六五：䒹章，又慶悬，吉。”

“譽”，《説文》：“稱也。”段《注》：“譽者，過美之名。”竹本《豐》卦“又慶悬”，今本作“有慶譽”。“悬”，《説文》：“趨步悬悬也。從心與聲。”《集韻》：“行步安舒。”“悬”和“譽”均從“與”得聲，假借表示贊譽。

{往}——進、皇欠

當表示行、去的意思時，竹本用“進”字 14 次，如：

《亡忘》：“亡忘：元卿，利貞。丌非復又禬，不利又卣進。”

《大筀》：“九晶：良馬由，利堇貞，曰班車戔，利又卣進。”

《楑》：“上九：楑伓，見豕價坴，載□□□，□□□□，□□□□，□寇昏佝。進遇雨則吉。”

《訐》：“初六：進訐來譽。”

《汬》：“汬：攺邑不攺汬，亡喪亡。進來汬汬。氣至亦母龏汬，羸丌缾，凶。”

“皇欠”字只出現了 1 次：

《楑》：“六五：悬亡。陞宗筮肤，皇欠可咎？”

在《楑》卦中出現了兩次，分別用了兩個字形。

“進”，今本作“往”，“利有攸往”是《易經》中的常用句，表示利於行動，利於去做某事。“往”，《説文》：“之也。從彳㞷聲。”“進”，《字彙補》：“古文往。”當表示行、去的意思時，“進”爲本字本用。竹本《楑》卦的“皇欠”，爲“皇欠”的異體，“皇欠”，《玉篇》：“今作枉。”“枉”，《説文》：“衺曲也。從木㞷聲。”與“往”音同，所以在《楑》卦中借“皇欠”爲“進”，表示行、去的意思，“進”和“皇欠”構成本字和借字的關係。

{終}——冬、备、中

當表示最後、終了的意思時，竹本有 10 次用“冬”，例如：

《訟》：“訟：又孚，懥悳，中吉，冬凶。利用見大人，不利涉大川。”

《訟》：“初六：不出迎事，少又言，冬吉。”

《比》：“初六：又孚比之，亡咎。又孚涊缶，冬逨又它，吉。”

《訟》：“上九：或賜繙緋，冬朝晶褫之。”

《既濟》：“六四：需又衣絮，冬日戒。”

1 次用“中”：

《夬》:“上六:忘虐,中又凶。”

1次用“冬”:

《𠥭》:“𠥭:卿。君子又𢗾。”

“冬”,《説文》:“四時盡也。從仌從夂。夂,古文終字。”“冬”的本義即是最後、終了。竹本《夬》卦“中又凶”,今本作“終有凶”,“中”與“終”音近相通,借用來表示{終}。

竹本《𠥭》卦“君子又𢗾”,今本作“君子有終”,“𢗾”竹本原文是“”。“𢗾”字爲“佟”之異體,《玉篇》:“佟,憂也。”《郭店楚簡·五行》:“未見君子,憂心不能𢗾𢗾。”“𢗾”與“終”均從“冬”得聲,音近相通,當表示最後、終了的意思時,“𢗾”借爲“終”。

{恒}——死、絚

當表示恒久義時,竹本中“死”使用了5次:

《孠》:“初九:孠于蒿,利用死,亡咎。”

《余》:“六五:貞疾,死不死。”

《死》:“死:卿,利貞,亡咎。”

《死》:“初六:歔死,貞凶,亡卣利。”

《死》:“上六:歔死,貞凶。”

“絚”使用了2次:

《死》:“九晶:不絚丌悳,或丞丌𢝊,貞吝。”

《死》:“六五:絚丌悳,貞,婦人吉,夫子凶。”

在《死》卦中,{恒}在卦名和“振恒”句中,用“死”表示,在“恒其德”句中,用“絚”表示。

“死”,今本作“恒”,竹本作,段《注》:“古文恒。從月。”《詩》曰:“如月之恒。”據陳斯鵬考證,“死”本作“亙”,上下二横象天地,月

懸其間。在古人的觀念中，月是永恒存在的，其出没圓缺的周期也是恒常的，所以“亙”應是爲表示永恒、恒常之{恒}而造的，包山、郭店、上博楚簡中加了“卜”的“死”，與《説文》古文相合，是戰國楚簡中記録{恒}的習用字形①。

竹本“絚丌悳”，今本作“恒其德”，“絚”在這裏記録的是{恒}。“絚”字《説文》不見，應是“緪”之異體。“緪”，《説文》：“大索也。一曰急也。從糸恒聲。”《廣韻》：“急張。亦作絙。”《楚辭·九歌》“緪瑟兮交鼓。”《楚辭補注》：“緪，一作絙。”“緪”從“恒”得聲，一如竹本中“絚”從“死”得聲，二字音近，“絚”借用來表示恒久的意思。

{泥}——坭、替

當表示泥地義時，竹本分别使用了“坭”“替”，每個字分别使用了一次：

《孠》：“九晶：孠于坭，至寇至。”

《汬》：“初六：汬替不飤，舊汬亡禽。”

竹本“孠于坭”，今本作“需于泥”，“汬替不飤”今本作“井泥不食”。“坭”，《字彙》：“乃里切，音你。地名，無考。”《六書統》：“埿音泥，水和土也。泥埿通。”“坭”即《詩·式微》“胡爲乎泥中”之“泥”。胡吉宣《玉篇校釋》：“水、土、阜形符亦相通。”“坭”“泥”均爲記録泥地義的本字。

竹本“汬替不飤”，今本作“井泥不食”，“替”竹本原材料作䁥，濮茅左釋爲“暜”，讀爲“普”。陳偉、孟蓬生、李零、何琳儀均釋爲“替”，今從後説。“替”爲透紐質部，泥爲泥紐脂部，透泥旁紐，質脂對轉，故二字相通②。

{爲}——爲、于

當表示有所作爲的意思時，竹本用“爲”2次：

《尨》：“上九：敔尨，不利爲寇，利迎寇。”

《汬》：“九晶：汬朻不飤，爲我心寒。可巳汲，王明，竝受丌福。”

① 陳斯鵬．楚系簡帛中字形與音義關係研究［M］．北京：中國社會科學出版社，2011：103.

② 丁四新．楚竹書與漢帛書周易校注［M］．上海：上海古籍出版社，2011：138.

用“于”1次：

《嗕》：“初六：又孚不冬，乃嬰逌嗕，若虖，一斛于芺，勿卹，遳亡咎。”

“爲”，《説文》：“母猴也，其爲禽好爪，爪，母猴象也；下腹爲母猴形。王育曰：‘爪，象形也。’”羅振玉《增訂殷墟書契考釋》：“案：（爲）從爪，從象，絶不見母猴之狀，卜辭作手牽象形……意古者役象以助勞，其事或尚在服牛乘馬以前。”故“爲”的本義是從事勞役，引申出作爲的意思。

“于”，《説文》：“于，於也。象氣之舒于。從丂，從一。一者，其氣平之也。”當表示作爲的意思時，“于”在文獻中常常通“爲”。王引之《經傳釋詞》：“于，猶爲也。”《詩·鄘風》：“定之方中，作于楚宫，揆之以日，作于楚室。”王引之述聞：“于當讀曰爲，謂作爲此宫室也。古聲于與爲通。”《儀禮·士冠禮》：“宜之于假。”鄭玄注：“于，猶爲也。宜之見爲大矣。”《文選·司馬相如〈長門賦〉》：“因于解悲愁之辭。”李善注引鄭玄《儀禮注》曰：“于，爲也。”故“于”記録{爲}是借用。

{來}——逨、逨、棶、萊

當表示到來的意思時，竹本用“逨”6次，比如：

《訐》：“初六：遳訐逨譽。”

《訐》：“六四：遳訐逨連。”

用“逨”2次：

《比》：“比：备簭，元羕貞，吉，亡咎。不寍方逨，後夫凶。”

《比》：“初六：又孚比之，亡咎。又孚汲缶，冬逨又它，吉。”

用“棶”1次：

《訐》：“九五：大訐不棶。”

用“蓬”1次：

《豐》：“六五：蓬章，又慶懇，吉。”

“逨”，《玉篇》：“來也，至也，就也。”“來”，《説文》：“周所受瑞麥來麰。一來二縫，象芒朿之形。天所來也，故爲行來之來。”“來”的本義爲麥子，引申爲到來。《集韻》：“來……古從彳、從辵、從走。”故“逨”應是爲了承擔“來”之到來義而産生的後起本字。“埊”字不見於字書及文獻，但從字形從“止”來看，很有可能與“逨”構成異體關係。“楙”“蓬”均從“埊”得聲，分別增加了形旁“木”“艸”，字義似與到來義無關，很可能是因爲音近而借用表示到來義。故當記録到來義時，“埊”“逨”爲本字，“楙”“蓬”爲借字。

（三）借字與借字

{假}——叚、畧

當表示降格義時，竹本《易經》分別使用這兩個字各1次：

《啐》：“啐：王畧于寚。利見大人，卿，利貞。用大牲，利又逌。”

《䴡》：“䴡：卿。王叚于寚，利見大人，利涉大川。”

以上兩處今本均作“王假有廟”，今本中《豐》卦有“王假之”，《家人》卦還有“王假有家”。“假”，《禮記·祭統》引孔悝之鼎銘有“公假于太廟”，于省吾據金文辭例子，把“假”讀爲格①。《説文》：“假，非真也。從人叚聲。一曰至也。”李零認爲，這裏的“假”，恐怕不是一般意義上表達到達之義的“格”，而是《尚書》常見的“降格”，即表示先王顯靈，降臨人世。如《吕刑》：“罔有降格。”《多方》：“惟帝降格于夏。”《多士》：“有夏不適逸則惟帝降格。”今本中“王假有廟”的“有”，于省吾從王引之説解釋成語氣助詞，高亨釋爲“于”，對比竹本的用例，讀“于”甚是。

“畧”，從“各”聲，濮茅左認爲假借爲“格”。《爾雅》：“格，至也。”《釋言》：“格，來也。”“格”“假”均爲見紐，魚鐸對轉，二字聲通。

---

① 于省吾．雙劍誃群經新證［M］．上海：上海書店出版社，1999：718-720.

“叚”，《説文》：“借也。”段《注》：“人部假云非真也，此叚云借也，然則凡云假借當作此字。”可知“假”的本義是“非真”，“叚”的本義是“借”，《集韻》：“叚，通作假。”當表示到達、降格義時，二字均爲假借。

{朋}——堋、不

當表示朋友義時，竹本中用了“堋”和“不”兩個字，分别出現1次：

《豫》：“九四：猷余，大又㝵，母頪。堋𣪠䇧。”

《訐》：“九五：大訐不㮲。”

竹本《豫》卦“堋𣪠䇧”，今本作“朋盍簪”。“朋”，《説文》不見。甲骨文作（甲七七七），金文作（中作且癸鼎）。王國維《説玨朋》：“殷時玉與貝皆貨幣也……其用爲貨幣及服御者，皆小玉小貝而有物焉以系之。所系之貝、玉，於玉則謂之玨，於貝則謂之朋。”故“朋”的本義爲貨幣單位，《淮南子·道應》：“大貝百朋。”俞樾《群經平議》：“古者實以二貝爲一朋。”故引申爲同學，朋友。《易·兑》：“君子以朋友講習。”孔穎達疏：“同門曰朋，同志曰友。”《易經》中“朋”既可以表示{朋1}，即貨幣單位；也可以表示{朋2}，即朋友。“堋”字書不見，應從朋得聲，二字音近相通。

竹本《訐》卦“大訐不㮲”，今本作“大蹇朋來”。“不”爲幫紐之部，朋爲并紐蒸部，幫并旁紐，之蒸對轉，二字音近相通。故當表示朋友義時，“堋”“不”均借爲“朋”。

{骽（腿）}——陏、陵

{隨}在竹本《易經》中有兩個義項，{隨1}爲隨從，{隨2}爲大腿根。當表示隨從義時，竹本只用了“陵”字；當表示大腿根時，用了“陏”和“陵”兩個字，分别各出現1次：

《欽》：“九晶：欽亓䏿，埶丌陏，吝。”

《艮》：“六二：艮丌足，不陞丌陵，丌心不悸。”

竹本《欽》卦“埶丌陏”，今本作“執其隨”。俞樾《群經平議·經一》：“竊疑隨乃骽之叚字。古無骽字，故以隨爲之。”《新書·容經·跪容》：“拜以磬折之容……隨前以舉，項衡以下。”俞樾《諸子平議》：“言拜之時，其骽必前以舉，其項必衡以下也，益知隨之爲骽叚字矣。”“骽”，

《玉篇》："骽股也。"《集韻・賄韻》："骽，股也。或作腿。"《集篆古文韻海》有骽字，就是寫成退①。李零認爲，腿是骽的俗字，今所謂腿，是小腿和大腿的統稱。大腿指股（也叫脾），小腿指脛，小腿與大腿連接處是膝，大腿與屁股連接處是髖。骽指大腿最上部，俗稱大腿根②。

"隓"，竹本原材料作[illegible]，《説文》："敗城𨸏曰隓。"段《注》："小篆隓作[illegible]。隸變作墮。俗作隳。""隓"的異體均從隋得聲，故"隓""隨"音近相通。

"陵"，竹本原材料作[illegible]，該字不見於字書，從竹書字形來看，疑爲"隓"的異體，將"隓"字字形中的兩個手形合并成一個，置於右下角。故當表示大腿根的意思時，"隓""陵"均借爲"隨"。

（四）本字與訛字

訛字本來是可以改正後按照正字來處理的，但本書重在描述客觀用字現象，單獨將訛字作爲一類，就是爲了客觀展現文本的用字面貌。

{丘}——丘、北

當表示山丘的意思時，竹本用"丘"和"北"各1次：

> 《頤》："六二：曰[illegible]頤，[illegible]經于北洍，征凶。"
> 《䬦》："六四：䬦丌羣，元吉。䬦丌丘，非[illegible]所思。"

竹本《頤》卦"于北洍"，今本作"于丘頤"。北"在竹本原材料的寫法是[illegible]，"丘"的寫法是[illegible]。"北"字下面少了"丘"字的一横，上面略有差異，形近而訛。

{不}——不、而

當表示否定義時，竹本共用了37次"不"，只有1處用了"而"字：

> 《漸》："九晶：鳿漸于陸。夫征不復，婦孕而□，□，□□□。"

竹本"婦孕而□"，今本作"婦孕不育"。

① 徐在國. 傳抄古文字編（上册）［M］. 北京：綫裝書局，2006：400.

② 李零. 死生有命富貴在天——《周易》的自然哲學［M］. 香港：香港中文大學出版社，2012：187.

"不"竹本作（如《訟》卦），也有作（如《比》卦）；"而"竹本作。"不"在竹本中的第二種寫法與"而"非常相似，差别只是"不"下面是一竪，"而"下面是兩竪，稍帶弧度，因此形近而訛。

二、阜本同詞異字

從阜本開始，在考察每個出土本同時同詞異字之前，首先把這個出土本與之前一個出土本的同時同詞異字進行比對，如果出現相同的同時同詞異字，則只列出字組，不再作詳細分析；如果出現不完全相同的，也就是當記録某一個詞時，之前的出土本用了兩個或兩個以上的字，這個出土本也用了兩個或兩個以上的字，但是之前出土本用的字與這個出土本用的字不完全相同，則對兩個出土本記録這一個詞的不同字進行比較分析；如果這個出土本的同時同詞異字與之前出土本的同時同詞異字完全不同，則歸爲第三類，并按照産生的原因分類分析。爲了行文的簡便，以下提到的同詞異字如非特别説明都特指同時同詞異字。

阜本《周易》中同時同詞異字共 14 組，没有與竹本完全相同的。

（一）與之前出土本不完全相同的同詞異字

與之前出土本不完全相同的同詞異字指的是阜本和之前的出土本在記録某個詞時，都出現了同詞異字，但記録這個詞時用到的字不完全相同。比如記録 A 詞時，之前的出土本用了 a1、a2 這兩個字，而帛本用的是 a1、a3 字，那麽兩個出土本在記録 A 詞時，用到了相同的 a1 字，也分别用到了不同的 a2、a3 字：

{終}——終、冬

{征}——戢、延、政

（二）與之前出土本完全不同的同詞異字

1. 本字與本字

{野}——野、壄

當表示野外的意思時，阜本用"野""壄"各 1 次：

> 《坤》："上六：龘戰于野，其□玄黄。"
>
> 《同人》："□□：同人于壄，亨。□□□□，□君子之貞。"

"野"，《説文》："郊外也。從里予聲。""壄，古文野，從里省，從林。"《楚辭·九歌》："天時懟兮威靈怒，嚴殺盡兮棄原壄。"《玉篇》："壄，古文野字。”當記録野外的意思時，“野”和“埜”是異體關係。

2. 本字與借字

（1）{飛}——飛、非

當表示飛翔的意思時，阜本在《小過》卦中用“飛”1次：

《小過》：“□□：□，□□。□□□，不可大吏。飛鳥遺音，不宜上，宜下。大吉。”

用“非”1次：

《小過》：“□六，非鳥□□。”

“飛”，《説文》：“鳥翥也。象形。”阜本《小過》“非鳥”，今本作“飛鳥”。“非”，《説文》：“違也。從飛下翄，取其相背。”徐灝注箋：“從飛下翄，謂取飛字之下體而爲此篆耳。”“飛”小篆作，正合“從飛下翄”之語。“飛”“非”《廣韻》同屬微部，甫微切，音近相通。《孔耽碑》：“天授之性，飛其學也。”《字彙補·飛部》：“飛，借爲非。”當記録飛翔義時，“非”借爲“飛”。

（2）{宜}——宜、義

當表示適宜的意思時，阜本用“宜”2次：

《小過》：“□□：□，□□。□□□，不可大吏。飛鳥遺之音，不宜上，宜下，大吉。”

用“義”1次：

《臨》：“□□：□□，大君之義，吉。”

阜本《小過》卦“不宜上，宜下”，今本作“不宜上，宜下”。“宜”，《説文》：“所安也。”《玉篇》：“當也，合當然也。今作宜。”《字鑒》“宜”下云：“俗作宜。”《異體字字典》：“從宀之字，隸或作從冖，俗多從之。”故“宜”與“宜”是異體關係。

阜本《臨》卦“大君之義”，今本作“大君之宜”。韓自强認爲“義”與“宜”或“儀”同爲歌部字，古相通。《釋名》：“儀，宜也，得事宜也。”帛書《漸》卦上九“其羽可用爲宜”正是“宜”爲“儀”之例。《禮記·中庸·疏》：“義者宜也。”又《繫辭》“象其物宜”，“觀鳥獸之文與地之宜”，帛書作“以馬其物義”，“觀鳥獸之文與地之義”，“宜”皆作“義”，與阜本《易》以“義”爲“宜”可以互證①。

故當記録適宜的意思時，“宜”爲本字，是“宜”的異體；“義”是借字，借用爲“宜”。

（3）{幽}——幽、散

當表示幽閉的意思時，阜本用“幽”“散”各1次：

> 《歸妹》：“□□：□□□，□幽人之貞。”
> 《履》：“九二：履道坦坦，散人□□。”

“幽”，《説文》：“隱也。”

阜本《履》卦“散人”，今本作“幽人”。《易·履卦》：“幽人貞吉。”孔穎達《疏》：“幽隱之人，守道貞吉。”“散”阜簡原材料作，原釋文隸定作**敞**，并依此爲説。侯乃峰據原材料圖版認爲此字當隸定爲“散”或“**散**”。右部“尤”形類似“又”，“尤”本爲“又”的附劃因聲指事字，以“又”爲聲②。《説文》：“就，高也。從京從尤。尤，異於凡也。”朱駿聲《説文通訓定聲》“就”字下云：“此字實從京尤聲。”此説可從。古音“就”在從紐幽部，“尤”在匣紐之部，之幽旁轉。“**散**”字右部從“尤”也可以看作此字的聲符，“尤”與今本在影紐幽部的“幽”字聲韻接近，故可相通。左部“肖”也可以與“幽”字相通。如《周易·雜卦》：“君子道長，小人道憂也。”《集解》憂作消。《釋文》：“憂，晁氏曰：鄭作消。”古音“憂”同“幽”，皆在影紐幽部，“消”從肖得聲，古音在心紐宵部。又如《禮記·深衣》：“要縫半下。”鄭注：“要或爲優。”“要”古音在影紐宵部，可以與影紐幽部的“優”相通假。因此疑“散”或“**散**”字是雙聲符的字，當記録幽閉的意思時，借爲“幽”③。

① 韓自强. 阜陽漢簡周易研究［M］. 上海：上海古籍出版社，2004：116.
② 于省吾. 甲骨文字釋林［M］. 北京：中華書局，1979：451-452.
③ 侯乃峰.《周易》文字彙校集釋［M］. 台北：台灣古籍出版社，2007：104.

（4）{征}——延、正、政

當表示遠行的意思時，阜本用“延”“正”“政”各1次：

《无亡》：“无亡：元亨，利貞。其非延有眚，不利有攸往。”

《小畜》：“□□：□□□□，□得戴。婦貞厲。月幾堅，君子正，□。”

《頤》：“六二：奠頤，弗經于丘頤，政兇。”

阜本《无妄》“其非延有眚”，今本作“其非征有眚”。“征”，《爾雅·釋言》：“行也。”“延”，《説文》：“正行也。從辵正聲。征，延或從彳。”“征”“延”爲異體關係。

阜本《小畜》“君子正”，今本作“君子征”。“正”，《説文》：“是也。從止，一以止。”“征”從正得聲，二字音近相通，如《周禮·夏官》：“諸子有兵甲之事，則授之車馬，以軍法治之，弗正。”《疏》：“正，音征。謂賦稅也。”

阜本《頤》卦“政兇”，今本作“征凶”。“政”，《説文》：“正也。從攴從正，正亦聲。”“政”“征”均從正得聲，二字音近相通。

故當記録遠行義時，“延”爲本字，是“征”的異體字；“正”“政”爲借字。

（5）{朋}——傰、馮

當表示朋友的意思時，帛本用了“朋”“傰”“堋”“匔”四個字。其中用“傰”3次，用“匔”1次，但涉及的内容阜本都缺損，無法進行比對。“朋”在帛本出現兩次，在阜本殘卷中，其中一處“朋”寫作“傰”，另一處缺損：

《坤》：“□：□□。□□□□□。□□□□□，□□□□□。□□□□傰，東□□□。□貞吉。”

阜本用“馮”1次，該處帛本作“堋”：

《復》：“復：□。□□□□，馮來无咎。□□□□，□□□□。”

阜本《坤》卦“□□□倗”，今本作“西南得朋”。故當表示朋友、朋黨的意思時，“倗”“朋”均爲本字，二者是異體關係。

阜本《復》卦“馮來无咎”，今本作“朋來无咎”。“馮”，《説文》：“馬行疾也。從馬冫聲。”“朋”“馮”古音均屬蒸部，音近相通。《國語·吴語》：“請王勵士，以奮其朋勢。”王引之《經義述聞》：“家大人曰：‘朋，讀爲馮。馮勢，盛怒之勢也。’”《藝文類聚》卷八十四引《六韜》：“商王拘西伯昌於羑里，太公謂散宜生，求珍物以免君罪，之九江，得大貝百馮。”《詩經·小雅·菁菁者莪》作“百朋”。故當表示朋友義時，“馮”借爲“朋”。

2. 借字與借字

（1）{顛}——奠、嗔

當記録頂端義時，阜本用“奠”“嗔”各1次：

> 《頤》：“六二：奠頤，弗經于丘頤，政兇。”
>
> 《頤》：“六四：嗔頤，吉。虎視眈眈，其猶遂遂，无咎。”

《頤》卦帛本六二、六四爻的“奠頤”“嗔頤”，今本均作“顛頤”。“顛”，《説文》：“頂也。從頁真聲。都年切。”“奠”，《説文》：“置祭也。從酋。酋，酒也。下其丌也。”“奠”古音爲文部定母，“顛”古音爲真部端母，韓自强引焦循説：“（奠）讀爲顛倒之顛。”以爲：“鼎卦‘顛趾’，帛書正是作‘填止’。……奠，填，顛同爲真部字，可以通假，故阜易借‘奠’爲‘顛’。”① “嗔”，《説文》：“盛氣也。從口真聲。”“嗔”與“顛”均從真得聲，音近相通。故當記録頂端義時，“奠”“嗔”都是借字。

（2）{脱}——説、兑

當表示脱離的意思時，帛本用“説”和“奪”，阜本用“説”和“兑”各1次：

> 《睽》：“□□：□□，見豕負塗，載□一車，□□□□，□兑之壺，非寇昏茾。□□□□□。”

阜本《睽》卦“□兑之壺”今本作“後説之弧”，“説”借用爲“脱”

① 韓自强．阜陽漢簡周易研究［M］．上海：上海古籍出版社，2004：109.

記録脱離義。“兑”,《説文》:“説也。從儿台聲。”段《注》:“説者今之悦字。”“脱”從兑得聲,二字音近相通,當記録脱離義時,“兑”借爲“脱”。

三、帛本同詞異字

(一)與之前出土本完全相同的同詞異字

與之前出土本完全相同的同詞異字是指帛本中的同詞異字和阜本、竹本中的同詞異字所用的字和數量完全相同。帛本中與阜本完全相同的同時同詞異字有一組:

{終}——終、冬

當表示最後、終了的意思時,竹本用了“冬”“⿱冬心”“中”三個字形,“中”僅見1例,用於《夬》:“上六:忘䇓,中又凶。”帛本爲:“尚六:无號,冬有兇。”“中”换作了“冬”,帛本中也再没有出現“中”表示{終}的例子。“⿱冬心”字帛本中也没有出現,竹本《謙》卦:“壓:卿,君子又⿱冬心。”帛本作:“君子有終。”

帛本中記録{終}時用“終”字17次,比如:

《川》:“六三:合章可貞,或□王事,无□有終。”

《餘》:“六二:疥于石,不終日,貞吉。”

《箇》:“初六:榦父之箇,有子,巧无咎。厲,終吉。”

《家人》:“九三:家人樊樊,㤅厲吉;婦子裏裏,終閵。”

《贛》:“六四:奠酒巧訪,用缶,人药自牖,終无咎。”

《復》:“尚六:迷復,兇,有兹省。用行師,終有大敗,以亓國君,凶,至十年弗克正。”

《漸》:“九五:鳿漸于陵,婦三歲不繩,終莫之勝,吉。”

帛本用“冬”9次,如:

《襦》:“九二:襦于沙,少有言,冬吉。”

《既濟》:“六四:襦有衣茹,冬日戒。”

《訟》:“訟:有復,洫寧,衷吉,冬兇。利用見大人,不利涉大川。”

《比》:“初六:有復比之,无咎。有復盈缶,冬來或池,吉。”

《旅》:“六五:射雉,一矢亡,冬以舉命。”

“終”，《玉篇》：“極也，窮也。”甲骨文作∩（乙三六八），即“冬”字，“冬”的本義是四時之盡的冬天，引申爲極、盡。“終”是爲了分擔“冬”字的引申義而產生的後起本字。在《易經》中記録的是由極、窮引申出的最後、終了義。

（二）與之前出土本不完全相同的同詞異字

（1）{骽（腿）}——隨、隋

當表示大腿根的意思時，帛本用“隨”和“隋”各1次：

《欽》：“九三：欽亓瞿，執亓隨，閵。”

《根》：“六二：根亓肥，不登亓隋，亓心不快。”

帛本《欽》卦“執亓隨”，竹本作“埶丌陊”，今本作“執其隨”；《根》卦“不登亓隋”竹本作“不陞丌陵”，今本作“不登其隨”。竹本“陊”“陵”均借爲“隨”，記録大腿根的意思；“隨”，借用爲“骽”，“骽”的本義爲大腿根。

“隋”，《說文》：“裂肉也。從肉，從陊省。”段《注》：“今《儀禮》注隋皆作墮。”《詩·衛風·其黄而隕傳》：“隕，隋也。”《釋文》：“隋，又作墮，唐果反。”“陊”，段《注》：“小篆陊作𨽿。隷變作墮。俗作隳。”故“隋”爲“陊”之異體，當表示大腿根的意思時，“隋”借用爲“隨”。

（2）{顛}——顛、填

當表示顛倒的意思時，帛本用“顛”2次：

《頤》：“六二：曰顛頤，柫經于北頤，正凶。”

《頤》：“六四：顛頤，吉。虎視沈沈，亓容笛笛，无咎。”

用“填”1次：

《鼎》：“初六：鼎填止，利□不。得妾以亓子，无咎。”

“顛”，《說文》：“頂也。從頁真聲。”《爾雅·釋言》：“顛，頂也。”邢昺《疏》：“謂頭上也。”故“顛”的本義爲頭頂，引申爲顛倒義，《離騷注》曰：“自上下曰顛。”《廣雅》曰：“顛，末也。”“顛頤”，“頤”爲頤養，王弼《周易注》：“養下曰顛。”下不奉上，而以上養下，此爲顛倒之事。

帛本《鼎》卦"鼎填止"，今本作"鼎顛趾"，表示鼎倒過來，鼎足在上。"填"，《説文》："填也，從土真聲。""填"與"顛"均從"真"得聲，音近相通。當表示顛倒義時，"填"借用爲"顛"。

(3) {脱}——説、奪

當表示脱離的意思時，帛本用"説"5次：

《蒙》："初六：廢蒙，利用刑人，用説桎梏，已往閵。"

《少蓺》："九三：車説緮。夫妻反目。"

《泰蓄》："九二：車説緮。"

《乖》："尚九：乖苽，見豨負塗，載鬼一車，先張之柧，後説之壺，非寇闔厚。往愚雨即吉。"

《困》："九五：貳椽，困于赤發，乃徐有説，利用芳祀。"

用"奪"1次：

《椽》："六二：共之用黄牛之勒，莫之勝奪。"

"説"，《説文》："釋也。從言兑。一曰談説。失爇切。"《説文》引《小畜》"説"作"脱"。《荀子·正名》："説故喜怒哀樂愛惡欲以心異。"楊倞注："説，讀爲脱。"《儀禮·士昏禮》："主人説服於房。"《釋文》："脱本亦作説。""脱"，《説文》："消肉臞也。從肉兑聲。徒活切。""説""脱"均從兑得聲，音近相通。

帛本《椽》卦"莫之勝奪"，今本作"莫之勝説。""説"借爲"脱"。"脱"，《唐韻》《韻會》《正韻》："徒活切，音奪。""奪"與"脱"音近相通。當表示脱落義時，"説""奪"均借爲"脱"。

(4) {爲}——爲、于

當表示作爲的意思時，竹本中用"爲"，帛本中用"爲"5次：

《益》："六四：中行告公從，利用爲家遷國。"

《夬》："初九：牀于前止，往不勝，爲咎。"

《益》："初九：利用爲大作，元吉，无咎。"

《井》："九三：井茈不食，爲我心塞。可用汲，王明，竝受亓福。"

《漸》："尚九：鳿漸于陸，其羽可用爲宜，吉。"

以上幾個例子中，《益》《夬》《漸》中的例子竹本缺損，竹本《井》卦用的是"爲"。

"爲"，《説文》："母猴也，其爲禽好爪，爪，母猴象也；下腹爲母猴形。王育曰：'爪，象形也。'"羅振玉《增訂殷墟書契考釋》："案：（爲）從爪，從象，絶不見母猴之狀，卜辭作手牽象形……意古者役象以助勞，其事或尚在服牛乘馬以前。"故"爲"的本義是從事勞役，引申出作爲的意思。

"爲"，《玉篇》："爲，俗作爲。""爲"字上部不再從"爪"，構形屬性有變化，故看作兩個字位。《漢語大字典》："今'爲'字通行。"當表示{爲}的意思時，"爲"和"爲"是異體關係。

"于"表示{爲}，帛本與竹本都僅見於《萃》卦：

《萃》："一屋于芺，勿血，往无咎。"

"一屋于芺"，竹本作"一斛于芺"，今本作"一握爲笑"。"一握爲笑"，王弼注："一握者，小之貌也。"孔穎達疏："自比一握之言，言至小也。"李零從此解，認爲是指時間短促。但李同時又提出，"一握"古書罕見，自己也不能確定王、孔的注釋是否可靠①。《經典釋文》引鄭玄本作"握"，讀爲屋，高亨從其説，讀"一屋爲笑"，"言一室之人皆因而笑也"②。根據帛本作"一屋于芺"，今從高亨説。

"于"，《説文》："于，於也。象氣之舒于。從丂，從一。一者，其氣平之也。"當表示作爲的意思時，"于"在文獻中常常通"爲"。王引之《經傳釋詞》："于，猶爲也。"《詩・鄘風・定之方中》："定之方中，作于楚宮，揆之以日，作于楚室。"王引之述聞："于當讀曰爲，謂作爲此宮室也。古聲于與爲通。"《儀禮・士冠禮》："宜之于假。"鄭玄注："于，猶爲也。宜之見爲大矣。"《文選・司馬相如〈長門賦〉》："因于解悲愁之辭。"李善注引鄭玄《儀禮注》曰："于，爲也。"故"于"記録{爲}是借用。

① 李零. 死生有命富貴在天——《周易》的自然哲學［M］. 香港：香港中文大學出版社，2012：236.

② 高亨. 周易大傳今注［M］. 濟南：齊魯書社，1998：288-289.

（5）{凶}——兇、凶

竹本 {凶} 用“凶”“工”表示，帛本没有出現用“工”的例子，增加了“兇”字，在帛本中，“凶”字出現 30 次，“兇”字出現 22 次，二者没有明顯的使用差異，即使是在同一卦中，也會同時出現，如《師》卦中，用“凶” 1 次，用“兇” 2 次：

《師》：“六五：田有禽。利執言，无咎。長子衛師，弟子輿屍，貞凶。”

《師》：“初六：師□□律，不臧，兇。”

《師》：“六三：師或與屍，兇。”

《贛》卦中二字各用 1 次：

《贛》：“初六：習贛，人贛閻，凶。”

《贛》：“尚六：系用諱纆，親之于繳勒，三歲弗得，兇。”

《恒》卦中用“凶” 2 次，用“兇” 1 次：

《恒》：“初六：夐恒，貞凶，无攸利。”

《恒》：“六五：恒亓德，貞，婦人□，夫子凶。”

《恒》：“尚六：夐恒，兇。”

“兇”，《説文》：“擾恐也。從人在凶下。”《春秋傳》曰：“曹人兇懼。”《集韻·鍾韻》：“凶，惡也。通作兇。”《世説新語·自新》：“周處年少時，兇僵俠氣，爲鄉里所患。”唐韓愈《烏氏廟碑銘》：“夸謾兇驕。”都是借“兇”爲“凶”。當表示凶险義時，“凶”爲本字，“兇”爲借字。

（6）{譽}——譽、輿、舉

竹本 {譽} 用“譽”和“悪”表示：

《許》：“初六：造許埶譽。”

《豐》：“六五：莛章，又慶悪，吉。”

這兩例在帛本中1例用“輿”，1例用“舉”：

《蹇》：“初六：往蹇來輿。”
《豐》：“六五：來章，有慶舉，吉。”

帛本中另有用“譽”“輿”“舉”各1例：

《泰過》：“六五：楛楊生華，老婦得亓士夫，无咎无譽。”
《箇》：“六五：榦父之箇，用輿。”
《旅》：“六五：射雉，一矢亡，冬以舉命。”

“輿”本義爲車輿，“輿”和“譽”均屬《廣韻》魚部，當表示贊譽時，“譽”爲本字，“輿”爲借字。

（7）{中}——中、衷

竹本{中}用“中”“审”表示，“审”字只在帛本《師》卦中出現了一次：“九二：在師中吉，无咎。王三湯命。”不用“审”。帛本中新出現了一個{中}用“衷”表示的例子：

《訟》：“訟：有復，洫寧，衷吉，冬兇。利用見大人，不利涉大川。”

“衷”帛本原釋爲“克”①，殊誤。帛本原材料作，“衷”字從衣從中，字形明晰，“衷”“中”韻母同屬冬部，借用爲“中”。

（8）{朋2}——朋、傰、堋、匔

當表示朋友的意思時，帛本用“朋”2次，均在《川》卦：

《川》：“川：元亨，利牝馬之貞。君子有攸往，先迷後得主，利西南得朋，東北亡朋。安貞吉。”

用“傰”3次：

① 馬王堆漢墓整理小組. 馬王堆帛書《六十四卦》釋文［J］，文物. 1984（3）.

《餘》："九四：允餘，大有得，勿疑，傰甲讒。"
《欽》："九四：貞吉，悬亡。童童往來，傰從璽思。"
《解》："九四：解亓栂，傰至此復。"

用"堋"1次：

《復》："復：亨。出人无疾，堋來无咎。反復亓道，七日來復。利有攸往。"

用"倗"1次：

《蹇》："九五：大蹇倗來。"

"朋"，《説文》未收。甲骨文作（甲七七七），金文作（中作且癸鼎）。王國維《説珏朋》："殷時玉與貝皆貨幣也……其用爲貨幣及服御者，皆小玉小貝而有物焉以系之。所系之貝、玉，於玉則謂之珏，於貝則謂之朋。"故"朋"的本義爲貨幣，《淮南子・道應》："大貝百朋。"俞樾《群經平議》："古者實以二貝爲一朋。"故引申爲同學、朋友。《易・兑》："君子以朋友講習。"孔穎達疏："同門曰朋，同志曰友。"《易經》中"朋"即可以表示{朋 1}，即貨幣，如今本《損》："六五：或益之十朋之龜，弗克違，元吉。"又如今本《益》："六二：或益之十朋之龜，弗克違，永貞吉。王用享于帝，吉。"今本《損》《益》兩卦中表示貨幣的"朋"在帛本中均作"傰"；也可以表示{朋 2}，即朋友。

帛本"傰"今本作"朋"。"傰"，《集韻・平聲・登韻》："傰，阿黨也。"《管子・幼官篇》："練之以散羣傰署。"房玄齡注："傰猶曹也。"劉績注："即朋字。"故當表示朋友、朋黨的意思時，"傰""朋"均爲本字，二者是異體關係。

帛本"堋"，今本作"朋"。"堋"，《説文》："喪葬下土也。從土朋聲。""堋"從朋得聲，二字音近相通。

帛本《蹇》卦"倗"，原材料作，熹本作"崩"，開本、今本作"朋"。帛本原材料"傰"作。何琳儀認爲"倗"殆爲"倗"字之形訛。

故當表示朋友的意思時，"朋"爲本字，"傰"是因爲字形異體而産生的同詞異字，“堋”是因音近通假而産生的同詞異字，“傰”是因字形訛誤而産生的同詞異字。

（三）與之前出土本完全不同的同詞異字

與之前出土本完全不同的同詞異字指的是：帛本中的同詞異字，竹本中没有這個詞，或是有這個詞，但是只用了一個字或所用的幾個字都不同。

1. 本字與本字

（1）{缶}——缶、坿

當表示瓦器{缶}的意思時，帛本用了 2 次“缶”：

《比》：“初六：有復比之，无咎。有復盈缶，冬來或池，吉。”

《坎》：“六四：奠酒巧訪，用缶，人药自牖，終无咎。”

“坿”字用了 1 次：

《離》：“九三：日禝之羅，不鼓坿而歌，即大絰之駐，凶。”

“缶”，《説文》：“瓦器。所以盛酒漿。秦人鼓之以節歌。象形。凡缶之屬皆從缶。”缶爲土制，《周易集解纂疏》：“缶爲土器。”“坿”字書未見，應爲從土缶聲，疑爲“缶”的後出本字，“缶”和“坿”是異體關係。

（2）{小}——小、少

當表示小的意思時，帛本用“小”18 次，例如：

《屯》：“九五：屯亓膏，小貞吉；大貞凶。”

《師》：“尚六：大人君有命，啓國承家，小人勿□。”

《隋》：“六三：係丈夫，失小子，隋有求，得，利居貞。”

《乖》：“乖：小事吉。”

《未濟》：“未濟：亨。小狐氣涉，濡亓尾，无攸利。”

用“少”9 次，例如：

《旅》：“旅：少亨。旅，貞吉。”

《訟》：“初六：不永所事，少有言，冬吉。”
《箇》：“九三：榦父之箇，少有悬，无大咎。”
《噬嗑》：“六三：筮腊肉，愚毒，少閵，无咎。”
《贛》：“九二：贛有訦，求少得。”
《少蓺》：“少蓺：亨。密雲不雨，自我西茭。”

“小”，《説文》：“物之微也。從八，丨見而分之。”“少”，《説文》：“不多也。從小丿聲。書沼切。”段《注》：“不多則小，故古少小互訓通用。”“小”甲骨文作（甲六三〇），也有（乙一六）的寫法，《中山王墓宫堂圖》作，《三體石經・君奭》作，與“少”同。商承祚《殷墟文字類編》：“卜辭作三點，示微小之意，與古金文同。”《漢語大字典》：“甲骨文‘小’像塵沙小物狀，與少本爲一字，後分化爲二字。”故當表示小的意思時，“小”和“少”均爲本字。

（3）{眇}——眇、眇

當表示視力微弱的意思時，帛本用“眇”和“眇”各1例：

《履》：“六三：眇能視，跛能利，禮虎尾，真人，兇。武人迥于大君。”
《歸妹》：“九二：眇能視，利幽人貞。”

“眇”，《説文》：“一目小也。”《釋名》：“目匡陷急曰眇。眇，小也。”《象傳》：“‘眇能視’，不足以有明也。”孔穎達《周易正義》：“‘不足以有明’者，釋‘眇能視物’。目既隆眇，假使能視，无多明也。”“眇”訓“小目”，即視微而盲。“小”和“少”本一字之分化，《禮記・少儀釋文》：“少猶小也。”《左傳》定公十四年：“從我而朝少君。”《釋文》：“少本作小。”故“眇”即“眇”，二者是異體關係。

（4）{係}——係、系

當表示捆綁義時，帛本用“係”和“系”，其中用“係”3次：

《隨》：“六二：係小子，失丈夫。”
《隨》：“六三：係丈夫，失小子，隋有求，得，利居貞。”
《隨》：“尚九：枸係之，乃從巂之，王用芳于西山。”

用“系”1次：

《坎》：“尚六：系用諱纆，親之于總勒，三歲弗得，兇。”

“係”，《説文》：“絜束也。從人從系，系亦聲。”“系”，《説文》：“繫也。從糸丿聲。”“繫”，《説文》：“繫繃也。一曰惡絮。從糸毄聲。”李富孫《異文釋》：“三字義各異，今俗‘係’通用‘繫’或用‘系’。”故當表示捆綁義時，“係”和“系”是異體關係。

（5）{退}——退、内

當表示後退的意思時，帛本用“退”2次：

《觀》：“六三：觀我生，進退。”

《泰壯》：“尚六：羝羊觸藩，不能退，不能遂，无攸利，根則吉。”

用“内”1次：

《筭》：“初六：進内，利武人之貞。”

帛本《筭》卦“進内”，今本作“進退”。丁四新認爲内、退均爲物部，泥透旁紐，故二字相通[1]。吴新楚認爲：“‘内’與‘退’”異文同義，其字乃‘迺’或‘衲’之省形。《説文》：‘却也，一曰行遲也。……衲，退或從内。’今本《尉繚子·攻權》：‘故進退不豪。’竹簡《尉繚子》作：‘故進迺不稟。’‘退’與‘迺’異文同義。今本《易傳·繫辭》：‘聖人以此洗心。退藏於密。’帛書《繫辭》作：‘耶人以此佚心，内藏於閉。’‘退’‘内’異文。今本《尉繚子·兵談》：則内可以固守，外可以戰勝。竹簡《尉繚子》作：‘故迺可以固守，□□□戰勝。’‘内’‘迺’異文。帛書《周易》、帛書《繫辭》和竹簡《尉繚子》之‘内’，其異文均爲‘退’（迺），其間關係非形體訛誤或通假所能解釋。我們認爲，‘内’乃‘迺’字之省形，‘迺’與‘退’是同字異體。故帛《易·筭》卦‘進内’當讀

① 丁四新. 楚竹書與帛書周易校注［M］. 上海：上海古籍出版社，2011：465.

爲‘進迺’，亦即‘進退’之義。”①我們從吴説，故當表示進退的意思時，“退”與“内（迺）”均爲本字，是異體關係。但從用字事實而言，“内”應該看作借字，因爲“迺”從“内”聲，“内”本身并非“迺”字。

2. 本字與借字

（1）{賜}——賜、湯、鬄

當表示賜予義時，帛本用“賜”“湯”“鬄”各1次：

《訟》：“尚九：或賜之般帶，終朝三掳之。”

《師》：“九二：在師中，吉，无咎。王三湯命。”

《溍》：“溍：康矦用鬄馬蕃庶，晝日三綾。”

《訟》卦“賜”，《説文》：“賜，予也。”“般帶”即“鞶帶”，是用革制的腰帶，爲男子所繫，“賜之般帶”即王賜予表示爵位的腰帶。

《師》卦“王三湯命”，竹本作“王晶賜命”，今本作“王三錫命”，《釋文》：“錫，星歷反，徐音賜。鄭本作賜。”《爾雅・釋詁》：“錫。賜也。”“賜”，先秦古籍常借“錫”字爲之。“湯”“錫”“賜”《説文》均從“易”聲，“湯”“錫”借爲“賜”。“王三賜命”即君王三次賜命嘉獎。

《溍》卦“康矦用鬄馬蕃庶”，今本作“康侯用錫馬蕃庶”。“錫”借爲“賜”。“鬄”字字書不見，張立文認爲是“鬄”字省。“鬄”，《説文》：“髮也，從髟易聲。”《儀禮・少牢饋食禮》：“主婦被錫。”鄭《注》：“被錫讀爲髲鬄。”《周禮・追師・注》作：“主婦髲鬄。”故“鬄”可借用爲“賜”，“鬄”當從镸易聲，也應借用爲“賜”。

（2）{德}——德、得

當表示德行的意思時，帛本用“德”5次：

《訟》：“六三：食售德，貞厲。或從王事，无成。”

《箇》：“尚九：不事王矦，高尚亓德，兇。”

《恒》：“九三：不恒亓德，或承之羞，貞閵。”

《恒》：“六五：恒亓德，貞，婦人□，夫子凶。”

《益》：“九五：有復惠心，勿問，元吉。有復惠我德。”

---

① 吴新楚．周易異文校證［M］．上海：華東人民出版社，2001：24-25．

用“得”1次：

> 《少蓺》：“尚九：既雨既處，尚得載，女貞厲。月幾塱，君子正，兇。”

“德”，《廣韻》：“德行也。”“得”，《説文》：“行有所得也。”段《注》：“唐人詩：‘千水千山得得來。’得即德也。”帛本《少蓺》卦“尚得載”，今本、《周易正義》作“尚德載”，《周易集解》作“尚得載”。《音訓》：“德，晁氏曰：‘《子夏傳》作得，京、虞翻同。”“德”“得”《説文》均爲“多則切”，當表示德行的意思時，“德”爲本字，“得”爲借字。

（3）{三}——三、參

當表示數字三時，帛本用“三”73次，例如：

> 《川》：“六三：合章可貞，或□王事，无□有終。”
>
> 《襦》：“尚六：人于穴，有不楚客三人來，敬之終吉。”
>
> 《同人》：“九三：服容□莽，登亓高□，三歲不興。”

用“參”僅1次：

> 《蒙》：“□：□，□□求童蒙，童蒙求我。初筮吉，再參擅，擅即不吉。利貞。”

三，《説文·三部》：“天地人之道也。從三數。”

《説文解字注·晶》：“《唐風傳》曰：‘三星，參也。’《天官書》《天文志》皆云：‘參爲白虎三星，直者是爲衡石。’蓋彡者，象三星，其外則象其畛域與。今隸變爲參，用爲參兩、參差字。”參的本義表三星，借用表示數字三。按，當表示數詞三時，“三”和“參”是本字與借字關係。

（4）{吝}——閵、閵

當表示悔恨的意思時，帛本用“閵”19次，例如：

> 《恒》：“九三：不恒亓德，或承之羞，貞閵。”
>
> 《箇》：“六四：浴父之箇，往見閵。”

《家人》："九三：家人變變，恳厲吉；婦子裏裏，終閵。"

《觀》："初六：童觀，小人无咎，君子閵。"

《卒》："六三：卒若駐若，无攸利，往无咎，少閵。"

用"叟"1次：

《屯》："六三：即鹿毋華，唯人于林中，君子幾不如舍，往叟。"

帛本《屯》卦"往叟"，今本作"往吝"。"吝"，《説文》："恨惜也。從口文聲。""往吝"表示行有所悔。"叟"，何琳儀認爲："從厸，文爲疊加聲符。"①王輝説："鄰字《漢書·叙傳》作厸，師古曰：'厸，古鄰字也。'厸當即吅之訛變。叟是在吅下加注文聲的形聲字，鄰文古韻真文旁轉，古音極近。"②《馬王堆漢墓帛書·老子乙本·德經》："叟國相望，雞犬之聲相聞，民至老死不相往來。"今本《老子》第八十章作"鄰國相望"。故"叟"爲"鄰"之異體，"叟""吝"均從文聲，古音相近，當表示悔吝的意思時，"叟"借爲"吝"。

帛本中"叟"借用爲"吝"僅有《屯》卦1例，其餘均用"閵"字記録悔恨義。"閵"，《廣韻》："閵鶅，鳥名。"《説文》："閵似雊鵒而黄。"《廣韻》《集韻》《正韻》："良刃切，音吝。""閵""吝"音同，帛本中"閵"借爲"吝"記録悔恨義。

（5）{娣}——弟、苐

當表示隨嫁女子{娣}時，帛本在《歸妹》卦中用"弟"1次：

《歸妹》："初九：歸妹以弟。跛能利，正吉。"

用"苐"2次：

《歸妹》："六三：歸妹以嬬，□歸以苐。"

① 何琳儀. 戰國古文字典（下册）[M]. 北京：中華書局，1998：1149.

② 王輝. 馬王堆帛書《六十四卦》校讀札記［A]. //中國古文字研究會，陝西省考古研究所，中華書局編輯部. 古文字研究（第十四輯）[C]. 北京：中華書局，1986：281.

《歸妹》:“六五:帝乙歸妹,亓君之袂不若其苐之快良。日月既望,吉。”

帛本《歸妹》卦“歸妹以弟”熹本、開本、今本作“歸妹以娣”。《説文》:“娣,同夫之女弟也。從女從弟,弟亦聲。”段《注》:“同夫者,女子同事一夫也。”《釋親》:“女子同出,謂先生爲姒,後生爲娣。”“歸妹以娣”反映的是古時女子出嫁以妹妹陪嫁的社會風俗。“弟”與“娣”音近相通。

“苐”,從“弟”得聲,與“娣”音近相通,當表示隨嫁的女子時,借用爲“娣”。

(6){腓}——𨀊、肥

當表示腿肚子的意思時,帛本用“肥”1次:

《根》:“六二:根亓肥,不登亓隋,亓心不快。”

用“𨀊”2次:

《欽》:“六二:欽亓𨀊,凶。居吉。”

《欽》:“九三:欽亓𨀊,執亓隨,閵。”

帛本《根》卦“根亓肥”,熹本、開本、今本作“艮其腓”,竹本作“艮丌足”。“根”借爲“艮”,高亨《周易古經今注》:“艮者,顧也。”是注視、照顧的意思。“腓”,《説文》:“脛腨也。從肉非聲。符飛切。”即脛肌,小腿肚子。“肥”,《説文》:“多肉也。從肉從卪。符非切。”張政烺、于豪亮《〈六十四卦〉校勘記》:“案咸卦腓,帛本作‘𨀊’。腓今稱‘腿肚子’,‘𨀊’從足,肥聲,爲腓之異體字。此則假肥爲腓。”故當表示腿肚子的意思時,“腓”爲本字,“肥”爲借字。

上文《〈六十四卦〉校勘記》中所説的《咸》卦就是帛本的《欽》卦。帛本《欽》卦“欽亓𨀊”,今本、敦本、開本作“咸其腓”。據《〈六十四卦〉校勘記》,當表示腿肚子的意思時,“𨀊”是“腓”的異體,二字均爲本字。

(7){戒}——戒、革

當表示警戒的意思時,帛本用“戒”和“革”各1次:

《即濟》:“六四:襦有衣茹,冬日戒。”

《少過》："九四：无咎，弗過愚之，往厲必革，勿用永貞。"

"戒"，《説文》："警也。從廾持戈，以戒不虞。居拜切。"帛本《既濟》卦"冬日戒"，意即終日警戒。帛本《少過》"往厲必革"今本、敦本、開本作"往厲必戒"，指出門有危險，務必小心警戒。"革"，《集韻》："訖力切，音殛。本作輙。急也。"《禮記·檀弓》："夫子之病革矣。"鄭玄注："革，急也。"《釋文》："紀力切。""輙"，《廣韻》："或作革。"故"往厲必革"中的"革"音殛，是"輙"的異體，表示迅疾，與表示皮革義、音隔的"革"爲同形字。《釋文》："革，紀力切。"《韻補》："戒，紀力切。""革"與"戒"音近相通。《淮南子·精神》："且有人戒形。"當表示警戒義時，"革"假借爲"戒"。

(8) {壯} ——壯、牀

當表示健壯的意思時，帛本用"壯"5次：

《泰壯》："泰壯：利貞。"

《泰壯》："初九：壯于止，正凶，有復。"

《泰壯》："九三：小人用壯，君子用亡，貞厲。羝羊觸藩，羸亓角。"

《泰壯》："九四：貞吉，悔亡。藩块不羸，壯于泰車之緮。"

用"牀"3次：

《明夷》："六二：明夷，夷于左股，用撜馬牀，吉。"

《夬》："初九：牀于前止，往不勝，爲咎。"

《夬》："□三：牀于頯，有凶。君子缺缺獨行，愚雨如濡，有温，无咎。"

"壯"，《説文》："大也。從士爿聲。側亮切。"引申爲强盛。帛本《明夷》"用撜馬牀"今本作"用拯馬壯"；帛本《夬》卦"牀于前止"今本作"壯于前趾"；帛本《夬》卦"牀于頯"今本作"壯于頄"。"牀"，《説文》："安身之坐者。從木爿聲。仕莊切。""牀"與"壯"均從爿聲，音近相通，當表示强壯的意思時，"壯"是本字，"牀"是借字。

（9）{它} ——它、池

當表示意外的意思時，帛本用“它”2 次：

《泰過》：“九四：棟轚，吉。有它，閵。”

《中復》：“初九：杅吉，有它不寧。”

用“池”1 次：

《比》：“初六：有復比之，无咎。有復盈缶，冬來或池，吉。”

“它”，《説文》：“虫也。從虫而長，象冤曲垂尾形。上古艸居患它，故相問無它乎。”引申爲意外、灾禍。帛本《比》卦“冬來或池”今本作“終來有它”。“池”，當表示意外時，借用爲“它”。《集韻》《韻會》：“池，唐何切。”《正韻》：“湯河切。”“它”，《集韻》《韻會》《正韻》：“湯河切。”二字古音同屬歌韻，音近相通。

（10）{牽} ——牽、堅

當表示牽引向前的意思時，帛本用“牽”和“堅”各 1 次：

《夬》：“九四：脹无膚，亓行郪胥，牽羊悬亡，聞言不信。”

《少蓺》：“九二：堅復，吉。”

“牽”，《説文》：“引前也。從牛，象引牛之縻也。玄聲。苦堅切。”帛本《少蓺》“堅復”今本作“牽復”。孔穎達《周易正義》：“‘牽’謂牽連，‘復’謂反復，二欲往五，五非止畜之極，不閉固於己，可自牽連，反復於上，而得吉也。”“堅”，《説文》：“剛也。從臤從土。古賢切。”“堅”爲見紐真部字，“牽”爲溪紐真部字，音近相通。《公羊傳・定公十四年》：“公會齊侯、衛侯於堅。”《釋文》：“堅，如字。本又作掔，音牽。左氏作牽。”《左傳・定公十四年》作“公會齊侯、衛侯於牽”。當表示牽引向前義時，“堅”借爲“牽”。

（11）{啞} ——啞、亞

當表示笑聲時，帛本用“啞”和“亞”各 2 次：

《辰》："辰：亨。辰來朔朔，芙言亞亞，辰敬百里，不亡釶觴。"

《辰》："初九：辰來朔朔，後芙□啞啞，吉。"

帛本《辰》卦"芙言亞亞"，今本作"笑言啞啞"。"啞"，《說文》："笑也。從口亞聲。""亞"，《說文》："醜也。象人局背之形。""啞"從"亞"得聲，二字音近，當表示笑聲的意思時，"亞"借爲"啞"。

（12）{輿}——輿、與

當表示車輿的意思時，帛本用"與"和"輿"各1次：

《師》："六三：師或與杘，兇。"

《師》："六五：田有禽。利執言，无咎。長子衛師，弟子輿杘，貞凶。"

"與"，《說文》："黨與也。從舁從與。"段注："會意。共舉而與之也。""與"的本義爲黨與、朋黨。《漢書·武五子傳》："羣臣連與成朋。"顏師古注："與謂黨與也。""與"與"輿"同屬《廣韻》"魚"部，當表示車輿的意思時，"輿"爲本字，"與"爲借字。

（13）{遇}——遇、愚、禺

當表示相遇的意思時，帛本用"遇"2次：

《同人》："九五：同人先號桃後芙，大師克，相遇。"

《少過》："九四：无咎，弗過愚之，往厲必革，勿用永貞。"

用"愚"8次，例如：

《筮閘》："六三：筮腊肉，愚毒，少閵，无咎。"

《乖》："九二：愚主于巷，无咎。"

《夬》："□三：牀于頯，有凶。君子缺缺獨行，愚雨如濡，有温，无咎。"

《少過》："六二：過亓祖，愚亓比，不及亓君，愚亓僕，无咎。”

《少過》:“尚六:弗愚過之。翡鳥羅之,凶,是謂兹省。”

用“禺”1次:

《豐》:“初九:禺亓肥主,唯旬无咎,往有尚。”

《豐》:“九四:豐亓剖,日中見斗,禺亓夷主,吉。”

帛本“愚”“禺”,今本作“遇”。“遇”,《説文》:“逢也,從辵禺聲。”“愚”,《説文》:“戇也。從心從禺。”《莊子·則陽》:“匿爲物而愚不識。”《釋文》:“愚,本作遇。”《詩·巧言》:“遇大獲之。”《釋文》:“世讀作愚。”“禺”,《説文》:“母猴屬。頭似鬼。”“愚”“遇”均從“禺”得聲,音近相通。當表示相遇的意思時,“禺”“愚”借用爲“遇”。

(14){含}——合、含

當表示包含的意思時,帛本用“含”和“合”各1例:

《川》:“六三:合章可貞,或□王事,无□有終。”

《狗》:“五(九)五:以忌枹苽,含章,或塤自天。”

“含”,《説文》:“嗛也。”引申爲包容、包含。《正韻》:“包也,容也。”《史記·禮書》:“含及士大夫。”《索隱》:“含謂包容。”“含章”,《周易正義》孔穎達《疏》:“唯内含章美之道,待命乃行,可以得正,故曰含章可貞。”

“合”,《説文》:“合口也。從亼從口。”“合”匣紐緝部,“含”匣紐侵部,二者音通。《周禮·醯人》注:“蚌曰合漿。”《釋文》曰:“合音含,本亦作含。”《釋名·釋飲食》:“含,合也。合口亭之也,銜亦然也。”當表示包含的意思時,“含”爲本字,“合”爲借字。

(15){如}——如、茹

當表示句末語氣助詞“……的樣子”時,帛本用“如”20次,例如:

《少蓺》:“九五:有復絲如,富以亓鄰。”

《羅》:“九四:出如,來如,紛如,死如,棄如。”

用“茹”5次，例如：

《蘩》：“九三：蘩茹濡茹，永貞吉。”
《蘩》：“六四：蘩茹蕃茹，白馬翰茹。非寇閩姤。”

“如”，《説文》：“從隨也。從女從口。人諸切。徐鍇曰：‘女子從父之教，從夫之命，故從口。會意。’”段《注》：“引伸之，凡相似曰如。”又引申爲句末語氣詞，相當於“然”。王引之《經傳釋詞》卷七：“如，猶然也。如，然，語之轉。”《論語・述而》：“子之燕居，申申如也，夭夭如也。”

帛本《蘩》卦“茹”今本作“如”。“茹”，《説文》：“飤馬也。從艸如聲。人庶切。”《唐韻》：“人諸切，音如。”當表示句末語氣助詞“……的樣子”時，“茹”借爲“如”。

3. 借字與借字

（1）{闚}——規、閨

當表示窺視的意思時，帛本用“規”“閨”各1次：

《觀》：“六二：規觀，利女貞。”
《豐》：“尚六：豐亓屋，剖亓家，閨亓户，哭亓无人，三歲不遂，兇。”

帛本《觀》卦“規觀”，開本作“闚觀”，今本作“窺觀”。“闚”，《説文》：“閃也。”“閃”，《説文》：“闚頭門中。”即從門縫中看。《周易》王弼注：“所見者狹，故曰闚觀。”孔穎達《疏》：“闚竊而觀也。”“窺”，《説文》：“小視也。”《玉篇》：“亦作闚。”故當表示窺視的意思時，“闚”與“窺”均爲本字。“規”在晚近字書如《碑别字新編》中被列於“規”字頭下，視爲“規”之異體。該字從見、圭聲，除見於帛書之外，也見於戰國楚簡，實則應爲記録窺見義的本字。“規”從圭聲，圭、闚均屬支部，見溪旁紐，二字相通，“規”借用爲“闚”。

帛本《豐》卦“閨亓户”，竹本同，開本、今本作“闚其户”。“閨”從門圭聲，與“闚”音通，借用爲“闚”。

（2）{彼}——不、皮

當用爲代詞，表示那、對方的意思時，帛本用“不”和“皮”各1次：

《羅》："尚九：王出正，有嘉折首，獲不**戠**，无咎。"

《少過》："六五：密雲不雨，自我西茭，公射取皮在穴。"

帛本《羅》卦"獲不**戠**"，今本作"獲匪其醜"。于豪亮《帛書周易》曰："**戠**當假爲䰩。《詩·遵大路》：'無我䰩兮。'《疏》：'䰩與醜古今字。'所以**戠**讀爲醜。'獲不**戠**'的不字和'獲匪其醜'的匪字都應讀爲彼字，所以'獲不**戠**'即'獲彼醜'；'獲匪其醜'即'獲彼其醜'，'彼其'即《詩·羔裘》《候人》中'彼其之子'的'彼其'，王引之云：'其，語助也。'（見《經傳釋詞》）所以'獲不**戠**'和'獲匪其醜'的含義相同，即《詩·出車》'執訊獲醜'、《常武》'仍執醜虜'之意。"今從于説。"不"是幫母之部字，"彼"是幫母歌部字，二字音近相通，當表示代詞時，"不"借爲"彼"。

帛本《少過》"公射取皮在穴"今本作"公弋取彼在穴"。"彼"，《説文》："往，有所加也。從彳皮聲。補委切。"引申爲代詞，與"此"相對。《玉篇》："對此之稱。""彼"從皮得聲，二字音近相通。《老子》第三十八章："故去彼取此。"《馬王堆帛書老子（甲本）》"彼"作"皮"。當表示代詞｛彼｝時，"皮"借用爲"彼"。

3）｛焚｝——紛、棼

當表示焚燒的意思時，帛本用"紛"和"棼"各1次：

《羅》："九四：出如，來如，紛如，死如，棄如。"

《旅》："尚九：烏棼其巢，旅人先**芺**後摅桃。亡牛于易，兇。"

帛本《羅》卦條，今本作"九四：突如其來如，焚如，死如，弃如"。孔穎達《疏》引鄭氏《易注》曰："不孝之罪，五形莫大焉，得用議貴之辟刑之，若如所犯之罪，焚如，殺其親之刑；死如，殺人之刑也；棄如，流宥之刑。""焚"，《玉篇》："燒也。"《周禮·掌戮》："凡殺其親者焚之。"鄭玄注："焚，燒也。"《漢書·匈奴傳》："莽作焚如之刑。"如淳注《王莽傳》曰："焚如、死如、棄如者，謂不孝子也。不畜於父母，不容於朋友，故燒殺棄之，莽依此作刑名也。""紛"，《説文》："馬尾韜也。從糸分聲。撫文切。"《玉篇》："亂也，緩也。""紛"爲滂紐文母字，"焚"爲并紐文母字，二字古音相近，當表示焚燒的意思時，"紛"借用爲"焚"。

“棼”,《説文》:“複屋棟也。”《周禮·春官·巾車之職》:“素車棼蔽。”《注》:“棼,麻布也。”《爾雅·釋天》:“焚輪謂之穨。”《釋文》:“焚,本或作棼。”“棼”爲并紐文母字,與“焚”音同相通,當表示焚燒的意思時,“棼”借爲“焚”。

(4){否}——婦、不

當表示不通、閉塞的意思時,帛本用“不”1次:

《婦》:“尚九:頃婦,先不後喜。”

用“婦”3次:

《婦》:“□:婦之非人,不利君子貞,大往小來。”

《婦》:“九五:休婦,大人吉。亓亡亓亡,擊于枹棗。”

《婦》:“尚九:頃婦,先不後喜。”

帛本卦名“婦”,今本作“否”。“否”,《説文》:“不也。從口從不。”《釋文》:“否,閉也,塞也。”《序卦》:“物不可以終通,故受之以否。”《周易集解》引崔憬曰:“物極則反,故不終通而否矣。”“婦”,《集韻》:“扶缶切,音阜。”“否”,《集韻》:“俯九切,音缶。”二字同爲有韻,音近相通,當表示閉塞的意思時,“婦”借爲“否”。

帛本《婦》卦尚九爻辭“先不後喜”今本作“先否後喜”。《象傳》:“否終則傾,何可長也?”《集解》引侯果曰:“傾爲覆也,否窮則傾矣。傾猶否,故‘先否’也。”“否”從不得聲,當表示閉塞的意思時,“不”借用爲“否”。

(5){孚}——復、評

當表示信任的意思時,帛本用“復”10次,例如:

《大有》:“六五:闕復交如,委如,終吉。”

《晉》:“初六:溍如浚如,貞吉。悔亡,復浴,无咎。”

《乖》:“九四:乖苽,愚元夫,交復,厲无咎。”

《解》:“九四:解亓栂,傰至此復。”

用“評”1次:

《奪》："九二：評吉，悬亡。"

李零認爲："孚字的基本含義是信，特别是取得信任。《易經》中的孚字有三種用法，一種是占卜術語，指占卜非常靈驗，非常可信，心想事成，有求必應，多作'有孚'；一種不是占卜術語，指一般的信任，如上得民信，民信於上；還有一種，讀俘獲之俘。"①其説甚是，"孚"在今本中記録了三個詞，{孚 1}是應驗，{孚 2}是信任，{孚 3}是俘虜、俘獲。當表示{孚 1}、{孚 3}時，帛本均用"復"；當表示{孚 2}時，帛本用"復"和"評"。

"孚"，《説文》："卵孚也。從爪從子。一曰信也。"朱駿聲《六十四卦經解》："鳥之孚卵，皆爲期不失，故轉訓爲信。"這是《易經》中{孚 2}的用法。"復"，《説文》："往來也。從彳复聲。房六切。"復、孚并母雙聲，音近相通。

帛本《奪》卦"評吉"今本作"孚兑，吉"，帛本脱"兑"字，"兑"，《説文》："説也。"《釋名・釋天》："兑，説也，物得備足皆喜悦也。""兑"即悦，"孚兑"即誠信而喜悦。"評"字不見於字書，應爲從言孚聲，與"孚"音近，當表示信任義時，"評"借爲"孚"。

（6）{飛}——翡、翟

當表示飛翔的意思時，帛本用"翡"1 次：

《少過》："少過：亨，利貞。可小事，不可大事。翡鳥遺之音，不宜上，宜下，泰吉。"

用"翟"3 次：

《鍵》："九五：翟龍在天，利見大人。"
《少過》："初六：翟鳥以凶。"
《少過》："尚六：弗愚過之，翟鳥羅之，凶，是謂兹省。"

① 李零. 死生有命富貴在天——《周易》的自然哲學［M］. 香港：香港中文大學出版社，2012：49.

帛本《少過》“翡鳥遺之音”今本作“飛鳥遺之音”。“飛”小篆字形爲，《説文·飛部》：“鳥翥也。象形。凡飛之屬皆從飛。甫微切。”段注曰：“翥者，飛舉也。古或叚蜚爲飛。”“翡”，《説文》：“赤羽雀也。出鬱林。從羽非聲。房味切。”《集韻》：“翡，父沸切。”“飛”《唐韻》：“甫微切。”《集韻》《韻會》：“匪微切。”二字古音相近。

“翡”，《重訂直音篇·羽部》：“翡，父沸切。赤羽雀。翡俗。”《敦煌變文及新書》：“翡（翡）翠簾前。”知“翡”爲“翡”之異體，故當表示飛翔義時，“翡”“翡”均爲借字。

（7）{彙}——胃、蒷

當表示同類的意思時，帛本用“胃”“蒷”各1次：

> 《泰》：“□□：犮茅茹，以其胃，□吉。”
>
> 《否》：“初六：犮茅茹，以亓蒷。貞吉，亨。”

帛本《泰》卦“犮茅茹，以其胃”，《否》卦“犮茅茹，以亓蒷”，今本均作“拔茅茹，以其彙”。“彙”，《説文》：“本作，蟲似豪猪也。”《廣韻》：“蟲也。似豪猪而小。”本義即刺猬。《玉篇》：“類也。”《泰》卦孔穎達疏：“彙，類也。以類相從。”《太玄·周》：“陽氣周神而返乎始，物繼其彙。”司馬光注：“萬物各繼其類而更生也。”《説文》注：“彙，毛刺。其字俗作蝟，作猬。”“蝟”“蒷”均從胃得聲，音近相通，當表示同類的意思時，“胃”“蒷”借爲“彙”。

（8）{婚}——閩、闅

當表示婚娶的意思時，帛本用“閩”4次：

> 《屯》：“六二：屯如壇如，乘馬煩如。非寇閩厚。□子貞不字，十年乃字。”
>
> 《屯》：“六四：乘馬□如，求閩厚。往吉，无不利。”
>
> 《蘩》：“六四：蘩茹蕃茹，白馬榦茹。非寇閩詬。”
>
> 《辰》：“尚六：辰昔昔，視懼懼，正凶。辰不于亓，于亓鄰，往无咎。閩詬有言。”

用“闅”1次：

《乖》："尚九：乖苽，見豨負塗，載鬼一車，先張之柧，後説之壺，非寇闅厚。往愚雨即吉。"

帛本《屯》卦中的"閩厚"，《蘩》卦、《辰》卦中的"閩詬"，今本均作"婚媾"。"婚"，《説文》："婦家也。《禮》：'娶婦以昏時。'婦人陰也，故曰婚。從女從昏，昏亦聲。""閩"，《説文》："東南越蛇種，從虫門聲。""閩""婚"同爲文部，明曉二紐相通，當表示婚娶的意思時，"閩"借爲"婚"。

帛本《乖》卦"闅厚"今本作"婚媾"。"闅"字書不見，丁四新認爲應是"閽"字的異體，從𦾔（暮）從門，門亦聲[1]。"閽"，《説文》："常以昏閉門隸也。從門從昏，昏亦聲。呼昆切。"《禮·祭義》："閽者，守門之賤者也。"《周禮·天官》："閽人掌守王宫中門之禁。""閽""婚"均從昏得聲，當表示婚娶的意思時，"閽"借爲"婚"。

（9）{媾}——詬、厚

當表示婚媾的意思時，帛本用"詬"2次：

《辰》："尚六：辰昔昔，視懼懼，正凶。辰不于亓竆，于亓鄰，往无咎。閩詬有言。"

《蘩》："六四：蘩茹蕃茹，白馬翰茹。非寇閩詬。"

用"厚"3次：

《屯》："六二：屯如壇如，乘馬煩如，非寇閩厚。□子貞不字，十年乃字。"

《屯》："六四：乘馬□如，求閩厚。往吉，无不利。"

《乖》："尚九：乖苽，見豨負塗，載鬼一車，先張之柧，後説之壺，非寇闅厚。往愚雨即吉。"

帛本《蘩》卦、《辰》卦"閩詬"，今本作"婚媾"。"媾"，《説文》："重婚也。從女冓聲。"段《注》："重婚者，重疊交互爲婚姻者。"《集韻》：

① 丁四新．楚竹書與帛書周易校注［M］．上海：上海古籍出版社，2011：449.

“媾，古候切。”“詬”，《説文》：“謑詬，耻也。從言后聲。訽，詬或從句。呼寇切。”“詬”與“媾”均爲見於紐侯部，二字相通，當表示婚媾的意思時，“詬”借爲“媾”。

帛本《屯》卦“閩厚”、《乖》卦“闥厚”，今本均作“婚媾”。“厚”，《説文》：“山陵之厚也。”引申爲物體的薄厚之義。“厚”“媾”均爲見紐侯部字，當表示婚媾的意思時，“厚”借爲“媾”。

（10）{孿}——䜌、論

當表示牽連的意思時，帛本用“䜌”和“論”各1次：

《少蓺》：“九五：有復䜌如，富以亓鄰。”

《中復》：“九五：有復論如，无咎。”

帛本《少蓺》卦“有復䜌如”、《中復》卦“有復論如”，今本均作“有復孿如”。“孿”，《説文》：“係也。從手䜌聲。”《周易集解》引虞翻曰：“孿，引也。”李道平《纂疏》：“孿訓引者，言牽連相引也。”“䜌”，《説文》：“亂也。一曰治也。一曰不絶也。”“孿”從䜌得聲，二者音近相通。《漢書·蕭何傳》：“復封何玄孫之子南䜌長喜爲酇侯。”顔《注》引蘇林曰：“䜌音人足孿躃之孿。”當表示牽連義時，“䜌”借爲“孿”。“論”，《説文》：“議也。從言侖聲。盧昆切。”來紐文部。“孿”，來紐元部，當表示牽連義時，“論”借爲“孿”。

（11）{盤}——半、煩

當表示盤旋的意思時，帛本用“半”1次：

《屯》：“初九：半遠，利居貞。利建疾。”

用“煩”2次：

《屯》：“六二：屯如壇如，乘馬煩如。非寇閩厚。□子貞不字，十年乃字。”

《屯》：“尚六：乘馬煩如，汲血連如。”

帛本《屯》卦“半遠”，今本作“磐桓”。《釋文》：“磐，本亦作盤，又作槃，步干反。”《後漢書·宋意傳》：“久磐京邑。”李賢注：“磐謂磐桓不去。”《釋文》：“馬云：槃桓，旋也。”“半”，《集韻》《韻會》：“博漫切，般去聲。”“磐”從般得聲，二者音近相通。

帛本《屯》卦“乘馬煩如”今本作“乘馬班如”。“班”，《説文》：“分瑞玉。從玨從刀。布還切。”段《注》：“古音在十三部，讀如文質份份之份。”《釋文》：“班如，《子夏傳》云：‘相牽不進貌。’鄭本作般。”《周易集解》引馬季長云：“班，班旋不進也。”“班”當借爲“盤”。“煩”與“班”古音同在十三部，音近相通。當表示盤旋義時，“半”“煩”均借爲“盤”。

（12）{賞}——尚、商

當表示賞賜的意思時，帛本用“尚”4次：

《泰》：“九二：枹妄，用馮河，不騢遺，弗忘，得尚于中行。”

《豐》：“初九：禺亓肥主，唯旬无咎，往有尚。”

《贛》：“習贛：有復巂心，亨。行有尚。”

《節》：“□□：□□，吉，往得尚。”

用“商”1次：

《未濟》：“九四：貞吉，悔亡，□□□□方，三年有商于大國。”

帛本“得尚于中行”“往有尚”“行有尚”“往得尚”中的“尚”與今本同，“三年有商于大國”中的“商”今本也作“賞”。“賞”，《説文》：“賜有功也。從貝尚聲。書兩切。”“尚”，《説文》：“曾也。庶幾也。”段《注》：“曾，重也。尚，上也。皆積纍加高之意。”“賞”從尚得聲，二字音近相通。《荀子・王霸》：“賞賢使能以次之。”楊倞《注》：“賞當爲尚。”

“商”，《説文》：“從外知内也。從㕯，章省聲。”“商”與“賞”古音同屬十部，音近相通。故當表示賞賜義時，“尚”“商”均借爲“賞”。

（13）{臀}——辰、脤

當表示臀部的意思時，帛本用“辰”和“脤”各1次：

《困》：“初六：辰困于株木，人于要浴，三歲不擅，凶。”

《夬》：“九四：脤无膚，亓行郪胥，牽羊悔亡，聞言不信。”

帛本《困》卦“辰”、《夬》卦“脤”，今本均作“臀”。“辰”，《説文》：“震也。三月，陽氣動，靁電振，民農時也。”“脤”，《玉篇》：“以脤膰之禮，親兄弟之國，皆社稷宗廟之肉也。”《莊子·德充符》：“闉跂支離無脤。”《釋文》引簡文云：“脤，臀也。”又云：“脤音脣，崔云：‘脤脣同。’。”《〈六十四卦〉校勘記》：“脤即脣。”《周禮·考工記》：“其臀一寸。”鄭《注》：“故書臀作脣。”則“脤”“脣”“臀”相通。“脤”從辰得聲，故當表示臀部的意思時，“辰”“脤”均借爲“臀”。

（14）{維}——䌯、巂

當表示維繫的意思時，帛本用“䌯”“巂”各1次：

《隋》：“尚九：枸係之，乃從䌯之，王用芳于西山。”

《贛》：“習贛：有復，巂心，亨，行有尚。”

帛本“䌯”“巂”，今本均作“維”。《〈六十四卦〉校勘記》：“䌯，即巂字，假作纗。”李學勤認爲帛本“是把‘巂’字上半錯寫爲從‘雚’”①。“纗”，《説文》：“維綱，中繩。從糸巂聲。讀若畫，或讀若維。”《張衡·思玄賦》：“纗幽蘭之秋華兮。”注曰：“纗，系也。”“維”，《説文》：“車蓋維也。”《詩·小雅·白駒》：“縶之維之。”《毛詩故訓傳》曰：“維，縶也。”則“維”“纗”同義，當記録維繫的意思時，“䌯”“巂”均借爲“纗”。

（15）{渝}——俞、諭

當表示變化的意思時，帛本用“俞”1次：

《訟》：“九四：不克訟，復即命俞。安貞吉。”

用“諭”2次：

《餘》：“尚六：冥餘，成或諭，无咎。”

《隋》：“初九：官或諭，貞吉，出門交有功。”

帛本《餘》“或諭”，今本作“有渝”。“渝”，《説文》：“變汙也。從水俞聲。”《釋文》：“渝，變也。”“諭”，《説文》：“告也，從言俞聲。”“諭”

---

① 李學勤. 周易經傳溯源［M］. 長春：長春出版社，1992：286.

“渝”均從俞得聲，當表示變化的意思時，“俞”“諭”借用爲“渝”。《史記・司馬相如傳》：“巴俞宋蔡。”《文選》：“俞作渝。”朱駿聲《六十四卦經解》曰：“渝與俞同。”

3. 本字與訛字

（1）{袂}——袂、快

當表示衣袖的意思時，帛本用“袂”和“快”各1次：

> 《歸妹》：“六五：帝乙歸妹，亓君之袂不若其苐之快良。日月既塱，吉。”

帛本原材料“袂”作，“快”作，二字形近易混，“快”疑爲“袂”的誤寫。

（2）{克}——克、亨

當表示能够的意思時，帛本用“克”2次：

> 《復》：“尚六：迷復，兇，有兹省。用行師，終有大敗，以亓國君，凶，至十年弗克正。”
>
> 《損》：“六五：益之十傰之龜，弗克回，□□。”

用“亨”1次：

> 《益》：“九二：或益之十傰之龜，弗亨回，永貞吉。王用芳于帝，吉。”

“克”，《説文》：“肩也。……徐鍇曰：‘肩，任也。負何之名也。與人肩髆之義通，能勝此物謂之克。’”故“克”本義爲肩，引申爲肩負、勝任，即能的意思。“克”與“亨”讀音不通，意義相差甚遠，没有通假的可能性。帛本《益》卦“亨”原材料作，“克”原材料作，“亨”疑爲“克”之訛誤。

四、熹本同詞異字

（一）與之前出土本完全相同的同詞異字

{幾}——幾、既

（二）與之前出土本不完全相同的同詞異字

{朋}——朋、崩

當表示朋友的意思時，熹本用“朋”和“崩”各1次：

《解》：“九四：解而拇，朋至斯孚。”

《蹇》：“九五：大蹇崩來。”

{朋}帛本用“朋”“傰”“堋”“匔”記録，阜本用“傰”“馮”記録。熹本《蹇》卦“大蹇崩來”今本作“大蹇朋來”，帛本作“大蹇匔來”。“匔”爲“倗”之訛寫。“崩”，《説文》：“山壞也，從山朋聲。”“崩”從朋得聲，二字音近相通。當表示朋友義時，“崩”借用爲“朋”。

（三）與之前出土本完全不同的同詞異字

{軏}——軏、剌

五、敦本同詞異字

（一）與之前出土本完全相同的同詞異字

{若}——如、若

（二）與之前出土本不完全相同的同詞異字

（1）{爾}——爾、尒

當表示你的意思時，敦本用“爾”“尒”各1次：

《咸》：“九四：貞吉，悔亡。憧憧往來，朋從尒思。”

《中孚》：“九二：鳴鶴在陰，其子和之。我有好爵，吾與爾靡之。”

“爾”，《説文》：“麗爾，猶靡麗也。”段《注》：“後人以其與汝雙聲。假爲爾汝字。”故“爾”的本義爲靡麗，借用爲表示第二人稱代詞。《小爾雅·廣詁》：“爾，汝也。”《正字通·爻部》：“我稱人曰爾……古人臣稱君皆曰爾。”《孟子·盡心下》：“人能充無受爾汝之實，無所往而不爲義也。”焦循《正義》：“爾、汝爲尊於卑、上於下之通稱。”

敦本《咸》卦“朋從尒思”，今本作“朋從爾思”。孔穎達《疏》：“有‘憧憧往來’，然後朋從爾之所思。”“爾”記録的是第二人稱代詞“你”。“尒”，《説文》：“詞之必然也。從入丨八。八象氣之分散。”段《注》：“尔之言如此也，後世多以爾字爲之。”故當記録如此義時，“尒”爲本字，“爾”爲借字，二字相通。當記録你的意思時，“爾”爲借字，“尒”借用爲“爾”，也是借字。

（2）{它}——它、他

當表示灾禍的意思時，帛本用“它”和“池”，敦本用“它”“他”各1次：

《大過》：“九四：棟隆，吉。有它，吝。”

《中孚》：“初九：虞吉，有他不燕。”

敦本《大過》“有它”，帛本和今本亦作“有它”；敦本《中孚》“有他不燕”，今本作“有它不燕”，帛本作“有它不寧”；帛本《比》卦“冬來或池”，今本作“終來有它”，敦本缺損。“它”，《説文》：“虫也。從虫而長，象寃曲垂尾形。上古艸居患它，故相問無它乎。凡它之屬皆從它。蛇，它或從虫。託何切。”引申爲意外，災禍。當表示災禍義時，“池”借爲“它”。

“他”，《玉篇》：“誰也。”《正韻》：“湯何切，𠔿音拖。與佗、它通。彼之稱也，此之别也。”《玉篇·它部》：“它，今作佗。”段玉裁《説文解字注》：“它，其字或叚佗爲之，又俗作他，經典多作它。”徐灝箋：“古無他字，假它爲之，後增人旁作佗而隸變爲他。”如《世説新語》：“它人能令疎親，臣不能使親疎。”故當記録第三人稱代詞時，“它”是借字，“佗”是“它”增加了人旁構件而專職記録人稱代詞的後起本字，“他”是“佗”隸變之後形成的異體字。因爲“佗”從它得聲，二字音近，故當記録“它”的本義灾禍時，會借用“佗”或“他”爲之。敦本《中孚》“有他不燕”就是借“他”爲“它”表示灾禍義。

（3）{克}——克、剋

當表示能够的意思時，帛本用“克”和“亨”，敦本用“克”和“剋”各1次：

《益》：“六二：或益之十朋之龜，弗克違，永貞吉。王用享于帝，吉。”

《損》：“六五：或益之十朋之龜，弗剋違，元吉。”

"克",《説文》:"肩也。……徐鍇曰:'肩,任也。負何之名也。與人肩膊之義通,能勝此物謂之克。'"故"克"本義爲肩,引申爲肩負、勝任,又引申爲能够的意思。"剋",《爾雅·釋詁》:"勝也。"《集韻》:"克,通作剋。"故當記録能够的意思時,二字均爲本字。

(二)與之前出土本完全不同的同詞異字

1. 本字與本字

(1){歌}——歌、哥

當表示唱歌的意思時,敦本用"歌"和"哥"各1次:

《離》:"九三:日昊之離,不鼓缶而歌,則大耋之嗟,凶。"

《中孚》:"六三:得敵,惑鼓或罷,或泣或哥。"

敦本《中孚》"或泣或哥",今本作"或泣或歌"。"歌",《説文》:"詠也。從欠哥聲。""哥",《説文》:"聲也。從二可,古文以爲歌字。""歌",《説文》:"歌或從言。歌永言,故從言。"段《注》:"《漢書》多用哥爲歌。"徐灝箋:"哥、歌,古今字。"《史記·燕召公世家》:"召公卒,而民人思召公之政,懷棠樹不敢伐,哥詠之,作《甘棠》之詩。"晉傅玄《節賦》:"黄鍾唱哥,九韶興舞。"故當記録唱歌義時,"哥"爲古字,"歌"爲今字,二者均爲本字。

(2){涉}——涉、泏

當表示涉水的意思時,敦本用"涉"7次,比如:

《訟》:"訟:有孚,窒惕,中吉,終凶。利見大人,不利涉大川。"

《頤》:"六五:拂經,居貞吉,不可涉大川。"

《大過》:"上六:過涉滅頂,凶。无咎。"

用"泏"1次:

《中孚》:"中孚:豚魚吉,利泏大川,利貞。"

"涉",《説文》"徒行厲水也。""泏",《説文》:"水貌。一曰水出貌。"《文子·通原篇》:"原流泏泏,冲而不盈。"引申爲涉水、渡水。《班固·

十八侯銘》:“身泏項營，序功差德。”故當記録涉水義時，“涉”“泏”均爲本字。

2. 本字與借字

{恤} ——恤、血

當表示擔憂的意思時，敦本用“恤”和“血”各1次：

> 《小畜》:“六四：有孚，血去惕出，无咎也。”
>
> 《家人》:“□□：王假有家，勿恤，吉。”

“恤”,《説文》:“憂也。收也。從心血聲。”敦本《小畜》:“血去，惕出，无咎。”與今本同。《經典釋文》:“血，馬融云：‘當作恤，憂也。’”“恤”從血得聲，二字古音同屬質部，音近相通。當記録擔憂義時，“血”借爲“恤”。

3. 本字與訛字

(1) {寇} ——冦、⿱冖⿰礻攴

當表示寇賊的意思時，敦本用“冦”和“⿱冖⿰礻攴”各1次：

> 《賁》:“六四：賁如皤如，白馬翰如。匪冦婚媾。”
>
> 《解》:“六三：負且乘，致⿱冖⿰礻攴至，貞吝。”

敦本《賁》卦“匪冦”，今本作“匪寇”。“寇”,《説文》:“暴也。從支從完。苦候切。”“冦”,《玉篇・支部》:“冦，暴也。”《正字通・宀部》:“冦，俗寇字。”故“寇”“冦”是異體關係，均爲記録寇賊義的本字。

敦本《解》卦“致⿱冖⿰礻攴至”，今本作“致寇至”。“⿱冖⿰礻攴”疑爲“冦”字之誤，“冦”小篆作，構件“元”與“礻”形似。

2) {復} ——復、⿰亻复

當表示返還的意思時，敦本用“復”10次，比如：

> 《訟》:“九四：不克訟，復即命渝。安貞吉。”
>
> 《復》:“復：亨。出入无疾。朋來无咎。反復其道，七日來復，利有攸往。”

用“⿰亻复”1次：

《小畜》："初九：**復**自道，何其咎？吉。"

"復"，《説文》："往來也。從彳复聲。房六切。"敦本《小畜》"**復**自道"今本作"復自道"。"**復**"字書不見，在敦本中僅出現一次，疑爲"復"字之訛寫。

六、開本同詞異字

（一）與之前出土本完全相同的同詞異字

開本中的同詞異字現象與敦本中的同詞異字現象完全相同的有：

（1）{若}——如、若

（2）{祇}——祇、祇

（3）{恤}——恤、血

（二）與之前出土本不完全相同的同詞異字

（1）{賞}——賞、尚

當表示賞賜的意思時，帛本用"尚"和"商"。開本用"賞"1次：

《未濟》："九四：貞吉，悔亡，震用伐鬼方，三年有賞于大國。"

用"尚"4次：

《泰》："九二：苞荒，用馮河，不遐遺，朋亡，得尚于中行。"
《坎》："習坎：有孚維心，亨。行有尚。"
《豐》："初九：遇其配主，雖旬无咎，往有尚。"
《節》："九五：甘節，吉，往有尚。"

"賞"，《説文》："賜有功也。從貝尚聲。書兩切。""尚"，《説文》："曾也。庶幾也。"段《注》："曾，重也。尚，上也。皆積纍加高之意。""賞"從尚得聲，二字音近相通。《荀子・王霸》："賞賢使能以次之。"楊倞《注》："賞當爲尚。"故當表示賞賜義時，"賞"爲本字，"尚"爲借字。

（2）{享}——享、亨

當表示祭祀的意思時，開本用"享""亨"各1次：

《困》："九二：困于酒食，朱紱方來。利用享祀。征凶，无咎。"

《隨》："上六：拘係之，乃從維之，王用亨于西山。"

開本《困》卦"利用享祀"、《隨》卦"王用亨于西山"均與今本同。《説文》："亯，獻也。從高省。曰，象進孰物形。《孝經》曰：'祭則鬼亯之。'享，篆文亯。"後"亯"字分化爲"亨""享""烹"，三字均爲陽部，音近相通。"亨"，《廣韻》："通也。"今本《易·大有》："公用亨于天子。"《經典釋文》："用亨，京云：'獻也。'于云：'享，宴也。'姚云：'享，祀也。'"故當記録祭祀義時，"享"爲本字，"亨"爲借字，借用爲"享"。

（三）與之前出土本完全不同的同詞異字

開本中與之前出土本完全不同的同時同詞異字都是因假借而產生的：

1. 本字與借字

（1）{屋}——屋、握

當表示房屋的意思時，開本用"屋""握"各1次：

《豐》："上六：豐其屋，蔀其家，闚其户，闃其无人，三歲不覿，凶。"

《萃》："初六：有孚不終，乃亂乃萃，若號，一握爲笑，勿恤，往无咎。"

"屋"，《玉篇》："居也，舍也。"開本《萃》卦"一握爲笑"與今本同，帛本作"一屋于芺"。《經典釋文》："鄭云：'握當讀爲夫三爲屋之屋。'""握"，《説文》："搤持也。從手屋聲。"《爾雅·釋言》："握，具也。"《疏》："握持辦具也。"鄭《注》："握即屋字。""握"從屋聲，二字音近相通，當記録房屋義時，"握"借爲"屋"。

（2）{刑}——刑、形

當表示刑罰義時，開本用"刑""形"各一次：

《蒙》："初六：發蒙，利用刑人，用説桎梏，以往吝。"

《鼎》："九四：鼎折足，覆公餗，其形渥，凶。"

“刑”,《説文》:“罰辠也。從井從刀……户經切。”開本《鼎》卦“其形渥”與今本同,熹本作“其荆剭”。“荆”,《集韻》:“同刑。”“形”,《説文》:“象形也。從彡幵聲。户經切。”“形”“刑”二字音近相通。“其形渥”,《周易集解》引虞云:“兑爲形。”《困》卦、《旅》卦皆云:“兑爲刑。”《秦始皇紀》引《韓子》“啜土形”,《史公自序》作“土刑”。漢碑形、刑二字多互用。《高彪碑》“形不妄濫”,《楊震碑》“靡悪不形”,皆以“形”爲“刑”字[①]。故當記録刑罰義時,“刑”爲本字,“形”借用爲“刑”,是借字。

2. 借字與借字

{唯}——惟、維、雖

當表示唯一的意思時,開本用“惟”一次:

《屯》:“六三:即鹿无虞,惟入于林中,君子幾不如舍,往吝。”

用“維”兩次:

《晉》:“上九:晉其角,維用伐邑,厲吉,无咎,貞吝。”

《解》:“六五:君子維有解,吉,有孚于小人。”

用“雖”一次:

《豐》:“初九:遇其配主,雖旬无咎,往有尚。”

“唯”,《説文》:“諾也。從口隹聲。以水切。”“惟”,《説文》:“凡思也。從心隹聲。以追切。”“維”,《説文》:“車蓋維也。從糸隹聲。以追切。”《爾雅·釋詁》:“伊維侯也。”郭璞注:“發語辭。”《韻會》:“案六經惟維唯三字皆通作語辭,又訓獨,《尚書》助辭皆用惟字,《詩》助辭多用維字,《左傳》助辭用唯字,《論語》助辭用惟字。新安朱氏曰:‘惟從心,思也。維糸,繫也。唯從口,專辭也,應辭也。然皆語辭,古書皆通用之。’。”故當記録唯一的意思時,“唯”“惟”“維”均爲借字。

① 侯乃峰.《周易》文字彙校集釋[M].台北:台灣古籍出版社,2007:410.

“雖”，《説文》：“似蜥蜴而大。從虫唯聲。”《禮記・表記》：“唯天子受命於天。”鄭玄注：“唯當爲雖。”“雖”從唯得聲，當表示唯一義時，借用爲“唯”。

七、今本同詞異字

（一）與之前出土本完全相同的同詞異字

（1）{賞}——賞、尚

（2）{屋}——屋、握

（3）{享}——享、亨

（4）{刑}——刑、形

（5）{恤}——恤、血

（6）{唯}——惟、維、雖

（7）{若}——如、若

（8）{遯}——豚、遯

（二）與之前出土本完全不同的同詞異字

{意}——意、億

當表示語氣詞時，今本用“意”“億”各 1 次：

《震》：“六五：震往來，厲，意无喪，有事。”

《震》：“六二：震來厲，億喪貝，躋于九陵，勿逐，七日得。”

“意”，《説文》：“志也。從心察言而知意也。”段《注》：“意之訓爲測度……其字俗作億。”當記録測度的意思時，“意”“億”均爲本字，二者構成異體關係。但在《震》卦中“億”，王弼《周易注》：“辭也。”《周易集解》引虞翻曰：“億，惜辭也。”記録語氣詞，是“噫”字的本用職能，《説文》：“噫，飽食息也。從口意聲。”故今本中的“意”和“噫”均是借用，二者構成借字與借字的關係。

第二節 各本間的同時同詞異字研究

此前我們對《周易》各出土本及今本中同詞異字的情況作了專題研究，根據每個版本的統計和分析結果，將各本同詞異字字組按照不同用字之間的字際關係進行分類，把每一類的數量列入表 13。表格中“本本”指的是同詞異字字組的不同用字之間是本字與本字的關係，“本借”指的是同詞異字字組的不同用字之間是本字與借字的關係，“借借”指的是同詞異字字組的不同用字之間是借字與借字的關係，“本訛”指的是同詞異字字組的不同用字之間是本字與訛字的關係，“多種關係”指的是同詞異字字組的不同用字之間混合了“本本”“本借”“借借”或“本訛”中兩種或兩種以上的字際關係。

表 13 各本同時同詞異字統計（單位：個）

	本本	本借	借借	本訛	借訛	多種關係	總數
竹本	9	15	8	2	1	0	35
阜本	2	8	2	1	0	1	14
帛本	13	26	26	6	1	5	77
熹本	0	4	0	0	0	0	4
敦本	5	3	2	3	0	0	13
開本	0	8	0	1	0	1	10
今本	0	7	1	0	0	1	9

從上表可以看出：

第一，先秦竹本及漢初帛本同詞異字的情況較多。竹本中的同詞異字字組共 35 組，帛本中的同詞異字字組共 77 組，事實上竹本存留的內容僅有帛本的一半左右，所以有些同詞異字的情況因爲版本缺損無法表現出來，如果竹本的內容相對完整，同詞異字字組的數量應該與帛本相當。竹本同詞異字數量多與戰國時期各國文字異形的情況相符，竹本出於楚地，與宗周故地的秦系文字相比地域風格較爲明顯；帛本同詞異字數量多與漢初漢字使用紛亂的情況有關，秦代書同文政策在短暫發揮過統一文字的作用之後，隨着秦王朝的滅亡而失去效力，加之漢字進入由篆到隸最終完成階段的古今分水嶺，都加劇了文字異形的情況。

第二，竹本之後的阜本、帛本之後的熹本同詞異字的字組數量均明顯減少了，阜本 14 組、熹本 4 組，除了這兩個版本存留內容比較少之外，與這兩個版本所處的時代和版本性質有直接關係。阜本同詞異字數量的減少與秦統一文字有關，熹本同詞異字的減少與漢代中後期漢字字形完成了小篆到隸書的過度并進入相對穩定時期，同時熹本本身就是作爲漢代官方統一經書文字的範本有關。熹本之後漢字再未出現如竹本、帛本所表現出來的文字異形的情況，但是因爲版本性質的不同和時代用字的特點，還是有小幅度的用字變化。比如敦本同詞異字 13 組，稍有增加，與敦本書寫時（唐代建朝前後）俗字大量産生流行有關，也與敦本是由多位寫手抄寫而成有關。開本的同詞異字共 10 組，是唐代正字運動的直接結果，從其所保留的一部分同詞異字也能看出唐代正字運動較爲包容的態度，一些俗字被吸納進入正字系統。今本有 9 組，與開本基本保持了一致，説明唐代正字運動的效果得到了鞏固和維護，對漢字系統的穩定産生了持續深遠的影響。

第三，漢字的借用是造成同詞異字的主要原因。在各版本中，同詞異字的不同用字之間，屬於本字和借字或者借字和借字關係的都是最多的。敦本有點例外，不同用字是本字與本字關係或本字與訛字關係的數量與借字與借字關係的數量一樣多，這與敦本是由不同寫手抄寫的文獻有關，寫手之間用字和書寫習慣不同，文化水平也不同，從文本面貌上看，有的抄得十分工整，有的則異常潦草，這使得異體字和訛誤字的數量增多。

在以上統計的基礎上，我們又對每組同詞異字字組不同用字的出現頻率進行了考察，結果發現，當一個詞用多字記録時，在先秦及漢初的出土本中，如果這個詞出現的次數比較多，不同用字出現的頻率會有明顯的差别；但是在漢代中期以後，很少有出現次數較多的詞存在同詞異字現象，一旦出現，不同用字基本上只是各用 1 次。比如當表示内部、中間的意思時，竹本用“中”4 次，用“[illegible]”1 次，兩個字都是本字；當表示險惡義時，竹本用本字“凶”24 次，用借字“工”1 次；當表示悔恨義時，竹本用“𢘓”14 次，用“[illegible]”1 次，兩個都是借字；當表示否定義 {不} 時，竹本用“不”37 次，用“而”1 次，“不”是本字，“而”是一個訛誤字。帛本的情況和竹本類似，比如當表示小的意思時，帛本用“小”19 次，用“少”8 次，兩個都是本字；當表示句末語氣助詞“……的樣子”時，帛本用本字“如”20 次，用借字“茹”5 次；當表示悔恨的意思時，帛本用“[illegible]”19 次，用“婁”1 次，兩個都是借字；當表示進入的意思時，帛本用“人”7 次，用“入”2 次，“人”是訛字。但是在帛本之後，這種不同用字大幅度的字頻差異就很少見了，阜本、熹本、開本、今本中不同的字基本上都是各使用 1 次。敦本中有兩組字的用字頻率差别較大，但字頻差别較大字組的數量也比竹本和帛本少很多。如果進一步考察就可以看出，在竹本和帛本中用字頻率差别很大的同詞異字字組，在後代大部分都不再是同詞異字，而是淘汰了使用次數少的那個字，轉而用一個字來記録之前的那個詞項了。

第三節 各本間的歷時同詞異字研究

以上是對各本同時同詞異字的對比。各本之間的用字，還會存在歷時同詞異字的情況，同時同詞異字的字組是包含在歷時同詞異字字組之内的，本書附録《〈周易〉各本同詞異字總表》是對各本同詞異字的彙總。從縱向看，如果在某個版本中記録某個詞用了兩個或兩個以上的字，就屬於同時同詞異字，横向看，則均是歷時同詞異字。歷時同詞異字之間的字際關係與同時同詞異字之間的字際關係一樣，也是由本字、借字、訛字構成的，只是因爲歷時同詞異字包含了若干版本在不同時代的用字狀況，還包括每個版本各自同時同詞異字的情況，常會出現一個詞用三個或三個以上字表示的情況，這時一組同詞異字字組間的字際關係也就會更加複雜。但是不管用字多少，同一個詞的任何兩個用字之間，它們的關係都屬於“本字與本字”“本字與借字”“借字與借字”“本字與訛字”“借字與訛字”中的一種，只是用字越多，關係的組合就越多，我們以下從“單一字際關係”和“多種字際關係”兩方面來分别舉例説明：

一、單一字際關係

《周易》各本歷時同詞異字間的單一字際關係包括“本字與本字”“本字與借字”“借字與借字”“本字與訛字”三種情況：

1. 本字與本字

{舌}——舌、䑛

當表示舌頭的意思時，帛本、敦本、開本、今本用“舌”（在歷時同詞異字的例舉中，如果没有提到某個版本記録這個詞用了什麽字，則代表該版本此處缺損，暫時無法考察記録該詞的用字狀況，如該例中阜本、熹本記録{舌}的字缺損，因此没有阜本、熹本的用字情況，下同）：

（帛本）《欽》：“尚六：欽亓股陝舌。”
（敦本）《咸》：“上六：咸其輔頰舌。”
（開本）《咸》：“上六：咸其輔頰舌。”
（今本）《咸》：“上六：咸其輔頰舌。”

竹本作，釋作“䑛”，“䑛”字從肉，爲“舌”之異體，是記録舌頭義的本字：

（竹本）《欽》："上六：欽頌夾脜。"

2. 本字與借字

{獨} ——獨、蜀

當表示單獨的意思時，帛本、阜本、熹本、敦本、開本、今本均用"獨"，"獨"字從犬蜀聲，犬好鬥而獨行，故獨是本字：

（帛本）《夬》："□三：牀于頯，有凶。君子缺缺獨行，愚雨如濡，有溫，无咎。"

（阜本）《復》："□□：中行獨復。"

（熹本）《夬》："□□：□□□，□□。□□子夬夬獨行，遇雨若濡，有慍，无咎。"

（敦本）《夬》："九三：壯于頄，有凶也。君子夬夬獨行，遇雨若濡，有慍，無咎。"

（開本）《夬》："九三：壯于頄，有凶。君子夬夬獨行，遇雨若濡，有慍，无咎。"

（今本）《夬》："九三：壯于頄，有凶。君子夬夬獨行，遇雨若濡，有慍，无咎。"

竹本用"蜀"，"蜀"字本義爲連接，從尾蜀聲，借用爲"獨"，表單獨義：

（竹本）《夬》："九晶：藏于頄，又凶。君子夬夬蜀行，遇雨女雺，又礪，亡咎。"

{如} ——如、女

當表示比得上的意思時，帛本、阜本、敦本、開本、今本用"如"，"如"表示跟隨，引申爲與……一樣、比得上，爲本字：

（帛本）《屯》："六三：即鹿毋華，唯人于林中，君子幾不如舍，往叟。”

（阜本）《屯》：“六三：冡鹿毋吴，惟入于□□，□子幾不如舍，往吝。”

（敦本）《既濟》：“九五：東際殺牛，不如西際之禴祭，實受其福。”

（開本）《既濟》：“九五：東鄰殺牛，不如西鄰之禴祭，實受其福。”

（今本）《既濟》：“九五：東鄰殺牛，不如西鄰之禴祭，實受其福。”

竹本用“女”，“如”從女得聲，二字音近相通，此處“女”借用爲“如”：

（竹本）《既濟》：“九五：東⿱⺮吝殺牛，不女西⿱⺮吝之酌祭，是受福，吉。”

{師}——帀、師

當表示軍隊的意思時，竹本作、阜本作，均釋作“帀”，“帀”，《説文》：“圍也。”是表示包圍義的本字，在古文字中均用爲“師”：

（竹本）《帀》：“初六：帀出巳聿，不⿰爿言，凶。”

（阜本）《帀》：“□□：帀出□□，□□，□。”

帛本、熹本、敦本、開本、今本用“師”，是本字：

（帛本）《師》：“初六：師出以律，不臧，兇。”

（敦本）《師》：“初六：師出以律，否臧，凶。”

（熹本）《師》：“六□：□□□。□□□，□□。□□□師，弟子輿尸，□凶。”

（開本）《師》：“初六：師出以律，否臧，凶。”

（今本）《師》：“初六：師出以律，否臧，凶。”

3. 借字與借字

{離} ——離、羅

當表示離開的意思時，帛本、敦本、開本、今本用“離”，“離”從隹离聲，本義爲黃鸝，表示離開是借用：

（帛本）《少過》：“尚六：弗愚過之，翟鳥羅之，凶，是謂茲省。”

（敦本）《小過》：“上六：弗遇過之，飛鳥離之，凶，是謂灾眚。”

（開本）《小過》：“上六：弗遇過之，飛鳥離之，凶，是謂災眚。”

（今本）《小過》：“上六：弗遇過之，飛鳥離之，凶，是謂災眚。”

竹本用“羅”，“羅”本義爲用網捕鳥，“羅”與“離”均爲來紐歌部字，此處“羅”借用爲“離”表示離開義：

（竹本）《小過》：“上六：弗遇㞷之，飛鳥羅之，凶，是胃亦亥襘。”

4. 本字與訛字

{百} ——百、四

當表示數次百的時候，帛本、敦本、開本、今本用“百”：

（帛本）《訟》：“九二：不克訟，歸而逋，亓邑人三百户，无省。”

（敦本）《訟》：“九二：不克訟，歸而逋，其邑人三百户，无眚。”

（開本）《訟》：“九二：不克訟，歸而逋，其邑人三百户，无眚。”

（今本）《訟》：“九二：不克訟，歸而逋，其邑人三百户，无眚。”

竹本用“四”，“四”爲“百”之訛寫：

（竹本）《訟》：“九二：不克訟，逋肤。丌邑人晶四户，亡眚。”

{不} ——不、而

當表示否定義時，各本均用了“不”：

（竹本）《艮》：“六二：艮丌足，不陞丌陵，丌心不悸。”

（帛本）《少過》：“少過：亨，利貞。可小事，不可大事。翡鳥遺之音，不宜上，宜下，泰吉。”

（阜本）《小過》：“□□：□，□□。□□□，不可大吏。飛鳥遺音，不宜上，宜下，大吉。”

（熹本）《艮》：“六二：艮其腓，不拼其□，□□□□。”

（敦本）《小過》：“小過：亨，利貞。可小事，不可大事。飛鳥遺之音，不宜上，宜下，大吉。”

（開本）《漸》：“九三：鴻漸于陸。夫征不復，婦孕不育，凶。利禦寇。”

（今本）《漸》：“九三：鴻漸于陸。夫征不復，婦孕不育，凶。利禦寇。”

竹本除了用“不”，還用了“而”，“而”爲“不”之訛寫：

（竹本）《漸》：“九晶：鳿漸于陸。夫征不復，婦孕而□，□。□□□。”

{拇} ——拇、栂

當表示拇指的意思時，竹本、熹本、開本、今本用“拇”：

（竹本）《繲》：“九四：繲丌拇，□□□□。”

（熹本）《解》：“九四：解而拇，朋至斯孚。”

（開本）《解》：“九四：解而拇，朋至斯孚。”

（今本）《解》：“九四：解而拇，朋至斯孚。”

帛本、敦本用“栂”：

（帛本）《解》：“九四：解亓栂，傰至此復。”
（敦本）《解》：“九四：解而栂，朋至斯孚。”

“栂”爲“梅”字異體，此處疑爲“拇”之訛誤，木旁與手旁在書寫時容易混淆。故“拇”與“栂”當爲本字與訛字的關係。

二、多種字際關係

《周易》各本歷時同詞異字間的多種字際關係包括“本字與本字”（簡稱“本本”）、“本字與借字”（簡稱“本借”）、“借字與借字”（簡稱“借借”）、“本字與訛字”（簡稱“本訛”）的組合：

1. 本本、本借

{蠱}——蠱、蛊、箇

當表示惑亂的意思時，熹本、開本、今本用“蠱”：

（熹本）《蠱》：“六五：幹父之蠱，□譽。”
（開本）《蠱》：“六五：幹父之蠱，用譽。”
（今本）《蠱》：“六五：幹父之蠱，用譽。”

竹本用“蛊”：

（竹本）《蛊》：“九二：𩠃母之蛊，不可貞。”

帛本用“箇”：

（帛本）《箇》：“□□，榦母之箇，不可貞。”

“蠱”本義爲毒蟲，引申爲蠱惑。“蛊”爲“蠱”省形而成的異體字，也是表示惑亂義的本字。“箇”，本義是竹枚，《廣韻》：“箇，古賀切。”“蠱”，《集韻》：“古慕切。”二字同聲系，古音相近而通，此處“箇”借用爲“蠱”。故當表示惑亂義時，“蠱”與“蛊”是本字與本字的關係，“蠱”

與“箇”是本字與借字的關係，“蛊”與“箇”也是本字與借字的關係。

2. 本借、借借

{頰}——頰、夾、陜

當表示臉頰的意思時，敦本、開本、今本用“頰”：

（敦本）《咸》：“上六：咸其輔頰舌。”
（開本）《咸》：“上六：咸其輔頰舌。”
（今本）《咸》：“上六：咸其輔頰舌。”

竹本用“夾”：

（竹本）《欽》：“上六：欽頌夾脂。”

帛本用“陜”：

（帛本）《欽》：“尚六：欽亓股陜舌。”

“頰”從頁夾聲，本義爲臉頰。“頰”“陜”均從“夾”得聲，三字音近相通，當記録臉頰義時，“頰”與“夾”“陜”是本字與借字的關係，“夾”和“陜”是借字與借字的關係。

{憧}——憧、僮、童、慟

當表示心意不定的意思時，開本、今本用“憧”：

（開本）《咸》：“九四：貞吉，悔亡。憧憧往來，朋從爾思。”
（今本）《咸》：“九四：貞吉，悔亡。憧憧往來，朋從爾思。”

竹本、帛本用“僮”：

（竹本）《欽》：“九四：貞吉，亡𢙢，童□□□，□□□志。”
（帛本）《欽》：“九四：貞吉，𢙢亡。童童往來，傰從璽思。”

敦本用“慟”：

（敦本）《咸》："九四：貞吉，悔亡。慟慟往來，朋從尒思。"

"憧"本義爲心意不定。"憧""僮"均從"童"得聲，三字音近相通。"慟"，本義爲大哭，《集韻》："徒弄切。"《韻會》："憧，徒弄切。""慟""憧"音近相通。故當記録心意不定義時，"僮""童""慟"均借用爲"憧"，"憧"與這三個字是本字與借字的關係，這三個字之間是借字與借字的關係。

3. 本本、本訛

{復}——復、復、復

當表示返還的意思時，帛本、阜本、熹本、敦本、開本、今本用"復"：

（帛本）《復》："六四：中行獨復。"
（阜本）《復》："□□：中行獨復。"
（熹本）《復》："□□：□復，厲，无咎。"
（敦本）《復》："六三：頻復，厲，无咎。"
（開本）《復》："六三：頻復，厲，无咎。"
（今本）《復》："六三：頻復，厲，无咎。"

竹本用"復"：

（竹本）《復》："□□：臯復，亡悬。"

敦本除了用"復"，還有1次用了"復"，爲"復"之訛誤：

（敦本）《小畜》："初九：復自道，何其咎？吉。"

"復"爲"復"之異體，當記録返還義時，二者是本字與本字的關係。敦本中"復"爲"復"之訛誤。"復""復"與"復"是本字與訛字的關係。

{寇}——寇、寇、寇、寇

當表示寇賊的意思時，帛本、阜本、熹本、今本用"寇"：

（帛本）《解》："□□：□且乘，致寇至，貞閵。"
（阜本）《賁》："□□：□□皤如，白馬翰如。非寇□□。"
（熹本）《解》："□□：負且乘，致寇至，貞吝。"
（今本）《解》："六三：負且乘，致寇至，貞吝。"

竹本用"寇"：

（竹本）《繲》："六晶：價虘贚，至寇至，□□。"

敦本、開本用"寇"：

（敦本）《賁》："六四：賁如皤如，白馬翰如。匪寇婚媾。"
（開本）《解》："六三：負且乘，致寇至，貞吝。"

敦本除了用"寇"，還用了1次"寇"：

（敦本）《解》："六三：負且乘，致寇至，貞吝。"

"寇""寇""寇"爲一字之異體，當記録寇賊義時，三字爲本字與本字的關係。敦本"寇"，爲"寇"之訛誤，"寇""寇""寇"與"寇"是本字與訛字的關係。

4. 本本、本借、借借

{艱}——艱、囏、堇、根

當表示艱難的意思時，敦本、熹本、開本、今本用"艱"：

（熹本）《明夷》："□□：□艱貞。"
（敦本）《大畜》："九三：良馬逐，利艱貞，□□□□，□□□□。"
（開本）《大畜》："九三：良馬逐，利艱貞，曰閑輿衛，利有攸往。"
（今本）《大畜》："九三：良馬逐，利艱貞，曰閑輿衛，利有攸往。”

阜本用“囏”：

（阜本）《筮閘》：“□□：□□□，□金矢。利囏貞，吉。”

竹本用“堇”：

（竹本）《大筀》：“九晶：良馬由，利堇貞。曰班車戏，利又卣逌。”

帛本用“根”：

（帛本）《明夷》：“明夷：利根貞。”

（帛本）《泰蓄》：“九三：良馬遂，利根貞，曰闌車衛，利有攸往。”

“艱”“囏”爲一字之異體，當記録艱難義時，二者是本字與本字的關係。“堇”，《集韻》：“居焮切。”“艱”，《集韻》：“居閑切。”“艱”與“根”均從“艮”得聲，三字音近相通。故記録艱難義時，“艱”“囏”與“堇”“根”分别是本字與借字的關係，“堇”與“根”是借字與借字的關係。

{包}——包、枹、橐、苞

當表示包容的意思時，今本用“包”，“包”本義爲胞衣，引申爲包裹、包容，是本字：

（今本）《否》：“六二：包承，小人吉，大人否。亨。”

（今本）《否》：“六三：包羞。”

開本用“苞”：

（開本）《否》：“六二：苞承，小人吉，大人否。亨。”

（開本）《否》：“六三：苞羞。”

帛本、阜本用“枹”，從木包聲，本義爲擊鼓杖，借用表示包容義：

（帛本）《婦》：“六二：枹承，小人吉，大人不。亨。”
（帛本）《婦》：“六三：枹憂。”
（阜本）《否》：“六三：枹羞。”

第五章 《周易》各本一字多用專題研究

本章對各本中一字記録多個詞項的情況進行統計分析。各本中一字記録多個詞項共 126 例，按照所記録詞義的屬性，可分爲因借用造成的一字多用、因詞義引申造成的一字多用、因訛誤造成的一字多用及因借用和訛誤造成的一字多用四種情况。其中因借用造成的一字多用數量最多，共 108 例，占 86%；因詞義引申造成的一字多用共 12 例，占 10%；因訛誤造成的一字多用共 4 例，占 3%；因借用和訛誤造成的一字多用共 2 例，占 2%。在所統計到的一字多用中，記録其本義的字共 99 例，記録了借義的字共 110 例，記録了引申義的字共 12 例。通過數據對比可知，借用是一字多用最主要的原因。

第一節 因借用造成的一字多用

一個字被借用爲他字，承擔他字的職能，是導致一字多用的主要原因之一。各本中因借用造成的一字多用共 108 例，其中 81 個字的用法既有本用又有借用，27 個字的用法全部都是借用。

一、本用及借用

（1）取——｛取｝｛娶｝

《説文》："取，捕取也。從又從耳。《周禮》：'獲者取左耳。'《司馬法》曰：'載獻聝。'聝者，耳也。""獻聝" 即古代戰争殺死敵人取其左耳獻上以記功。"取" 的本義就是割取敵人的耳朵，引申爲有所獲取，包含 "奪取" "獲取" 等義，也都是 "取" 的常用義。今本、開本、帛本用 "取" 記録｛取｝2 次，竹本 2 次，敦本 1 次，表示獲取義，爲本用：

（今本、開本）《旅》："斯其所取災。"

（帛本）《旅》："此亓所取火。"

（竹本）《**遊**》："此丌所取愳。"

（今本、開本、敦本）《小過》：“公弋取彼在穴。”
（帛本）《少過》：“公射取皮在穴。”
（竹本）《小過》：“□□取皮才坎。”

“取”可借用爲“娶”。“娶”甲骨文作（《甲骨文編》470頁）。《説文》：“娶，取婦也。從女，從取，取亦聲。”睡虎地秦簡《日書》甲《除》：“陰日利以家室祭祀。家（嫁）子取婦入材大吉。”銀雀山竹簡《三十時》：“不可爲嗇夫嫁女取婦禱……”《春秋》：“太子般娶於楚。”今本、開本、竹本、帛本用“取”記録{娶}3次，阜本、熹本各1次，如：

（今本、開本、阜本）《蒙》：“勿用取女。”
（竹本）《尨》：“勿用取女。”
（今本、開本、帛本、熹本）《姤》：“勿用取女。”
（竹本、帛本）《欽》：“取女吉。”

（2）孚——{孚}{俘}{浮}

“孚”字從爪從子，甲骨文、金文構形均與小篆相同，金文中的“孚金”“孚貝”指的是俘獲銅、貝等財物，兒童也是古代戰爭中俘獲的對象，“爪子”即爲捉獲孩子，“孚”當爲“俘”之初文。《説文》將“孚”釋爲“孵化”，該義爲“孚”的借用，于省吾《甲骨文字釋林·釋孚》：“至於鳥孚卵之孚，系用借字，後世則以‘孵’爲之。”“誠信”之義是從“孵化”義引申而來，亦爲“孚”借用之義。

“孚”的本義是{俘}（俘虜、俘獲），借用爲{孚}（誠信）。今本、開本用“孚”記録{俘}（俘虜、俘獲）38次，熹本、敦本各16次，竹本9次，如：

（今本、開本）《隨》：“有孚在道。”
（竹本）《陵》：“又孚才道。”
（今本、開本、熹本）《觀》：“有孚顒若。”
（今本、開本、敦本）《中孚》：“有孚攣如。”

今本、開本、竹本用“孚”記録{孚}（誠信）各3次，熹本1次：

（今本、開本、熹本）《睽》："交孚。"
（竹本）《楑》："交孚。"
（今本、開本）《大有》："厥孚交如。"
（竹本）《大有》："氒孚洨女。"
（今本、開本）《革》："巳日乃孚。"
（竹本）《革》："攺日卣孚。"

今本、開本、竹本用"孚"記録{浮}各1次，表浮躁、躁動義（一説爲哺乳義），屬借用：

（今本、開本）《姤》："羸豕孚蹢躅。"
（竹本）《敂》："羸豕孚是蜀。"

"孚"可借用爲"浮"。竹本"羸豕孚是蜀"今本作"羸豕孚蹢躅"，王弼《注》："務燥也。"

（3）何——{荷}{何}

今本、開本、阜本用"何"記録{荷}各1次，表示"負荷"，屬本用：

（今本、開本）《噬嗑》："何校滅耳。"
（阜本）《筮閘》："何校威耳。"

今本、開本、帛本用"何"記録{何}各4次，阜本、敦本各2次，熹本1次，作疑問代詞，表示詢問，可譯爲"什麼"，屬借用，如：

（今本、開本、敦本、阜本）《小畜》："何其咎？"
（帛本）《少蓺》："何亓咎？"
（今本、開本）《隨》："何咎？"
（帛本）《隋》："何咎？"
（今本、開本、熹本）《睽》："往何咎？"
（帛本）《乖》："往何咎？"

還可作副詞，表示强調，可譯爲“多麽”，屬借用：

(今本、開本、敦本)《大畜》：“何天之衢，亨。”
(帛本)《泰蓄》：“何天之瞿，亨。”

(4) 貞——{貞}{正}

今本、開本用“貞”記録{貞}108次，帛本103次，竹本41次，敦本38次，阜本24次，熹本15次，表“卜問”，屬本用，如：

(今本、開本、敦本、熹本、帛本)《比》：“比之自内，貞吉。”
(今本、開本、敦本)《无妄》：“元亨，利貞。”
(竹本)《无亡》：“元卿，利貞。”
(阜本)《无亡》：“元亨，利貞。”
(帛本)《无孟》：“元亨，利貞。”

今本、開本、帛本、阜本用“貞”記録{正}3次，阜本2次，敦本1次，可表示“正、正道、正位”，屬借用：

(今本、開本)《坤》：“安貞吉。”
(帛本)《川》：“安貞吉。”
(阜本)《坤》：“□貞吉。”

還可表示“守正、爲正”，亦屬借用：

(今本、開本)《屯》：“女子貞不字，十年乃字。”
(帛本)《屯》：“□子貞不字，十年乃字。”
(阜本)《肫》：“□□貞不字，十年迺字。”
(今本、開本、敦本)《節》：“苦節，不可貞。”
(帛本)《節》：“枯節，不可貞。”

(5) 有——{有}{於}

“有”的本義爲持有，今本、開本用“有”記録{有}116次，阜本

25 次，熹本 27 次，帛本 104 次，敦本 45 次，屬本用，如：

（今本、開本、阜本、帛本）《大有》："大有：元亨。"
（今本、開本、敦本、帛本）《師》："田有禽。"
（阜本）《帀》："田有禽。"
（今本、開本、熹本）《師》："成有渝。"

今本、開本用"有"記録｛於｝4 次，熹本 2 次，敦本 1 次，阜本 1 次，帛本 1 次，作介詞，用於介紹處所，屬借用，如：

（今本、開本、熹本）《家人》："閑有家，悔亡。"
（阜本）《家人》："閒有家，悔亡。"
（帛本）《家人》："門有家，悬亡。"
（今本、開本、敦本、熹本）《家人》："王假有家。"
（帛本）《家人》："王叚有家。"

（6）復——｛復｝｛覆｝｛孚｝｛俘｝

"復"記録｛復｝，今本、開本各 16 次，敦本 11 次，熹本 2 次，帛本 16 次，阜本 6 次，表"返還"，屬本用，如：

（今本、開本、敦本）《復》："頻復。"
（熹本）《復》："□復。"
（帛本）《復》："編復。"
（今本、開本、阜本）《小畜》："復自道。"

"復"記録｛覆｝，今本、開本各 1 次，帛本 2 次，表"傾覆"，屬借用：

（今本、開本）《泰》："城復于隍。"
（帛本）《泰》："城復于湟。"
（帛本）《鼎》："復公餗，亓荆屋，凶。"

"復"記録｛孚｝，帛本 27 次，表示"誠信"，屬借用，如：

（帛本）《襦》："襦：有復，光亨。"

（帛本）《比》："初六：有復比之，无咎。有復盈缶，冬來或池，吉。"

"復" 記録 {俘}，帛本 12 次，阜本 5 次，表示 "俘虜、俘獲"，屬借用，如：

（帛本）《隋》："有復在道。"

（帛本）《隋》："復于嘉。"

（阜本）《隋》："復嘉。"

（7）幾—— {幾} {冀}

"幾" 的本義是細微的迹象，事情的苗頭或預兆，可引申表示 "將近"。今本、開本用 "幾" 記録其引申義 {幾}（將近）3 次，敦本 2 次，熹本 1 次，阜本 2 次，帛本 1 次，如：

（今本、開本、熹本、敦本）《中孚》："月幾望。"

（帛本）《少𦾔》："月幾朢。"

（阜本）《小畜》："月幾堅。"

今本、開本、阜本、帛本用 "幾" 記録 {冀} 1 次，表示 "希求"，屬借用：

（今本、帛本）《屯》："君子幾不如舍。"

（開本）《屯》："君子幾不如舍。"

（阜本）《肫》："□子幾不如舍。"

（8）血—— {血} {恤}

今本、開本、帛本用 "血" 記録 {血} 各 4 次，熹本、竹本各 1 次，表 "血液"，屬本用，如：

（今本、開本）《需》：“需于血。”
（竹本）《孠》：“孠于血。”
（帛本）《襦》：“襦于血。”
（今本、開本、帛本）《歸妹》：“士刲羊无血。”
（熹本）《歸妹》：“□刲羊无血。”

今本、開本、敦本用“血”記録{恤}各2次，帛本7次，竹本、阜本各1次，表示“憂恤”，屬借用，如：

（今本、開本、敦本）《小畜》：“血去惕出。”
（阜本）《小畜》：“血去易□。”
（帛本）《少蓺》：“血去湯□。”
（今本、敦本）《涣》：“涣其血去。”
（開本）《涣》：“□其血去。”
（竹本）《𩞁》：“𩞁丌血𢻱。”
（帛本）《涣》：“涣亓血去。”

（9）載——{載}{哉}

今本、開本、帛本用“載”記録{載}各2次，竹本、阜本、熹本各1次，表“承載”，屬本用：

（今本、開本）《大有》：“大車以載。”
（帛本）《大有》：“泰車以載。”
（今本、開本）《睽》：“載鬼一車。”
（阜本）《睽》：“載□一車。”
（帛本）《乖》：“載鬼一車。”
（熹本）《睽》：“載□□□。”

今本、開本、敦本、帛本用“載”記録{哉}各1次，作句末語氣助詞“哉”，屬借用：

(今本、開本、敦本)《小畜》:“尚德載。”
(帛本)《少蓻》:“尚得載。”

(10) 允——{允}{進}{猶}
今本、開本、帛本用“允”記録{允}各1次,表“誠信”,屬本用:

(今本、開本)《晉》:“衆允,悔亡。”
(帛本)《溍》:“衆允,悬亡。”

今本、開本、帛本、熹本用“允”記録{進}各1次,表示“進”,屬借用:

(今本、開本、熹本)《升》:“允升,大吉。”
(帛本)《登》:“允登,大吉。”

帛本用“允”記録{猶}1次,表示“猶豫”,屬借用:

(帛本)《餘》:“允餘,大有得。”

(11) 尚——{尚}{賞}
今本、開本、帛本用“尚”記録{尚}各2次,敦本1次,表“高尚”,屬本用:

(今本、開本、敦本)《小畜》:“尚德載。”
(帛本)《少蓻》:“尚得載。”
(今本、開本)《蠱》:“高尚其事。”
(帛本)《箇》:“高尚亓德。”

今本、開本用“尚”記録{賞}各4次,帛本5次,熹本、敦本各1次,表示“獎賞”,屬借用,如:

（今本、開本、帛本）《豐》："往有尚。"
（今本、開本、敦本、熹本）《節》："往有尚。"
（帛本）《節》："往得尚。"

帛本用"尚"記録｛上｝58次，表示方位"上"，屬借用，如：

（帛本）《鍵》："尚九：抗龍有悔。"

（12）告——｛告｝｛誥｝
今本、開本用"告"記録｛告｝4次，敦本、帛本各2次，熹本1次，可表示"告訴、告知"，屬本用，如：

（今本、開本）《蒙》："初筮告，再三瀆，瀆則不告。"

還可表示"告見"，也是本用，如：

（今本、開本、熹本）《益》："中行告公用圭。"
（敦本）《益》："中行告公用珪。"
（帛本）《益》："中行告公用閨。"
（今本、開本、敦本、帛本）《益》："中行告公從。"

阜本、今本、開本、帛本用"告"記録｛誥｝2次，敦本、阜本各1次，表示"發布誥命"，屬借用：

（今本、開本、阜本、帛本）《泰》："自邑告命。"
（今本、開本、帛本、敦本）《夬》："告自邑。"

（13）承——｛承｝｛脀｝
"承"的本義是捧着，引申爲承受，又假借爲｛脀｝（祭祀用的肉）。今本、開本、帛本用"承"記録｛承｝（捧着）1次，屬本用：

(今本、開本、帛本)《歸妹》:“女承筐无實。”

今本、開本、帛本用“承”記録{承}(承受)2次,敦本1次,屬本用:

(今本、開本、帛本)《恒》:“或承之羞。”
(今本、開本、敦本)《師》:“開國承家。”
(帛本)《師》:“啓國承家。”

今本、開本、帛本、熹本用“承”記録{脀}1次,屬借用:

(今本、開本)《否》:“包承。”
(帛本)《婦》:“枹承。”
(熹本)《否》:“□承。”

(14)次——{次}{趑}

“次”的本義是停止不前,引申爲旅舍。今本、開本用“次”記録其引申義{次}(旅社)3次,阜本、帛本、熹本、敦本各1次:

(今本、開本、帛本)《師》:“師左次,无咎。”
(熹本)《師》:“□左次,无咎。”
(今本、開本、帛本)《旅》:“旅即次。”
(阜本)《旅》:“旅即其次。”
(今本、開本)《旅》:“旅焚其次。”

今本、開本、熹本用“次”記録{趑}2次,表示趑趄,屬借用:

(今本、開本、熹本)《夬》:“其行次且。”
(今本、開本、熹本)《姤》:“其行次且。”

（15）以—— {以} {與}

“以”的本義是使用，可引申表示依靠、憑藉；還可作介詞，介紹直接涉及和旁及的對象、處所、方位等；亦可作連詞，表示“以致”。今本、開本用“以”記録 {以}（表示其本義、引申義，或作介詞、連詞）各 22 次，帛本 18 次，敦本 6 次，熹本 4 次，敦本 3 次，如：

（今本、開本）《蒙》：“發蒙，利用刑人，用説桎梏，以往吝。”

（今本、開本、敦本、帛本）《師》：“師出以律。”

（今本、開本、熹本）《謙》：“不富以其鄰。”

（今本、開本、敦本）《剥》：“剥牀以辨。”

（阜本）《僕》：“僕牀以辨。”

今本、開本、帛本、敦本用“以”記録 {與}（帶來）1 次，屬借用：

（今本、開本、敦本）《小過》：“飛鳥以凶。”

（帛本）《少過》：“翡鳥以凶。”

（16）維—— {維} {唯}

“維”的本義是繫車蓋的繩子，引申表示維繫。今本、開本用“維”記録 {維}（維繫）2 次，熹本 1 次：

（今本、開本）《隨》：“拘係之，乃從維之。”

（熹本）《隨》：“拘係之，乃從維□。”

今本、開本用“維”記録 {唯} 各 3 次，敦本 2 次，熹本 1 次，作句中語氣助詞或副詞，屬借用：

（今本、開本、敦本）《坎》：“有孚維心，亨。”

（今本、開本、敦本、熹本）《解》：“君子維有解，吉。”

（今本、開本）《晉》：“維用伐邑。”

（17）實——{實}{食}

“實”的本義是富裕，可引申爲果實、切實；還可假借爲{食}（食物）。今本、開本、帛本用“實”記録{實}（果實）各2次，敦本、熹本各1次，如：

（今本、開本、帛本）《歸妹》：“女承筐无實。”
（熹本）《歸妹》：“□□□无實。”
（今本、開本、敦本）《既濟》：“實受其福。”
（帛本）《即濟》：“實受亓福。”

今本、開本、帛本用“實”記録{食}各2次，竹本、阜本、敦本各1次：

（今本、開本、敦本、竹本）《頤》：“自求口實。”
（帛本）《頤》：“□□口實。”
（今本、開本、帛本）《鼎》：“鼎有實。”
（阜本）《履》：“實人，兇。”

（18）離——{鸝}{離}{麗}

今本、開本、敦本用“離”記録{鸝}各1次，表示“黄鸝”，屬本用：

（今本、開本、敦本）《離》：“六二：黄離，元吉。”

今本、開本、敦本用“離”記録{離}（罹難、遭受）各1次，屬借用：

（今本、開本、敦本）《小過》：“飛鳥離之，凶。”

今本、開本、敦本、阜本用“離”記録{離}（迷離、朦朧）各1次，屬借用：

（開本、敦本）《離》：“日昊之離。”
（今本）《離》：“日昃之離。”

（阜本）《離》："日厢之離。"

今本、開本用"離"記録｛麗｝各2次，敦本、阜本、熹本各1次，表示"附麗"，屬借用：

（今本、開本、敦本、阜本）《離》："離：利貞。"
（今本、開本）《否》："疇離祉。"
（熹本）《否》："疇離□。"

（19）隨——｛隨｝｛髓（腿）｝

"隨"的本義是跟隨，借用爲｛髓｝（大腿）。今本、開本用"隨"記録｛隨｝（跟隨）各3次，屬本用：

（今本、開本）《隨》："隨：元亨，利貞，无咎。"
（今本、開本）《隨》："係丈夫，失小子，隨有求，得。利居貞。"
（今本、開本）《隨》："隨有獲，貞凶。有孚在道，以明，何咎？"

今本、開本用"隨"記録｛髓｝（腿）各2次，帛本1次，爲借用：

（今本、開本）《艮》："艮其腓，不拯其隨，其心不快。"
（今本、開本）《咸》："咸其股，執其隨，往吝。"
（帛本）《欽》："欽亓䏶，執亓隨，閵。"

（20）女——｛女｝｛如｝｛若｝

"女"的本義是女人，引申爲年少的。今本、開本用"女"記録｛女｝（女人）各9次，帛本8次，竹本5次，熹本各2次，阜本1次，如：

（今本、開本、熹本）《姤》："勿用取女。"
（今本、開本、阜本）《蒙》："勿用取女。"
（竹本）《尨》："勿用取女。"

（今本、開本、帛本）《漸》："女歸吉。"
（竹本）《漸》："女逯吉。"

今本、開本、敦本、帛本、阜本用"女"記録{女}（年少的）各1次：

（今本、開本、敦本）《大過》："老夫得其女妻。"
（帛本）《泰過》："老夫得亓女妻。"
（阜本）《大過》："老夫得□女妻。"

竹本用"女"記録{如}3次，表示"像……一樣"或"比得上"，屬借用：

（竹本）《大有》："氒孚洨女，𢡱女，吉。"
（竹本）《既濟》："東𨛜殺牛，不女西𨛜之酌祭，是受福吉。"

竹本用"女"記録{若}1次，表示"或者"，屬借用：

（竹本）《夬》："君子夬夬，蜀行遇雨，女雺又礪，亡咎。"

（21）亡——{亡}{喪}
竹本用"亡"記録{亡}（無）和{喪}（喪失）各1次；

（竹本）《楑》："悬亡，亡馬勿由自遉。"

（22）是——{是}{蹢}{實}
"是"的本義是正是，引申爲正確。今本、開本、敦本、竹本、帛本用"是"記録{是}（正是）各1次：

（今本、開本）《小過》："是謂災眚。"
（敦本）《小過》："是謂灾眚。"
（竹本）《小過》："是胃亦𤆍禮。"
（帛本）《少過》："是謂兹省。"

今本、開本、熹本、帛本用“是”記録{是}（正確）各1次：

（今本、熹本）《未濟》：“有孚失是。”
（開本）《未濟》：“□□失是。”
（帛本）《未濟》：“有復失是。”

竹本用“是”記録{蹢}1次，表示蹢躅，爲借用：

（竹本）《敂》：“贏豕孚是蜀。”

竹本用“是”記録{實}1次，表示充實、滿，爲借用：

（竹本）《既濟》：“是受福，吉。”

（23）至——{至}{致}

“至”甲骨文作（商·鐵125.4《甲》），象箭矢落在地面之形，本義爲到達。《説文》釋爲“鳥飛從高下至地也”，不知所據。今本、開本、帛本用“至”記録{至}各8次，竹本4次，敦本、熹本各2次，阜本1次，表到達義，屬本用，如：

（今本、開本）《臨》：“至臨，无咎。”
（竹本、帛本）《林》：“至林，无咎。”
（今本、開本、敦本、熹本）《解》：“朋至斯孚。”

竹本用“至”記録{致}2次，表示致使、導致，屬借用：

（竹本）《孠》：“孠于坭，至（致）寇至。”
（竹本）《繲》：“傎虞輐，至（致）寇至。”

竹本“至寇至”帛本、熹本、敦本、開本、今本第一個“至”作“致”。五年召伯虎毁：“余弗敢𤔔（亂）余或（國）至我考我母令（命）。”簡帛文字中“致”也常作“至”，如：馬王堆帛書《老子》甲、乙本《道經》：

“三者不可至計（詰），故圂（混）而爲一。”通行本“至”作“致”。包山楚簡：“卲吉爲⿰礻立（位），既禱至福。”《儀禮·少儀》：“爲人祭曰致福。”包山楚簡中還有“至命”“至⿱乍又（胙）”等，均應讀爲“致”；郭店楚簡《緇衣》：“則民至行㠱（己）以敓（悦）上。”“至”《禮記·緇衣》今本作“致”。

（24）忘——{妄}{無}

《説文》：“忘，不識也。從心從亡，亡亦聲。”竹本用“忘”記録{妄}4次，表希望義，爲借用，均出現在《亡忘》卦中，如：

（竹本）《亡忘》：“亡忘，吉。”

“亡忘”帛本作“无孟”，阜本作“无亡”，開本、敦本、今本作“无妄”。戰國文字“忘”多用其本義，郭店簡“忘”讀“妄”①，武威漢簡34號：“勿忘傳也。”意在戒止人們妄爲流傳。《大戴禮記·衛將軍文子》：“是故不忘。”《孔子家語·弟子行》“忘”作“妄”。

竹本用“忘”記録{無}1次，表否定義，亦屬借用：

（竹本）《夬》：“忘虐，中又凶。”

“忘虐”帛本、開本、今本均作“无號”。“忘”原考釋者訓爲：“喻小人乘陵君子之上，必致凶危，故戒之，忘以吼聲提醒，會致凶。‘忘’亦通‘亡’，‘忘虐’或讀爲‘無號’。”②“忘”古音屬明紐陽部，“无”古音亦屬明紐陽部，季旭昇指出其字爲“無”之分化字，“無”小篆字形𣞤所從之“亡”，兼聲亦兼義，是説可從③。

（25）陵——{骽}{隨}

“陵”原簡作⿰阝夌，與隓（隓）、陸（⿰阝圭）爲異體。《説文·𨸏部》：“隓，敗城𨸏曰隓。從𨸏，𡍮聲。𡐦（𡐦），篆文。”劉信芳認爲“隓”隸變爲“墮”。季旭昇認爲“陵”爲“隓”的繁體④。竹本用“陵”記録{隨}3次，表示隨從、跟隨義，均出現在《陵（隨）》卦，爲借用：

① 黄德寬，何琳儀. 古文字譜系疏證［M］. 北京：商務印書館，2007：1968.
② 馬承源. 上海博物館藏戰國楚竹書（三）［M］. 上海：上海古籍出版社，2003：189.
③ 季旭昇. 説文新證［M］. 臺北：藝文印書館，2004：205.
④ 季旭昇. 説文新證［M］. 臺北：藝文印書館，2004；945.

（竹本）《陵》："係丈夫，遊少子，陵求又㝵。"

《陵》："陵又䢅，貞工。"

"陵求又㝵"帛本、阜本作"隋有求得"，開本、今本作"隨有求得"；"陵又䢅"帛本作"隋有獲"，開本、今本作"隨有獲"。《説文·辵部》："隨，從也。從辵、𢕘省聲。"其聲符爲"陊"字異體，二字諧聲通假，"陵"與"陊"異體，亦與"隨"相通。馬王堆帛書《戰國縱橫家書·須賈説穰侯章》："宋、中山數伐而數割，而國隋以亡。"《戰國策·魏策三》："宋、中山數伐數割，而隨以亡。"又馬王堆帛書《老子》甲、乙本《道經》："……先、後之相隋，恆也。"乙本："隋而不見其後，迎而不見其首。""故物或行或隋……"以上三處"隋"字通行本皆作"隨"。《墨子·耕柱》"隋侯之珠"，《文選》李斯《上秦始皇書》李善注引"隋"作"隨"。

竹本用"陵"記録｛骽（腿）｝1次，表示大腿，爲借用：

（竹本）《艮》："艮丌足，不陞丌陵，丌心不悸。"

"不陞丌陵"帛本作"不登亓隋"，開本、今本作"不拯其隨"。《咸》："九三：咸其股，執其隨，往吝。"俞樾《群經平議》："此爻之辭，與《艮》六二'艮其腓，不拯其隨'，文法相似。王氏彼注曰：'隨謂趾也。'竊疑隨乃骽（腿）之叚字。古無骽字，故以隨爲之。"漢賈誼《新書·跪容》："隨前以舉，項衡以下。"俞樾《群經平議》："隨乃骽之叚字。言拜之時，其骽必以前舉，其項必衡以下也。""陵"可通"隨"，在竹本中也借用爲"骽"。《咸》"執其隨"，竹本《欽（咸）》作"埶丌陊"，"陊"亦借用爲"骽"。

（26）上——｛上｝｛尚｝

"上"的本義是上方、上面，引申爲向上，還可假借爲｛尚｝（高尚）。今本用"上"記録｛上｝（上方）65次，開本64次，竹本26次，敦本23次，熹本17次，阜本9次，帛本1次，如：

（今本、開本、敦本）《師》："上六：大君有命。"

（竹本）《帀》："上六：大君子又命。"

（阜本）《帀》："上六：大君有命。"

（熹本）《師》："上六：大君□□。"

(今本、開本、敦本)《解》:“公用射隼于高墉之上。”
(帛本)《解》:“公用射敻于高庸之上。”

今本、開本、敦本、阜本、帛本用“上”記録{上}(向上)各1次:

(今本)《小過》:“不宜上,宜下。”
(帛本)《少過》:“不冝上,冝下。”
(開本、敦本、阜本)《小過》:“不冝上,冝下。”

阜本用“上”記録{尚}(高尚)1次:

(阜本)《蠱》:“高上其事。”

(27)如——{如}{若}{茹}

“如”的本義是順從,引申爲像……一樣、比得上,今本、開本用“如”記録{如}(像……一樣)28次,帛本21次,敦本13次,阜本7次,熹本6次,如:

(今本、開本、敦本、熹本)《賁》:“賁如濡如。”
(今本、開本)《大有》:“厥孚交如威如,吉。”
(帛本)《大有》:“闕復交如委如,終吉。”
(今本、敦本)《離》:“突如,其來如,焚如,死如,棄如。”
(開本)《離》:“突如,其來如,焚如,死如,弃如。”
(帛本)《羅》:“出如,來如,紛如,死如,棄如。”
(阜本)《離》:“其出如,其來如,焚如,棄□。”

今本、開本用“如”記録{如}(比得上)3次,敦本、帛本、阜本各1次:

(今本、帛本)《屯》:“君子幾不如舍。”
(開本)《屯》:“君子幾不如舍。”
(阜本)《肫》:“□子幾不如舍。”

（今本、開本）《既濟》："東鄰殺牛，不如西鄰之禴祭。"

（敦本）《既濟》："東隣殺牛，不如西隣之禴祭。"

（今本、開本）《歸妹》："帝乙歸妹，其君之袂不如其娣之袂良。"

帛本用"如"記録｛若｝1次，表示"或者"，屬借用：

（帛本）《夬》："君子缺缺獨行，愚雨如濡。"

阜本用"如"記録｛茹｝1次，表示"根互相牽連的樣子"，屬借用：

（阜本）《泰》："拔茅如。"

（28）婦——｛婦｝｛否｝

"婦"的本義是婦女，引申爲妻子。今本、開本、敦本、帛本用"婦"記録｛婦｝（婦女）各2次：

（今本、開本、敦本）《大過》："老婦得其士夫。"

（帛本）《泰過》："老婦得亓士夫。"

（今本、開本、敦本）《既濟》："婦喪其茀。"

（帛本）《即濟》："婦亡亓發。"

今本、開本用"婦"記録｛婦｝（妻子）各6次，帛本5次，竹本、阜本各2次，敦本、熹本各1次，如：

（今本、開本）《蒙》："納婦，吉。"

（帛本）《蒙》："入婦，吉。"

（阜本）《蒙》："老婦，吉。"

（今本、開本）《漸》："夫征不復，婦孕不育，凶。"

（竹本）《漸》："夫征不陸，婦孕而□，□。"

（帛本）《漸》："□□□復，婦繩不□，凶。"

（今本、開本、熹本）《家人》："婦子嘻嘻。"

（帛本）《家人》："婦子裹裹。"

帛本用"婦"記録｛否｝3次，表示不通、閉塞，屬借用：

（帛本）《婦》："婦之非人，不利君子貞，大往小來。"
（帛本）《婦》："頃婦，先不後喜。"
（帛本）《婦》："休婦，大人吉。"

（29）比——｛比｝｛妣｝

今本、開本、敦本、帛本用"比"記録｛比｝各7次，竹本6次，阜本3次，熹本2次，表示"親比"，屬本用，如：

（今本、開本、敦本、帛本）《比》："顯比，王用三驅。"
（今本、開本、敦本）《比》："比之无首，凶。"
（熹本）《比》："比无□，□。"
（阜本）《比》："比毋首，□。"
（竹本）《比》："比亡百，凶。"
（帛本）《比》："比无首，兇。"

帛本用"比"記録｛妣｝1次，表示"祖母"，屬借用：

（帛本）《少過》："六二：過亓祖，愚亓比，不及亓君，愚亓僕，无咎。"

（30）得——｛得｝｛德｝

今本、開本用"得"記録｛得｝（得到）各27次，帛本25次、敦本11次、熹本5次、阜本4次，如：

（今本、開本、熹本）《損》："三人行則損一人，一人行則得其友。"
（今本、開本、敦本）《坎》："坎有險，求小得。"
（阜本、帛本）《隋》："隋有求，得。"

阜本、帛本用“得”記録｛德｝（道德、品德）各1次：

（阜本）《小畜》：“□□□□，□得戴。”
（帛本）《小畜》：“既雨既處，尚得載。”

（31）牀——｛牀｝｛壯｝

今本、開本用“牀”記録｛牀｝各5次，敦本3次，阜本、帛本、熹本各2次，表示“牀”，屬本用，如：

（今本、開本、敦本）《剥》：“剥牀以膚，凶。”
（熹本）《剥》：“剥牀以簠，凶。”
（帛本）《剥》：“剥臧以膚，兇。”
（阜本）《剥》：“僕牀以父，兇。”
（今本、開本、熹本）《巽》：“巽在牀下。”
（帛本）《筭》：“筭在牀下。”

帛本用“牀”記録｛壯｝3次，表示“强壯”“健壯”，屬借用：

（帛本）《明夷》：“用撜馬牀，吉。”
（帛本）《夬》：牀于前止。”
（帛本）《夬》：“牀于頯，有凶。”

（32）汲——｛汲｝｛泣｝

今本、開本、竹本用“汲”記録｛汲｝各1次，帛本2次，表示“汲水”，屬本用：

（今本、開本、帛本）《井》：“可用汲。”
（竹本）《汬》：“可𠳵汲。”
（帛本）《井》：“𣅜至亦未汲井。”

帛本用“汲”記録｛泣｝2次，表示“無聲哭泣”，屬借用：

（帛本）《屯》："乘馬煩如，汲血連如。"
（帛本）《中復》："或鼓或皮，或汲或歌。"

（33）既——{既}{即}
帛本用"既"記録{既}6次，今本、開本各5次，敦本、熹本各4次，表示"已經"，屬本用，如：

（今本、開本、敦本）《小畜》："既雨既處，尚德載。"
（熹本）《小畜》："既雨既□，□□□。"
（帛本）《少蓺》："既雨既處，尚得載。"
（帛本）《中復》："月既朢，馬必亡，无咎。"

竹本、帛本用"既"記録{即}各1次，表示"就"，屬借用：

（竹本）《遊》："遊既宔，褱丌次。"
（帛本）《旅》："旅既次，壞亓茨。"

（34）堅——{堅}{牽}
今本、開本、帛本用"堅"記録{堅}各1次，表示"堅硬"，屬本用：

（今本、開本）《坤》："履霜堅冰至。"
（帛本）《川》："初六：禮霜堅冰至。"

帛本用"堅"記録{牽}1次，表示"牽引"，屬借用：

（帛本）《少蓺》："堅復，吉。"

（35）敬——{敬}{驚}
今本、開本、帛本用"敬"記録{敬}各2次，敦本、阜本各1次，表示"恭敬"，屬本用：

（今本、開本）《需》："有不速之客三人來，敬之終吉。"
（敦本）《需》："□□□之客三人來，敬之終□。"
（帛本）《襦》："有不楚客三人來，敬之終吉。"
（今本、開本、敦本、阜本）《離》："敬之，无咎。"
（帛本）《羅》："敬之，无咎。"

帛本用"敬"記録{驚}1次，表示"驚駭"，屬借用：

（帛本）《辰》："辰敬百里。"

（36）林——{林}{臨}
今本、開本、帛本用"林"記録{林}各1次，表示"樹林"，屬本用：

（今本、開本）《屯》："即鹿无虞，惟入于林中。"
（帛本）《屯》："即鹿毋華，唯人于林中。"

帛本用"林"記録{臨}5次，表示"監臨、治理"，屬借用：

（帛本）《林》："咸林，貞吉。"
（帛本）《林》："禁林，吉，无不利。"
（帛本）《林》："甘林，无攸利。既憂之，无咎。"
（帛本）《林》："知林，大□□□，□。"
（帛本）《林》："敦林，吉，无咎。"

（37）泥——{泥}{惕}
今本、開本、帛本用"泥"記録{泥}各3次，表示"泥地"，屬本用，如：

（今本、開本、帛本）《井》："井泥不食。"
（今本、開本）《震》："震遂泥。"
（帛本）《辰》："辰遂泥。"

帛本用“泥”記録{惕}1次，表示“謹慎”，屬借用：

（帛本）《鍵》：“君子終日鍵鍵，夕泥若厲，无咎。”

（38）寧——{寧}{惕}

帛本用“寧”記録{寧}2次，表示“安寧”，屬本用：

（帛本）《比》：“不寧方來，後夫兇。”
（帛本）《中復》：“有它不寧。”

用“寧”記録{惕}1次，表示“警惕”，屬借用：

（帛本）《訟》：“有復，洫寧，衷吉，冬兇。”

（39）商——{商}{賞}

今本、開本、敦本用“商”記録{商}各1次，表示“計算、估量”，屬本用：

（今本、開本、敦本）《兑》：“商兑未寧，介疾有喜。”

帛本用“商”記録{賞}1次，表示“賞賜”，屬借用：

（帛本）《未濟》：“三年有商于大國。”

（40）石——{石}{碩}

今本、開本、帛本用“石”記録{石}各2次，竹本1次，表示“石頭”，屬本用：

（今本、開本）《豫》：“介于石，不終日，貞吉。”
（竹本）《𠎝》：“矝于石，不冬日，貞吉。”
（帛本）《餘》：“疥于石，不終日，貞吉。”
（今本、開本、帛本）《困》：“困于石。”

帛本用“石”記録｛碩｝2次，表示“碩大”，屬借用：

（帛本）《蹇》：“尚六：往蹇來石，吉，利見大人。”
（帛本）《剥》：“石果不食。”

（41）筮——｛筮｝｛噬｝

今本、開本、帛本用“筮”記録｛筮｝各2次，敦本1次，表示“卜筮”，屬本用：

（今本、開本）《蒙》：“初筮告，再三瀆。”
（帛本）《蒙》：“初筮吉，再參擅。”
（今本、開本、敦本、帛本）《比》：“原筮，元永貞，无咎。”

阜本、帛本用“筮”記録｛噬｝各5次，表示“咬”，屬借用，如：

（阜本、帛本）《筮閘》：“筮腊肉。”
（阜本、帛本）《筮閘》：“筮乾肉。”

（42）爲——｛爲｝｛維｝

帛本用“爲”記録｛爲｝5次，敦本3次，阜本、熹本各2次，表示“作爲”，屬本用，如：

（敦本、熹本、帛本）《益》：“利用爲大作，元吉。”
（敦本、熹本、阜本、帛本）《夬》：“爲咎。”

用“爲”記録｛維｝1次，表示“維繫”，屬借用：

（帛本）《椽》：“九三：爲椽，有疾厲，畜僕妾，吉。”

（43）委——｛委｝｛威｝

帛本用“委”記録｛委｝1次，表示“順服”，屬本用：

（帛本）《家人》："有復委如，終吉。"

用"委"記録｛威｝1次，表示"威信"，屬借用：

（帛本）《大有》："闕復交如，委如，終吉。"

（44）亞——｛亞｝｛啞｝

帛本用"亞"記録｛亞｝1次，表示"醜陋"，屬本用：

（帛本）《乖》："見亞人，无咎。"

用"亞"記録｛啞｝2次，表示"笑聲"，屬借用：

（帛本）《辰》："辰來朔朔，芺言亞亞。"

（45）衍——｛衍｝｛衎｝

"衍"從水從行，本義是水循河道流淌，引申爲溢出、超越。帛本用"衍"記録｛衍｝1次，表示"超過、延誤"，屬本用：

（帛本）《歸妹》："六四：歸妹衍期，遲歸有時。"

熹本、帛本用"衍"記録｛衎｝各1次，表示"快樂"，屬借用：

（熹本）《漸》："飲食衍衍，吉。"

（帛本）《漸》："酒食衍衍，吉。"

帛本"酒食衍衍"，竹本作"酓飤𥂗𥂗"，熹本作"飲食衍衍"，開本、今本作"飲食衎衎"，《穀梁傳·襄公二十六年》："衛侯衎復歸于衛。"釋文："衎本作衍。""衎"從行，干聲。《説文》："衎，行喜貌。"

（46）宜——｛宜｝｛儀｝

《説文》："宜，所安也。""宜"甲骨文像兩塊肉置於刀俎之上，本義爲菜肴，引申爲烹調菜肴，又引申出祭名、適宜、相稱等義。

今本用“宜”記録｛宜｝4次，帛本1次，表示“適合”，屬本用：

（今本、帛本）《豐》：“勿憂，宜日中。”

（今本）《小過》：“飛鳥遺之音，不宜上，宜下，大吉。”

用“宜”記録｛儀｝1次，表示“儀式”，屬借用：

（帛本）《漸》：“尚九：**鳿**漸于陸，其羽可用爲宜，吉。”

“其羽可用爲宜”，開本、今本“宜”作“儀”，《詩·大雅·文王》：“宜鑒于殷。”《禮記·大學》引“宜”作“儀”。

（47）憂——｛憂｝｛羞｝

今本、開本、帛本用“憂”記録｛憂｝各2次，阜本1次，表示“擔憂”，屬本用：

（今本、開本）《臨》：“既憂之，无咎。”

（阜本）《林》：“□憂之，无咎。”

（帛本）《林》：“既憂之，无咎。”

（今本、開本、帛本）《豐》：“勿憂。”

帛本用“憂”記録｛羞｝1次，表示“羞耻”，屬借用：

（帛本）《婦》：“枹憂。”

帛本“枹憂”阜本、開本、今本“憂”作“羞”，“憂”通“羞”，音近[①]。馬王堆帛書《二三子》：“□曰：‘不恆其德，□承之憂（羞），貞藺（吝）。’”

（48）遠——｛遠｝｛桓｝

今本、開本、敦本、阜本、帛本用“遠”記録｛遠｝各1次，表示

① 丁四新. 楚竹書與帛書周易校注［M］. 上海：上海古籍出版社，2011：199.

“遥遠”，屬本用：

（今本、開本、敦本、帛本）《復》：“不遠復。”
（阜本）《復》：“不遠□。”

帛本用“遠”記録{桓}1次，表示“磐桓”，屬借用：

（帛本）《屯》：“半遠，利居貞。”

“半遠”開本、今本作“磐桓”，聲通。“磐桓”“盤桓”或“槃桓”均借爲叠韻連綿詞，表示迴旋不進之貌①。

（49）榦——{幹}{翰}

帛本用“榦”記録{幹}4次，阜本2次，表示“匡正、糾正”，屬本用，如：

（阜本）《蠱》：“榦母之□，□□□。”
（帛本）《箇》：“榦母之箇，不可貞。”

帛本“榦父之箇”之“榦”，阜本同作“榦”，竹本作“榦”，開本、今本作“幹”。“榦”“幹”爲“榦”的異體，《説文》：“榦，築墻耑（端）木也。”本義爲築墻的立柱，引申表示主幹、端正、匡正等義。“榦”字在漢代出現以“干”取代“木”的俗體“幹”，“榦”爲“幹”增加兩點的繁體，見於簡帛文字中。

帛本用“榦”記録{翰}1次，表示“白馬”，屬借用：

（帛本）《箇》：“榦母之箇，不可貞。”

帛本“白馬榦茹”，阜本、敦本、開本、今本“榦”作“翰”，“翰”本義爲赤羽錦鷄，引申爲高飛、高昂等義。“榦”“翰”均從“倝”聲，音近相通。

---

① 丁四新. 楚竹書與帛書周易校注［M］. 上海：上海古籍出版社，2011：291.

（50）陸——{陸}{苵}

今本、開本、帛本用“陸”記録{陸}各2次，表“陸地”，屬本用，如：

（今本、開本、帛本）《漸》：“鴻漸于陸。”

今本、開本用“陸”記録{苵}各1次，表示“商陸（草名）”，屬借用：

（今本、開本）《夬》：“莧陸夬夬，中行无咎。”

（51）頻——{頻}{顰}

今本、開本用“頻”記録{頻}各1次，表“頻繁”，屬本用：

（今本、開本）《巽》：“頻巽，吝。”

今本、開本、敦本、阜本用“頻”記録{顰}各1次，表示“皺眉”，屬借用：

（今本、開本、敦本）《復》：“頻復，厲，无咎。”

（阜本）《復》：“頻□，□，□□。”

（52）罔——{網}{罔}

今本、開本用“罔”記録{網}各1次，表示“網羅”，屬本用：

（今本、開本）《大壯》：“小人用壯，君子用罔，貞厲。”

今本、開本用“罔”記録{罔}各1次，表示否定義“不”，屬借用：

（今本、開本）《晉》：“罔，孚裕，无咎。”

（53）閑——{閑}{嫻}

今本、開本、熹本用“閑”記録{閑}各1次，表“防守”，屬本用：

（今本、開本、熹本）《家人》：“閑有家，悔亡。”

今本、開本用“閑”記録{嫻}各1次，表示“嫻熟”，屬借用：

（今本、開本）《大畜》：“曰閑輿衛，利有攸往。”

（54）須——{須}{嬬}

今本、開本、敦本、熹本用“須”記録{須}各1次，表“鬍鬚”，屬本用：

（今本、開本、熹本）《賁》：“賁其須。”
（敦本）《賁》：“賁其湏。”

今本、開本用“須”記録{嬬}1次，表示“妾”，屬借用：

（今本、開本）《歸妹》：“歸妹以須，反歸以娣。”

（55）至——{至}{致}

“至”的本義爲{至}（到達），借用爲{致}（致使）。今本、開本、帛本用“至”記録{至}（到達）各8次，竹本4次，敦本、熹本各2次，阜本1次，屬本用，如：

（今本、開本、敦本、熹本）《解》：“朋至斯孚。”
（帛本）《解》：“傰至此復。”
（今本、開本）《臨》：“至于八月有凶。”
（阜本）《林》：“至于□□□□。”
（帛本）《林》：“至于八月有□。”
（今本、開本）《臨》：“至臨，无咎。”
（竹本、帛本）《林》：“至林，无咎。”

竹本用“至”記録{致}（致使）2次，屬借用：

（竹本）《孠》：“孠于坭，至寇至。”
（竹本）《緐》：“僨慮輓，至寇至。”

（56）由——{由}{猶}{逐}
今本、開本、敦本用“由”記録{由}各1次，表示“自從”，屬本用：

（今本、開本、敦本）《頤》：“由頤，厲吉。”

今本、開本用“由”記録{猶}各1次，表示“猶豫”，屬借用：

（今本、開本）《豫》：“由豫，大有得，勿疑。”

竹本用“由”記録{逐}2次，表示“追逐”，屬借用：

（竹本）《大篁》：“良馬由，利堇貞。”
（竹本）《楑》：“芒馬勿由自遉。”

（57）虞——{虞}{娛}
今本、開本用“虞”記録{虞}各1次，表“虞人”，指的是古代掌管山澤鳥獸的官吏，屬本用：

（今本、開本）《屯》：“即鹿无虞，惟入于林中。”

今本、開本、敦本用“虞”記録{娛}各1次，表示“安樂”，屬借用：

（今本、開本、敦本）《中孚》：“虞吉。”

（58）節——{節}{即}
帛本用“節”記録{節}4次，表示“節制、節儉”，屬本用：

（帛本）《節》："節：亨。枯節，不可貞。"
（帛本）《節》："六三：不節若，則□□，□咎。"
（帛本）《節》："尚六：枯節，貞凶，悬亡。"

用"節"記録｛即｝1次，表示"從事"，屬借用：

（帛本）《夬》："夬：陽于王廷，復號有厲。告自邑，不利節戎，利有攸往。"

（59）不——｛不｝｛否｝｛彼｝｛朋｝｛咈｝

今本、開本用"不"記録｛不｝各97次，帛本92次，竹本39次，敦本34次，阜本23次，熹本14次，表示"不是"，屬借用，如：

（今本、開本、敦本、帛本、竹本）《訟》："不利涉大川。"
（今本、開本、敦本、阜本）《大過》："无不利。"
（今本、開本、熹本、帛本）《夬》："往不勝。"

帛本用"不"記録｛否｝3次，阜本1次，表示引申義"不通、閉塞"，屬本用：

（阜本）《婦》："先伓後喜。"
（帛本）《婦》："先不後喜。"
（帛本）《婦》："小人吉，大人不。"
（帛本）《鼎》："鼎塡止，利□不。"

帛本用"不"記録｛彼｝1次，作第三人稱代詞，屬借用：

（帛本）《羅》："王出正，有嘉折首，獲不**䤂**，无咎。"

竹本用"不"記録｛朋｝1次，表示"朋友"，屬借用：

（竹本）《蹇》："大詽不槿。"

阜本用"不"記録{咈}1次，表示"違背"，屬借用：

（阜本）《頤》："不經。"

（60）辰——{震}{臀}

帛本用"辰"記録{震}11次，表示"震動"，屬本用，如：

（帛本）《辰》："辰來朔朔。"
（帛本）《辰》："辰來厲。"
（帛本）《辰》："辰疏疏，辰行無省。"

帛本用"辰"記録{臀}1次，表示"臀部"，屬借用：

（帛本）《困》："辰困于株木。"

（61）華——{花}{虞}

今本、開本、敦本、帛本用"華"記録{花}各1次，表示"花朵"，屬本用：

（今本、開本、敦本）《大過》："枯楊生華。"
（帛本）《泰過》："楛楊生華。"

帛本用"華"記録{虞}1次，表示"虞人"，屬借用：

（帛本）《屯》："即鹿毋華。"

（62）肥——{肥}{腓}{妃}

今本、開本、竹本、帛本用"肥"記録{肥}1次，表示"肥"，屬本用：

（今本、開本）《遯》："肥遯，貞吉。"
（竹本）《豚》："肥豚，貞吉。"
（帛本）《椽》："肥椽，貞吉。"

帛本用"肥"記録{腓}1次，表示"腿"，屬借用：

（帛本）《根》："根亓肥，不登亓隨，亓心不快。"

帛本用"肥"記録{妃}1次，表示"匹配"，屬借用：

（帛本）《豐》："禺亓肥主。"

（63）即——{即}{則}{既}

"即"的本義是靠近，引申爲聽從、遠赴、依附、到達等義，均爲本用。今本、開本、帛本用"即"記録{即}（靠近）各1次：

（今本、開本）《屯》："即鹿无虞。"
（帛本）《屯》："即鹿毋華。"

今本、開本、竹本、帛本、敦本用"即"記録{即}（聽從）各1次：

（今本、開本、帛本、敦本）《訟》："復即命渝。"
（竹本）《訟》："返即命愈。"

今本、開本、敦本用"即"記録{即}（遠赴）各1次：

（今本、開本、敦本）《夬》："不利即戎，利有攸往。"

今本、開本用"即"記録{即}（依附）各1次：

（今本、開本）《鼎》："我仇有疾，不我能即，吉。"

今本、開本、阜本用"即"記録{即}（到達）各1次：

（今本、開本）《旅》："旅即次。"
（阜本）《旅》："旅即其次。"

帛本用"即"記録{則}3次，作轉折連詞，屬借用：

（帛本）《蒙》："初筮吉，再參擅，擅即不吉。"
（帛本）《羅》："不鼓坾而歌，即大絰之駐，凶。"
（帛本）《乖》："往愚雨即吉。"

帛本用"即"記録{既}1次，表示已經完成，屬于借用：

（帛本）《即濟》："即濟：亨小，利貞。"

（64）臧——{臧}{牀}{戕}
今本、開本、敦本、帛本用"臧"記録{臧}各1次，表示"美善"，屬本用：

（今本、開本、敦本）《師》："師出以律，否臧，凶。"
（帛本）《師》："師出以律，不臧，兇。"

帛本用"臧"記録{牀}3次，表示"牀"，屬借用：

（帛本）《剝》："剝臧以足。"
（帛本）《剝》："剝臧以辯。"
（帛本）《剝》："剝臧以膚。"

帛本用“臧”記録{戕}1次，表示“殺害”，屬借用：

（帛本）《少過》：“弗過仿之，從或臧之，凶。”

（65）襦——{襦}{需}

帛本用“襦”記録{襦}1次，表示“短衣”，屬本用：

（帛本）《即濟》：“六四：襦有衣茹，冬日戒。”

帛本用“襦”記録{需}6次，表示“須待”，屬借用，如：

（帛本）《襦》：“襦：有復，光亨。貞吉，利涉大川。”
（帛本）《襦》：“初九：襦于茭，利用恒，无咎。”
（帛本）《襦》：“九二：襦于沙，少有言，冬吉。”

（66）茹——{茹}{如}{袽}

今本、開本、帛本用“茹”記録{茹}各2次，表示“根之相連”，屬本用：

（今本、開本）《泰》：“拔茅茹，以其彙。”
（帛本）《泰》：“友茅茹，以其胃。”
（今本、開本）《否》：“拔茅茹，以其彙。”
（帛本）《婦》：“友茅茹，以亓曹。”

帛本用“茹”記録{如}5次，作句末語氣助詞，表示“……的樣子”，屬借用，如：

（帛本）《蘩》：“蘩茹濡茹，永貞吉。”
（帛本）《蘩》：“蘩茹蕃茹，白馬榦茹。”

帛本用“茹”記録{袽}1次，表示“破棉絮”，屬借用：

（帛本）《即濟》：“襦有衣茹，冬日戒。”

（67）生——{生}{牲}

“生”的本義是生長，引申爲生民。今本、開本、敦本、帛本用“生”記録{生}（生長）各2次，阜本1次，屬本用：

（今本、開本、敦本）《大過》：“枯楊生稊。”
（阜本）《大過》：“楛楊生苐。”
（帛本）《泰過》：“楛楊生荑。”
（今本、開本、敦本）《大過》：“枯楊生華。”
（帛本）《泰過》：“楛楊生華。”

今本、開本、帛本用“生”記録{生}（生民）各3次，屬本用：

（今本、開本、帛本）《觀》：“觀我生，進退。”
（今本、開本、帛本）《觀》：“觀我生，君子无咎。”
（今本、開本）《觀》：“觀其生，君子无咎。”
（帛本）《觀》：“觀亓生，君子无咎。”

帛本用“生”記録{牲}1次，表示“牛”，屬借用：

（帛本）《卒》：“用大生，吉，利有攸往。”

（68）交——{交}{絞}

“交”的本義是兩腿相交叉，可引申爲結交、互相、共同，還可借用爲{絞}（捆綁）。今本、開本、竹本、帛本、阜本用“交”記録{交}（結交）各1次：

（今本、開本）《隨》：“出門交有功。”
（竹本）《陵》：“出門交又工。”
（阜本）《隋》：“出門交有□。”

（帛本）《隋》：“出門交有功。”

今本、開本、阜本、帛本用“交”記録｛交｝（互相）各1次：

（今本、開本、阜本）《大有》：“无交害。”
（帛本）《大有》：“无交禽。”

今本、開本、熹本、竹本、帛本用“交”記録｛交｝（共同）各1次：

（今本、開本、熹本）《睽》：“遇元夫，交孚。”
（竹本）《楑》：“遇元夫，交孚。”
（帛本）《乖》：“愚元夫，交復。”

今本、開本、帛本用“交”記録｛絞｝1次：

（今本、開本）《大有》：“厥孚交如。”
（帛本）《大有》：“闕復交如。”

（69）羸——｛羸｝｛縻｝

“羸”的本義是瘦弱，引申爲毁壞、纏繞。今本、開本、帛本用“羸”記録｛羸｝（瘦弱）各1次，屬本用：

（今本、開本）《姤》：“羸豕孚蹢躅。”
（帛本）《狗》：“羸豨復適屬。”

今本、開本“羸”記録｛羸｝（毁壞）1次，屬本用：

（今本、開本）《井》：“汔至，亦未繘井，羸其瓶，凶。”

今本、開本、帛本用“羸”記録｛羸｝（纏繞）各2次，阜本1次，屬本用：

（今本、開本）《大壯》："藩决不羸。"
（帛本）《泰壯》："蕃块不羸。"
（今本、開本）《大壯》："羝羊觸藩，羸其角。"
（阜本）《大壯》："□羊觸藩，羸其□。"
（帛本）《泰壯》："羝羊觸藩，羸亓角。"

帛本用"羸"記録{靡}1次，表示"共同"，屬借用：

（帛本）《中復》："鳴鶴在陰，亓子和□。□□□□，□□□羸□。"

（70）利——{利}{履}

"利"的本義是鋒利，引申爲對……有利、有利於，還可引申爲吉祥、吉利。今本、開本用"利"記録{利}（對……有利，有利於）95次，竹本36次，帛本86次，阜本15次，熹本20次，敦本35次，屬本用，如：

（今本、開本、敦本、熹本、帛本）《益》："利用攸往。利涉大川。"
（今本、開本、竹本）《困》："利用祭祀。"
（今本、開本、敦本、阜本）《離》："利貞，亨。"

今本用"利"記録{利}（吉祥、吉利）24次，開本22次，竹本9次，帛本22次，阜本2次，熹本3次，敦本4次，屬本用，如：

（今本、開本、敦本、帛本）《頤》："十年勿用，无攸利。"
（竹本）《頤》："十年勿用，无卣利。"
（今本、開本、阜本、帛本）《屯》："无不利。"
（今本、開本、熹本、帛本）《未濟》："无攸利。"

帛本用"利"記録{履}1次，表示行走、步行，屬借用：

（帛本）《禮》："能視，跛能利，禮虎尾，真人，兇。"

（71）莫——｛暮｝｛莫｝

"莫"的本義是日暮時分，今作"暮"。今本、開本、竹本用"莫"記録｛暮｝各1次，屬本用：

（今本、開本）《夬》："莫夜有戎，勿恤。"
（竹本）《夬》："莫譽又戎，勿卹。"

"莫"記録｛莫｝作副詞，表示否定，可譯爲"不能"，屬借用，今本、開本、帛本各2次，竹本、阜本各1次：

（今本、開本）《遯》："莫之勝説。"
（竹本）《豚》："莫之勳豥。"
（阜本）《椽》："莫之□□。"
（帛本）《椽》："莫之勝奪。"
（今本、開本、帛本）《漸》："終莫之勝，吉。"

"莫"記録｛莫｝還可作代詞，表示没有什麽，没有誰，屬借用，今本、開本、敦本、熹本、帛本各1次：

（今本、開本、敦本、熹本、帛本）《益》："莫益之。"

（72）巳——｛已｝｛改｝

今本、開本、竹本、帛本用"巳"記録｛已｝各1次，表"停止"，屬本用：

（今本、開本）《大畜》："有厲，利巳。"
（竹本）《大笙》："又礪，利巳。"
（帛本）《泰蓄》："有厲，利巳。"

“巳”記録{已}，還可表示引申義“已經”，也屬本用，開本、帛本各1次：

（開本）《損》：“巳事遄往，无咎。”
（帛本）《損》：“巳事端往，无咎。”

今本、開本用“巳”記録{改}各2次，表示“除日、害日”，屬借用：

（今本、開本）《革》：“巳日乃孚。”
（今本、開本）《革》：“巳日乃革之。”

（73）介——{砎}{大}{芥}
今本、開本用“介”記録{砎}各1次，表“堅硬”，屬本用：

（今本、開本）《豫》：“介于石，不終日，貞吉。”

今本、開本用“介”記録{大}各1次，表示“大”，屬借用：

（今本）《晉》：“受茲介福，于其王母。”
（開本）《晉》：“受玆介福，于其王母。”

今本、開本、敦本用“介”記録{芥}各1次，比喻微小、纖小，屬借用：

（今本、開本、敦本）《兑》：“商兑未寧，介疾有喜。”

（74）夷——{夷}{痍}
《説文》：“夷，平也。從大從弓。”根據《説文》的分析，“夷”從大從弓，合起來表示人持弓。“夷”的甲骨文作（商·合17027），金文作（周晚·柳鼎），季旭昇提出“夷”字甲骨文從矢，上有繩子纏束，或因以求矢之平正。“矢”與“大”形體相近，《説文》因此誤釋爲“從大、從弓”。

“夷”的本義爲“平正、平定”，《逸周書·明堂》：“是以周公相武王伐紂，夷定天下。”“平正、平定”可引申出“經常、平常”之義，《詩·大雅·瞻卬》：“蟊賊蟊疾，靡有夷届。”《毛傳》：“夷，常也。《鄭箋》：“天下騷擾……於民如蟊賊之害禾稼然，爲之無常，亦無止息。”今本、開本、帛本用“夷”記録{夷}2次，表示“平常”，是“夷”字本義的引申義，如：

（今本、開本）《涣》：“六四：涣其羣，元吉。涣有丘，匪夷所思。”

（帛本）《豐》：“九四：豐亓剖，日中見斗，禺亓夷主，吉。”

在討伐平定的過程中使用弓箭作爲武器，被討伐之人的傷亡是不可避免的，因此“平正、平定”之義可引申出“受傷”之義，《小爾雅·廣言》：“夷，傷也。”《周易·明夷》中出現的“夷”字均爲“受傷”義，如：“明夷夷于左股。”“夷于左股”即射于左股。聞一多《古典新義》：“《九家》及《正間》并訓下夷字爲傷。”《左傳·成公十三年》：“芟夷我農功。”陸德明《經典釋文》：“痍，本作‘夷’。”王筠《説文句讀》：“痍，經典多作夷，古文假借字，痍則後起之專字。”在這裏王筠指出了“痍”爲“夷”的後起之字，同時將“夷”視爲“痍”之假借字，但根據甲骨文、金文字形，“夷”字本應從矢，字形與“受傷”之義，尤其是受箭傷之義關係緊密，即便如《説文》的分析“從大從弓”，用“夷”表示“受傷”之義在形義關係上也可以得到解釋，因此，將“夷”視爲記録“受傷”之義的本字較假借字更爲妥當。當記録“受傷”之義時，“夷”爲源本字，“痍”爲增加義符的分化本字，“痍”字出現之後，“受傷”之義就由“痍”字專職記録，并分化爲一個獨立的詞{痍}。但是在《周易·明夷》中，“受傷”之義依然由“夷”字記録。今本、開本用“夷”記録{痍}7次，帛本3次，表示“受傷”，如：

（今本、開本）《明夷》：“九三：明夷于南狩，得其大首，不可疾貞。”

（帛本）《明夷》：“明夷：利根貞。”

“夷”可借用爲助詞。清王引之《經傳釋詞》卷三：“夷，語助也。”

清朱駿聲《説文通訓定聲·履部》:“夷,發聲之詞。”《周禮·秋官·行夫》:“居於其國,則掌行人勞辱事焉;夷使則介之。”鄭玄注:“夷,發聲。”《周易》各本中僅帛本借用“夷”記録{夷}1次,作語氣助詞:

(帛本)《困》:“尚六:困于褐纍,于貳掾,曰悬夷有悬,貞吉。”

帛本“曰悬夷有悬”今本、熹本、開本作“曰動悔有悔”,竹本作“曰迖悬又悬”。

(75)包——{包}{庖}

“包”的本義是胞衣,可引申爲包裹、包容,又可假借爲{庖}(庖厨)。今本、開本用“包”記録{包}(包裹)各3次:

(今本、開本)《否》:“包承,小人吉,大人否。亨。”
(今本、開本)《否》:“包羞。”
(今本、開本)《姤》:“以杞包瓜,含章,有隕自天。”

今本、開本用“包”記録{包}(包容)各2次:

(今本、開本)《泰》:“包荒,用馮河,不遐遺。”
(今本、開本)《蒙》:“包蒙,吉。”

今本、開本、熹本用“包”記録{庖}(庖厨)各2次:

(今本、開本、熹本)《姤》:“包有魚,无咎。”
(今本、開本、熹本)《姤》:“包无魚。”

(76)發——{發}{紱}{髪}

“發”的本義是發射,引申爲生發、啓發。今本、開本用“發”記録{發}(生發)各1次:

（今本、開本）《豐》："有孚發若，吉。"

今本、開本用"發"記録{發}（啓發）各1次：

（今本、開本）《蒙》："發蒙。"

帛本用"發"記録{紱}2次，表示"作祭服的蔽膝"，屬借用：

（帛本）《困》："困于酒食，絑發方來。"
（帛本）《困》："貳椽，困于赤發。"

帛本用"發"記録{髮}1次，表示"頭髮"，也屬借用：

（帛本）《即濟》："婦亡亓發，勿遂，七日得。"

二、借用及借用

（1）且——{且}{趄}

"且"的本義是墊放物體的器具，借用爲連詞{且}，表示"而且、并且"。今本、開本、敦本用"且"記録{且}各3次，帛本2次，熹本、阜本各1次，屬借用，如：

（今本、開本、敦本、阜本）《睽》："其人天且劓。"
（今本、熹本）《解》："負且乘，致寇至。"
（帛本）《贛》："來之贛贛，噞且訧。"

今本、開本、熹本用"且"記録{趄}各2次，表示"趑趄"，屬借用：

（今本、開本、熹本）《夬》："其行次且。"
（今本、開本、熹本）《姤》："臀无膚，其行次且，厲，无大咎。”

（2）匪——{非}{彼}

“匪”的本義爲竹筐，今本、開本用“匪”記録{非}各12次，敦本4次，熹本1次，表示“不是”，屬借用，如：

（今本、開本、敦本）《比》：“比之匪人。”

（熹本）《蹇》：“王臣蹇蹇，匪躬之故。”

今本、開本、敦本用“匪”記録{彼}各1次，表示第三人稱代詞，屬借用：

（今本、開本、敦本）《離》：“王用出征，有嘉折首，獲匪其醜，无咎。”

（3）于——{于}{爲}

“于”的本義爲“氣之舒也”，在今本中的用法均爲借用。今本、開本用“于”記録{于}（作介詞，表示“在、到”）52次，帛本48次，竹本19次，敦本11次，阜本10次，熹本8次，如：

（今本、開本、帛本）《坤》：“龍戰于野。”

（竹本）《孠》：“孠于蒿，利用死，亡咎。”

（阜本）《同人》：“同人于𡐦，亨。”

（今本、開本、敦本、熹本）《睽》：“遇主于巷，无咎。”

今本、開本用“于”記録{于}（作介詞，表示“對……”）12次，帛本11次，熹本4次，敦本3次，竹本、阜本各1次，如：

（今本、開本、熹本）《解》：“有孚于小人。”

（今本、開本、敦本）《益》：“王用享于帝，吉。”

（竹本）《困》：“于劓□，曰思又思，征吉。”

（阜本）《晉》：“□□□福，于其王母。”

（帛本）《大有》："公用芳于天子，小人弗克。"

今本、開本、帛本用"于"記録{于}（作助詞，表示動作正在進行）各4次，熹本1次，如：

（今本、開本）《明夷》："于出門庭。"
（今本、熹本）《未濟》："有孚于飲酒，无咎。"
（帛本）《明夷》："君子于行，三日不食。"

今本、開本、帛本用"于"記録{于}（作介詞，被）各8次，熹本2次，竹本、阜本各1次，如：

（今本、開本、熹本、帛本）《困》："困于酒食。"
（阜本）《困》："□于酒食。"
（今本、開本、熹本）《困》："困于葛藟。"
（竹本）《困》："困于莑𧆛。"

今本、開本、帛本、竹本用"于"記録{于}（作動詞，表示"如、好像"）各1次，作動詞：

（今本、開本）《豫》："六二：介于石，不終日，貞吉。"
（竹本）《余》："矨于石，不冬日，貞吉。"
（帛本）《餘》："六二：疥于石，不終日，貞吉。"

竹本、帛本用"于"記録{爲}1次，表示"爲了"，屬借用：

（竹本）《睪》："一斛于芺，勿卹，迲亡咎。"
（帛本）《卒》："一屋于芺，勿血，往无咎。"

（4）亡——{亡}{無}{罔}{望}

"亡"的本義是鋒芒，借用爲消亡、丢失。帛本用"亡"記録{亡}（消亡、滅亡）各22次，今本、開本各21次，竹本7次，敦本6次，熹本 4 次，阜本 2 次，屬借用，如：

（今本、開本、敦本）《咸》："貞吉，悔亡。"
（竹本）《欽》："貞吉，亡悬。"
（帛本）《欽》："貞吉，悬亡。"
（今本、開本、熹本）《家人》："閑有家，悔亡。"
（阜本）《家人》："閒有家，悔亡。"

帛本用"亡"記録 {亡}（丢失）12 次，今本、開本各 3 次，敦本 1 次，屬借用，如：

（今本、開本、敦本）《中孚》："月幾望，馬匹亡，无咎。"
（敦本）《中孚》："月幾望，馬疋亡，无咎。"
（帛本）《中復》："月既朢，馬必亡，无咎。"

竹本用"亡"記録 {無}（没有）57 次，屬借用，如：

（竹本）《訟》："丌邑人畾四户，亡禬。"
（竹本）《帀》："貞，丈人吉，亡咎。"

帛本用"亡"記録 {罔} 1 次，表示"網羅"，屬借用：

（帛本）《泰壯》："小人用壯，君子用亡，貞厲。"

阜本用"亡"記録 {望} 2 次，表示"希望"，屬借用：

（阜本）《无亡》："无亡：元亨，利貞。"
（阜本）《无亡》："无亡，往吉。"

（5）肤——{肤}{適}
竹本用"肤"記録 {肤} 3 次，表示皮膚，屬本用：

（竹本）《楑》："陞宗萏肤，噬可咎？"
（竹本）《夬》："誫亡肤，丌行緀疋。"
（竹本）《敂》："誫亡肤，丌行緀疋，礪，亡大咎。"

竹本用"肤"記録{逋}，表示逃亡1次，屬借用：

（竹本）《訟》："九二：不克訟，逯肤。"

（6）父——{膚}{輔}

今本、開本、帛本用"父"記録{父}各4次，竹本2次，熹本1次，表示父親，屬本用，如：

（今本、開本、熹本）《蠱》："幹父之蠱。"
（竹本）《箇》："樟父之蛊。"
（帛本）《箇》："榦父之箇。"

阜本用"父"記録{膚}1次，表示"床板"，屬借用：

（阜本）《僕》："僕牀以父，兇。"

阜本用"父"記録{輔}2次，表示"臉頰"，屬借用：

（阜本）《咸》："□其父，□□。"
（阜本）《艮》："艮其父，□□□，□□。"

（7）椽——{遯}{豚}

帛本用"椽"記録{遯}7次，阜本2次，表示"遯"，屬借用：

（帛本、阜本）《椽》："嘉椽，貞吉。"
（帛本）《椽》："椽尾，厲，勿用有攸往。"

帛本用“椽”記録｛𩫏｝1次，表示“不安”，也屬借用：

（帛本）《困》：“貳椽，困于赤發，乃徐有説，利用芳祀。”

（8）擅——｛瀆｝｛覿｝

帛本用“擅”記録｛瀆｝2次，表示“褻瀆”，屬借用：

（帛本）《蒙》：“初筮吉，再參擅，擅即不吉。利貞。”

帛本用“擅”記録｛覿｝1次，表示“見面”，也屬借用：

（帛本）《困》：“初六：辰困于株木，人于要浴，三歲不擅，凶。”

（9）奪——｛脱｝｛悦｝

帛本用“奪”記録｛脱｝1次，表示“脱離”，屬借用：

（帛本）《椽》：“共之用黄牛之勒，莫之勝奪。”

帛本用“奪”記録｛悦｝5次，表示“喜悦”，也屬借用，如：

（帛本）《奪》：“奪：亨。小利貞。”
（帛本）《奪》：“九三：來奪，兇。”

（10）根——｛艱｝｛艮｝

帛本用“根”記録｛艱｝6次，表示“艱難”，屬借用，如：

（帛本）《泰畜》：“良馬遂，利根貞。”
（帛本）《大有》：“根則无咎。”
（帛本）《筮閘》：“根貞，吉。”

帛本用“根”記録｛艮｝5次，表示“停止”，也屬借用，如：

（帛本）《根》：“根亓止，无咎。”
（帛本）《根》：“根亓肥，不登亓隨，亓心不快。”
（帛本）《根》：“根亓胶，言有序，思亡。”

（11）句——｛屨｝｛漏｝
帛本用“句”記録｛屨｝1次，表示“鞋子”，屬借用：

（帛本）《筮閘》：“句□□止，无咎。”

帛本用“句”記録｛漏｝1次，表示“破漏”，也屬借用：

（帛本）《井》：“井瀆射付，唯敝句。”

（12）戾——｛列｝｛洌｝
帛本用“戾”記録｛列｝1次，表示“分裂”，屬借用：

（帛本）《根》：“戾亓肥，厲薰心。”

帛本用“戾”記録｛洌｝1次，表示“水清”，也屬借用：

（帛本）《井》：“井戾，寒湶食。”

（13）皮——｛彼｝｛罷｝
竹本、帛本用“皮”記録｛彼｝各1次，作第三人稱代詞，屬借用：

（竹本）《少𨙶》：“□□取皮才坹。”
（帛本）《少過》：“公射取皮在穴。”

帛本用“皮”記録｛罷｝1次，表示“休止”，也屬借用：

（帛本）《中復》："或鼓或皮，或汲或歌。"

（14）容——{欲}{戎}
帛本用"容"記録{欲}1次，表示"意欲"，屬借用：

（帛本）《頤》："虎視沈沈，亓容笛笛，无咎。"

帛本用"容"記録{戎}1次，表示"士兵"，也屬借用：

（帛本）《同人》："服容□莽，登亓高□，三歲不興。"

（15）昔——{錯}{索}
帛本用"昔"記録{錯}1次，表示"敬慎"，屬借用：

（帛本）《羅》："禮昔然，敬之，无咎。"

帛本用"昔"記録{索}2次，表示"不安"，屬借用：

（帛本）《辰》："辰昔昔，視懼懼，正凶。"

（16）洫——{發}{窒}
帛本用"洫"記録{發}1次，表示"生發"，屬借用：

（帛本）《豐》："往得疑□，有復洫若，□。"

帛本用"洫"記録{窒}1次，表示"壓抑"，屬借用：

（帛本）《訟》："有復，洫寧，衷吉，冬兇。"

（17）閨——{闚}{圭}

竹本、帛本用“閨”記録{闚}各1次，表示“偷窺”，屬借用：

（竹本）《豐》：“豐其芾，坿亓冡，閨亓戹。”
（帛本）《豐》：“豐亓屋，剖亓家，閨亓户。”

帛本用“閨”記録{圭}1次，表示“玉器”，屬借用：

（帛本）《益》：“中行告公用閨。”

（18）杅——{歌}{虞}
帛本用“杅”記録{歌}1次，表示“歌咏”，屬借用：

（帛本）《餘》：“杅餘，思，遲有思。”

帛本用“杅”記録{虞}1次，表示“専”，也屬借用：

（帛本）《中復》：“杅吉，有它不寧。”

（19）章——{章}{彰}{商}
“章”的本義爲樂章，今本、開本、帛本用“章”記録{章}2次，竹本1次，表“文章、文采”，屬借用，如：

（今本、開本）《姤》：“以杞包瓜，含章，有隕自天。”
（竹本）《敂》：“九五：已芑稟苽，欽章，又恖自天。”
（帛本）《狗》：“以忌枹苽，含章，或塤自天。”

今本、開本、熹本、竹本、帛本用“章”記録{彰}各1次，表示“彰顯”，屬借用：

（今本、開本、熹本）《豐》：“來章，有慶譽，吉。”
（竹本）《豐》：“菜章，又慶懇，吉。”
（帛本）《豐》：“來章，有慶舉，吉。”

帛本用“章”記録{商}1次，表示“商量裁製”，屬借用：

（帛本）《奪》：“章奪未寧，☐疾有喜。”

（20）隋——{骰（腿）}{隨}

“隋”的本義是祭祀殘餘的祭品，借用爲{骰（腿）}（足與小腿）、{隨}（隨從、順從）。帛本用“隋”記録{骰（腿）}1次：

（帛本）《根》：“根亓肥，不登亓隋，亓心不快。”

帛本用“隨”記録{隨}3次，阜本1次：

（帛本）《隋》：“隋：元亨，利貞，无咎。”
（阜本、帛本）《隋》：“隋有求，得。”
（帛本）《隋》：“隋有獲，貞凶。”

（21）必——{必}{匹}

帛本用“必”記録{必}1次，表示“必須”，屬借用：

（帛本）《少過》：“九四：无咎，弗過愚之，往厲必革，勿用永貞。”

帛本用“必”記録{匹}1次，表示“馬匹”，屬借用：

（帛本）《中復》：“六四：月既望，馬必亡，无咎。”

（22）巧——{考}{簋}

帛本用“巧”記録{考}1次，表示“考察”，屬借用：

（帛本）《禮》：“視禮巧翔，亓睘元吉。”

帛本用“巧”記録{考}次，表示“父親”，屬借用：

（帛本）《箇》："榦父之箇，有子，巧无咎。"

帛本用"巧"記録｛簋｝次，表示"食器"，也屬借用：

（帛本）《損》："二巧可用芳。"

（23）羅——｛麗｝｛鸝｝｛離｝

帛本用"羅"記録｛麗｝2次，表示"明麗、附麗"，屬借用：

（帛本）《羅》："羅：利貞，亨。"
（帛本）《婦》："有命，无咎，檮羅齒。"

帛本用"羅"記録｛鸝｝1次，表示"黄鸝"，屬借用：

（帛本）《羅》："黄羅，元吉。"

帛本、竹本用"羅"記録｛離｝（離開）各1次，屬借用：

（竹本）《少過》："弗遇化之，飛鳥羅之。"
（帛本）《少過》："弗愚過之，翡鳥羅之。"

帛本用"羅"記録｛離｝（迷離、朦朧）1次，屬借用：

（帛本）《羅》："日禝之羅。"

（24）枹——｛包｝｛庖｝｛苞｝｛匏｝

帛本用"枹"記録｛包｝4次，阜本1次，表示"包裹、包容"，屬借用，如：

（帛本）《婦》："枹承，小人吉，大人不。"

（阜本）《否》："枹羞。"

帛本用"枹"記録{庖}2次，表示"庖廚"，屬借用：

（帛本）《狗》："枹有魚，无咎，不利賓。"
（帛本）《狗》："枹无魚，正兇。"

帛本用"枹"記録{苞}2次，表示"草木的根"，屬借用：

（帛本）《婦》："亓亡亓亡，擊于枹桑。"

帛本用"枹"記録{匏}次，表示"匏瓜"，也屬借用：

（帛本）《狗》："以忌枹苽，含章，或塤自天。"

（25）楊——{楊}{揚}

"楊"的本義是{楊}（楊樹），可假借爲{揚}（發揚，發舉）。今本、開本、敦本、帛本用"楊"記録{楊}各2次，阜本1次，屬本用：

（今本、開本、敦本）《大過》："枯楊生稊。"
（阜本）《大過》："枯楊生苐。"
（帛本）《泰過》："枯楊生苐。"

敦本用"楊"記録{揚}1次，屬借用：

（敦本）《夬》："楊于王庭，孚號有厲。"

（26）勒——{革}{棘}

帛本用"勒"記録{革}5次，表示"皮革"或"變革"，屬借用，如：

（帛本）《椽》："共之用黄牛之勒。"

（帛本）《革》："君子豹使，小人勒□。"

帛本用"勒"記録｛棘｝1次，表示"酸棗樹"，屬借用：

（帛本）《贛》："系用諱纆，親之于繿勒。"

（27）磐——｛盤｝｛阪｝

"磐"的本義爲大石，今本、開本用"磐"記録｛盤｝各1次，表"盤旋"，屬借用：

（今本、開本）《屯》："磐桓，利居貞。"

今本、開本用"磐"記録｛阪｝各1次，表示"山坡"，屬借用：

（今本、開本）《漸》："鴻漸于磐，飲食衎衎，吉。"

第二節　因詞義引申造成的一字多用

因爲詞義引申，使得一個字在記録其本義的同時，也記録了跟本義有關的引申義，同時原來的字有了讀音多字形的分化，這種情況産生的一字多用共12例：

（1）行——｛行1｝｛行2｝

"行"的本義是｛行1｝（háng，道路），引申爲｛行2｝（xíng，出行、發動）。今本、開本、帛本用"行"記録｛行1｝各8次，敦本3次，竹本、阜本、熹本各1次，如：

（竹本）《夬》："莧芵夬夬，中行亡咎。"
（今本、開本、熹本）《益》："中行告公圭。"
（今本、開本、敦本、阜本、帛本）《益》："中行獨復。"

今本、開本用"行"記録｛行2｝12次，帛本8次，竹本7次，熹本

6次，敦本5次，如：

（今本、開本、敦本、熹本、帛本）《損》："三人行則損一人。"
（竹本）《壓》："可用行帀，征邦。"

（2）反——{反}{返}

"反"的本義是反復，可引申表示"違背"，今本、開本、帛本、阜本、敦本用"反"記{反}（違背）各1次：

（今本、開本、敦本）《小畜》："夫妻反目。"
（阜本）《小畜》："□妻反目。"
（帛本）《少蓺》："□妻反目。"

今本、開本用"反"記錄{返}各3次，竹本、帛本、阜本、熹本、敦本各1次，表示"返回"，屬引申義，如：

（今本、開本、敦本）《復》："反復其道，七日來復。"
（帛本）《復》："反復亓道，七日來復。"
（竹本）《訐》："遈訐埊反。"
（熹本）《蹇》："往蹇來反。"
（阜本）《蹇》："往蹇來反。"

（3）田——{畋}{田}

"田"的本義是{畋}（田獵），引申爲{田}（田地）。今本、開本、帛本用"田"記錄{畋}（田獵）各4次，敦本2次，阜本1次，如：

（今本、開本、敦本、帛本）《師》："田有禽。"
（阜本）《帀》："田有禽。"

今本、開本、帛本用"田"記錄{田}1次，表示"田地"，如：

（今本、開本、帛本）《乾》："見龍在田，利見大人。"

（4）見——{見}{現}

“見”的本義是看見，引申爲謁見、會見，還引申爲{現}（出現）。今本、開本用“見”表示看見11次，帛本10次，竹本8次，阜本、熹本各3次，敦本2次，如：

（今本、開本、敦本）《睽》：“見惡人，无咎。”
（今本、開本、帛本）《豐》：“日中見斗。”
（今本、開本、熹本、阜本）《睽》：“見豕負塗。”
（竹本）《蒙》：“勿用取女，見金夫，不又船。”

今本、開本、帛本用“見”表示謁見、會見各8次，竹本4次，熹本2次，阜本、敦本1次，均出現於“利（用）見大人”句式中，如：

（今本、開本、敦本）《訟》：“利見大人，不利涉大川。”
（竹本、帛本）《訟》：“利用見大人，不利涉大川。”
（阜本）《蹇》：“利見□人。”
（熹本）《升》：“□見大人，勿恤。”

今本、開本、帛本用“見”記録{現}（出現）2次，阜本、熹本各1次，如：

（今本、開本）、阜本《乾》：“見龍在田。”①
（今本、開本、熹本）《乾》：“見羣龍无首，吉。”
（帛本）《鍵》：“見羣龍无首，吉。”

（5）右——{右}{祐}

“右”的本義爲{右}（右邊），引申爲{祐}（保佑）。今本、開本、竹本、帛本用“右”記録{右}各1次，表示“右邊”：

（今本、開本）《豐》：“折其右肱，无咎。”

①阜本中的“龍在田”三字缺失，僅餘“見”字。

（竹本）《豐》："折丌右拡，亡咎。"
（帛本）《豐》："折亓右弓，无咎。"

竹本、帛本用"右"記録{祐}各1次，表示"保佑"：

（竹本、帛本）《大有》："自天右之，吉。"

（6）立——{立}{位}

今本、開本、敦本、熹本、帛本用"立"記録{立}各1次，表示引申義"立志"：

（今本、開本、敦本、熹本、帛本）《益》："立心勿恒。"

帛本用"立"記録{位}1次，表示引申義"位置"：

（帛本）《卒》："卒有立，无咎。"

（7）弟——{弟}{娣}

今本、開本、敦本、熹本、竹本、帛本用"弟"記録{弟}各1次，表示本義"次子"：

（今本、開本、敦本、熹本）《師》："弟子輿尸，貞凶。"
（竹本）《帀》："弟子䙴𣨶，貞凶。"
（帛本）《師》："弟子輿𡰪，貞凶。"

用"弟"記録{娣}次，表示"隨嫁女子"：

（帛本）《歸妹》："歸妹以弟。"

（8）考——{考}{老}

"考"的本義爲老、高壽，引申表示父親，也可引申表示"延長、終了、詳細考察"等義。今本、開本用"考"記録{考}1次，表示"反思、考察”，屬本用：

（今本、開本）《履》：“上九：視履考祥，其旋元吉。”

用“考”記録｛老｝1次，表示“父親”，屬本用：

（今本、開本）《蠱》：“初六：幹父之蠱，有子，考无咎。厲，終吉。”

（9）處——｛處1｝｛處2｝

“處”的本義是｛處1｝（chǔ，停止），引申爲｛處2｝（chù，處所）。今本、開本、敦本、帛本用“處”記録｛處1｝各1次：

（今本、開本、敦本）《小畜》：“既雨既處，尚德載。”
（帛本）《少**蓺**》：“既雨既處，尚得載。”

今本、開本、熹本用“處”記録｛處2｝各1次：

（今本、開本）《旅》：“旅于處，得其資斧，我心不快。”
（熹本）《旅》：“□于處，得其齊斧，我心□□。”

（10）屯——｛屯1｝｛屯2｝

“屯”的本義是｛屯1｝（tún，囤積），引申爲｛屯2｝（zhūn，艱難困頓）。今本、開本、帛本用“屯”記録｛屯1｝各1次：

（今本、開本）《屯》：“屯其膏，小貞吉。”
（帛本）《屯》：“屯亓膏，小貞吉。”

今本、開本、帛本用“屯”記録｛屯2｝各2次：

（今本、開本、帛本）《屯》：“屯：元亨，利貞。”
（今本、開本）《屯》：“屯如邅如，乘馬班如。”

（帛本）《屯》："屯如壇如，乘馬煩如。"

（11）好——{好1}{好2}

"好"的本義是{好1}（hǎo，美好），引申爲{好2}（hào，喜愛，喜歡）。今本、開本、敦本、阜本用"好"記録{好1}各1次：

（今本、開本、敦本、阜本）《中孚》："我有好爵。"

今本、開本、帛本、竹本用"好"記録{好2}各1次：

（今本、開本）《遯》："好遯，君子吉，小人否。"
（竹本）《豚》："好豚，君子吉，少人否。"
（帛本）《椽》："好椽，君子吉，小人不。"

（12）乾——{乾1}{乾2}

"乾"的本義是草木從土地上冒出，引申爲{乾1}（qián，健），又引申爲{乾2}（gān，干燥）。今本、開本用"乾"記録{乾1}各3次：

（今本、開本）《乾》："乾：元亨利貞。"
（今本、開本）《乾》："君子終日乾乾，夕惕若厲，无咎。"

今本、開本、帛本用"乾"記録{乾2}各2次，阜本1次：

（今本、開本）《噬嗑》："噬乾胏。"
（帛本）《噬嗑》："筮乾䏶。"
（今本、開本）《噬嗑》："噬乾肉。"
（阜本、帛本）《筮閘》："筮乾肉。"

第三節　因訛誤造成的一字多用

因訛誤造成的一字多用共 4 例：

（1）四——｛四｝｛百｝

今本、開本用“四”記録｛四｝各 64 次，帛本 58 次，竹本 27 次，敦本 26 次，熹本 14 次，阜本 9 次，均出現于表示卦序的爻辭“九四”“六四”中，屬本用；

用“四”記録｛百｝1 次，音義皆無關，疑爲“百”字的形近誤用：

（竹本）《訟》：“九二：不克訟，逯肤。丌邑人晶四户，亡眚。”

（2）人——｛人｝｛入｝

今本、開本用“人”記録｛人｝各 55 次，帛本 53 次，敦本 21 次，竹本 15 次，阜本 13 次，熹本 12 次，表示“人”，屬本用，如：

（今本、開本、敦本）《訟》：“利見大人，不利涉大川。”
（今本、開本、敦本）《訟》：“利用見大人，不利涉大川。”
（今本、開本、阜本、帛本）《同人》：“同人于宗。”

帛本用“人”記録｛入｝8 次，表示“進入”，屬字形訛誤，如：

（帛本）《襦》：“人于穴。”
（帛本）《明夷》：“初登于天，後人于地。”

（3）快——｛快｝｛袂｝

今本、開本、帛本用“快”記録｛快｝各 1 次，表示“痛快、開心”，是本用：

（今本、開本）《艮》：“其心不快。”
（帛本）《艮》：“亓心不快。”
（今本、開本）《旅》：“我心不快。”

（帛）《旅》："□心不快。"

帛本用"快"記録｛袂｝1 次，表示衣袖，例句中"亓君之袂"的"袂"是對的，"其苐之快"中的"快"是誤用：

（帛本）《歸妹》："亓君之袂不若其苐之快良。"

第四節 因借用及訛誤造成的一字多用

各本中有 2 個多用字既有本用也有借用，同時還因爲字形訛誤造成了誤用：

（1）亨——｛亨｝｛享｝｛克｝

今本、開本用"亨"記録｛亨｝46 次，帛本 34 次，敦本 18 次，阜本 10 次，熹本 9 次，表示"亨通"，屬本用，如：

（今本、開本、阜本、帛本）《大有》："大有：元亨。"
（今本、開本、敦本、熹本）《既濟》："亨小，利貞。"

今本、開本、阜本用"亨"記録｛享｝各 1 次，熹本 2 次，表示"祭祀"，屬借用，如：

（今本、開本）《隨》："王用亨于西山。"
（阜本）《隋》："□□亨于支山。"
（熹本）《隨》："王用亨□□□。"
（熹本）《困》："利用亨祀。"

帛本用"亨"記録｛克｝1 次，屬字形訛誤：

（帛本）《益》："或益之十傰之龜，弗亨回，永貞吉。"

（2）遂——｛遂｝｛隊｝｛覿｝｛逐｝

“遂”的本意是逃亡，可引申爲前進、完成，還可假借爲{隊}（墜落）、{覿}（見面）。今本、開本、帛本用“遂”記録{遂}（前進）各1次：

（今本、開本）《大壯》：“不能退，不能遂。”
（帛本）《泰壯》：“不能退，不能遂。”

今本、開本、熹本、帛本用“遂”記録{遂}（完成）各1次：

（今本、開本、熹本、帛本）《家人》：“无攸遂。”

今本、開本、帛本用“遂”記録{隊}（墜落）各1次：

（今本、開本）《震》：“震遂泥。”
（帛本）《辰》：“辰遂泥。”

帛本用“遂”記録{覿}（見面）1次，表示“見”，屬借用：

（帛本）《豐》：“三歲不遂，兇。”

帛本用“遂”記録{逐}4次，阜本2次，可能是形近訛誤，如：

（阜本）《頤》：“虎視眈眈，其猶遂遂。”
（帛本）《泰蓄》：“良馬遂，利根貞。”

（3）而——{而}{爾}{不}

今本、開本用“而”記録{而}各5次，帛本4次，敦本3次，熹本2次，在句中作轉折連詞，屬借用，如：

（今本、開本、敦本、帛本）《訟》：“不克訟，歸而逋。”
（今本、熹本）《觀》：“盥而不薦。”

今本、開本、熹本、敦本、阜本、帛本用“而”記録{爾}各1次，用作語氣助詞，屬借用：

（今本、開本、熹本）《解》：“解而拇。”
（敦本）《解》：“解而栂。”
（阜本、帛本）《頤》：“舍而靈龜。”

竹本用“而”記録{不}1次，屬字形訛誤：

（竹本）《漸》：“夫征不復，婦孕而□（育）。”

（4）北——{北}{背}{丘}

今本、開本、帛本用“北”記録{北}各2次，阜本、竹本1次，屬借用，如：

（今本、開本）《坤》：“利西南得朋，東北喪朋。”
（帛本）《川》：“利西南得朋，東北亡朋。”
（竹本）《訐》：“利西南，不利東北。”

帛本用“北”記録{背}1次，屬借用：

（帛本）《根》：“根亓北，不濩亓身。”

竹本、帛本用“北”記録{丘}各1次，音義皆無關，懷疑“丘”字的形近誤用：

（竹本）《頤》：“ 經于北洍。”
（帛本）《頤》：“㧊經于北頤。”

第六章 《周易》各本用字的傳承演變和總體特徵

第一節 各本用字的傳承演變

一、各本用字的前後相承

根據前文的統計，今本《周易》中共出現了 791 個不重複的字，將這些字與之前各出土本進行比對，發現從竹本一直傳承到今本，也就是説各本都出現的相同的字數量非常少，僅有 50 個。考慮到版本缺損的情況，擴大了考察範圍，以先秦、漢代、唐代這三個時代爲標準，只要在這個時代範圍内的出土本中出現的字，都算這個時代出現的字，那麽從歷時的角度看，從先秦到漢代，再到唐代以後，《周易》中傳承使用的字有 188 個。按照這些字在《周易》中的字用屬性（是記録本義或引申義的本用，還是記録假借義的借用）和字用功能（只記録一個詞的單用字，還是記録多個詞的多用字），可以把這些字分成以下幾類（帶“*”的是 6 個出土本及今本中都出現的字）：

1. 只記録本義或引申義的單用字（105 個）

安、道、德、斗、飛、缶、官、寒、好、虎、角、迷、年、前、丘、驅*、羣、三*、喪、殺、山、射、身、十*、碩、死、祀、同、外、尾*、先、莧、小*、羊*、藥、衣、有*、折、雉、左、臣、成、東、焚、觀*、祭、戒、鳥、矢、受、一*、魚、雨、車、豐、黄*、疾*、馬、豕、无、心、命、訟、係、邑*、吝、遇、艮、言、頤、川*、涉、王*、人*、大*、初*、二*、上*、五*、凶、四*、咎*、不*、吉*、九*、六*、伐、反*、光、建、連、臨、内、慶、師、它、顯、經、困、丈、取、出、元、曰、南

2. 只記録假借義的單用字（17 個）

敦、而、弗*、若*、未*、亦、則*、北、嘉、舊、莫、求、我*、乃、所、勿*、于*

3. 記録本義和引申義的多用字（4 個）

弟、右、行*、見*

4. 記録本義和假借義的多用字（18 個）

肥、汲、林、石、載*、父、婦、需、血、譽、母、尚、比*、中、自、可、貞*、至

5. 記録多個假借義的多用字（7 個）

甲、易、攸*、其、或、西、之

6. 記録本義、引申義和假借義的多用字（7 個）

即、既、僕、巳、是、革、女

7. 記録引申義和假借義的多用字（9 個）

實、酌、方*、爲、已、事、以*、孚、亡*

通過以上分類可以看出，各時代出土本之間相同的單用字有 122 個，占所有相同用字的 64%，從這個比例來看，各本相同用字中，單用字和多用字的相差不是特别大。但如果對以上多用字進行考察，就會發現，多用字的多種用法中，并不是每個用法都在各本間傳承，比如“弟”字在竹本、帛本、敦本、開本、今本中都有使用，記録了｛次｝（第二）和｛娣｝（隨嫁的女子）兩個詞項，但并不是説“弟”記録這兩個詞項的用法在這幾個版本中都有，事實上只是在帛本中，“弟”記録了兩個詞項，在别的版本中，只記録｛次｝這一個詞項，也就是説，“弟”字只有記録“次”的用法是傳承的，記録“娣”的用法没有被傳承，只是帛本特殊的用法。而在這裏討論相同用字的傳承，就應該只考察“弟”記録｛次｝這種用法的傳承，需要從這個角度對以上第 3 至第 7 類記録多個詞項的多用字再次進行考察，排除這些多用字没有被傳承的用法，只保留被傳承的用法：

只記録本義（25 個）：弟、門、妾、畜、金、克、右、天、征、用、肥、汲、石、載、父、婦、血、譽、母、比、中、貞、僕、巳、女

只記録引申義（15 個）：食、宗、從、引、夬、號、至、即、實、方、爲、已、事、孚、亡

只記録假借義（7 個）：尚、可、甲、易、攸、其、或

記録本義和引申義（5 個）：君、夫、日、子、見

記録多個引申義（1 個）：行

記録多個假借義（1 個）：之

記録引申義和假借義（1 個）：以

以上統計可見，雖然第一次統計出的各本間傳承的多用字有 66 個，但只有“君、夫、日、子、見、行、之、以”這 8 個字的多種用法都被傳

承了，其他 58 個字被傳承的只有一種用法，而被傳承的用法，以記録本義和記録引申義的本用占絕大多數（40 個），只有 7 個字的借用用法被傳承。

我們又對這些被傳承的字在今本中的使用頻率進行了考察，發現使用頻率在 1 到 9 次的低頻字有 134 個，占今本低頻字的 19%；使用頻率在 10 到 29 次的中頻字有 29 個，占今本中頻字的 66%；使用頻率在 30 次以上的高頻字有 24 個，占今本高頻字的 80%。

由此可知，在各時期版本間傳承的字，具有以下特徵：

第一，被傳承的字，以記録一個詞項的單用字居多，占 64%。

第二，被傳承的單用字，以記録本義和引申義的本用字居多，占 79%。

第三，被傳承的多用字的多個不同用法中，只有一種用法被傳承的居多，占 88%。

第四，被傳承的多用字的多個不同用法中，以記録本義和引申義的本用用法居多，占 70%。

第五，被傳承的字，以高頻字所占的比例居多，占 80%。

可見在漢字發展的過程中，那些只記録詞語的本義和引申義、用法單一、使用頻率較高的本用字是最穩定的，它們無論是在字形還是在字用功能上，都很少發生變化，是漢字穩步發展的基礎成分。

二、各本用字的逐漸演變

第二章到第五章《周易》各本用字基本情況測查中，統計了各版本之間用字的變化情況，詳細列出了在每個版本中，哪些字不用了，哪些字是新用的，由此可以看出各版本用字的差異。各本異文産生的原因有三種，即：因字形異體而産生的異文、因借用而産生的異文、因字形訛誤而産生的異文。按照這三種原因，對各本與今本的異文進行統計，結果如表 14 所示。

表 14　各本異文類型統計

	竹本	帛本	阜本	熹本	敦本	開本
異體異文	115（24%）	62（8%）	27（7%）	12（5%）	22（6%）	16（3%）
通假異文	144（31%）	241（33%）	45（12%）	19（6%）	11（2%）	3（0.2%）
訛誤異文	4（0.8%）	8（1%）	2（0.5%）	1	3（0.4%）	3（0.1%）
總字位數	472	733	363	299	470	784

整體而言，從先秦到漢代，再到唐代，因異體、通假以及訛誤而産生的異文的數量和比例都是逐漸下降的。具體到每個時代，先秦時期通假異文的數量超過了異體異文的數量，但是二者的數量差别不大，異體異文占24%，通假異文占31%；到了漢代，從存留情况比較完整的帛本來看，異體異文的數量大量減少，下降到8%，而通假異文的數量和比例比竹本還要高一些，漢代中後期的阜本和熹本中，異體異文的比例與帛本持平，通假異文的數量和比例也開始大量減少；唐代之後，異體異文的數量比漢代稍有下降，通假異文的數量下降得更多一些，以致唐代的異體異文數量超過了通假異文。由此可知漢字中異體異文的大量減少發生在漢代初期，這是因爲在漢字規範的過程中，字形的規範比字用屬性的規範更容易；通假異文的大量減少發生在漢代中後期，到唐代降到最低，因爲通假異文是借用一個字來代替另一個字，在具體用字過程中，不像字形可以很容易做到統一，而隨着漢字記録職能逐漸穩定，特别是在具體的專書文獻中，用哪個字記録哪個詞項日漸固定，因此到了開本中幾乎没有因通假而産生的異文了。

第二節 各本用字差異的總體面貌

通過對比分析可見，戰國楚竹書、阜陽漢簡、馬王堆漢墓帛書、熹平石經、敦煌寫本、開成石經及今本《周易》存留内容的用字情况錯綜複雜，當記録同一個詞時，不同版本經常出現用字的差異。按照成書年代，有的是較早的版本用一個字，較晚的其他版本用另一個字；有的是較早的版本和較晚的版本用同樣的字，中間的某個版本用另一個字；有的是所有版本都用一樣的字，但其中某個版本同時還用了不同的字；等等。以下按照記録一個詞的不同用字數量爲分類標準，具體呈現各版本的用字差異。

一、一個詞用兩個字記録

當記録一個詞用了兩個字時，有的是一個或幾個較早的版本用了甲字，之後的其他版本用乙字，比如下表中，記録｛得｝時，時代較早的竹本用“㝵”，其他版本都用“得”；記録｛師｝時，竹本和阜本用字相同，都是“帀”，其他版本都用“師”；記録｛非｝時，竹本、阜本和帛本都用的是“非”，其他版本都用“匪”；記録｛趾｝時，竹本、阜本、帛本和熹本都用“止”，唐代之後的版本纔用了“趾”。

詞	字	竹本	阜本	帛本	熹本	敦本	開本	今本
{得}	旻							
	得		+	+	+	+	+	+
{師}	帀							
	師			+	+	+	+	+
{非}	非							
	匪				+	+	+	+
{趾}	止							
	趾					+	+	+

這種具有明顯時代界限，且呈現出一定延續性的用字變化，其原因可能是多方面，有的是受到漢字構形系統表意明確化的影響，早期的字符通過增加意符進一步明確字符的表義功能，如“旻→得”，“旻”爲“得”之初文“㝵”的訛變，本義即爲得到，後增加“彳”，强調行有所得之義；或者是增加意符造新字，實現源本字記録功能的分化，如“止→趾”，“止”爲脚的初文，後引申爲記録停止的意思，遂在原字上增加“足”造“趾”，成爲記録脚、脚趾義的分化本字，“止”則不再記録脚的意思，專職記録停止義；或者是字形簡體和繁體之間的换用，應是某個階段漢字規範的結果，如“帀→師”，二字構義均不明，當表示軍隊的意思時，西周金文或作“師”，或省略“𠂤”作“帀”，或省略“帀”作“𠂤”，漢代帛本之後延用“師”應是秦統一文字規範字形的結果，而漢代阜簡仍用“帀”，可能是字形規範的成效還没有完全展現的一種過渡；不同版本具有延續性的用字差異也是可能是文字穩定借用的結果，如當表示否定義時，本字“非”换用成借字“匪”，“匪”的本義雖然并不表否定義，但是它在熹本之後被相對穩定地借用表示否定義，這一方面反映出在熹本之前，它就可能已經是社會上比較流行的記録否定義的借用字，因此熹平石經將它作爲規範用字刊石，另一方面反映出經過熹平石經的官方規範，“匪”字具有了政府認可的記録否定義的職能，以至於到開成石經和今本，仍用“匪”記録否定義。

有時，在較早或較晚的版本中使用的是同一個字，但處在中間階段的某個版本使用了另一個字，比如在下表中，當記録{暮}時，其他版本都用表示日暮義的初文“莫”，但是帛本用了“摹”，“摹”應是在“莫”下增加義符“夕”而造的表示夕陽日暮義的分化本字，與“暮”的構字理據相同。這種中間階段的用字變化還會出現在兩個不同的版本中，比如下表中記録{拇}時，漢帛書和敦煌寫本都用了“栂”，是“扌”和“木”在手寫體中容易訛混而致。在手寫體的版本中，不但書寫層面很難保證規範，用字層面也難以保證一致，比如下表中的{或}在敦本中用了和其他版本不同的“惑”字，具有較爲明顯的偶然性，該字出現在敦本《中孚》：“六三：得敵，惑鼓或罷，或泣或哥。”可以看出在同一句爻辭、同一個句式中，敦本用了三個“或”字，一個“惑”字，很有可能是寫手的疏忽導致的不同用字。

詞	字	竹	阜	帛	熹	敦	開	今
{莫}	⿱莫夕							
	莫	+	+		+	+	+	+
{拇}	栂							
	拇	+	+		+		+	+
{或}	惑							
	或	+	+	+	+		+	+

二、一個詞用三個字記録

一個詞用三個字記録，有的是較早的兩個版本分别用了甲字和乙字，其他版本用了丙字，比如下表中的{攸}是《周易》中的常用詞，出現在“有攸往”“利有攸往”“小利有攸往”“不利有攸往”“勿用有攸往”“君子有攸往”“无攸利”“无攸遂”等卦爻辭中，其中的“攸”爲語氣助詞，相當於“所”，竹本中用的是“卣”，阜本中用的是“⿱卜⿴囗乃”，其他版本用“攸”。

有的是某個版本同時用了甲字和乙字，其他版本用丙字，比如較早的竹本用“恆”和“經”記録{恒}，在《恒》卦中，竹本的卦辭“恆：卿，利貞，亡咎”及初六、上六爻辭“叡恆”中作“恆”，而該卦九三、六五爻辭“不經丌悳”“經丌悳”中則作“經”，其他版本均作“恒”。這種情況也可能發生在中間時代的版本中，如帛本中記録{焚}用了“紛”和“棼”，其他版本用“焚”。

有的是較早的一個版本用甲字，之後的兩個版本用乙字，其他版本用丙字。如當記録{幹}，表示匡正、糾正的意思時，竹本用“榦”，阜本、帛本都用“榦”，其他版本用“幹”。“榦”是“幹”增加了兩點的繁體寫法，阜本、帛本都是漢代墓葬中發現的版本，阜簡《易經》不避高祖之諱“邦”，如《帀（師）》：“上六：大君有命，啓邦□□，□□□□。”表明其抄寫時代應在劉邦統一全國（前 202）之前。帛書《易經》避高祖之讳，如《師》：“尚六：大人君有命，啓國承家，小人勿□。”表明其抄寫時代應在劉邦統一全國之后，此爲帛書《易經》抄寫年代的上限，帛寫所在馬王堆 3 號漢墓的下葬年代爲漢文帝十二年（前 168），此爲馬王堆帛書抄寫年代的下限。帛本成書時代的下限略晚於阜本，這兩個版本用了同樣的字，反映出漢代初期該字的習慣寫法，到了熹平石經，已經去掉“兩點”，定形爲“榦”。

有時是兩個版本都使用了甲字，其中的某一個版本除了使用甲字，還使用了乙字，其他版本使用丁字。比如｛孚｝是《周易》中的常用詞，表示誠信義，經常出現在卦爻辭中。當記録｛孚｝時，竹本、熹本、敦本、開本和今本用的是“孚”，阜本、帛本都用了“復”，爲借用，同時，帛本還用了“諤”，是“孚”的異體。

詞	字	竹	阜	帛	熹	敦	開	今
｛攸｝	卣							
	𠧪							
	攸			+	+	+	+	+
｛恒｝	死							
	緪							
	恒			+	+	+		+
｛焚｝	紛							
	棼							
	焚		+		+	+	+	+
｛榦｝	榑							
	榦							
	榦				+	+	+	+
｛孚｝	復							
	諤							
	孚	+			+	+	+	+

三、一個詞用四個字記録

當一個詞用四個字記録時，版本之間的用字情況就更爲錯綜複雜，如下表所示，有的是不同的版本分别用甲字、乙字、丙字，其他版本用丁字，比如記録{艱}，竹本用“堇”，阜本用“[illegible]”，帛本用“根”，其他版本用“艱”；有的是一個版本用甲字，另有兩個版本用乙字，還有一個版本用丙字，其他版本用丁字，比如記録{包}，竹本用“橐”，阜本、帛本用“枹”，開本用“苞”，其他版本用“包”；有的是一個版本用甲字，另有一個版本用乙字、丙字，其他版本用丁字，比如記録{腓}，竹本用“脊”，帛本用“[illegible]”和“肥”，其他版本用“腓”；有的是兩個版本用甲字，其中一個版本還用了乙字、丙字，其他版本用了丁字，如記録{賜}，竹本和帛本都用“賜”，帛本還用了“湯”和“埸”，其他版本用“錫”；以上這些詞在不同版本的用字呈現出以時間順序爲規律的變化，當然這些變化也并非嚴格以時間爲節點，因爲在有些版本中的某個字剛好缺損了，比如熹本和敦本記録{包}的字缺損，阜本和熹本記録{腓}的字缺損，不能體現出該版本對某個詞的用字情況，只能是一個大體的上的觀覽，如果想確認缺損版本中該詞的用字，需要擴大考察範圍，在該版本《周易》之外其他内容的圖版中同樣的詞語進行横向比對。

詞	字	竹	阜	帛	熹	敦	開	今
{艱}	堇							
	[illegible]							
	根							
	艱				+	+	+	+
{包}	橐							
	枹							
	苞							
	包							+
{腓}	脊							
	[illegible]							
	肥							
	腓					+	+	+

續表

詞	字	竹	阜	帛	熹	敦	開	今
{賜}	賜							
	湯							
	昜							
	錫					+	+	+

還有的一個詞由四個字記録時，在表現出時代上的延續性的同時，又體現出個别性的變化，下表中，有的是一個版本用甲字，一個版本用乙字，一個版本用丙字和丁字，其他版本也用丁字，如記録{德}，竹本用“悳”，阜本用“导”，帛本用“得”和“德”，其他版本也用“德”，“德”字從帛本開始具有了延續性，但同時在帛本中有用“德”的變化；有的是一個版本用甲字，一個版本用乙字和丁字，一個版本用丙字和丁字，其他版本也用丁字，如記録{膚}，竹本用“肤”，阜本用“父”和“膚”，熹本用“簠”和“膚”，其他版本也用“膚”，“膚”字從阜本開始具有了延續性，但在阜本中有用“父”的變化，在熹本中有用“簠”的變化；有的是一個版本用甲字、乙字、丙字，另外兩個版本用甲字和丁字，其他版本用丁字，如記録{冬}，竹本用“冬”“夂”“中”，阜本、帛本都用“冬”和“終”，“終”字從阜本開始具有了延續性，但在阜本和帛本中都有用“終”的變化。

詞	字	竹	阜	帛	熹	敦	開	今
{德}	悳							
	导							
	得							
	德			+	+	+	+	+
{膚}	肤							
	父							
	簠							
	膚		+	+	+	+	+	+
{終}	冬							
	中							

续表

詞	字	竹	阜	帛	熹	敦	開	今
	冬							
	終		+	+	+	+	+	+

四、一個詞用五個以上的字記録

一個詞用五個以上字記録的情況已經比較少見了，具體的用字情況與之前所分析的情況基本一致，但其變化和原因也更複雜，有的是在呈現出明顯的時代變化之後具有了穩定的延續性，如記録{媾}，竹本用“佝”，阜本用“冓”，帛本用“厚”和“詬”，敦本之後固定用“媾”，共用了五個字，除了“媾”以外，其他四個字都是借用；又如記録{婚}，竹本用“昏”，阜本用“昬”，帛本用“閩”和“闅”，敦本用“婚”，開本用“婚”，今本又改用回“婚”，其中“昏”爲表結婚義的源本字，“昬”爲“昏”的異體，“閩”和“闅”爲“昬”的借字，“昬”爲“婚”增加義符後創造的分化本字，專職記録結婚的意思，“昬”及其異體“昏”由此得以專職記録黄昏及其引申義昏庸等義，開本的“婚”是爲了避唐太宗李世民之名諱而改字形中的“民”爲“氏”，今本無須避諱因此又改回“婚”，{婚}在各個版本中用字的變遷就像一部漢字史的縮影，體現出漢字構形系統、用字系統、社會系統對漢字字形字用的影響。

詞	字	竹	阜	帛	熹	敦	開	今
{媾}	佝							
	冓							
	厚							
	詬							
	媾					+	+	+
{婚}	昏							
	昬							
	閩							
	闅							
	婚							
	婚					+		+

各本中一個詞最多用了八個字記録，即記録｛朋｝在竹本中用“塱”和“不”，在阜本中用“馮”和“傰”，在帛本中也用“傰”，帛本中還用了“倗”“堋”“朋”，熹本中用了“崩”和“朋”，敦本、開本和今本用“朋”。據何琳儀説，“倗”爲“倗”字之形訛，“塱”“不”“馮”“傰”“倗”“堋”“崩”均通“朋”。各本的用字在變化中有延續，在延續中有變化，“朋”在帛書中就開始延續使用，但同時還在用“傰”“倗”“堋”，熹本中還用了“崩”。反映出“朋”字記録｛朋｝的複雜歷程。

詞	字	竹	阜	帛	熹	敦	開	今
｛朋｝	塱							
	不							
	馮							
	傰							
	倗							
	堋							
	崩							
	朋			+	+	+	+	+

第三節　各本用字差異反映的用字現象

以上從一個詞由幾個字記録的角度展現了各本間用字差異的總體面貌，各本的用字差異可以反映出專書文獻因不同時代、不同地域、不同性質而産生的用字現象，從文字學的角度看，不同用字之間存在各種字際關係，由於本書所涉及的七個版本書寫於不同的時代，時代特徵最爲明顯，因此下面從版本時代先後的角度對用字現象進行分類論述。需要説明的是，時代差異中也包含了地域差異和版本性質的差異，比如竹書作爲戰國楚系文字，與其他幾個版本所繼承的秦系文字存在差異，熹平石經、開成石經和阮元校刻本作爲官方刊刻版本，用字的規範性比手寫的阜簡、帛書、敦煌文書更規範，我們會在下面的敘述中對涉及這方面差異時用字例做出説明，也會在下一節“各本用字差異的原因”中對此專門進行分析。此節爲了行文的便利，僅以時代先後作爲描述用字現象的標準。

一、較早的版本用本字，較晚的版本用不同的本字

較早的版本用甲字，較晚的版本用乙字，甲乙字是異體字關係，均爲本字。異體字是爲記録同一個詞項而造的具有構形差異的不同字符。有人强調異體字的共時性，其實異體字大都是異時産生并歷時換用的，就是不同時代可能只選用異體字組的某一個字符①。在具有時代差異的不同版本中，可以看出記録同一詞項的異體字使用的時代差異。

例如今本“虎視眈眈”，在竹本中“視”作“見”，在阜本、帛本、敦本、開本中都作“視”。“見”的甲骨文作，像人跪坐而看，“視”的甲骨文作，從人從目，會審視之義。裘錫圭曾全面分析甲骨文、金文中的“見”和“視”，肯定字形下面是跪坐的人爲“見”，下面是站立的人爲“視”（裘錫圭《甲骨文中的見與視》），但在實際使用中并没有這麼嚴格的區别，尤其是在春秋戰國時期的六國文字中，“見”字下面原本跪坐的人形經常被拉直爲站立形，如《侯馬盟書》中“見”作，中山王厝壺作，楚竹書作。由於二字逐漸難以區分，秦系文字中出現了在“見”上加聲符“示”而新造的“視”，但當時的楚系文字中二者還是混淆的，如郭店楚簡中“視”仍作。在秦統一文字之後，“視”應當是作爲記録審視義的新造字被確立下來，因此阜陽漢簡之後的《周易》版本中都作“視”。

異體字不僅能反應時代差異，在具有地域差異的不同版本中，也能反映出用字的地域差異。比如當記録{井}（水井）時，其他版本都用“井”，竹本用“汬”，如《汬（井）》卦中的“攺邑不攺汬”“𨔵坙汬汬”“汬替不飤，舊汬亡禽”“汬浴弦𦍞，隹𧝓縷”“汬朻不飤”“汬䩕”“汬𨼾”“汬朻勿寞”。“井”的本義是水井，周圍像水井的欄杆。《説文》以“汬”爲“阱”的古字。據李家浩考證，“汬”從水井聲，井是畜水的，“汬”可能是“井”的異體，古文假借爲“阱”②。季旭昇亦指出“汬”爲“井”的形聲③。我們認爲“汬”爲“井”增加義符的後起分化本字，專職記録水井義，通過增加義符“水”，可以進一步明確字義，以與記録陷阱之義的“阱”字區别。“汬”主要在戰國楚簡中使用，具有明顯的地域特徵，如《九店楚簡五六·二七》：“舀（鑿）汬行水事。”各本《周易》中，只有楚竹本用了“汬”，與“汬”字使用的地域特徵相吻合。

---

① 李運富. 古今用字變化的現象及原因［A］. //中國語言學研究（第二輯）［C］. 北京：社會科學文獻出版社，2022：189-206.

② 湖北省文物考古研究所，北京大學中文系. 九店楚簡［M］. 北京：中華書局，2000：82.

③ 季旭昇. 説文新證［M］. 臺北：藝文印書館，2004：429.

二、較早的版本用本字，較晚的版本用借字

有時是時代較早的版本用了本字，而時代較晚的版本却用了借字，如：帛本《歸妹·六三》爻辭“歸妹以嬬”中的“嬬”今本、開本作“須”。《釋文》：“如字，待也。鄭云：有才智之稱。荀、陸作嬬，陸云：妾也。”高亨注：“須，借爲鬚，姊也。”李鏡池《通義》：“須，借爲姊，亦即女弟。”今據帛本作“嬬”字及漢魏諸注均未訓爲“姊”，可知今本“須”字實不當讀作“鬚”，而當讀作“嬬”[①]。《説文》：“嬬，弱也。一曰下妻也。”段注：“下妻，猶小妻。”“下妻”即陸績所謂“妾”是也。清俞正燮《癸巳類稿》卷七：“小妻曰妾，曰嬬。”章炳麟《新方言·釋親屬》：“廣州謂妾曰嬬。”朱熹《本義》引“或曰”云：“須，女之賤者也。”即從荀、陸訓。《説文·須部》：“須，面毛也。”《周易》中有用其本義者，如今本《賁》：“六二：賁其須。”須，嬬同屬侯部，心日鄰紐，二字雙聲相通，如《漢書·馮奉世傳》：“願得其衆，不須煩復大將。”漢王充《論衡·問孔》：“瑞應致後，不須器物。”唐杜甫《喜雨》：“巴人困軍須，慟哭厚土熱。”（《杜工部草堂詩箋》二一）“需”亦可通“須”，《周易·需》：“需，須也。”疏：“需者待也。”明張明弼《避風巖記》：“余東馳西鶩，左詷右需……”簡帛中從“需”從“須”的字時有相通，北大藏西漢竹書《北蒼·支》：“姎（怏）婞點媿（愧），嫛嫛嬬（鬚）媞。”睡虎地秦簡《爲吏》：“須（懦）身旞（遂）過。”

再比如，今本《師·六五》“長子帥師，弟子輿尸”中的“帥”竹本作（衜），帛本作（衜），敦本、開本同今本。“衜”“衛”均爲“率”的異體，是記録率領義的本字，“率”甲骨文作，毛公鼎中變四個點爲“行”作，金文中還有增加“止”作的寫法，與竹書中的“衜”同形，詛楚文中作，與帛書中的“衛”同形。《説文·行部》：“衛，將衛也。”朱駿聲《説文通訓定聲》：“經傳皆以帥爲之。”段注：“衛，導也，循也，今之率字，率行而衛廢矣。率者，捕鳥畢也。將帥字古衹作將衛，帥行而衛又廢矣。”《説文·巾部》：“帥，佩巾也。”金文中“帥”就可借用表示帶領、遵循等義，秦公簋：“余雖小子，穆穆帥秉明德。”《左傳·成公十三年》：“晉帥乘和。”注：“帥，軍帥。”《左傳·襄公二十五年》：“五吏三十帥。”疏：“帥者，有所率領。”《禮記·王制》：“命鄉簡不帥教者以告。”注：“帥，循也。”《荀子·富國》：“將率不能則兵弱。”注：“率

---

① 丁四新．楚竹書與帛書周易校注［M］．上海：上海古籍出版社，2011：329。

與帥同。”《荀子》“將帥”皆作“率”。戰國文字中“帥”也常通“率”，清華簡《楚居》：“至焚（蚡）冒、畬（熊）帥（率）自箬（鄀）遷（徙）居焚。”侯馬盟書中“帥從”，讀“率從”[①]。

三、較早的版本用借字，較晚的版本用不同的借字

還有較早和較晚的版本都用借字，但所借用的字有所不同。如：今本《豐·九三》“豐其沛”中的“沛”，竹本作“芾”，帛本作“薠”，開本與今本同。王弼注：“沛，幡幔，所以禦盛光也。”程《傳》：“沛字古本有作旆字者，王弼以爲幡幔，則是旆也。幡幔圍蔽於内者，豐其沛，其暗更盛於蔀（覆曖鄣光明之物）也。”《釋文》：“（沛）本或作旆，謂幡幔也。……子夏作芾。”清朱駿聲《説文通訓定聲·泰部》：“沛，叚借爲旆。”《説文》：“旆，繼旐之棋也。沛然而垂，從㫃，巿聲。”《曾侯乙墓竹簡》“二旆”即“兩面旗幟”。當記録{旆}時，“芾”“薠”“沛”均爲借字。

四、較早的版本用借字，較晚的版本用本字

也有較早的版本用借字，較晚的版本用本字的情況。如：竹本《夬·九二》爻辭“莫譽又戎”中的“譽”，在帛本、開本、今本中作“夜”。“莫”今作“暮”，“莫夜”即“暮夜”，也就是日夜的意思。“暮夜”一詞目前最早見於《晏子春秋》卷二：“每有風雨，暮夜求之必存，吾是以知其愛也。”前秦古籍中，二字常見用法爲單音詞，如《禮記·曾子問》：“夫柩不早出，不暮宿。”《詩經·小雅·庭燎》：“夜如何也？夜未央。”或作複音詞，如“晨暮”“夙夜”等[②]。《説文》：“譽，稱也。”意爲稱頌、讚美。《説文》：“夜，舍也。天下休舍也。”竹本“譽”借用作“夜”，“譽”爲喻紐魚部，“夜”爲喻紐鐸部，定紐雙聲，魚鐸對轉，二字屬於雙聲通假。

又如：帛本《解·尚六》爻辭“公用射夐于高庸之上”中的“庸”在敦本、開本、今本中作“墉”。《説文》：“庸，用也。從用庚。庚，更事也。”“庸”甲骨文作、、，于省吾云：“庸字的解説應改作：‘庸，用也，爲人所勞役使用也，從庚用，庚，更事也，用亦聲。’”[③]裘錫圭以爲“庸”爲“鏞”的初文：“甲骨文裏常見一個寫作、等形的字……也見於西周初年的大豐簋銘文。清代學者吴式芬、劉心源等人釋作‘庸’。

① 黄德寬. 古文字譜係疏證［M］. 北京：商務印書館，2007：3265。

② 吕佩珊. 上海博物館藏戰國楚竹書（一—六）通假字研究［D］. 臺北：臺灣師範大學，2011：68。

③ 于省吾. 甲骨文字釋林·釋庸［M］. 北京：商務印書館，2010：316。

……古代稱大鐘爲鏞，古往寫作庸。……庸是鏞的初文。……‘庸’顯然是從庚，用聲的形聲字。《説文》把“庸”解釋爲會意字是錯誤的。”[1]季旭昇認爲裘説可從，同時提出裘説以爲“庸”是“從庚，用聲”，其實“庚”本爲樂器，以之爲義符，自無不可；“用”爲筒、桶的象形，應該是竹子做的，最原始的鐘應該也是竹子做的，因此“用”和“鐘”應該有很密切的關係，甚至可能是同源字。如果是這樣，“庸”從“用”聲，應該是兼義的[2]。張標認爲形旁庚爲樂器之象，樂器可供使用，表示庸的本義與使用有關。形旁兼聲旁用爲桶之象，桶可使用，表示庸的本義與使用有關且表音，庸與用并爲喻紐東部。用爲庸的源頭、聲首與初文，甲骨文已見之。古初以用爲庸，後乃爲造分化字[3]。《説文》：“墉，城垣也。”清朱駿聲《説文通訓定聲・豐部》：“庸，叚借爲墉。”《儀禮・士喪禮》注：“疾時處此北庸下。”《經典釋文》：“庸，墻也，本作墉。”武威漢簡《特牲饋食禮》：“尊兩壺于房中西庸（墉）下，南上。”

五、較早的版本用本字或借字，較晚的版本用不同的本字

再複雜一些，還會出現較早的版本用本字或借字，較晚的版本用不同的本字。“六五：出涕沱若，戚嗟若，吉”（今本《離》）中的“嗟”阜本作“差”，帛本作“駐”，熹本、敦本、開本與今本同。“九三：日昃之離，不鼓缶而歌，則大耋之嗟，凶”（今本《離》）中的“嗟”帛本作“駐”（阜本缺損），敦本、開本與今本同。《釋文》：“如字，王肅又遭哥反。荀作差。下嗟若，亦爾。”《集解》作“差”。《説文》無“嗟”有“謎”，《説文・言部》：“謎，咨也。一曰痛惜也。從言，差聲。”

“差”與“嗟”叠韻相通，上博簡竹書《孔子詩論》簡二一：“《於差》虘（吾）憙（喜）之。”《於差》毛詩作《猗嗟》，毛傳：“猗嗟，歎辭。”《玉篇》：“駐，今作嗟，憂歎也。或作謽。駐，古文。”“駐”是“嗟”的古文異體，當記録嗟歎義時，“駐”爲與“嗟”均爲本字。馬王堆帛書《老子》甲本卷後古佚書《五行》：“有天下美飲食於此，許（吁）駐而予之，中心弗悉也。惡許駐而不受許差（嗟）。”“不受許駐者，義之理也。”“終（充）其不受許駐之心，而義襄天下。”“許駐”即“吁嗟”。

---

① 裘錫圭. 裘錫圭學術文集［M］. 上海：復旦大學出版社，2015：36.
② 季旭昇. 説文新證［M］. 臺北：藝文印書館，2004：256.
③ 李學勤. 字源［M］. 天津：天津古籍出版社，2012：269.

六、較早的版本用本字或借字，較晚的版本用不同的借字

或者是較早的版本用本字或借字，較晚的版本用不同的借字。《屯·初九》"磐桓，利居貞"中的"磐桓"阜本作"般☐"，帛本作"半遠"，開本與今本同。"半"讀爲"磐"，二字叠韻，幫并旁紐。"半遠"讀爲"磐桓"。《象》曰："雖盤桓，志行正也。"唐孔穎達疏："盤桓，不進之貌。"《經典釋文》："馬云：（磐）本亦作盤，又作槃。……槃桓，旋也。""磐桓""盤桓""槃桓"皆爲叠韻連綿詞，表示迴旋不進之貌。又黄焯《彙校》："《爾雅·釋文》引此文作般桓。般，正字；盤、槃，假借字；磐，後出字。"李富孫《異文釋》與此説相近。《説文》："般，辟也。象舟之旋。從舟從殳。殳，所以旋也。""般"甲骨文作、，郭沫若《卜辭通釋考釋》："前片（甲骨）作，即後來般字，字當作，訛變而爲從舟從殳。而杯槃字乃益之以木作槃，或益之以皿作盤。金文伯侯父盤字作鎜，則從金，均繁文也。"李孝定《甲骨文集釋》："郭氏説、般、槃、盤、鎜諸文衍變之迹是也。凡與舟異物，而二者古文僅毫釐之别（凡作，舟作）。後世從凡從舟之字每多相混，更進而凡亦或作舟矣。"《周禮·春官·司尊彝》：云'皆有舟'，此言諸彝下有承槃，舟字當作凡，云'皆有凡'也。般字本從凡從攴，象凡（槃）之旋，訛而從舟，遂有'象舟之旋'之義。"甲骨文中"般"多作人名，"般庚""凡庚"即"盤庚"。故《説文》對於"般"的釋義是符合其本義的，但對字形的分析是根據訛變後的小篆，所以并非構字本意。徐中舒《甲骨文字典》認爲："字形從凡從攴，像高圈足槃，上象其槃，下象其圈足。製槃時須旋轉陶坯成形，故般有槃旋之意。"因此，"般"的本義應爲器皿，西周金文中"般"多記録器皿義，由盤類器皿的形狀和製作過程，引申出盤旋之義，當記録盤旋義時，"般"亦爲本字，後從"般"分化出槃、盤、鎜等字專職記録器皿義，爲器皿義的後起分化本字，"磐桓""盤桓""槃桓"皆爲借用表示盤旋義。

第四節 各本用字差異的主要原因

一、受漢字系統的影響

（一）表意明確化

古代一個字往往可以記録相關的多個詞項，在使用的過程中難免産生

混淆，如果這些字所記録的是常用詞，就會給閲讀帶來不便，爲了使字詞之間的關係更加明確，會通過創造新字，或借用不常用的其他字來分擔原字的記録職能，實現表意的明確化。

如，當表示最終、終結、終了的意思時，帛本用“冬”，熹本、開本、今本用“終”。《説文》：“冬，四時盡也。從仌，從夊。夊，古文終字。，古文冬從日。”古無“終”字，“冬”既可記録冬天義，亦可記録終結義，這兩個詞項都是生活中的常用詞項，由一個字記録很容易造成閲讀障礙。《卜辭通纂·別録之二〈東京帝國大學教室所藏甲骨第三片〉》：“冬日雨。”郭沫若考釋：“‘冬日雨’讀爲‘終日雨’。”馬王堆漢墓帛書《老子乙本卷前古佚書·稱》：“諩諩作事，毋從我冬（終）始。”對“冬”字記録職能的分化在戰國時期就開始了，“冬”甲骨文作（夊），戰國時期六國文字加“日”作、、等，以强化計時之義，徐鍇《繫傳》：“冬者，月之終也，日窮于紀也。”秦文字加“仌”作、等，以强化冬天結冰之義，篆文加“糸”作，以强化結束之義。經過記録職能的分化，“冬”專職記録冬天義，“終”專職記録終結義，字詞關係得到了明確。

有的字本來就是爲記録某個詞而造的本字，形義相關，理據明晰，但是由於字形或音義發生變化，其所記録的本義變得不再明晰，於是創造新字，使字詞關係得到進一步明確。

（二）漢字形聲化

形聲化是漢字構形系統的主流發展趨勢，形聲化可以彌補漢字構形以表意爲主的不足，增强漢字構件的構字效能，有的字本來不是形聲字，但是由於字形演變，曾經的表意構件理據變得不再明晰，這時可能會將失去理據的義符改换爲聲符，有的聲符還同時兼具義符的功能，新造一個在形義上都與所記録的詞具有關聯的形聲字。

比如，當記録身體的意思時，竹本用“躳”，熹本、敦本、開本、今本用“躬”，如竹本《蒙》：“六晶：勿用取女，見金夫，不又躳。”其中的“躳”今本等作“躬”，“躳”應爲會意字，從身，從吕。“吕”爲“鋁”的初文，假借爲脊骨之義①。《説文》：“吕，脊骨也。”指的是其假借義。但“吕”在文獻中表示脊骨義并不常見，“躳”的形義關係很難被理解，小篆中出現了更换“吕”爲“躬”的“躬”。“躬”爲會意兼形聲字，從身，從弓，弓像身體形，弓聲，本義是身體，爲記録身體義的後起本字。《爾雅·釋詁上》：“躬，身也。”《書·牧誓》：“爾所弗勖，其于爾躬有戮。”

① 李學勤. 字源［M］. 天津：天津古籍出版社，2012：665.

“躬”字産生之後，“躳”就逐漸不被使用了。

（三）漢字繁簡化

簡化是漢字演變的主要趨勢，但在簡化的過程中，繁化和簡化往往交替發生，比如記録{帶}竹本用了增加義符的繁體“帶”，但在之後的版本中，都繼續用簡體“帶”，記録{僕}，竹本用了“[illegible]”，後來還繼續用“僕”。繁化有時是爲了明確表意而增加義符，有時是因爲形聲化而增加聲符，這兩種繁化較少出現階段性的反復；有時是某一個社會群體出於習慣地書寫習慣而復古，有時也可能是某些文人雅客有意識地追求古典，或者是某個階段官方對於規範字形的統一要求，後面這些情况下的繁化可能出現簡化字形和繁體字形的反復。

例如，蠱惑的意思在竹本中作“蛊”，開本和今本作“蠱”。《龍龕手鑒·蟲部》：“蛊，同蠱。”今天“蛊”爲“蠱”的簡化字，這兩個字在歷史上經歷過從簡到繁、從繁到簡的反復變化。在我們考察的各版本《周易》用字中，是從簡到繁的變化過程。“蠱”在甲骨文中也有從一個蟲的和從兩個蟲的繁簡體，所表示的意思都是一樣的，由於“蟲”簡化作“虫”，“蠱”也類推簡化爲“蛊”，戰國時期六國文字多作簡體，竹本中作“蛊”，但後來還是以“蠱”爲規範形體。

爲了明確表意而增加構件的繁化，有時會造出與漢字系統内已有字形結構相同但字義不同的同形字，比如當記録{谷}（河谷）義時，竹本在“谷”的字形上增加表意符號“氵”而構成的“浴”字，與表示沐浴的“浴”字同形不同義，這樣的字雖然增加了原字形的表意功能，但新造的字與已有的漢字會産生記録職能的混淆，不符合漢字與所記録詞語之間盡可能一一對應的原則，所以表示河谷義的“浴”字没有得到漢字系統的接納，在之後的版本中，仍然寫作“谷”。

（四）漢字的訛變

漢字的訛變也是導致用字差異的原因。比如記録{笑}的字在竹本、阜本、帛本和熹本中均用“芺”，開本用“笑”，今本用“笑”。“笑”在古文字中皆從艸、從犬作“芺”，并用作本義，如郭店楚簡與馬王堆帛書《老子》乙本：“下士聞道，大芺（笑）之。”《莊子·秋水》：“吾長見笑於大方之家。”後世或訛作從竹從犬，唐李陽冰刊定《説文》改爲從竹，從夭，爲今“笑”字所本。此字本義《説文》本闕。孫愐《唐韻》引《説文》云：“喜也，從竹，從夭。”大徐注云：“李陽冰刊定《説文》，從竹，從夭，義云：竹得風，其體夭屈，如人之笑，未知其審。”

二、受文獻時代的影響

專書文獻因形成時代不同，會表現出明顯的時代用字差異，《周易》各本的成書時代如圖 2 所示，可以反映出先秦時期的文字異形、秦統一中國後的書同文運動、西漢初年小篆向隸書的過度及今古經文之争、東漢後期規範經書用字、唐代建朝前後俗字大量流行、唐代的正字運動、清代校正經書等社會用字現象。

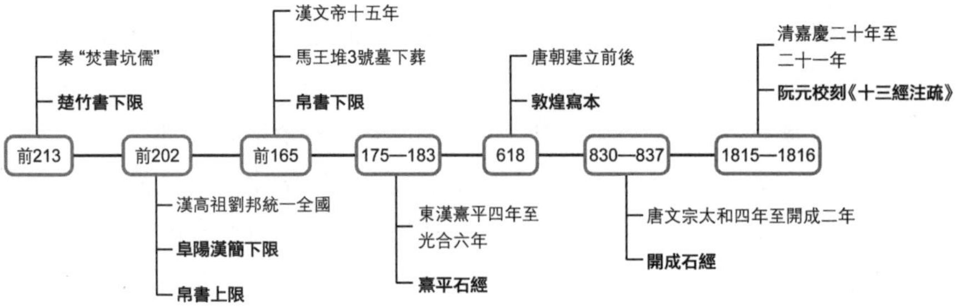

圖 2 《周易》各本時代

先秦時期的竹本，反映的是戰國時期“言語異聲、文字異形”的狀况，字形與今本差異很大，有 43%的字位數量都與今本不同。寫於漢高祖統一全國之前的阜本與今本相同的字位達到 84%，這是秦代以小篆統一六國文字的結果。形成於漢代的帛本和熹本雖然同屬於一個大時代，但字位存留情况却有明顯差異，其中西漢初年的帛本是唐代以前出土本中存留最完整的，所存字位中與今本相同的比例下降到 62%，這是漢初小篆向隸書過度的演變結果，同時在一定程度上反映出今古文經用字的差異。東漢熹本與今本字位的相同率爲 92%，《熹平石經》東漢熹平四年（175）始刻，光和六年（183）刻成，刊刻目的是通過統一經文，達到統一經學，作爲國家推行的標準經文版本，熹平石經起到了教科書和範本的作用，是漢隸最規範的用字代表，隸書與楷書在字形結構上大體一致，所以熹本雖然只存留 350 個字位，與今本的相同率却高達 92%。

唐代敦本是在敦煌藏經洞内發現的唐朝前後的手抄本，當時正是俗體字大量流行的時期，《周易》文本用楷書寫成，從現存文本版圖的書寫風格看，至少有 6 位寫手參與了抄寫工作，每個人的書寫習慣不同，用字習慣也有差異，致使敦本的字位數量雖然比熹本多 136 個，與今本相同的比例却比熹本低 2%（如果從整體文本來預測，敦本的比例應該比熹本更低），敦本中出現的訛誤字的數量也比熹本更多。唐代的《開成石經》代表的是國家對於漢字規範的最高標準，是唐代正字運動的成果，所以開本中與今本相同的字位率達到最高，可以説開本是今本的直接來源。

三、受版本性質的影響

熹平石經、開成石經的用字面貌與其他出土本有明顯區别，臨時性的借用字、異體字、訛誤字的數量都明顯減少，表現出了漢代和唐代漢字規範的最高標準。

熹平石經是中國刻於石經上的最早的官定儒家經本。漢武帝採納董仲舒“罷黜百家，獨尊儒術”的建議後，儒家書籍被奉爲經典，法定爲教科書，設專門博士官講授。儒學被定爲官學，必須有一部標準本作爲評定正誤的依據，然而，皇家藏書樓裹的標準本“蘭臺漆書”却由於腐敗而遭偷改。加之漢代今古文經在文字、篇章、説解上的分歧和争論，鑒於此，蔡邕向漢靈帝提出校正經書、刊刻於石的奏請并獲許。《熹平石經》由蔡邕主持校訂及刊刻，目的是通過統一經文來統一經學。石碑刻成後立於洛陽太學講論堂東西兩側。據《後漢書・靈帝紀》記載，原石包括《詩》《書》《易》《禮》《春秋》《公羊傳》《論語》，共46碑，200910字。石經以一家本爲主而各有校記，備列學官所立諸家異同於後。可惜《易》《書》《禮》三經校記不存，無可考。熹平石經論在内容上還是在形式上都產生了巨大的影響，一是訂誤正僞，平息紛争，爲讀書人提供了儒家經典教材的範本，尤其是對糾正俗儒的穿鑿附會，臆造别字，維護文字的統一，起了積極作用；二是開創了我國歷代刊刻石經的先河。用刻石的方法向天下人公布經文範本的做法，自漢代創例後，又有魏三體石經、唐開成石經、宋石經、清石經。同時，佛、道等諸家也刻有石經，構成我國獨有的石刻書籍林。

《開成石經》是唐文宗太和四年（830）經國子監鄭覃建議獲准刊刻，至開成二年（837）十月刻成的用於規範經籍用字字形的儒家經碑。刻成後立于唐長安城國子監内太學講經堂兩廊，給閱讀者校對和抄録用。依次計有《周易》《尚書》《詩經》《周禮》《儀禮》《禮記》《春秋左氏傳》《春秋公羊傳》《春秋穀梁傳》《孝經》《論語》《爾雅》等12種儒家經書，另有《五經文字》《九經字樣》附於《春秋左氏傳》之末，共刻114塊碑石，是中國古代保存最完好的儒家刻經。《開成石經》是在當時經籍用字混亂、錯訛現象嚴重的情況下刊刻的。魏晉以來至唐朝初期，是漢字字體急劇變化發展時期，篆書、隸書、楷書等字體遞相變化；隸書、楷書、行書、草書又均可通行，打破了秦漢以來文字統一的局面，異體别字逐漸增多，社會用字十分混亂，正如顔之推所描述的“百念爲憂，言反爲變，不用爲罷，追來爲歸，更生爲蘇，先人爲老。如此非一，遍滿經傳”。用字混亂使儒家經典也失去了統一的規範，在政治和經濟日趨强盛的唐王朝，客觀上要求文字書寫實現規範化，需要一次整理異體、辨别俗訛、訂正經典文字、統一字樣的正字運動，使楷書規範定型。“字樣之學”即在這樣的形勢下産生。貞觀四年，唐太宗以“經籍去聖久遠，文字多訛謬，詔前中書侍郎顔師古考定《五經》”。顔氏多所訂正，撰成《五經定本》，使諸經文字完全統一，不再有因文字不同而釋義各異的弊病。據顔元孫《干禄字書・序》追述：“元孫伯祖故秘書監，貞觀中，刊正經籍，因録字體數紙，以示讎校楷書。當代共傳，號爲顔氏《字樣》。”自此以後，又出現了杜延業的《群書新定字樣》、歐陽融的《經典分毫正字》等字樣書，這些書雖已亡佚，但據清人輯録，尚可知它們都是考定經典文字的筆劃俗訛、推行規範字形的字書。同類性質著作尚存的有顔元孫《干禄字書》、張參《五經文字》、唐玄度《新加九經字樣》等，其中以顔元孫《干禄字書》最爲有名，近人羅振玉評價説：“此書當與‘倉雅’并重。”總之，“字樣”書的出現，給我國文字的規範以積極的影響，使楷書字體成了漢字的正宗。唐代的正字運動，使字體有了一定的規範模式，而且使整個社會形成一種風氣①。《開成石經》正是在這樣的時代背景下刊刻而成，因此其用字代表了當時儒家經典的最高規範，也成爲社會用字的楷模。

總之，熹平石經和開成石經的版本性質決定了其用字的規範性。其一，時代偏晚，屬於古書基本定型的時代；其二，刻石形式，較抄寫更整齊劃一；其三，官方定本，石經屬於官方定本，較其他私人抄本要規範。其中一、三兩個因素尤其重要，版本性質的不同決定了用字特徵有極大差異。

四、受避諱要求的影響

避諱是社會對語言文字的特殊要求。古代文獻在書面上實現避諱的方法，一種是换用同義詞。换一個跟所要表達的詞同義或近義的詞，相應地也就换用了不同的字，比如爲避漢高祖劉邦名諱，帛書《周易》改“邦”爲“國”，《師・尚六》“啓國承家”竹本原作“啓邦丞豙”，阜本作“啓邦□□”，敦本、開本、今本回用爲“開國承家”。因换用了不同的詞而换

① 吴麗君.《唐開成石經》在漢字發展史上的作用［J］. 承德民族師專學報，2011，31（04）：24-27.

用了不同的字并不存在字詞關係的變换問題，因此也并不屬於字用學上的用字問題。

避諱的另一種方式是缺筆避諱。即繼續使用原字，但對原字做缺筆處理，這樣一來，保留了原字與它所記詞項的字詞關係，既不影響表意，又起到了未使用原字的視覺效果，表達了書寫者遵循避諱要求的積極態度，這種方法便捷易行且一舉兩得，因此成爲在書面上最常見的一種避諱方式。缺筆避諱始於唐代[①]，《册府元龜·帝王部·名諱門》載顯慶五年正月詔曰："孔宣設教，正名爲首，戴圣貽範，嫌名不諱。比見鈔寫古典，至於朕名，或缺其點畫，或隨便改换，恐六籍雅言，會意多爽；九流通以，指事全違，誠非立書之本意。自今以後，繕寫舊典文字，并宜使成，不須隨意改易。"開成石經《周易》中出現了許多缺筆避諱字，唐代宗李氏名豫，《金石文字記》卷五曰："唐國學石經，在西安府儒學，凡經中'豫'字皆缺筆作'豫'，避代宗諱。"唐高祖李淵，祖追尊太祖景帝名虎，所以開本中"虎"或以"虎"作爲構件的字末筆缺省作"虎、虩、虢"；唐穆宗李氏名恒，開本中可見"恒"字缺筆作"恒"；除了避帝王名諱，唐代還有避懼怕諱的缺筆避諱字，如"鬼"以及從"鬼"的字都缺筆作"鬼、醜"。今本中的"丘"也缺末筆。根據本書第一章對於字的"同一性"的判定原則，凡結構屬性相同而只是外形有某些差異且并不影響整字功能的，都看作同一字，包括筆畫的增減、筆畫形態的變化等。缺筆在原字上減少筆畫，在我們討論用字問題時，將缺筆字看作與原字同爲一個字，不算使用了另一個字。

避諱的第三種方式是造字避諱。這種方法屬於本書討論範圍的避諱用字，即通過改變原字構件的方式創造新字。比如記録{婚}的"婚"字在開成石經中爲避李世民之諱改爲"婚"，"婚"中的構件"民"改成了"氏"，雖然今本中不再需要避諱，將"婚"改回"婚"，但"婚"字後來又取代"婚"成爲記録結婚義的規範字。"民"和"氏"的更换在更早的版本中就出現了，竹本《周易》記録{婚}作"昏"。秦文字以後上部所從的"氏"形漸漸訛變成"民"形，當有聲化的作用，"昏"上古音在曉紐文部合口一等，"民"上古音在明紐文部合口三等，聲韻俱近[②]。阜本《周易》即作"昏"。也可能因爲隨着讀音的演變，"民"的示音功能不再突顯，同時在字形上與字義也缺少關聯性，因此"昏"記録{婚}的職能

① 王新華. 避諱研究［M］. 濟南：齊魯書社，2007：190.

② 季旭昇. 説文新證［M］. 臺北：藝文印書館，2004：535.

并不穩固，在帛本中以“閩”和“閿”借用記録{婚}。敦本中出現增加了義符“女”以强化字義的“婚”，是記録結婚義的後起分化本字。從記録{婚}的系列用字可以看出，唐代爲避諱而用的“婚”是在順應文字發展歷程和規律的前提下産生的新造字，并不是像缺筆避諱那樣隨意而爲的一種偶然的文字變形，也正是因爲“婚”字符合漢字構形系統的規律，纔能在後代取代“婚”字成爲記録結婚義的規範字。

第七章 《周易》各本全文對照

版本及釋文説明：

（1）“竹本”依據濮茅左《楚竹書〈周易〉研究》，上海古籍出版社，2006年11月。

（2）“帛本”依據一是1984年馬王堆漢墓帛書整理小組《馬王堆帛書〈六十四卦〉釋文》，《文物》，1984年3月，學界稱“文物本”；二是1995年上海古籍出版社出版的《續修四庫全書》第一册所收廖名春《馬王堆帛書周易經傳釋文》，見《易學集成》，四川大學出版社，1998年，學界稱“續修四庫本”。

（3）“阜本”依據韓自强《阜陽漢簡〈周易〉研究》，上海古籍出版社，2004年7月。

（4）“熹本”依據《屈萬里先生全集》第11册《漢石經周易殘字集證》，台灣聯經出版事業公司，1984年7月。

（5）“敦本”依據張涌泉主編《敦煌經部文獻合集》（第1册），中華書局2008年。

（6）“開本”依據唐開成石經《周易》，見皕忍堂刻《景刊唐開成石經》，中華書局1996年影印本。

（7）“今本”依據孔穎達《周易正義》，見阮元刻《十三經注疏》，中華書局1980年影印本。

上　經

1. 乾

（今本）乾：元亨利貞。①

（竹本）□　□□□□

（帛本）鍵：元享利貞。

① “乾”，傳本《歸藏》同，秦簡《歸藏》作“天”（侯乃峰2009：3）。

（阜本）□　□□□□

（熹本）□　□□□□

（敦本）□　□□□□

（開本）乾：元亨利貞。

（今本）初九：潛龍勿用。①

（竹本）□□　□□□□

（帛本）初九：滯龍勿用。②

（阜本）□□　□□□□

（熹本）□□　□□□□

（敦本）□□　□□□□

（開本）初九：潛龍勿用。

（今本）九二：見龍在田，利見大人。

（竹本）□□　□□□□　□□□□

（帛本）九二：見龍在田，利見大人。

（阜本）九二：見□□□，□□□□。

（熹本）□□　□□□□　□□□□

（敦本）□□　□□□□　□□□□

（開本）九二：見龍在田，利見大人。

（今本）九三：君子終日乾乾，夕惕若厲，无咎。

（竹本）□□　□□□□□□　□□□□　□□

（帛本）九三：君子終日鍵鍵，夕泥若厲，无咎。③

（阜本）□□　□□□□□□　□□□□　□□

（熹本）□□　□□□□□□　□□□□　□□

（敦本）□□　□□□□□□　□□□□　□□

（開本）九三：君子終日乾乾，夕惕若厲，无咎。

---

① “潛”，帛本《二三子問》作“寑”，與帛本從“浸”聲之字古音皆侵部（侯乃峰 2009：4）。

② “滯”，張立文釋爲“浸”，假借爲“潛”，顔師古《漢書注》：“濅，古浸字。浸，漸也。”（2008：3）。

③ “泥”，于豪亮（1984：22）、鄧球柏（1996：72）、廖名春（2002：1）釋爲“沂”；侯乃峰釋爲“沢”，但認爲如原字右下部確有殘缺，可釋爲“泥”（2009：9）。張立文（2008：4）認爲若釋作“泥”，則借爲“怩”，“怩”古文作“尼”，“惕”古文作“悬”，形近而訛，作“沂”與《帛書六十四卦》書影不符。

（今本）九四：或躍在淵，无咎。①
（竹本）□□ □□□□ □□
（帛本）九四：或鰇在淵，无咎。②
（阜本）□□ □□□□ □□
（熹本）□□：或躍在淵，□□。
（敦本）□□ □□□□ □□
（開本）九四：或躍在淵，无咎。③

（今本）九五：飛龍在天，利見大人。
（竹本）□□ □□□□ □□□□
（帛本）九五：翡龍在天，利見大人。④
（阜本）□□ □□□□ □□□□
（熹本）□□ □□□□ □□□□
（敦本）□□ □□□□ □□□□
（開本）九五：飛龍在天，利見大人。

（今本）上九：亢龍有悔。
（竹本）□□ □□□□
（帛本）尚九：抗龍有悬。⑤
（阜本）□□ □□□□
（熹本）□□ □□□□
（敦本）□□ □□□□
（開本）上九：亢龍有悔。

（今本）用九：見羣龍无首，吉。
（竹本）□□ □□□□□ □
（帛本）迵九：見羣龍无首，吉。
（阜本）□□ □□□□□ □

① 阮校：古本“或”作“惑”。
② “鰇”，帛本《易之義》作“魚翟”。“躍”與“龠”古音同爲喻紐藥部，故三字音近可通（侯乃峰 2009：10）。
③ “渊”缺末筆。
④ “龍”，帛本《易之義》作“龔”。
⑤ “抗”，帛本《易之義》作“炕”，《二三子問》作“杭”。

（熹本）□九：見羣龍无首，吉。

（敦本）□□ □□□□□ □

（開本）用九：見羣龍无首，吉。

2. 坤

（今本）坤：元亨。利牝馬之貞。君子有攸往，先迷後得主。利西南得朋，東北喪朋。安貞吉。

（竹本）□ □□ □□□□□ □□□□□ □□□□□ □□□□□ □□□□ □□□

（帛本）川：元亨，利牝馬之貞。君子有攸往，先迷後得主，利西南得朋，東北亡朋。安貞吉。①

（阜本）□：□□。□□□□□。□□□□□，□□□□□。□□□□傰，東□□□。□貞吉。

（熹本）巛：元□。□□□□□。□□□□□，□□□□□。□□□□□，□□□□。□□□。

（敦本）□ □□ □□□□□ □□□□□ □□□□□ □□□□□ □□□□ □□□

（開本）坤：元亨。利牝馬之貞。君子有攸往，先迷後得主。利西南得朋，東北喪朋。安貞吉。

（今本）初六：履霜堅冰至。

（竹本）□□ □□□□□

（帛本）初六：禮霜堅冰至。

（阜本）□□ □□□□□

（熹本）□□ □□□□□

（敦本）□□ □□□□□

（開本）初六：履霜堅冰至。

（今本）六二：直方大，不習无不利。

（竹本）□□ □□□ □□□□□

（帛本）六二：直方大，不習无不利。

（阜本）□□：□□大，不習无□□。

① 二“朋”字，帛本《易之義》均作“崩”。

（熹本）□□ □□□ □□□□□
（敦本）□□ □□□ □□□□□
（開本）六二：直方大，不習无不利。

（今本）六三：含章可貞，或從王事，无成有終。
（竹本）□□ □□□□ □□□□ □□□□
（帛本）六三：合章可貞，或□王事，无□有終。
（阜本）□□ □□□□ □□□□ □□□□
（熹本）□□ □□□□ □□□□ □□□□
（敦本）□□ □□□□ □□□□ □□□□
（開本）六三：含章可貞，或從王事，无成有終。

（今本）六四：括囊，无咎无譽。
（竹本）□□ □□ □□□□
（帛本）□□ □□ □□□□
（阜本）□□ □□ □□□□
（熹本）□□：□□，无咎无譽。
（敦本）□□ □□ □□□□
（開本）六四：括囊，无咎无譽。

（今本）六五：黄裳，元吉。
（竹本）□□ □□ □□
（帛本）六五：黄常，元吉。
（阜本）□□ □□ □□
（熹本）六五：黄裳，□□。
（敦本）□□ □□ □□
（開本）六五：黄裳，元吉。

（今本）上六：龍戰于野，其血玄黄。
（竹本）□□ □□□□ □□□□
（帛本）尚六：龍戰于野，亓血玄黄。
（阜本）上六：蠪戰于野，其□玄黄。
（熹本）□□ □□□□ □□□□
（敦本）□□ □□□□ □□□□

（開本）上六：龍戰于野，其血玄黄。

（今本）用六：利永貞。
（竹本）□□　□□□
（帛本）迵六：利永貞。
（阜本）用六：利永貞。
（熹本）□□　□□□
（敦本）□□　□□□
（開本）用六：利永貞。

3. 屯

（今本）屯：元亨，利貞。勿用有攸往。利建侯。
（竹本）□　□□　□□　□□□□□　□□□
（帛本）屯：元亨，利貞。勿用有攸往。利律矦。①
（阜本）□　□□　□□　□□□□□　□□□
（熹本）□　□□　□□　□□□□□　□□□
（敦本）□：□亨，利貞。□□□□□。□□□。
（開本）屯：元亨，利貞。勿用有攸往。利建侯。

（今本）初九：磐桓，利居貞。利建侯。
（竹本）□□　□□　□□□　□□□
（帛本）初九：半遠，利居貞。利建矦。
（阜本）初九：般□，□□□。□□□。
（熹本）□□　□□　□□□　□□□
（敦本）□□　□□　□□□　□□□
（開本）初九：磐桓，利居貞。利建侯。

（今本）六二：屯如邅如，乘馬班如。匪寇婚媾。女子貞不字，十年乃字。

（竹本）□□　□□□□　□□□□　□□□□　□□□□□　□□□□

（帛本）六二：屯如壇如，乘馬煩如。非寇閩厚。□子貞不字，十年

① “律”，原釋文改爲“建”（廖名春），此處保留帛本用字原貌。

乃字。

（阜本）□□：□□□□，□□□□。□□□□。□□貞不字，十年迺字。

（熹本）□□ □□□□ □□□□ □□□□ □□□□□ □□ □□

（敦本）□□ □□□□ □□□□ □□□□ □□□□□ □□ □□

（開本）六二：屯如邅如，乘馬班如。匪寇婚媾。女子貞不字，十年乃字。

（今本）六三：即鹿无虞，惟入于林中，君子幾不如舍，往吝。

（竹本）□□ □□□□ □□□□□ □□□□□□ □□

（帛本）六三：即鹿毋華，唯人于林中，君子幾不如舍，往哭。①

（阜本）六三：昮鹿毋吴，惟入于□□，□子幾不如舍，往吝。

（熹本）□□ □□□□ □□□□□ □□□□□□ □□

（敦本）□□ □□□□ □□□□□ □□□□□□ □□

（開本）六三：即鹿无虞，惟入于林中，君子幾不如舍，往吝。

（今本）六四：乘馬班如，求婚媾。往吉，无不利。

（竹本）□□ □□□□ □□□ □□ □□□

（帛本）六四：乘馬□如，求閩厚。往吉，无不利。

（阜本）□□：□□□□，□□□。□吉，无不利。

（熹本）□□ □□□□ □□□ □□ □□□

（敦本）□□ □□□□ □□□ □□ □□□

（開本）六四：乘馬班如，求婚媾。往吉，无不利。

（今本）九五：屯其膏，小貞吉；大貞凶。

（竹本）□□ □□□ □□□ □□□

（帛本）九五：屯亓膏，小貞吉；大貞凶。

（阜本）九五：肫其膏，小貞吉；大貞兇。

（熹本）□□ □□□ □□□ □□□

（敦本）□□ □□□ □□□ □□□

① “人”原釋文改爲“入”，此處保留帛本用字原貌。

（開本）九五：屯其膏，小貞吉；大貞凶。

（今本）上六：乘馬班如，泣血漣如。
（竹本）□□　□□□□　□□□□
（帛本）尚六：乘馬煩如，汲血連如。
（阜本）□□　□□□□　□□□□
（熹本）□□　□□□□　□□□□
（敦本）□□　□□□□　□□□□
（開本）上六：乘馬班如，泣血漣如。

4. 蒙

（今本）蒙：亨。匪我求童蒙，童蒙求我。初筮告，再三瀆，瀆則不告。利貞。

（竹本）□　□　□□□□□　□□□□　□□□　□□□　□□□□　□□

（帛本）□：□。□□求童蒙，童蒙求我。初筮吉，再參擅，擅即不吉。利貞。

（阜本）□：□。□我求童蒙，童蒙求我。□□□，□三儥，儥則不□。□□。

（熹本）□　□　□□□□□　□□□□　□□□　□□□　□□不吉。□□

（敦本）□　□　□□□□□　□□□□　□□□　□□□　□□□□　□□

（開本）蒙：亨。匪我求童蒙，童蒙求我。初筮告，再三瀆，瀆則不告。利貞。

（今本）初六：發蒙，利用刑人，用説桎梏，以往吝。
（竹本）□□　□□　□□□□　□□□□　□□□
（帛本）初六：廢蒙，利用刑人，用説桎梏，已往閵。
（阜本）□□　□□　□□□□　□□□□　□□□
（熹本）□六：□□，□□□□，□□□□，□□□。
（敦本）□□　□□　□□□□　□□□□　□□□
（開本）初六：發蒙，利用刑人，用説桎梏，以往吝。

（今本）九二：包蒙，吉。納婦，吉。子克家。
（竹本）□□ □□ □ □□ □ □□□
（帛本）九二：枹蒙，吉。入婦，吉。子克家。
（阜本）□□：□□，□。老婦，吉。子克家。
（熹本）□□ □□ □ □□ □ □□□
（敦本）□□ □□ □ □□ □ □□□
（開本）九二：苞蒙，吉。納婦，吉。子克家。

（今本）六三：勿用取女，見金夫，不有躬。无攸利。
（竹本）六晶：勿用取女，見金夫，不又船。亡卣利。
（帛本）六三：勿用取□，□□夫，不有竆。无攸利。①
（阜本）六三：勿用取女，見金□，□有□。无卣利。②
（熹本）□□ □□□□ □□□ □□□ □□□
（敦本）□□ □□□□ □□□ □□□ □□□
（開本）六三：勿用取女，見金夫，不有躬。无攸利。

（今本）六四：困蒙，吝。
（竹本）六四：困尨，吝。
（帛本）□□：□蒙，閵。
（阜本）□□ □□ □
（熹本）□□：□蒙，吝。
（敦本）□□ □□ □
（開本）六四：困蒙，吝。

（今本）六五：童蒙，吉。
（竹本）六五：僮尨，吉。
（帛本）六五：童蒙，□。
（阜本）□□ □□ □
（熹本）六五：童□，□。
（敦本）□□ □□ □

① 廖名春釋爲“竆”（2002：3），何琳儀認爲非是，此字在傳世字書中從“邑”，爲古文字形之訛變（侯乃峰：36）。
② “卣”，爲“卣”之變體（侯乃峰：36）。

（開本）六五：童蒙，吉。

（今本）上九：擊蒙，不利爲寇，利御寇。
（竹本）上九：敼尨，不利爲寇，利迎寇。①
（帛本）□□：□□，□□□□，利所寇。
（阜本）□□ □□ □□□□ □□□
（熹本）□□ □□ □□□□ □□□
（敦本）□□ □□ □□□□ □□□
（開本）上九：擊蒙，不利爲寇，利禦寇。

5. 需

（今本）需：有孚，光亨。貞吉，利涉大川。
（竹本）孠：又孚，光卿。貞吉，利涉大川。
（帛本）襦：有復，光亨。貞吉，利涉大川。
（阜本）□ □□ □□ □□ □□□□
（熹本）□：□□，□亨。貞吉，利□□□。
（敦本）□：□□，□□。□□，□涉大川。
（開本）需：有孚，光亨。貞吉，利涉大川。

（今本）初九：需于郊，利用恒，无咎。
（竹本）初九：孠于蒿，利用亙，亡咎。
（帛本）初九：襦于茭，利用恒，无咎。
（阜本）□□ □□□ □□□ □□
（熹本）初九：□□□，□□□，□□。
（敦本）初九：需于郊，利□□，□□。
（開本）初九：需于郊，利用恒，无咎。②

（今本）九二：需于沙，小有言，終吉。
（竹本）九□：孠于坜，少又言，冬吉。
（帛本）九二：襦于沙，少有言，冬吉。

① 敼，濮茅左原釋爲“殼”，李零認爲楚簡原形“左旁，和𡫳字顯然不一樣，略如童字。……殼本從童或重，而不從𡫳，從𡫳是訛變”。

② 開本原文中“恒”缺末筆，下同。

（阜本）□□：□□□，小有□，□□。
（熹本）□□ □□□ □□□ □□
（敦本）□□ □□□ □□□ □□
（開本）九二：需于沙，小有言，終吉。

（今本）九三：需于泥，致寇至。
（竹本）九晶：孠于坭，至寇至。
（帛本）□三：襦于泥，致寇至。
（阜本）□□ □□□ □□□
（熹本）□□ □□□ □□□
（敦本）□□ □□□ □□□
（開本）九三：需于泥，致寇至。

（今本）六四：需于血，出自穴。
（竹本）六四：孠于血，出□□。
（帛本）六四：襦于血，出自穴。
（阜本）□□：□□□，□自穴。
（熹本）□□ □□□ □□□
（敦本）□□ □□□ □□□
（開本）六四：需于血，出自穴。

（今本）九五：需于酒食，貞吉。
（竹本）□□ □□□□ □□
（帛本）六五：襦于酒食，貞吉。
（阜本）□□ □□□□ □□
（熹本）□□：□□□□，□吉。
（敦本）□□ □□□□ □□
（開本）九五：需于酒食，貞吉。

（今本）上六：入于穴，有不速之客三人來，敬之終吉。
（竹本）□□：□□□，□□□□□□□□，□□□吉。
（帛本）尚六：人于穴，有不楚 客三人來，敬之終吉。
（阜本）□□ □□□ □□□□□□□□ □□□□
（熹本）上六：入于穴，□□□□□□□□，□□□□。

（敦本）上□：□□□，□□□之客三人來，敬之終□。
（開本）上六：入于穴，有不速之客三人來，敬之終吉。

6. 訟

（今本）訟：有孚，窒惕，中吉，終凶。利　見大人，不利涉大川。
（竹本）訟：又孚，懥慐，中吉，冬凶。利用見大人，不利涉大川。
（帛本）訟：有復，洫寧，衷吉，冬兇。利用見大人，不利涉大川。[1]
（阜本）□：□□，□□，□□，□□。□　□□□，不利涉大□。
（熹本）□：□孚，懫惕，中吉，終凶。□　□□□，不□□□□。
（敦本）訟：有孚，窒惕，中吉，終凶。利　見大人，不利涉大川。
（開本）訟：有孚，窒惕，中吉，終凶。利　見大人，不利涉大川。

（今本）初六：不永所事，小有言，終吉。
（竹本）初六：不出迎事，少又言，冬吉。
（帛本）初六：不永所事，少有言，冬吉。[2]
（阜本）□□　□□□□　□□□　□□
（熹本）□□　□□□□　□□□　□□
（敦本）初六：不永所事，小有言，終吉。
（開本）初六：不永所事，小有言，終吉。

（今本）九二：不克訟，歸而逋，其邑人三百户，无眚。
（竹本）九二：不克訟，遉　肤，丌邑人晶四户，亡禬。
（帛本）九二：不克訟，歸而逋，亓邑人三百户，无省。
（阜本）□□　□□□　□□□　□□□□□□　□□
（熹本）□□　□□□　□□□　□□□□□□　□□
（敦本）九二：不克訟，歸而逋，其邑人三百户，无眚。
（開本）九二：不克訟，歸而逋，其邑人三百户，无眚。

（今本）六三：食舊德，貞厲，終吉。或從王事，无成。
（竹本）六晶：飤舊悳，貞礪，冬吉。或從王事，亡成。

---

① “衷”，原釋爲“克”（廖名春 2002：1），何琳儀（2006《帛書〈周易〉校記》）、李學勤（2006《周易溯源》）認爲原釋誤，應釋爲“衷”。帛書“衷”字，參看陳松長編著《馬王堆簡帛文字編》，文物出版社 2001 年，第 350 頁。

② “少”，原釋文爲“小”，考帛本原貌改爲“少”。

（帛本）六三：食𦾔德，貞厲。　　或從王事，无成。
（阜本）□□：□□□，□厲，冬吉。□□□□，□□。
（熹本）□□：□□□，□□，□□。□從王事，无成。
（敦本）六三：食舊德，貞厲，終吉。或從王事，无成。
（開本）六三：食舊德，貞厲，終吉。或從王事，无成。

（今本）九四：不克訟，復即命渝。安貞吉。
（竹本）九四：不克訟，𡕥即命愈。安貞吉。
（帛本）九四：不克訟，復即命俞。安貞吉。
（阜本）□□　□□□　□□□□　□□□
（熹本）九□：□□□，□□□□。□□□。
（敦本）九四：不克訟，復即命渝。安貞吉。
（開本）九四：不克訟，復即命渝。安貞吉。

（今本）九五：訟，元吉。
（竹本）九五：訟，元吉。
（帛本）九五：訟，元吉。
（阜本）□□　□　□□
（熹本）九五：訟，元吉。
（敦本）□□　□　□□
（開本）九五：訟，元吉。

（今本）上九：或錫之鞶帶，終朝三褫之。
（竹本）上九：或賜繿　䋣，冬朝晶𢉖之。
（帛本）尚九：或賜之般帶，終朝三𢾄之。
（阜本）□□　□□□□□　□□□□□
（熹本）上九：或錫□□□，□□□□□。
（敦本）上九：或錫之鞶帶，終朝三褫之。
（開本）上九：或錫之鞶帶，終朝三褫□。①

7. 師

（今本）師：貞，丈人吉，无咎。

① 開本原文中“褫”缺末筆。

（竹本）帀：貞，丈人吉，亡咎。
（帛本）□：□，□人吉，无咎。
（阜本）□ □ □□□ □□
（熹本）□ □ □□□ □□
（敦本）師：貞，丈人吉，无咎。
（開本）師：貞，丈人吉，无咎。

（今本）初六：師出以律，否臧，凶。
（竹本）初六：帀出㠯聿，不𦙶，凶。
（帛本）初六：師出以律，不臧，兇。
（阜本）□□：帀出□□，□□，□。
（熹本）□□ □□□□ □□ □
（敦本）初六：師出以律，否臧，凶。
（開本）初六：師出以律，否臧，凶。

（今本）九二：在師中，吉，无咎，王三錫命。
（竹本）九二：才帀审，吉，亡咎，王晶賜命。
（帛本）九二：在師中，吉，无咎，王三湯命。
（阜本）□□ □□□ □ □□ □□□□
（熹本）□□ □□□ □ □□ □□□□
（敦本）九二：在師中，吉，无咎，王三錫命也。
（開本）九二：在師中，吉，无咎，王三錫命。

（今本）六三：師或輿尸，凶。
（竹本）六晶：帀或𨌲殍，凶。
（帛本）六三：師或與𡰪，兇。
（阜本）六三：帀或□□，□。
（熹本）□□ □□□□ □
（敦本）六三：師或輿尸，凶。
（開本）六三：師或輿尸，凶。

（今本）六四：師左次，无咎。
（竹本）□四：帀左宩，亡咎。
（帛本）六四：師左次，无咎。

（阜本）□□ □□□ □□
（熹本）□□：□左次，无咎。
（敦本）六四：師左次，无咎。
（開本）六四：師左次，无咎。

（今本）六五：田有禽。利執言，无咎。長子帥師，弟子輿尸，貞凶。
（竹本）六五：畋又𩛥。利𡙁言，亡咎。長子銜帀，弟子𦥯𣨼，貞凶。
（帛本）六五：田有禽。利執言，无咎。長子衛師，弟子輿𡰪，貞凶。
（阜本）□□：田有禽。□□□，□□。□□□□，□□□尸，貞兇。
（熹本）六五：□□□。□□□，□□。□□□師，弟子輿尸，□凶。
（敦本）六五：田有禽。利執言，□□。□□帥師，弟子輿尸，貞□。
（開本）六五：田有禽。利執言，无咎。長子帥師，弟子輿尸，貞凶。

（今本）上六：大　君　有命，開國承家，小人勿用。
（竹本）上六：大　君子又命，啓邦丞豪，少人勿用。①
（帛本）尚六：大人君　有命，啓國承家，小人勿□。
（阜本）上六：大　君　有命，啓邦□□，□□□□。
（熹本）上六：大　君　□□，□□□□，□□□□。
（敦本）上六：大　君　有命，開國承家，小人勿用。
（開本）上六：大　君　有命，開國承家，小人勿用。

8. 比

（今本）比：吉。原筮，元永貞，　无咎。不寧方來，後夫凶。
（竹本）比：　　备𥫗，元羕貞，吉，亡咎。不寍方逨，逡夫凶。
（帛本）比：吉。原筮，元永貞，　无咎。不寧方來，後夫兇。
（阜本）□ □ □□ □□□ □□ □□□□ □□□
（熹本）□ □ □□ □□□ □□ □□□□ □□□
（敦本）比：吉。原筮，元永貞，　无咎。不寧方來，後夫凶。
（開本）比：吉。原筮，元永貞，　无咎。不寧方來，後夫凶。

（今本）初六：有孚比之，无咎。有孚盈缶，終來有它，吉。

① “少人”，楚簡合文抄作“尖”，其下有合文符號。
② “沕”，此字楊澤生最先釋作從水從歺“洝”，何琳儀等隨後加以肯定。

（竹本）初六：又孚比之，亡咎。又孚沕缶，冬逨又它，吉。②
（帛本）初六：有復比之，无咎。有復盈缶，冬來或池，吉。
（阜本）□□：□□比之，毋□。□□□□，□□□□，□。
（熹本）□□ □□□□ □□ □□□□ □□□□ □
（敦本）初六：有孚比之，无咎。有孚盈缶，終來有□，吉。
（開本）初六：有孚比之，无咎。有孚盈缶，終來有它，吉。

（今本）六二：比之自内，貞吉。
（竹本）六二：比之自内，　吉。
（帛本）六二：比之□□，貞吉。
（阜本）□□ □□□□ □□
（熹本）□二：比之自内，貞□。
（敦本）六二：比之自内，貞吉。
（開本）六二：比之自内，貞吉。

（今本）六三：比之匪人。
（竹本）六晶：比之非人。
（帛本）六三：比之非人。
（阜本）□□ □□□□
（熹本）□□ □□□□
（敦本）六三：比之匪人。
（開本）六三：比之匪人。

（今本）六四：外比之，貞吉。
（竹本）六四：外𢼄之，亡不利。
（帛本）六四：外比之，貞吉。
（阜本）□□ □□□ □□
（熹本）□□：□□之，貞吉。
（敦本）六四：外比之，貞吉也。
（開本）六四：外比之，貞吉。

（今本）九五：顯比，王用三驅，失前禽，邑人不誡，吉。
（竹本）九五：顯比，王　晶驅，遊寿禽，邑人不戒，吉。
（帛本）九五：顯比，王用三驅，失前禽，邑人不戒，吉。

（阜本）九五：㬎比，王用三驅，失前禽，邑人不□，□。
（熹本）九五：□□，□□三驅，失□□，□□□□，□。
（敦本）九五：顯比，王用三驅，失前禽，邑人不誡，□。
（開本）九五：顯比，王用三驅，失前禽，邑人不誡，吉。

（今本）上六：比之无首，凶。
（竹本）上六：比 亡百，凶。
（帛本）尚六：比 无首，兇。
（阜本）□六：比 毋首，□。
（熹本）□六：比 无□，□。
（敦本）上六：比之无首，凶。
（開本）上六：比之无首，凶。

9. 小畜

（今本）小畜：亨。密雲不雨，自我西郊。
（竹本）□□ □ □□□□ □□□□
（帛本）少蓺：亨。密雲不雨，自我西茭。
（阜本）□□：□。□□□雨，自我西鄗。
（熹本）□□ □ □□□□ □□□□
（敦本）小畜：亨。密雲不雨，自我西郊。
（開本）小畜：亨。密雲不雨，自我西郊。

（今本）初九：復自道，何其咎？吉。
（竹本）□□ □□□ □□□ □
（帛本）初九：復自道，何亓咎？吉。
（阜本）初九：復自道，何其咎？吉。
（熹本）□□ □□□ □□□ □
（敦本）初九：復自道，何其咎？吉。
（開本）初九：復自道，何其咎？吉。

（今本）九二：牽復，吉。
（竹本）□□ □□ □
（帛本）九二：堅復，吉。
（阜本）□□ □□ □

（熹本）□□　□□　□
（敦本）□□　□□　□
（開本）九二：牽復，吉。
（今本）九三：輿説輻。夫妻反目。
（竹本）□□　□□□　□□□□
（帛本）九三：車説緮。夫妻反目。
（阜本）□□：□□□。□妻反目。
（熹本）□□　□□□　□□□□
（敦本）九三：輿説輹。夫妻反目。
（開本）九三：輿説輻。夫妻反目。

（今本）六四：有孚，血去惕出，无咎。
（竹本）□□　□□　□□□□　□□
（帛本）六四：有復，血去湯□，无咎。
（阜本）□四：有復，血去易□，□□。
（熹本）□□　□□　□□□□　□□
（敦本）六四：有孚，血去惕出，无咎也。
（開本）六四：有孚，血去惕出，无咎。

（今本）九五：有孚攣如，　富以其鄰。
（竹本）□□　□□□□　□□□□
（帛本）九五：有復総如，　富以亓鄰。
（阜本）□五：有復攣如，不富以其鄰。
（熹本）□□：□孚攣如，　富□□□。
（敦本）九五：有孚攣如，　富以其□。
（開本）九五：有孚攣如，　富以其鄰。

（今本）上九：既雨既處，尚德載。婦貞厲。月幾望，君子征，凶。
（竹本）□□　□□□□　□□□　□□□　□□□　□□□　□
（帛本）尚九：既雨既處，尚得載，女貞厲。月幾朢，君子正，兇。
（阜本）□□：□□□□，□得戴。婦貞厲。月幾堅，君子正，□。[1]
（熹本）□九：既雨既□，□□□。□貞□。□近望，君□□，□。

① "堅"，侯乃峰釋爲"朢"（侯乃峰：100）。

（敦本）上九：既雨既處，尚德載。婦貞厲。月幾望，君子征，凶。
（開本）上九：既雨既處，尚德載。婦貞厲。月幾望，君子征，凶。

10. 履

（今本）履：履虎尾，不咥人。亨。
（竹本）□ □□□ □□□ □
（帛本）□：禮虎尾，不真人。亨。
（阜本）□ □□□ □□□ □
（熹本）□ □□□ □□□ □
（敦本）履：履虎尾，不咥人。亨。
（開本）履：履虎尾，不咥人。亨。①

（今本）初九：素履 往，无咎。
（竹本）□□ □□ □ □□
（帛本）初九：錯禮 往，无咎。
（阜本）□□ □□ □ □□
（熹本）□□ □□ □ □□
（敦本）初九：素履之往，无咎。
（開本）初九：素履 往，无咎。

（今本）九二：履道坦坦，幽人貞吉。
（竹本）□□ □□□□ □□□□
（帛本）九二：禮道亶亶，幽人貞吉。
（阜本）九二：履道坦坦，敓人□□。②
（熹本）□□ □□□□ □□□□
（敦本）九二：履道坦坦，幽人貞吉。
（開本）九二：履道坦坦，幽人貞吉。

（今本）六三：眇能視，跛能履，履虎尾，咥人，凶。武人爲于大君。
（竹本）□□ □□□ □□□ □□□ □□ □ □□□□□□
（帛本）六三：眇能視，跛能利，禮虎尾，真人，兇。武人迵于大君。

① 開本原文中“虎”缺末筆，下同。
② “敓”，原釋爲“敫”，侯乃峰認爲從原圖版看，疑當隸定爲“敓”或“敓”。

（阜本）□□：□能視，跛能□，□□尾，實人，兇。武人爲□□□。
（熹本）□□ □□□ □□□ □□□ □□ □ □□□□□□□
（敦本）六三：眇能視，跛能履，履虎尾，咥人，凶。武人爲于大君。
（開本）六三：眇能視，跛能履，履虎尾，咥人，凶。武人爲于大君。

（今本）九四：履虎尾，愬愬，終吉。
（竹本）□□ □□□ □□ □□
（帛本）九四：禮虎尾，朔朔，終吉。
（阜本）□□ □□□ □□ □□
（熹本）□□：履虎尾，□□，□□。
（敦本）九四：履虎尾，愬愬，終吉。
（開本）九四：履虎尾，愬愬，終吉。

（今本）九五：夬履，貞厲。
（竹本）□□ □□ □□
（帛本）九五：夬禮，貞厲。
（阜本）□□ □□ □□
（熹本）□□：夬履，貞□。
（敦本）九五：夬履，貞厲。
（開本）九五：夬履，貞厲。

（今本）上九：視履考祥，其旋元吉。
（竹本）□□ □□□□ □□□□
（帛本）尚九：視禮巧翔，亓睘元吉。①
（阜本）□□：視履□□，□□□□。
（熹本）□□：□□考□，□旋元吉。
（敦本）上九：視履考祥，其旋元吉。
（開本）□□ □□□□ □□□□

11. 泰

（今本）泰：小往大來，吉，亨。
（竹本）□ □□□□ □ □

① 翔，原釋作“翆”。

（帛本）□ □□□□ □ □
（阜本）□ □□□□ □ □
（熹本）□ □□□□ □ □
（敦本）□ □□□□ □ □
（開本）泰：小往大來，吉，亨。

（今本）初九：拔茅茹，以其彙。征吉。
（竹本）□□ □□□ □□□ □□
（帛本）□□：犮茅茹，以其胃。□吉。
（阜本）□□：拔茅如，□□□。□□。
（熹本）□□ □□□ □□□ □□
（敦本）□□ □□□ □□□ □□
（開本）初九：拔茅茹，以其彙。征吉。

（今本）九二：包荒，用馮河，不遐遺，朋亡，得尚于中行。
（竹本）□□ □□ □□□ □□□ □□ □□□□□
（帛本）九二：枹妄，用馮河，不騢遺，弗忘，得尚于中行。
（阜本）□□ □□ □□□ □□□ □□ □□□□□
（熹本）□□ □□ □□□ □□□ □□ □□□□□
（敦本）□□ □□ □□□ □□□ □□ □□□□□
（開本）九二：苞荒，用馮河，不遐遺，朋亡，得尚于中行。

（今本）九三：无平不陂，无往不復。艱貞，无咎。勿恤其孚，于食有福。

（竹本）□□ □□□□ □□□□ □□ □□ □□□□ □□ □□

（帛本）九三：无平不波，无往不復。根□，□□。□□亓復，于食□□。

（阜本）□□ □□□□ □□□□ □□ □□ □□□□ □□ □□

（熹本）□□：□□□□，□□□□。□□，□□。□□其孚，于□□□。

（敦本）□□ □□□□ □□□□ □□ □□ □□□□ □□ □□

（開本）九三：无平不陂，无往不復。艱貞，无咎。勿恤其孚，于食有福。

（今本）六四：翩翩，不富以其鄰，不戒以孚。
（竹本）□□ □□ □□□□□ □□□□
（帛本）□□：□□，不富以□□，□□□□。
（阜本）□□ □□ □□□□□ □□□□
（熹本）六四：□翩，不□□□□，□□以□。
（敦本）□□ □□ □□□□□ □□□□
（開本）六四：翩翩，不富以其鄰，不戒以孚。

（今本）六五：帝乙歸妹，以祉元吉。
（竹本）□□ □□□□ □□□□
（帛本）□□：帝乙歸妹，以齒□□。
（阜本）六五：帝乙□□，□□□□。
（熹本）□□ □□□□ □□□□
（敦本）□□ □□□□ □□□□
（開本）六五：帝乙歸妹，以祉元吉。

（今本）上六：城復于隍，勿用師，自邑告命，貞吝。
（竹本）□□ □□□□ □□□ □□□□ □□
（帛本）尚六：城復于湟，□用師，自邑告命，貞閵。
（阜本）□□：□□□□，□□□，自邑告命，貞吝。
（熹本）□□ □□□□ □□□ □□□□ □□
（敦本）□□ □□□□ □□□ □□□□ □□
（開本）上六：城復于隍，勿用師，自邑告命。貞吝。

12. 否

（今本）否：否之匪人，不利君子貞，大往小來。
（竹本）□ □□□□ □□□□□ □□□□
（帛本）□：婦之非人，不利君子貞，大往小來。
（阜本）□：□□□□，□□□□貞，大往小來。
（熹本）□ □□□□ □□□□□ □□□□
（敦本）□ □□□□ □□□□□ □□□□
（開本）否：否之匪人，不利君子貞，大往小來。

（今本）初六：拔茅茹，以其彙。貞吉，亨。
（竹本）□□ □□□ □□□ □□ □
（帛本）初六：犮茅茹，以亓胃。貞吉，亨。
（阜本）□□ □□□ □□□ □□ □
（熹本）□□ □□□ □□□ □□ □
（敦本）□□ □□□ □□□ □□ □
（開本）初六：拔茅茹，以其彙。貞吉，亨。

（今本）六二：包承，小人吉，大人否。亨。
（竹本）□□ □□ □□□ □□□ □
（帛本）六二：枹承，小人吉，大人不。亨。
（阜本）□□：□□，□□吉，大人不。亨。
（熹本）□□：□承，小人吉，□□否。亨。
（敦本）□□ □□ □□□ □□□ □
（開本）六二：苞承，小人吉，大人否。亨。

（今本）六三：包羞。
（竹本）□□ □□
（帛本）六三：枹憂。
（阜本）六三：枹羞。
（熹本）六三：□□。
（敦本）□□ □□
（開本）六三：苞羞。

（今本）九四：有命，无咎，疇離祉。
（竹本）□□ □□ □□ □□□
（帛本）九四：有命，无咎，檮羅齒。
（阜本）□□ □□ □□ □□□
（熹本）□□：□□，□□，疇離□。
（敦本）□□ □□ □□ □□□
（開本）九四：有命，无咎，疇離祉。

（今本）九五：休否，大人吉。其亡其亡，繫于苞桑。

（竹本）□□　□□　□□□　□□□□　□□□□
（帛本）九五：休婦，大人吉。亓亡亓亡，擊于枹蘗。
（阜本）□□　□□　□□□　□□□□　□□□□
（熹本）□□　□□　□□□　□□□□　□□□□
（敦本）□□　□□　□□□　□□□□　□□□□
（開本）九五：休否，大人吉。其亡其亡，繫于苞桑。

（今本）上九：傾否，先否後喜。
（竹本）□□　□□　□□□□
（帛本）尚九：頃婦，先不後喜。
（阜本）□□：□□，先伓後喜。
（熹本）□□　□□　□□□□
（敦本）□□　□□　□□□□
（開本）上九：傾否，先否後喜。

13. 同人

（今本）同人：同人于野，亨。利涉大川，利君子　貞。
（竹本）□□　□□□□　□　□□□□　□□□　□
（帛本）　　　同人于野，亨。利涉大川，利君子　貞。
（阜本）□□：同人于壄，亨。□□□□，□君子之貞。
（熹本）□□：□人于野，□。□□□□，□□□　□。
（敦本）□□　□□□□　□　□□□□　□□□　□
（開本）同人：同人于野，□。利涉大川，利君子　貞。

（今本）初九：同人于門，无咎。
（竹本）□□　□□□□　□□
（帛本）初九：同人于門，无咎。
（阜本）□□　□□□□　□□
（熹本）□□　□□□□　□□
（敦本）□□　□□□□　□□
（開本）初九：同人于門，无咎。

（今本）六二：同人于宗，吝。
（竹本）□□　□□□□　□

（帛本）六二：同人于宗，閵。
（阜本）六二：同人于宗，吝。
（熹本）□□ □□□□ □
（敦本）□□ □□□□ □
（開本）六二：同人于宗，吝。

（今本）九三：伏戎于莽，升其高陵，三歲不興。
（竹本）□□ □□□□ □□□□ □□□□
（帛本）九三：服容□莽，登亓高□，三歲不興。
（阜本）□三：伏戎于□，□□□□，□□□□。
（熹本）九三：□□□莽，升其高陵，□□□□。
（敦本）□□ □□□□ □□□□ □□□□
（開本）九三：伏戎于莽，升其高陵，三歲不興。

（今本）九四：乘其墉，弗克攻，吉。
（竹本）□□ □□□ □□□ □
（帛本）□□：□□庸，弗克攻，吉。
（阜本）九四：乘高唐，弗克□，□。
（熹本）□□：□□□，弗□□，□。
（敦本）□□ □□□ □□□ □
（開本）九四：乘其墉，弗克攻，吉。

（今本）九五：同人先號咷而後笑，大師克，相遇。
（竹本）□□ □□□□□□□□□ □□□ □□
（帛本）九五：同人先號桃 後芺，大師克，相遇。①
（阜本）九五：同□□□□□後芺，大币□，□偶。
（熹本）□□ □□□□□□□□□ □□□ □□
（敦本）□□ □□□□□□□□□ □□□ □□
（開本）九五：同人先號咷而後笑，大師克，相遇。②

（今本）上九：同人于郊，无悔。

① “芺”，原釋作“笑”，從丁四新釋作“芺”。
② 開本原文中“號”缺末筆。

（竹本）□□　□□□□　□□
（帛本）尚九：同人于茭，无悬。
（阜本）□九：同人于鄗，无𠎘。
（熹本）□□　□□□□　□□
（敦本）□□　□□□□　□□
（開本）上九：同人于郊，无悔。

14. 大有

（今本）大有：元亨。
（竹本）□□　□□
（帛本）大有：元亨。
（阜本）大有：元亨。
（熹本）大有：元□。
（敦本）□□　□□
（開本）大有：元亨。

（今本）初九：无交害，匪咎，艱則无咎。
（竹本）□□　□□□　□□　□□□□
（帛本）初九：无交禽，非咎，根則无咎。
（阜本）□□：无交害，非咎，𡔷則□□。①
（熹本）□□　□□□　□□　□□□□
（敦本）□□　□□□　□□　□□□□
（開本）初九：无交害，匪咎，艱則无咎。

（今本）九二：大車以載，有攸往，无咎。
（竹本）□□　□□□□　□□□　□□
（帛本）九二：泰車以載，有攸往，无咎。
（阜本）□□　□□□□　□□□　□□
（熹本）□□　□□□□　□□□　□□
（敦本）□□　□□□□　□□□　□□
（開本）九二：大車以載，有攸往，无咎。

① “𡔷”，侯乃峰認爲當即《説文》“艱”之籀文“囏”（第121頁）。古文字中“壴”“喜”在構形中常有通用的情况。（李守奎《郭店楚簡“壴隹”字蠡測》，《古文字研究》第26輯，北京：中華書局，2006年，第297-302頁）

（今本）九三：公用亨于天子，小人弗克。
（竹本）□□ □□□□□□ □□□□
（帛本）九三：公用芳于天子，小人弗克。
（阜本）□□ □□□□□□ □□□□
（熹本）□□：□□□□天子，小人弗克。
（敦本）□□ □□□□□□ □□□□
（開本）九三：公用亨于天子，小人弗克。

（今本）九四：匪其彭，无咎。
（竹本）□□：□□□，亡咎。
（帛本）九四：□□彭，无咎。
（阜本）□□ □□□ □□
（熹本）□□ □□□ □□
（敦本）□□ □□□ □□
（開本）九四：匪其彭，无咎。

（今本）六五：厥孚交如，威如， 吉。
（竹本）六五：𠦝孚洨女，𢘫女， 吉。
（帛本）六五：闕復交如，委如，終吉。
（阜本）□□ □□□□ □□ □
（熹本）□□ □□□□ □□ □
（敦本）□□ □□□□ □□ □
（開本）六五：厥孚交如，威如， 吉。

（今本）上九：自天祐之，吉，无不利。
（竹本）上九：自天右之，吉，亡不利。
（帛本）尚九：自天右之，吉，无不利。
（阜本）□□ □□□□ □ □□□
（熹本）□□ □□□□ □ □□□
（敦本）□□ □□□□ □ □□□
（開本）上九：自天祐之，吉，无不利。

15. 謙

（今本）謙：亨。君子有終。

（竹本）壓：卿。君子又冬。
（帛本）□：□。□子有終。
（阜本）□ □ □□□□
（熹本）□ □ □□□□
（敦本）□ □ □□□□
（開本）謙：亨。君子有終。

（今本）初六：謙謙君子，用涉大川，吉。
（竹本）初六：壓 君子，甬涉大川，吉。①
（帛本）初六：嗛嗛君子，用涉大川，吉。
（阜本）□□ □□□□ □□□□ □
（熹本）□□ □□□□ □□□□ □
（敦本）□□ □□□□ □□□□ □
（開本）初六：謙謙君子，用涉大川，吉。

（今本）六二：鳴謙，貞吉。
（竹本）六二：鳴壓，□□。
（帛本）六二：鳴嗛，貞吉。
（阜本）□□ □□ □□
（熹本）□□ □□ □□
（敦本）□□ □□ □□
（開本）六二：鳴謙，貞吉。

（今本）九三：勞謙君子，有終，吉。
（竹本）□□ □□□□ □□ □
（帛本）九三：勞嗛君子，有終，吉。
（阜本）□□ □□□□ □□ □
（熹本）□□ □□□□ □□ □
（敦本）□□ □□□□ □□ □
（開本）九三：勞謙君子，有終，吉。

（今本）六四：无不利，撝謙。

① 廖名春（2004）認爲"壓"下脱重文符號。

（竹本）□四：亡不利，𧷢㥞。
（帛本）六四：无不利，譌嗛。
（阜本）□□ □□□ □□
（熹本）□□ □□□ □□
（敦本）□□ □□□ □□
（開本）六四：无不利，撝謙。

（今本）六五：不富以其鄰，利用侵伐，无不利。
（竹本）六五：不𩍚𠂤𠂆𧥟，利用𢦏伐，亡不利。
（帛本）六五：不富以亓鄰，□□□□，□不利。
（阜本）□□ □□□□□ □□□□ □□□
（熹本）□五：不富以其鄰，□□□□，□□□。
（敦本）□□ □□□□□ □□□□ □□□
（開本）六五：不富以其鄰，利用侵伐，无不利。

（今本）上六：鳴謙，利用行師，征邑國。
（竹本）上六：鳴㥞，可用行帀，征邦。
（帛本）尚六：鳴□，□□□□，□□□。
（阜本）□□ □□ □□□□ □□□
（熹本）□□ □□ □□□□ □□□
（敦本）□□ □□ □□□□ □□□
（開本）上六：鳴謙，利用行師，征邑國。

16. 豫

（今本）豫：利建侯行師。
（竹本）**余**：利建**矦**行師。
（帛本）餘：利建㑆行師。
（阜本）□ □□□□□
（熹本）□ □□□□□
（敦本）□ □□□□□
（開本）豫：利建侯行師。[①]

① 開本原文中"豫"缺最後兩筆，下同。

（今本）初六：鳴豫，凶。
（竹本）初六：鳴佘，凶。
（帛本）初六：鳴餘，凶。
（阜本）□六：鳴豫，兇。
（熹本）□□　□□　□
（敦本）□□　□□　□
（開本）初六：鳴豫，志窮凶也。

（今本）六二：介于石，不終日，貞吉。
（竹本）六二：𥎦于石，不冬日，貞吉。
（帛本）六二：𤞞于石，不終日，貞吉。
（阜本）□□　□□□　□□□　□□
（熹本）□□　□□□　□□□　□□
（敦本）□□　□□□　□□□　□□
（開本）六二：介于石，不終日，貞吉。

（今本）六三：盱豫，悔，遲有悔。
（竹本）六晶：可佘，𢘽，迡又𢘽。
（帛本）六三：杅餘，𢘽，遲有𢘽。
（阜本）六三：歌豫，𣫭，夷有𣫭。
（熹本）□□　□□　□　□□□
（敦本）□□　□□　□　□□□
（開本）六三：盱豫，悔，遲有悔。

（今本）九四：由豫，大有得，勿疑。朋盍簪。
（竹本）九四：猷佘，大又㝵，母頪。坓𣤌𧯠。
（帛本）九四：允餘，大有得，勿𡥈。傰甲讒。
（阜本）□□　□□　□□□　□□　□□□
（熹本）□□　□□　□□□　□□　□□□
（敦本）□□　□□　□□□　□□　□□□
（開本）九四：由豫，大有得，勿疑。朋盍簪。

（今本）六五：貞疾，恒不死。
（竹本）六五：貞疾，亙不死。

（帛本）六五：貞疾，恒不死。
（阜本）□□ □□ □□□
（熹本）□□ □□ □□□
（敦本）□□ □□ □□□
（開本）六五：貞疾，恒不死。

（今本）上六：冥豫，成有渝。无咎。
（竹本）上六：榠⾦，成又愈。亡咎。
（帛本）尚六：冥餘，成或諭。无咎。
（阜本）□□ □□ □□□ □□
（熹本）□六：冥豫，成有渝。□□。
（敦本）□□ □□ □□□ □□
（開本）上六：冥豫，成有渝。无咎。

17. 隨

（今本）隨：元亨，利貞，无咎。
（竹本）陵：元卿，利貞，亡咎。
（帛本）隋：元亨，利貞，无咎。
（阜本）□：□□，□貞，无咎。
（熹本）□ □□ □□ □□
（敦本）□ □□ □□ □□
（開本）隨：元亨，利貞，无咎。

（今本）初九：官有渝，貞吉，出門交有功。
（竹本）初九：官又愈，貞吉，出門交又工。
（帛本）初九：官或諭，貞吉，出門交有功。
（阜本）□九：官有□，貞吉，出門交有□。
（熹本）□□ □□□ □□ □□□□□
（敦本）□□ □□□ □□ □□□□□
（開本）初九：官有渝，貞吉，出門交有功。

（今本）六二：係小子，失丈夫。
（竹本）六二：係少子，遊丈夫。
（帛本）六二：係小子，失丈夫。

（阜本）六三：係小□，失丈夫。
（熹本）□□ □□□ □□□
（敦本）□□ □□□ □□□
（開本）六二：係小子，失丈夫。

（今本）六三：係丈夫，失小子，隨有求，得。利居貞。
（竹本）六晶：係丈夫，遊少子，陵 求又旻。利凥貞。
（帛本）六三：係丈夫，失小子，隋有求，得。利居貞。
（阜本）□□：□丈夫，失小子，隋有求，得。利處貞。①
（熹本）□□ □□□ □□□ □□□ □ □□□
（敦本）□□ □□□ □□□ □□□ □ □□□
（開本）六三：係丈夫，失小子，隨有求，得。利居貞。

（今本）九四：隨有獲，貞凶。有孚在道，以明，何咎？
（竹本）九四：陵又䑋，貞工。又孚才道，巳明，可咎？
（帛本）九四：隋有獲，貞凶。有復在道，巳明，何咎？
（阜本）□□ □□□ □□ □□□□ □□ □□
（熹本）□□ □□□ □□ □□□□ □□ □□
（敦本）□□ □□□ □□ □□□□ □□ □□
（開本）九四：隨有獲，貞凶。有孚在道，以明，何咎？

（今本）九五：孚于嘉，吉。
（竹本）九五：孚于嘉，吉。
（帛本）九五：復于嘉，吉。
（阜本）九五：復 嘉，吉。
（熹本）□□ □□□ □
（敦本）□□ □□□ □
（開本）九五：孚于嘉，吉。

（今本）上六：拘 係之，乃從維之，王用亨于西山。
（竹本）上六：係而敂之，從乃𡂔之，王用亯于西山。

① “處”，原釋爲“虛”，李零認爲應作“處”（《讀上博簡〈周易〉》2006），經核對原圖版，從李零之説。

(帛本) 尚九：枸　係之，乃從蘬之，王用芳于西山。
(阜本) 上六：拘　□□，□□□□，□□亨于支山。
(熹本) □六：拘　係之，乃從維□，王用亨□□□。
(敦本) □□　□　□□　□□□□　□□□□□□
(開本) 上六：拘　係之，乃從維之，王用亨于西山。

18. 蠱

(今本) 蠱：　元　亨。利涉大川，先甲三日，後甲三日。
(竹本) 蛊：　元　卿。利涉大川，選甲晶日，遂甲晶日。
(帛本) 箇：　□吉亨。利涉大川，先甲三日，後甲三日。
(阜本) □：　□　□。□□□□，□□□日，後甲三日。
(熹本) □　　□　□　□□□□　□□□□　□□□□
(敦本) □　　□　□　□□□□　□□□□　□□□□
(開本) 蠱：　元　亨。利涉大川，先甲三日，後甲三日。

(今本) 初六：幹父之蠱，有子，考无咎。厲，終吉。
(竹本) 初六：榦父之蛊，又子，攷亡咎。礪，冬吉。
(帛本) 初六：榦父之箇，有子，巧无咎。厲，終吉。
(阜本) □六：榦□□□，□□，□□咎。厲，冬吉。
(熹本) □□　□□□□　□□　□□□　□　□□
(敦本) □□　□□□□　□□　□□□　□　□□
(開本) 初六：幹父之蠱，有子，考无咎。厲，終吉。

(今本) 九二：幹母之蠱，不可貞。
(竹本) 九二：榦母之蛊，不可貞。
(帛本) □□：榦母之箇，不可貞。
(阜本) □□：榦母之□，□□□。
(熹本) □□　□□□□　□□□
(敦本) □□　□□□□　□□□
(開本) 九二：幹母之蠱，不可貞。

(今本) 九三：幹父之蠱，小有悔，无大咎。
(竹本) 九晶：榦父之蛊，少又□，□□□。
(帛本) 九三：榦父之箇，少有㤅，无大咎。

（阜本）□□：□□□□，小有毎，无□□。
（熹本）□□ □□□□ □□□ □□□
（敦本）□□ □□□□ □□□ □□□
（開本）九三：幹父之蠱，小有悔，无大咎。

（今本）六四：裕父之蠱，往見吝。
（竹本）□□ □□□□ □□□
（帛本）六四：浴父之箇，往見閵。
（阜本）□□ □□□□ □□□
（熹本）□□：□□□□，□□𢻱。
（敦本）□□ □□□□ □□□
（開本）六四：裕父之蠱，往見吝。

（今本）六五：幹父之蠱，用譽。
（竹本）□□ □□□□ □□
（帛本）六五：榦父之箇，用輿。
（阜本）□□ □□□□ □□
（熹本）六五：幹父之蠱，□譽。
（敦本）□□ □□□□ □□
（開本）六五：幹父之蠱，用譽。

（今本）上九：不事王侯，高尚其事。
（竹本）□□ □□□□ □□□□
（帛本）尚九：不事王矦，高尚亓德，兇。
（阜本）□□：□□□侯，高上其事。
（熹本）上九：不□□□，□□□□。
（敦本）□□ □□□□ □□□□
（開本）上九：不事王侯，高尚其事。

19. 臨

（今本）臨：元亨，利貞。至于八月有凶。
（竹本）□ □□ □□ □□□□□□
（帛本）□：□□，利貞。至于八月有□。
（阜本）林：□□，□□。至于□□□□。

（熹本）□ □□ □□ □□□□□□□
（敦本）□ □□ □□ □□□□□□□
（開本）臨：元亨，利貞。至于八月有凶。

（今本）初九：咸臨，貞吉。
（竹本）□□ □□ □□
（帛本）初九：咸林，貞吉。
（阜本）□□ □□ □□
（熹本）□□ □□ □□
（敦本）□□ □□ □□
（開本）初九：咸臨，貞吉。

（今本）九二：咸臨，吉，无不利。
（竹本）□□ □□ □ □□□
（帛本）九二：禁林，吉，无不利。
（阜本）□□ □□ □ □□□
（熹本）□□ □□ □ □□□
（敦本）□□ □□ □ □□□
（開本）九二：咸臨，吉，无不利。

（今本）六三：甘臨，无攸利；既憂之，无咎。
（竹本）□□ □□ □□□ □□□ □□
（帛本）六三：甘林，无攸利；既憂之，无咎。
（阜本）□□：□□，□□□；□憂之，无咎。
（熹本）□□ □□ □□□ □□□ □□
（敦本）□□ □□ □□□ □□□ □□
（開本）六三：甘臨，无攸利；既憂之，无咎。

（今本）六四：至臨，无咎。
（竹本）六四：至林，无咎。
（帛本）六四：至林，无咎。
（阜本）□□ □□ □□
（熹本）□□ □□ □□
（敦本）□□ □□ □□

（開本）六四：至臨，无咎。

（今本）六五：知臨，大君之宜，吉。
（竹本）□□ □□ □□□□ □
（帛本）□五：知林，大□□□，□。
（阜本）□□：□□，大君之義，吉。
（熹本）□□ □□ □□□□ □
（敦本）□□ □□ □□□□ □
（開本）六五：知臨，大君之宜，吉。

（今本）上六：敦臨，吉，无咎。
（竹本）□□ □□ □ □□
（帛本）□□：敦林，吉，无咎。
（阜本）□□ □□ □ □□
（熹本）□□：□臨，吉，无咎。
（敦本）□□ □□ □ □□
（開本）上六：敦臨，吉，无咎。

20. 觀

（今本）觀：盥而不薦。有孚顒若。
（竹本）□ □□□□ □□□□
（帛本）觀：盥而不尊。有復𩔣若。①
（阜本）□ □□□□ □□□□
（熹本）觀：盥而不薦。有孚顒若。
（敦本）□ □□□□ □□□□
（開本）觀：盥而不薦。有孚顒若。

（今本）初六：童觀，小人无咎，君子吝。
（竹本）□□ □□ □□□□ □□□
（帛本）初六：童觀，小人无咎，君子閵。
（阜本）□六：童觀，小人无咎，君子吝。
（熹本）□□ □□ □□□□ □□□
（敦本）□□ □□ □□□□ □□□

① “𩔣”爲濮茅左釋。張立文釋作“趄”。

（開本）初六：童觀，小人无咎，君子吝。

（今本）六二：窺觀，利女 貞。
（竹本）□□ □□ □□ □
（帛本）六二：規觀，利女 貞。
（阜本）□□：□□，利女子□。
（熹本）□□ □□ □□ □
（敦本）□□ □□ □□ □
（開本）六二：闚觀，利女 貞。

（今本）六三：觀我生，進退。
（竹本）□□ □□□ □□
（帛本）六三：觀我生，進退。
（阜本）□三：觀我産，進退。
（熹本）□□ □□□ □□
（敦本）□□ □□□ □□
（開本）六三：觀我生，進退。

（今本）六四：觀國之光，利用賓于王。
（竹本）□□ □□□□ □□□□□
（帛本）六四：觀國之光，□用賓于王。
（阜本）□□：□□之光，利用□□□。
（熹本）□□ □國之□ □□□□□
（敦本）□□ □□□□ □□□□□
（開本）六四：觀國之光，利用賔于王。

（今本）九五：觀我生，君子无咎。
（竹本）□□ □□□ □□□□
（帛本）九五：觀我生，君子无咎。
（阜本）□□ □□□ □□□□
（熹本）□□ □□□ □□□□
（敦本）□□ □□□ □□□□
（開本）九五：觀我生，君子无咎。

（今本）上九：觀其生，君子无咎。

（竹本）□□ □□□ □□□□
（帛本）尚九：觀亓生，君子无咎。
（阜本）□□：觀其□，□□□□。
（熹本）□□ □□□ □□□□
（敦本）□□ □□□ □□□□
（開本）上九：觀其生，君子无咎。

21. 噬嗑

（今本）噬嗑：亨。利用獄。
（竹本）□□ □ □□□
（帛本）□□：□。利用獄。
（阜本）筮閘：亨。利用獄訟者。
（熹本）□□：□。□用獄。
（敦本）□□ □ □□□
（開本）噬嗑：亨。利用獄。

（今本）初九：屨校滅趾，无咎。
（竹本）□□ □□□□ □□
（帛本）初九：句□□止，无咎。
（阜本）初九：屨校威□，□□。
（熹本）初九：屨校威止，无咎。
（敦本）□□ □□□□ □□
（開本）初九：屨校滅趾，无咎。

（今本）六二：噬膚滅鼻，无咎。
（竹本）□□ □□□□ □□
（帛本）六二：筮膚滅鼻，无咎。
（阜本）六二：筮膚威□，□□。
（熹本）六二：噬膚□□，□□。
（敦本）□□ □□□□ □□
（開本）六二：噬膚滅鼻，无咎。

（今本）六三：噬腊肉，遇毒，小吝，无咎。
（竹本）□□ □□□ □□ □□ □□

（帛本）六三：筮腊肉，愚毒，少閵，无咎。
（阜本）六三：筮腊肉，□□，□□，□□。
（熹本）□□ □□□ □□ □□ □□
（敦本）□□ □□□ □□ □□ □□
（開本）六三：噬腊肉，遇毒，小吝，无咎。

（今本）九四：噬乾胏，得金矢。利艱貞，吉。
（竹本）□□ □□□ □□□ □□□ □
（帛本）九四：筮乾
（阜本）□□：□□□，□金矢。利艱貞，吉。
（熹本）□□ □□□ □□□ □□□ □
（敦本）□□ □□□ □□□ □□□ □
（開本）九四：噬乾胏，得金矢。利艱貞，吉。

（今本）六五：噬乾肉，得黄金，貞厲，无咎。
（竹本）□□ □□□ □□□ □□ □□
（帛本）六五：筮乾肉，愚毒□，貞厲，无咎。
（阜本）六五：筮乾肉，得黄金，貞厲，□□。
（熹本）□五：噬□□，□□□，□□，□□。
（敦本）□□ □□□ □□□ □□ □□
（開本）六五：噬乾肉，得黄金，貞厲，无咎。

（今本）上九：何校滅耳，凶。
（竹本）□□ □□□□ □
（帛本）尚九：荷校滅耳，兇。
（阜本）□□：何校威耳，□。
（熹本）□□ □□□□ □
（敦本）□□ □□□□ □
（開本）上九：何校滅耳，凶。

22. 賁

（今本）賁：亨。小利有攸往。
（竹本）□ □ □□□□□
（帛本）□：□。□□有攸往。

（阜本）賁：亨。小利有攸往。
（熹本）□ □ □□□□□
（敦本）賁：亨。小利有攸往。
（開本）賁：亨。小利有攸往。

（今本）初九：賁其趾，舍車而徒。
（竹本）□□ □□□ □□□□
（帛本）□□：□□□，舍車而徒。
（阜本）初九：賁其止，舍□□□。
（熹本）□□：□□□，□轝而徒。
（敦本）初九：賁其趾，舍車而徒。
（開本）初九：賁其趾，舍車而徒。

（今本）六二：賁其須。
（竹本）□□ □□□
（帛本）六二：蘩亓□。
（阜本）六二：賁□□。
（熹本）六二：賁其須。
（敦本）六二：賁其湏。
（開本）六二：賁其須。

（今本）九三：賁如濡如，永貞吉。
（竹本）□□ □□□□ □□□
（帛本）九三：蘩茹濡茹，永貞吉。
（阜本）□□ □□□□ □□□
（熹本）九三：賁如濡如，□□□。
（敦本）九三：賁如濡如，永貞吉。
（開本）□□：賁如濡如，永貞吉。

（今本）六四：賁如皤如，白馬翰如。匪寇婚媾。
（竹本）□□ □□□□ □□□□ □□□□
（帛本）六四：蘩茹蕃茹，白馬榦茹。非寇閩詬。
（阜本）□□：□□皤如，白馬翰如。非寇□□。
（熹本）□□ □□□□ □□□□ □□□□

（敦本）六四：賁如皤如，白馬翰如。匪寇婚媾。
（開本）六四：賁如皤如，白馬翰如。匪寇婚媾。①

（今本）六五：賁于丘園，束帛戔戔，吝，終吉。②
（竹本）□□ □□□□ □□□□ □ □□
（帛本）六五：蘩于□□，□白戔戔，閵，終□。
（阜本）□□ □□□□ □□□□ □ □□
（熹本）□□ □□□□ □□□□ □ □□
（敦本）六五：賁于丘園，束帛戔戔，吝，終吉。
（開本）六五：賁于丘園，束帛戔戔，吝，終吉。

（今本）上九：白賁，无咎。
（竹本）□□ □□ □□
（帛本）□□：□□，□咎。
（阜本）上九：白賁，无□。
（熹本）□□ □□ □□
（敦本）上九：白賁，无咎。
（開本）上九：白賁，无咎。

23. 剥

（今本）剥：不利有攸往。
（竹本）□ □□□□□
（帛本）剥：不利有攸往。
（阜本）□ □□□□□
（熹本）□ □□□□□
（敦本）剥：不利有攸往。
（開本）剥：不利有攸往。

（今本）初六：剥牀以足，蔑貞凶。
（竹本）□□ □□□□ □□□
（帛本）初六：剥臧以足，㦽貞兇。

① 開本原文中“皤”缺“釆”之首筆。
② 開本原文中“丘”缺末筆，下同。

（阜本）初六：僕□□足，蘵貞兇。
（熹本）□□　□□□□　□□□
（敦本）初六：剥牀以足，蔑貞凶。
（開本）初六：剥牀以足，蔑貞凶。

（今本）六二：剥牀以辨，蔑貞凶。
（竹本）□□　□□□□　□□□
（帛本）六二：剥臧以辯，𢦦貞兇。
（阜本）□□：僕牀以辨，蘵貞□。
（熹本）□□：□□□□，□貞凶。
（敦本）六二：剥牀以辯，蔑貞凶。
（開本）六二：剥牀以辨，蔑貞凶。

（今本）六三：剥之，无咎。
（竹本）□□　□□　□□
（帛本）六三：剥，　无咎。
（阜本）□□　□□　□□
（熹本）六三：剥，　无咎。
（敦本）六三：剥，　无咎。
（開本）六三：剥之，无咎。

（今本）六四：剥牀以膚，凶。
（竹本）□□　□□□□　□
（帛本）六四：剥臧以膚，兇。
（阜本）□四：僕牀以父，兇。
（熹本）六四：剥牀以簠，凶。
（敦本）六四：剥牀以膚，凶。
（開本）六四：剥牀以膚，凶。

（今本）六五：貫魚，以宫人寵，无不利。
（竹本）□□　□□　□□□□　□□□
（帛本）六五：貫魚，食宫人籠，无不利。
（阜本）□□　□□　□□□□　□□□
（熹本）□□　□□　□□□□　□□□

（敦本）六五：貫魚，以宫人寵，无不利。
（開本）六五：貫魚，以宫人寵，无不利。

（今本）上九：碩果不食，君子得輿，小人剥廬。
（竹本）□□　□□□□　□□□□　□□□□
（帛本）尚九：石果不食，君子得車，小人剥蘆。
（阜本）□九：碩果不食，君子□□，□□□□。
（熹本）□□　□□□□　□□□□　□□□□
（敦本）上九：碩果不食，君子得輿，小人剥廬。
（開本）上九：碩果不食，君子得輿，小人剥廬。

24. 復

（今本）復：亨。出入无疾，朋來无咎。反復其道，七日來復。利有攸往。

（竹本）□　□　□□□□　□□□□　□□□□　□□□□　□□□□

（帛本）復：亨。出人无疾，堋來无咎。反復亓道，七日來復。利有攸往。

（阜本）復：□。□□□□，馮來无咎。□□□□，□□□□。□□□□。

（熹本）□　□　□□□□　□□□□　□□□□　□□□□　□□□□

（敦本）復：亨。出入无疾，朋來无咎。反復其道，七日來復。利有攸往。

（開本）復：亨。出入无疾，朋來无咎。反復其道，七日來復。利有攸往。

（今本）初九：不遠復，无祇悔，元吉。
（竹本）□□　□□□　□□□　□□
（帛本）初九：不遠復，无提悬，元吉。
（阜本）□九：不遠□，□智悔，元吉。
（熹本）□□　□□□　□□□　□□
（敦本）初九：不遠復，无祇悔，元吉。
（開本）初九：不遠復，无祇悔，元吉。

（今本）六二：休復，吉。
（竹本）□□　□□　□
（帛本）六二：休復，□。
（阜本）六二：休復，吉。
（熹本）□□　□□　□
（敦本）六二：休復，吉。
（開本）六二：休復，吉。

（今本）六三：頻復，厲，无咎。
（竹本）□□　□□　□　□□
（帛本）六三：編復，厲，无咎。
（阜本）六三：頻□，□，□□。
（熹本）□□：□復，厲，无咎。
（敦本）六三：頻復，厲，无咎。
（開本）六三：頻復，厲，无咎。

（今本）六四：中行獨復。
（竹本）□□　□□□□
（帛本）六四：中行獨復。
（阜本）□□：中行獨復。
（熹本）六四：中□□□。
（敦本）六四：中行獨復。
（開本）六四：中行獨復。

（今本）六五：敦復，无悔。
（竹本）□□：辜退，亡悬。
（帛本）六五：敦復，无悬。
（阜本）□五：敦復，无毎。
（熹本）□□　□□　□□
（敦本）六五：敦復，无悔。
（開本）六五：敦復，无悔。

（今本）上六：迷復，凶，有災眚。用行師，終有大敗，以其國君，凶，至于十年不克征。

（竹本）上六：迷□，□，□□□。□□□，□□□□，□□□□，□，□□□□□□□。

（帛本）尚六：迷復，兇，有兹省。用行師，終有大敗，以亓國君，凶，至 十年弗克正。

（阜本）上六：迷復，兇，有□□。□□□，□□□□，□□□□，□，□□□□□□□。

（熹本）□□ □□ □ □□□ □□□ □□□□ □□□□ □ □□□□□□□

（敦本）□□ □□ □ □□□ □□□ □□□□ □□□□ □ □□□□□□□

（開本）上六：迷復，凶，有災眚。用行師，終有大敗，以其國君，凶，至于十年不克征。

25. 无妄

（今本）无妄：元亨，利貞。其匪正有眚，不利有攸往。
（竹本）亡忘：元卿，利貞。丌非遉又禬，不利又逌遳。
（帛本）无孟：元亨，利貞。 非正有省，不利有攸往。
（阜本）无亡：元亨，利貞。其非延有眚，不利有囪往。
（熹本）□□ □□ □□ □□□□□ □□□□□
（敦本）无妄：元亨，利貞。其匪正有眚，不利有攸往。
（開本）无妄：元亨，利貞。其匪正有眚，不利有攸往。

（今本）初九：无妄，往吉。
（竹本）初九：亡忘， 吉。
（帛本）初九：无孟，往吉。
（阜本）初九：无亡，往吉。
（熹本）□□ □□ □□
（敦本）初九：无妄，往吉。
（開本）初九：无妄，往吉。

（今本）六二：不耕 穫，不菑畬，則利用攸往。
（竹本）六二：不䎂而穫，不畜之，□□□□□。
（帛本）六二：不耕 穫，不菑餘， 利□□往。

（阜本）□□　不耕　獲，不□□，□□□□□。
（熹本）□□　□□　□，□□□，□□有□□
（敦本）六二：不耕　穫，不菑畬，則利有攸往。
（開本）六二：不耕　穫，不菑畬，則利用攸往。

（今本）六三：无妄之災，或擊之牛，行人之得，邑人之災。
（竹本）□□：□□□□，□□□□，□人之旻，邑人之𡿧。
（帛本）六三：无□□□，或擊□□，□□之得，邑人之茲。
（阜本）□□　□□□□　□□□□　□□□□　□□□□
（熹本）□□　□□□□　□□□□　□□□□　□□□□
（敦本）六三：无妄之灾，或繫之牛，行人之得，邑人之灾。
（開本）六三：无妄之災，或繫之牛，行人之得，邑人之災。

（今本）九四：可貞，无咎。
（竹本）九四：可貞，亡咎。
（帛本）九四：可貞，无咎。
（阜本）九四：可貞，无咎。
（熹本）□□　□□　□□
（敦本）九四：可貞，无咎。
（開本）九四：可貞，无咎。

（今本）九五：无妄之疾，勿藥有喜。
（竹本）九五：亡忘又疾，勿藥又菜。
（帛本）九五：无孟之疾，勿樂有喜。
（阜本）□□　□□□□　□□□□
（熹本）□□　□□□□　□□□□
（敦本）九五：无妄之疾，勿藥有喜。
（開本）九五：无妄之疾，勿藥有喜。

（今本）上九：无妄　行，有眚，无攸利。
（竹本）上九：亡忘　行，又禧，亡卣利。
（帛本）尚九：无孟之行，有省，无攸利。
（阜本）□□　□□　□　□□，□□□
（熹本）□□　□□　□　□□，□□□

（敦本）上九：无妄　行，有眚，无攸往。
（開本）上九：无妄　行，有眚，无攸利。

26. 大畜

（今本）大畜：利貞。不家　食，吉。利涉大川。
（竹本）大筀：利貞。不豥而飤，吉。利涉大川。
（帛本）泰蓄：利貞。不家　食，吉。利涉大川。
（阜本）□□　□□　□□　□　□　□□□□
（熹本）□□　□□　□□　□　□　□□□□
（敦本）大畜：利貞。不家　食，吉。利涉大川。
（開本）大畜：利貞。不家　食，吉。利涉大川。①

（今本）初九：有厲，利巳。
（竹本）初九：又礪，利巳。
（帛本）初九：有厲，利巳。
（阜本）□□　□□　□□
（熹本）□□　□□　□□
（敦本）初九：有厲，利己。
（開本）初九：有厲，利巳。

（今本）九二：輿説輹。
（竹本）九二：車敓复。
（帛本）九二：車説緮。
（阜本）□□　□□□
（熹本）□□　□□□
（敦本）九二：輿説輹。
（開本）九二：輿説輹。

（今本）九三：良馬逐，利艱貞，曰閑輿衛，利有攸往。
（竹本）九晶：良馬由，利堇貞，曰班車戥，利又卣逜。
（帛本）九三：良馬遂，利根貞，曰闌車衛，利有攸往。
（阜本）□□　□□□　□□□　□□□□　□□□□

① 開本原文中“畜”之“玄”缺末筆，下同。

（熹本）□□ □□□ □□□ □□□□ □□□□
（敦本）九三：良馬逐，利艱貞，□□□□，□□□□。
（開本）九三：良馬逐，利艱貞，曰閑輿衛，利有攸往。

（今本）六四：童牛之牿，元吉。
（竹本）六四：僮牛之檡，元吉。
（帛本）六四：童牛之鞫，元吉。
（阜本）□四：童□□□，□□。
（熹本）□□ □□□□ □□
（敦本）六四：童牛之牯，元吉。
（開本）六四：童牛之牿，元吉。

（今本）六五：豶豕之牙，吉。
（竹本）六五：芬豕之酉，吉。
（帛本）六五：哭豨之牙，吉。
（阜本）□□ □□□□ □
（熹本）□□ □□□□ □
（敦本）六五：豶豕之牙，吉。
（開本）六五：豶豕之牙，吉。

（今本）上九：何天之衢，亨。
（竹本）上九：擱天之𠤎，卿。
（帛本）尚九：何天之瞿，亨。
（阜本）□□ □□□□ □
（熹本）□□ □□□□ □
（敦本）上九：何天之衢，亨。
（開本）上九：何天之衢，亨。

27. 頤

（今本）頤：貞吉。觀頤，自求口實。
（竹本）頤：貞吉。觀頤，自求口實。
（帛本）□：□□。□□，□□口實。
（阜本）□ □□ □□ □□□□
（熹本）□ □□ □□ □□□□

（敦本）頤：貞吉。觀頤，自求口實。
（開本）頤：貞吉。觀頤，自求口實。

（今本）初九：舍爾靈龜，觀我朵頤，凶。
（竹本）初九：𠤎𤰈介霝龜，觀我㪔頤，凶。[①]
（帛本）初九：舍而靈龜，□我掇頤，凶。
（阜本）初九：舍而靈龜，觀我端頤，兇。
（熹本）□□ □□□□ □□□□ □
（敦本）初九：舍爾靈龜，觀我朵頤，凶。
（開本）初九：舍爾靈龜，觀我朵頤，凶。

（今本）六二： 顛頤，拂經于丘頤，征凶。
（竹本）六二：曰遉頤，𦐇經于北洍，征凶。
（帛本）六二：曰顛頤，柫經于北頤，正凶。
（阜本）六二： 奠頤，弗經于丘頤，政兇。
（熹本）□□ □□ □□□□□ □□
（敦本）六二： 顛頤，拂經于丘頤，征凶。
（開本）六二： 顛頤，拂經于丘頤，征凶。

（今本）六三：拂頤，貞凶，十年勿用，无攸利。
（竹本）六晶：𦐇頤，貞凶，十年勿用，亡卣利。
（帛本）六三：柫頤，貞凶，十年勿用，无攸利。
（阜本）□□：弗頤，貞兇，□□□□，□□□。
（熹本）□□ □□ □□ □□□□ □□□
（敦本）六三：拂頤，貞凶，十年勿用，无攸利。
（開本）六三：拂頤，貞凶，十年勿用，无攸利。

（今本）六四：顛頤，吉。虎視眈眈，其欲逐逐，无咎。
（竹本）六四：遉頤，吉。虎見䨻䨻，丌猷攸攸，亡咎。[②]

① 竹本濮茅左原隸作“𠤎𤰈”。陳偉指出：“此字從八從吕從象，其實是戰國文字‘豫’的常見寫法（參看何琳儀：《戰國古文字典》，第569頁）。當釋爲‘豫’，讀爲‘予’。”何琳儀釋同。陳偉：《上博簡〈從政〉、〈周易〉校讀》，《楚地簡帛思想研究（二）》，湖北教育出版社2005年，第5頁。

② 竹本“䨻”“攸”之下原均爲重文符號。

（帛本）六四：顛頤，吉。虎視沈沈，亓容笛笛，无咎。
（阜本）六四：嗔頤，吉。虎視眈眈，其猶遂遂，无咎。①
（熹本）□□ □□ □ □□□□ □□□□ □□
（敦本）六四：顛頤，吉。虎視𥄴𥄴，其欲逐逐，无咎。
（開本）六四：顛頤，吉。虎視眈眈，其欲逐逐，无咎。

（今本）六五：拂經，居貞吉，不可涉大川。
（竹本）六五：𢘓經，凥貞吉，不可涉大川。
（帛本）六□：□□，居貞吉，□□□□川。
（阜本）六五：不經，□□□，□□□□□。
（熹本）□□ □□ □□□ □□□□□
（敦本）六五：拂經，居貞吉，不可涉大川。
（開本）六五：拂經，居貞吉，不可涉大川。

（今本）上九：由頤，厲吉。利涉大川。
（竹本）上九：繇頤，礪吉。利涉大川。
（帛本）□□：□□，□□。□涉大川。
（阜本）□□ □□ □□ □□□□
（熹本）□□ □□ □□ □□□□
（敦本）上九：由頤，厲吉。利涉大川。
（開本）上九：由頤，厲吉。利涉大川。

28. 大過

（今本）大過：棟橈，利有攸往，亨。
（竹本）□□ □□ □□□□ □
（帛本）泰過：棟轝，利有攸往，亨。
（阜本）大過：橦橈，利用𢇍往，亨。
（熹本）□□ □□ □□□□ □
（敦本）大過：棟橈，利有攸往，亨。
（開本）大過：棟橈，利有攸往，亨。

① 阜本對應今本“欲”之字形作“㰱”，廖名春釋爲“猶”（《楚簡〈周易·頤〉卦試釋》，2004），從廖釋。

（今本）初六：藉用白茅，无咎。
（竹本）□□ □□□□ □□
（帛本）初六：藉用白茅，无咎。
（阜本）初六：□用白□，□□。
（熹本）□□ □□□□ □□
（敦本）初六：藉用白茅，无咎。
（開本）初六：藉用白茅，无咎。

（今本）九二：枯楊生稊，老夫得其女妻，无不利。
（竹本）□□ □□□□ □□□□□□□ □□□
（帛本）九二：楛楊生荑，老夫得亓女妻，无不利。
（阜本）九二：枯楊生苐，老夫得□女妻，无不利。
（熹本）□□ □□□□ □□□□□□□ □□□
（敦本）九二：枯楊生稊，老夫得其女妻，无不利。
（開本）九二：枯楊生稊，老夫得其女妻，无不利。

（今本）九三：棟橈，凶。
（竹本）□□ □□ □
（帛本）九三：棟橈，凶。
（阜本）□□ □□ □
（熹本）□□ □□ □
（敦本）九三：棟橈，凶。
（開本）九三：棟橈，凶。

（今本）九四：棟隆，吉。有它，吝。
（竹本）□□ □□ □ □□ □
（帛本）九四：棟𨻸，吉。有它，閵。
（阜本）□□：□□，吉。有它，吝。
（熹本）□□ □□ □ □□ □
（敦本）九四：棟隆，吉。有它，吝。
（開本）九四：棟隆，吉。有它，吝。

（今本）九五：枯楊生華，老婦得其士夫，无咎无譽。
（竹本）□□ □□□□ □□□□□□□ □□□□

（帛本）六五：楉楊生華，老婦得亓士夫，无咎无譽。
（阜本）□□ □□□□ □□□□□□ □□□□
（熹本）□□ □□□□ □□□□□□ □□□□
（敦本）九五：枯楊生華，老婦得其士夫，无咎无譽。
（開本）九五：枯楊生華，老婦得其士夫，无咎无譽。

（今本）上六：過涉滅頂，凶。无咎。
（竹本）□□ □□□□ □ □□
（帛本）尚九：過涉滅釘，凶，无咎。
（阜本）上六：過涉□□，□。□□。
（熹本）□□ □□□□ □ □□
（敦本）上六：過涉滅頂，凶。无咎。
（開本）上六：過涉滅頂，凶。无咎。

29. 坎

（今本）習坎：有孚維心，亨。行有尚。
（竹本）□□ □□□□ □ □□□
（帛本）習贛：有復傷心，亨。行有尚。①
（阜本）□□：□復巂心，亨。□□□。②
（熹本）□□ □□□□ □ □□□
（敦本）習坎：有孚維心，□。□□□。
（開本）習坎：有孚維心，亨。行有尚。

（今本）初六：習坎，入于坎窞，凶。
（竹本）□□ □□ □□□□ □
（帛本）初六：習贛，人 贛閻，凶。
（阜本）□□ □□ □□□□ □
（熹本）□□ □□ □□□□ □
（敦本）初六：□□，入于坎窞，凶。
（開本）初六：習坎，入于坎窞，凶。

① 傷，丁四新釋爲“巂”。
② “巂”，侯乃峰釋爲“傷”，考原圖版（第256頁），當爲“巂”。

（今本）九二：坎有險，求小得。
（竹本）□□ □□□ □□□
（帛本）九二：贛有訦，求少得。
（阜本）□□：□有險，□□□。
（熹本）□□ □□□ □□□
（敦本）九二：坎有險，求小得。
（開本）九二：坎有險，求小得。

（今本）六三：來之坎坎，險且枕，入于坎窞，勿用。
（竹本）□□ □□□□ □□□ □□□□ □□
（帛本）六三：來之贛贛，噞且訦，人□贛閻，□□。
（阜本）□□ □□□□ □□□ □□□□ □□
（熹本）□□ □□□□ □□□ □□□□ □□
（敦本）六三：來之坎坎，險且枕，□□□□，勿用。
（開本）六三：來之坎坎，險且枕，入于坎窞，勿用。

（今本）六四：樽酒簋貳，用缶，納約自牖，終无咎。
（竹本）□□ □□□□ □□ □□□□ □□□
（帛本）六四：奠酒巧訮，用缶，人药自牖，終无咎。①
（阜本）□□：□□□□，□□，□□自牖，冬无咎。
（熹本）□□ □□□□ □□ □□□□ □□□
（敦本）六四：樽酒簋貳，用缶，納約自牖，終无咎。
（開本）六四：樽酒簋貳，用缶，納約自牖，終无咎。

（今本）九五：坎不盈，祇既平，无咎。
（竹本）□□ □□□ □□□ □□
（帛本）九五：贛不盈，塭既平，无咎。
（阜本）□□ □□□ □□□ □□
（熹本）□□ □□□ □□□ □□
（敦本）九五：坎不盈，衹既平，无咎。
（開本）九五：坎不盈，衹既平，无咎。

① “訮”，于豪亮釋爲“詂”，侯乃峰認爲“訮”的可能性更大。

（今本）上六：係用徽纆，寘　于叢棘，三歲不得，凶。
（竹本）□□　□□□□　□　□□□　□□□□　□
（帛本）尚六：系用諱纆，親之于纏勒，三歲弗得，兇。[①]
（阜本）上六：係用徽纆，寘　□□□，□歲不得，兇。
（熹本）□□　□□□□　□　□□□　□□□□　□
（敦本）上六：係用徽纆，寘　于叢棘，三歲不得，凶。
（開本）上六：係用徽纆，寘　于叢棘，三歲不得，凶。

30. 離

（今本）離：利貞，亨。畜牝牛，吉。
（竹本）□　□□　□　□□□　□
（帛本）羅：利貞，亨。畜牝牛，吉。
（阜本）離：利貞，亨。畜匕牛，吉。
（熹本）□　□□　□　□□□　□
（敦本）離：利貞，亨。畜牝牛，吉。
（開本）離：利貞，亨。畜牝牛，吉。

（今本）初九：履錯然，敬之，无咎。
（竹本）□□　□□□　□□　□□
（帛本）初九：禮昔然，敬之，无咎。
（阜本）初九：履蓍然，敬之，无咎。
（熹本）□□　□□□　□□　□□
（敦本）初九：履錯然，敬之，无咎。
（開本）初九：履錯然，敬之，无咎。

（今本）六二：黄離，元吉。
（竹本）□□　□□　□□
（帛本）六二：黄羅，元吉。
（阜本）□□　□□　□□
（熹本）□□　□□　□□
（敦本）六二：黄離，元吉。
（開本）六二：黄離，元吉。

① “纏”，原釋爲“紭”，丁四新釋爲“纏”，從丁釋。

（今本）九三：日昃之離，不鼓缶而歌，則大耋之嗟，凶。
（竹本）□□ □□□□ □□□□□ □□□□□ □
（帛本）九三：日稄之羅，不鼓垢而歌，即大絰之駐，兇。
（阜本）九三：日厢之離，□□□□歌，則大□□□，□。
（熹本）□□ □□□□ □□□□□ □□□□□ □
（敦本）九三：日昊之離，不鼓缶而歌，則大耋之嗟，凶。
（開本）九三：日昊之離，不鼓缶而歌，則大耋之嗟，凶。

（今本）九四： 突如，其來如，焚如，死如，棄如。
（竹本）□□ □□ □□□ □□ □□ □□
（帛本）九四： 出如， 來如，紛如，死如，棄如。
（阜本）九四：其出如，其來如，焚如， 棄□。
（熹本）□□ □□ □□□ □□ □□ □□
（敦本）九四： 突如，其來如，焚如，死如，棄如。
（開本）九四： 突如，其來如，焚如，死如，弃如。

（今本）六五：出涕沱若，戚嗟若，吉。
（竹本）□□ □□□□ □□□ □
（帛本）六五：出涕沱若，□駐若，吉。
（阜本）□□：□□□□，□差若，吉。
（熹本）□□ □□□□ □□□ □
（敦本）六五：出涕沱若，慼嗟若，吉。
（開本）六五：出涕沱若，戚嗟若，吉。

（今本）上九：王用出征，有嘉折首，獲匪其醜，无咎。
（竹本）□□ □□□□ □□□□ □□□□ □□
（帛本）尚九：王 出正，有嘉折首，獲不 𢧢，无咎。
（阜本）□□ □□□□ □□□□ □□□□ □□
（熹本）□□ □□□□ □□□□ □□□□ □□
（敦本）上九：王用出征，有嘉折首，獲匪其醜，无咎。①
（開本）上九：王用出征，有嘉折首，獲匪其醜，无咎。②

---

① 開本原文中“醜”之“鬼”缺首筆。
② 同上。

下　經

31. 咸

（今本）咸：亨，利貞。取女吉。
（竹本）欽：卿，利貞。取女吉。
（帛本）欽：亨，利貞。取女吉。
（阜本）□　□　□□　□□□
（熹本）□　□　□□　□□□
（敦本）咸：亨，利貞。娶□□。
（開本）咸：亨，利貞。取女吉。

（今本）初六：咸其拇。
（竹本）初六：欽亓拇。
（帛本）初六：欽亓栂。
（阜本）□□　□□□
（熹本）□□　□□□
（敦本）初六：咸其栂。
（開本）初六：咸其拇。

（今本）六二：咸其腓，凶。居吉。
（竹本）六二：欽亓膂，凶。凥吉。
（帛本）六二：欽亓𣪠，凶。居吉。
（阜本）□□　□□□　□　□□
（熹本）□□　□□□　□　□□
（敦本）六二：咸其腓，凶。居吉。
（開本）六二：咸其腓，凶。居吉。

（今本）九三：咸其股，執其隨，往吝。
（竹本）九晶：欽亓膂，墊丌陵，　吝。
（帛本）九三：欽亓𣪠，執亓隨，　閵。
（阜本）□□　□□□　□□□　□□
（熹本）□□　□□□　□□□　□□

（敦本）九三：咸其股，執其□，□□。
（開本）九三：咸其股，執其隨，往吝。

（今本）九四：貞吉，悔亡。憧憧往來，朋從爾思。
（竹本）九四：貞吉，亡悬。童□□□，□□□志。
（帛本）九四：貞吉，悬亡。童童往來，傰從璽思。
（阜本）□□ □□ □□ □□□□ □□□□
（熹本）□□ □□ □□ □□□□ □□□□
（敦本）九四：貞吉，悔亡。憅憅往來，朋從尒思。
（開本）九四：貞吉，悔亡。憧憧往來，朋從爾思。

（今本）九五：咸其脢，无悔。
（竹本）九五：欽丌拇，亡悬。
（帛本）九五：欽亓股，无悬。
（阜本）□□：□□□，□□。
（熹本）□□ □□□ □□
（敦本）九五：□其脢，无悔。
（開本）九五：咸其脢，无悔。

（今本）上六：咸其輔頰舌。
（竹本）上六：欽 頌夾脂。
（帛本）尚六：欽亓胶陕舌。
（阜本）□□：□其父□□。
（熹本）□□ □□□□□
（敦本）上六：咸其輔頰舌。
（開本）上六：咸其輔頰舌。

32. 恒

（今本）恒：亨，无咎，利貞。利有攸往。
（竹本）亙：卿，利貞，亡咎。
（帛本）恒：亨，无咎，利貞。利有攸往。
（阜本）□ □ □□ □□ □□□□
（熹本）□ □ □□ □□ □□□□
（敦本）恒：亨，无咎，利貞。利有攸往。

（開本）恒：亨，无咎，利貞。利有攸往。①

（今本）初六：浚恒，貞凶，无攸利。
（竹本）初六：濬恆，貞凶，亡卣利。
（帛本）初六：夐恒，貞凶，无攸利。
（阜本）□□ □□ □□ □□□
（熹本）□□ □□ □□ □□□
（敦本）□□ □□ □□ □□□
（開本）初六：浚恒，貞凶，无攸利。

（今本）九二：悔亡。
（竹本）九二：悬亡。
（帛本）九二：悬亡。
（阜本）□□ □□
（熹本）□□ □□
（敦本）□□ □□
（開本）九二：悔亡。

（今本）九三：不恒其德，或承之羞，貞吝。
（竹本）九晶：不經丌悳，或丞丌憂，貞吝。
（帛本）九三：不恒亓德，或承之羞，貞閵。
（阜本）□□ □□□□ □□□□ □□
（熹本）□□ □□□□ □□□□ □□
（敦本）□□ □□□□ □□□□ □□
（開本）九三：不恒其德，或承之羞，貞吝。

（今本）九四：田无禽。
（竹本）九四：畋亡含。
（帛本）九四：田无禽。
（阜本）□□ □□□
（熹本）□□ □□□
（敦本）□□ □□□

① 開本原文中“恒”缺末筆。下同。

（開本）九四：田无禽。

（今本）六五：恒其德，貞，婦人吉，夫子凶。
（竹本）六五：絚丌惪，貞，婦人吉，夫子凶。
（帛本）六五：恒亓德，貞，婦人□，夫子凶。
（阜本）□□ □□□ □ □□□ □□□
（熹本）□□ □□□ □ □□□ □□□
（敦本）□□ □□□ □ □□□ □□□
（開本）六五：恒其德，貞，婦人吉，夫子凶。

（今本）上六：振恒， 凶。
（竹本）上六：𢿋亙，貞凶。
（帛本）尚六：夐恒， 兇。
（阜本）□□ □□ □
（熹本）□□ □□ □
（敦本）□□ □□ □
（開本）上六：振恒， 凶。

33. 遯

（今本）遯：亨。小利貞。
（竹本）豚：卿。少利貞。
（帛本）椽：亨。小利貞。
（阜本）□ □ □□□
（熹本）□ □ □□□
（敦本）□ □ □□□
（開本）遯：亨。小利貞。

（今本）初六：遯 尾，厲，勿用有攸往。
（竹本）初六：豚丌尾，礪，勿用又鹵遈。
（帛本）初六：椽 尾，厲，勿用有攸往。
（阜本）初六：椽 □，厲，勿用有□。
（熹本）□□：□ □，□，勿□□□□。
（敦本）□□ □ □ □ □□□□□
（開本）初六：遯 尾，厲，勿用有攸往。

（今本）六二：執之用黃牛之革，莫之勝說。
（竹本）六二：㺨　用黃牛之革，莫之𠡍豥。
（帛本）六二：共之用黃牛之勒，莫之勝奪。
（阜本）□□：□□□□□□□，莫之□□。
（熹本）□□　□□□□□□□　□□□□
（敦本）□□　□□□□□□□　□□□□
（開本）六二：執之用黃牛之革，莫之勝說。

（今本）九三：係遯，有疾厲，畜臣妾，吉。
（竹本）九晶：係㒸，又疾礪，畜臣妾，吉。
（帛本）九三：爲椽，有疾厲，畜僕妾，吉。
（阜本）□□　□□　□□□　□□□　□
（熹本）□□　□□　□□□　□□□　□
（敦本）□□　□□　□□□　□□□　□
（開本）九三：係遯，有疾厲，畜臣妾，吉。

（今本）九四：好遯，君子吉，小人否。
（竹本）九四：好㒸，君子吉，少人否。①
（帛本）九四：好椽，君子吉，小人不。
（阜本）□□　□□.　□□吉　□□□
（熹本）□□　□□　□□□　□□□
（敦本）□□　□□　□□□　□□□
（開本）九四：好遯，君子吉，小人否。

（今本）九五：嘉遯，貞吉。
（竹本）九五：嘉㒸，　吉。
（帛本）九五：嘉椽，貞吉。
（阜本）九五：嘉椽，貞吉。
（熹本）□□　□□　□□
（敦本）□□　□□　□□
（開本）九五：嘉遯，貞吉。

---

① “少人”，楚簡合文抄作“尖”，其下有合文符號。

（今本）上九：肥遯，无不利。
（竹本）上九：肥豚，亡不利。
（帛本）尚九：肥椽，先不利。
（阜本）□□ □□ □□□
（熹本）□□ □□ □□□
（敦本）□□ □□ □□□
（開本）上九：肥遯，无不利。

34. 大壯

（今本）大壯：利貞。
（竹本）□□ □□
（帛本）泰壯：利貞。
（阜本）□□ □□
（熹本）□□ □□
（敦本）□□ □□
（開本）大壯：利貞。

（今本）初九：壯于趾，征凶，有孚。
（竹本）□□ □□□ □□ □□
（帛本）初九：壯于止，正凶，有復。
（阜本）初九：壯□□，□□，有復。
（熹本）□□ □□□ □□ □□
（敦本）□□ □□□ □□ □□
（開本）初九：壯于趾，征凶，有孚。

（今本）九二：貞吉。
（竹本）□□ □□
（帛本）九二：貞吉。
（阜本）□二：貞吉。
（熹本）□□ □□
（敦本）□□ □□
（開本）九二：貞吉。

（今本）九三：小人用壯，君子用罔，貞厲。羝羊觸藩，羸其角。
（竹本）□□ □□□□ □□□□ □□ □□□□ □□□
（帛本）九三：小人用壯，君子用亡，貞厲。羝羊觸藩，羸亓角。
（阜本）□□：□□□□，□□□□，□□。□羊觸藩，羸其□。
（熹本）□□：□人用□，□□□□，□□。□□□□，□□□。
（敦本）□□ □□□□ □□□□ □□ □□□□ □□□
（開本）九三：小人用壯，君子用罔，貞厲。羝羊觸藩，羸其角。①

（今本）九四：貞吉，悔亡。藩决不羸，壯于大輿之輹。
（竹本）□□ □□ □□ □□□□ □□□□□□
（帛本）九四：貞吉，悬亡。藩块不羸，壯于泰車之緮。②
（阜本）□□ □□ □□ □□□□ □□□□□□
（熹本）□□ □□ □□ □□□□ □□□□□□
（敦本）□□ □□ □□ □□□□ □□□□□□
（開本）九四：貞吉，悔亡。藩决不羸，壯于大輿之輹。

（今本）六五：喪羊于易，无悔。
（竹本）□□ □□□□ □□
（帛本）六五：亡羊于易，无悬。
（阜本）□□ □□□□ □□
（熹本）□□ □□□□ □□
（敦本）□□ □□□□ □□
（開本）六五：喪羊于易，无悔。

（今本）上六：羝羊觸藩，不能退，不能遂，无攸利，艱則吉。
（竹本）□□ □□□□ □□□ □□□ □□□ □□□
（帛本）尚六：羝羊觸藩，不能退，不能遂，无攸利，根則吉。
（阜本）□□ □□□□ □□□ □□□ □□□ □□□
（熹本）□□ □□□□ □□□ □□□ □□□ □□□
（敦本）□□ □□□□ □□□ □□□ □□□ □□□
（開本）上六：羝羊觸藩，不能退，不能遂，无攸利，艱則吉。

---

① 開本原文中“藩”之“釆”原缺首筆。下同。
② “藩”，原釋作“藩”，考帛本原圖版改爲“藩”。

35. 晉

（今本）晉：康侯用錫馬蕃庶，晝日三接。
（竹本）□ □□□□□□□ □□□□
（帛本）溍：康矦用踼馬蕃庶，晝日三綾。
（阜本）□ □□□□□□□ □□□□
（熹本）□ □□□□□□□ □□□□
（敦本）□ □□□□□□□ □□□□
（開本）晉：康侯用錫馬蕃庶，晝日三接。①

（今本）初六：晉如摧如，貞吉。罔，孚裕，无咎。
（竹本）□□ □□□□ □□ □ □□ □□
（帛本）初九：溍如浚如，貞吉。悔亡，復浴，无咎。
（阜本）□□ □□□□ □□ □ □□ □□
（熹本）□□：晉如□□，□□。□，□□，□□。
（敦本）□□ □□□□ □□ □ □□ □□
（開本）初六：晉如摧如，貞吉。罔，孚裕，无咎。

（今本）六二：晉如愁如，貞吉。受茲介福，于其王母。
（竹本）□□ □□□□ □□ □□□□ □□□□
（帛本）六二：溍如□如，貞吉。受□□□，□亓王母。
（阜本）□□：□□□□，□□。□□□福，于其王母。
（熹本）□□ □□□□ □□ □□□□ □□□□
（敦本）□□ □□□□ □□ □□□□ □□□□
（開本）六二：晉如愁如，貞吉。受玆介福，于其王母。

（今本）六三：衆允，悔亡。
（竹本）□□ □□ □□
（帛本）六三：衆允，悔亡。
（阜本）□□ □□ □□
（熹本）□□ □□ □□
（敦本）□□ □□ □□

① 開本原文中“蕃”之“采”缺首筆。下同。

（開本）六三：衆允，悔亡。

（今本）九四：晉如鼫鼠，貞厲。
（竹本）□□ □□□□ □□
（帛本）溍如炙鼠，貞厲。
（阜本）□□ □□□□ □□
（熹本）□□：晉如□□，□□。
（敦本）□□ □□□□ □□
（開本）九四：晉如鼫鼠，貞厲。

（今本）六五：悔亡，失得勿恤。往吉，无不利。
（竹本）□□ □□ □□□□ □□ □□□
（帛本）六五：悬亡，失得勿血。往吉，无不利。
（阜本）□□ □□ □□□□ □□ □□□
（熹本）□□ □□ □□□□ □□ □□□
（敦本）□□ □□ □□□□ □□ □□□
（開本）六五：悔亡，失得勿恤。往吉，无不利。

（今本）上九：晉其角，維用伐邑，厲吉，无咎，貞吝。
（竹本）□□ □□□ □□□□ □□ □□ □□
（帛本）尚九：溍亓角，唯用伐邑，厲吉，无咎，貞閵。
（阜本）□□ □□□ □□□□ □□ □□ □□
（熹本）□□ □□□ □□□□ □□ □□ □□
（敦本）□□ □□□ □□□□ □□ □□ □□
（開本）上九：晉其角，維用伐邑，厲吉，无咎，貞吝。

36. 明夷

（今本）明夷：利艱貞。
（竹本）□□ □□□
（帛本）明夷：利根貞。
（阜本）□□ □□□
（熹本）□□：□艱貞。
（敦本）□□ □□□
（開本）明夷：利艱貞。

（今本）初九：明夷于飛，垂其 翼。君子于行，三日不食。有攸往，主人有言。

（竹本）□□ □□□□ □□ □ □□□□ □□□□ □□□ □□□□

（帛本）初九：明夷于蜚，垂亓左翼。君子于行，三日不食。有攸往，主人有言。

（阜本）□□ □□□□ □□ □ □□□□ □□□□ □□□ □□□□

（熹本）□□ □□□□ □□ □ □□□□ □□□□ □□□ □□□□

（敦本）□□ □□□□ □□ □ □□□□ □□□□ □□□ □□□□

（開本）初九：明夷于飛，垂其 翼。君子于行，三日不食。有攸往，主人有言。

（今本）六二：明夷，夷于左股，用拯馬壯，吉。

（竹本）□□ □□ □□□□ □□□□ □

（帛本）六二：明夷，夷于左股，用撜馬牀，吉。

（阜本）□□ □□ □□□□ □□□□ □

（熹本）□□ □□ □□□□ □□□□ □

（敦本）□□ □□ □□□□ □□□□ □

（開本）六二：明夷，夷于左□，□□馬壯，吉。

（今本）九三：明夷， 于南狩，得其大首，不可疾貞。

（竹本）□□ □□ □□□ □□□□ □□□□

（帛本）九三：明夷，夷于南守，得亓大首，不可疾貞。

（阜本）□□ □□ □□□ □□□□ □□□□

（熹本）□□ □□ □□□ □□□□ □□□□

（敦本）□□ □□ □□□ □□□□ □□□□

（開本）九三：明夷 于南狩，得其大首，不可疾貞。

（今本）六四： 入于左腹，獲明夷之心，于出門庭。

（竹本）□□ □□□□ □□□□□ □□□□

（帛本）六四：明夷，夷于左腹，獲明夷之心，于出門廷。
（阜本）□□　　　□□□□　□□□□□□　□□□□
（熹本）□□　　　□□□□　□□□□□□　□□□□
（敦本）□□　　　□□□□　□□□□□□　□□□□
（開本）六四：　　　入于左腹，獲明夷之心，于出門庭。

（今本）六五：箕子之明夷，利貞。
（竹本）□□　□□□□□　□□
（帛本）六五：箕子之明夷，□貞。
（阜本）□□　□□□□□　□□
（熹本）□□　□□□□□　□□
（敦本）□□　□□□□□　□□
（開本）六五：箕子之明夷，利貞。

（今本）上六：不明晦，初登于天，後入于地。
（竹本）□□　□□□　□□□□　□□□□
（帛本）尚六：不明海，初登于天，後人于地。
（阜本）□□　□□□　□□□□　□□□□
（熹本）□□　□□□　□□□□　□□□□
（敦本）□□　□□□　□□□□　□□□□
（開本）上六：不明晦，初登于天，後入于地。

37. 家人

（今本）家人：利女貞。
（竹本）□□　□□□
（帛本）家人：利女貞。
（阜本）□□　□□□
（熹本）□□　□□□
（敦本）□□　□□□
（開本）家人：利女貞。

（今本）初九：閑有家，悔亡。
（竹本）□□　□□□　□□
（帛本）初九：門有家，瑟亡。

（阜本）□□：閒有家，悔亡。
（熹本）□九：閑有家，悔亡。
（敦本）□□ □□□ □□
（開本）初九：閑有家，悔亡。

（今本）六二：无攸遂，在中饋，貞吉。
（竹本）□□ □□□ □□□ □□
（帛本）六二：无攸遂，在中貴，貞吉。
（阜本）六二：无□□，□中貴，貞□。
（熹本）六二：无攸遂，在中□ □□
（敦本）□□ □□□ □□□ □□
（開本）六二：无攸遂，在中饋，貞吉。

（今本）九三：家人嗃嗃，悔厲吉；婦子嘻嘻，終吝。
（竹本）□□ □□□□ □□□ □□□□ □□
（帛本）九三：家人變變，思厲吉；婦子裏裏，終閵。
（阜本）□□ □□□□ □□□ □□□□ □□
（熹本）□□：□□□□，悔厲吉；婦子嘻嘻，終吝。
（敦本）□□ □□□□ □□□ □□□□ □□
（開本）九三：家人嗃嗃，悔厲吉；婦子嘻嘻，終吝。

（今本）六四：富家，大吉。
（竹本）□□ □□ □□
（帛本）六四：富家，大吉。
（阜本）□□ □□ □□
（熹本）六四：富家，大吉。
（敦本）六四：富家，□□。
（開本）六四：富家，大吉。

（今本）九五：王假有家，勿恤，　吉。
（竹本）□□ □□□□ □□ □
（帛本）九五：王叚有家，勿血，往吉。
（阜本）□□ □□□□ □□ □
（熹本）九五：王假有家，勿恤，　吉。

（敦本）□□：王假有家，勿恤，　吉。
（開本）九五：王假有家，勿恤，　吉。

（今本）上九：有孚威如，終吉。
（竹本）□□　□□□□　□□
（帛本）尚九：有復委如，終吉。
（阜本）□□：□□□如，冬吉。
（熹本）上九：有孚威如，終吉。
（敦本）□□：□□□如，終吉。
（開本）上九：有孚威如，終吉。

38. 睽

（今本）睽：小事吉。
（竹本）楑：少事吉。
（帛本）乖：小事吉。
（阜本）□　□□□
（熹本）睽：小事□。
（敦本）睽：小事吉。
（開本）睽：小事吉。

（今本）初九：悔亡。喪馬勿逐自復。見惡人，无咎。
（竹本）初九：悬芒。芒馬勿由自逯。見人噁，亡咎。①
（帛本）初九：悬亡。亡馬勿遂自復。見亞人，无咎。
（阜本）初九：毎亡。喪馬□□□□。□□□，□□。
（熹本）□□：□□。□□□□□□。□□□，□咎。
（敦本）初九：悔亡。喪馬勿逐自復。見惡人，无咎。
（開本）初九：悔亡。喪馬勿逐自復。見惡人，无咎。

（今本）　　　　　　九二：遇主于巷，无咎。
（竹本）　　　　　　九二：遇宔于𨌥，亡咎。
（帛本）九二：无咎。九二：愚主于巷，无咎。
（阜本）　　　　　　□□　□□□□　□□

① 竹本“芒”下原爲重文符號。

（熹本）九二：遇主于巷，无咎。

（敦本）九二：遇主于巷，无咎。

（開本）九二：遇主于巷，无咎。

（今本）六三：見輿曳，其牛掣，其人天且劓，无初有終。

（竹本）六晶：見車遏，亓□□，□□□□□，□□□□。

（帛本）六三：見車恝，亓牛譺，亓□□□□，无初有終。

（阜本）六三：見車渫，其牛絜，其人天且劓，□□□□。

（熹本）六三：見輿□，□□□，□□□□□，□初有終。

（敦本）六三：見輿曳，其牛掣，其人天且劓，□□□□。

（開本）六三：見輿曳，其牛掣，其人天且劓，无初有終。

（今本）九四：睽孤，遇元夫，交孚，厲无咎。

（竹本）□四：楑佤，遇元夫，交孚，礪亡咎。

（帛本）九四：乖苽，愚元夫，交復，厲无咎。

（阜本）□□ □□ □□□ □□ □□□

（熹本）九四：睽孤，遇元夫，交孚，厲无咎。

（敦本）□□ □□ □□□ □□ □□□

（開本）九四：睽孤，遇元夫，交孚，厲无咎。①

（今本）六五：悔亡。厥宗噬膚，往何咎？

（竹本）六五：恳亡。陞宗簪肤，䢵可咎？

（帛本）六五：悬亡。登宗筮膚，往何咎？

（阜本）□□：□□。□□筮膚，往何□？

（熹本）六五：悔亡。厥宗噬膚，往何咎？

（敦本）□□ □□ □□□□ □□□

（開本）六五：悔亡。厥宗噬膚，往何咎？

（今本）上九：睽孤，見豕負塗，載鬼一車，先張之弧，後説之弧，匪寇婚媾。往遇雨則吉。

（竹本）上九：楑佤，見豕僓坴，載□□□，□□□□，□□□□，

① 開本原文中“孤”之“瓜”缺點。下同。

□寇昏佝。迼遇雨則吉。

（帛本）尚九：乖苽，見豨負塗，載鬼一車，先張之柧，後説之壺，非寇闟厚。往愚雨即吉。

（阜本）□□：□□，見豕負塗，載□一車，□□□□，□兑之壺，非寇昬菁。□□□□□。①

（熹本）上九：睽孤，見豕負塗，載□□□，□□□□，□□□□，□□□□。□遇雨則吉。

（敦本）□□ □□ □□□□ □□□□ □□□□ □□□□ □□□□ □□□□□

（開本）上九：睽孤，見豕負塗，載鬼一車，先張之弧，後説之弧，匪寇婚媾。往遇雨則吉。②

39. 蹇

（今本）蹇：利西南，不利東北。利見大人。貞吉。
（竹本）訐：利西南，不利東北。利見大人。貞吉。
（帛本）蹇：利西南，不利東北。利見大人。貞吉。
（阜本）□：利西南，□利東北。利見□人。貞吉。
（熹本）𡨄：利西南，不利東□。□□□□。□□。
（敦本）□ □□□ □□□□ □□□□ □□
（開本）蹇：利西南，不利東北。利見大人。貞吉。

（今本）初六：往蹇來譽。
（竹本）初六：迼訐逨譽。
（帛本）初六：往蹇來輿。
（阜本）□□ □□□□
（熹本）□□：□□來譽。
（敦本）□□ □□□□
（開本）初六：往□□譽。

（今本）六二：王臣蹇蹇，匪躬之故。

① “菁”，侯乃峰釋爲“媾”，考原圖版應爲“菁”。
② 開本原文中“鬼”缺首筆。下同。

（竹本）六二：王臣訏訏，非今之古。①
（帛本）六二：王僕蹇蹇，非□之故。
（阜本）□□ □□□□ □□□□
（熹本）六二：王臣蹇蹇，匪躬之故。
（敦本）□□ □□□□ □□□□
（開本）□□ □□蹇蹇，匪□□故。

（今本）九三：往蹇來反。
（竹本）九晶：造訏銮反。
（帛本）□□ □□□□
（阜本）□□：往蹇來反。
（熹本）九三：往蹇來反。
（敦本）□□ □□□□
（開本）九三：往蹇來反。

（今本）六四：往蹇來連。
（竹本）六四：造訏銮連。
（帛本）□□：往蹇來連。
（阜本）□□ □□□□
（熹本）六四：往蹇來連。
（敦本）□□ □□□□
（開本）六四：往蹇來連。

（今本）九五：大蹇朋來。
（竹本）九五：大訏不楏。
（帛本）九五：大蹇傰來。
（阜本）□□ □□□□
（熹本）九五：大蹇崩來。
（敦本）□□ □□□□
（開本）九五：大蹇朋來。

（今本）上六：往蹇來碩，吉，利見大人。

① 竹本“訏”下原爲重文符號。

（竹本）上六：進訐峑碩，吉，利見大人。
（帛本）尚六：往蹇來石，吉，利見大人。
（阜本）□□ □□□□ □ □□□□
（熹本）上六：往蹇□□，□，□□□□。
（敦本）□□ □□□□ □ □□□□
（開本）上六：往蹇來碩，吉，利見大人。

40. 解

（今本）解：利西南。无所往，其來復吉。有攸往，夙吉。
（竹本）繲：利西南。亡所進，丌峑逯吉。又卣進，俩吉。
（帛本）解：利西南。无所往，亓來復吉。有攸往，宿吉。
（阜本）□：□□□。□□□，□□□吉。有卣往，□□。
（熹本）□：□□□。□□□，□□復吉。有攸往，夙吉。
（敦本）□ □□□ □□□ □□□□ □□□ □□
（開本）解：利西南。无所往，其來復吉。有攸往，夙吉。

（今本）初六：无咎。
（竹本）初六：亡咎。
（帛本）初六：无咎。
（阜本）□□ □□
（熹本）初六：无咎。
（敦本）初六：無咎。
（開本）初六：无咎。

（今本）九二：田獲三狐，得黄矢，貞吉。①
（竹本）九二：畋腹晶鼠，戛黄矢，貞吉。
（帛本）九二：田獲三狐，得□□，□□。
（阜本）□□ □□□□ □□□ □□
（熹本）□□ □□□□ □□□ □□
（敦本）九二：田獲三狐，得黄矢，貞吉。
（開本）九二：田獲三狐，得黄矢，貞吉。

① 今本“狐”缺點，開本同。

（今本）六三：負且乘，致寇至，貞吝。
（竹本）六晶：僨虘輹，至寇至，□□。
（帛本）□□：□且乘，致寇至，貞閵。
（阜本）□□ □□□ □□□ □□
（熹本）□□：負且乘，致寇至，貞吝。
（敦本）六三：負且乗，致寇至，貞吝。
（開本）六三：負且乗，致寇至，貞吝。

（今本）九四：解而拇，朋至斯孚。
（竹本）九四：繲丌拇，□□□□。
（帛本）九四：解亓栂，傰至此復。
（阜本）□□ □□□ □□□□
（熹本）九四：解而拇，朋至斯孚。
（敦本）九四：解而栂，朋至斯孚。
（開本）九四：解而拇，朋至斯孚。

（今本）六五：君子維有解，吉，有孚于小人。
（竹本）□□ □□□□□ □ □□□□□
（帛本）六五：君子唯有解，吉，有復于小人。
（阜本）□□ □□□□□ □ □□□□□
（熹本）六五：君子維有解，吉，有孚于小人。
（敦本）六五：君子維有解，告，□□于小人。
（開本）六五：君子維有解，吉，有孚于小人。

（今本）上六：公用射隼于高墉之上，獲之，无不利。
（竹本）□□ □□□□□□□□□ □□ □□□
（帛本）尚六：公用射夐于高庸之上，獲之，无不利。
（阜本）□□ □□□□□□□□□ □□ □□□
（熹本）上六：□□□□□□□□□，□□，□□□。
（敦本）上六：公用射隼于高墉之上，獲之，无不利。
（開本）上六：公用射隼于高墉之上，獲之，无不利。

41. 損

（今本）損：有孚，元吉，无咎，可貞，利有攸往。曷之用？二簋可用亨。

（竹本）□ □□ □□ □□ □□ □□□□ □□□ □□□ □□

（帛本）損：有復，元吉，橆咎，可貞，□有攸往。𣪘之用？二巧可用芳。[1]

（阜本）□ □□ □□ □□ □□ □□□□ □□□ □□□ □□

（熹本）□：有孚，元吉，无咎，可貞，利有攸往。□□□？□□□□□。

（敦本）損：有孚，元吉，無咎，可貞，利有攸往。曷之用？二簋可用享。

（開本）損：有孚，元吉，无咎，可貞，利有攸□。□□用？二簋可用亨。

（今本）初九：已事遄往，无咎。酌損之。

（竹本）□□ □□□□ □□ □□□

（帛本）初九：巳事端往，无咎。酌損之。

（阜本）□□ □□□□ □□ □□□

（熹本）□□：□□□□，无咎。酌損之。

（敦本）初九：已事遄往，無咎。酌損之。

（開本）初九：巳事遄往，无咎。酌損之。

（今本）九二：利貞。征凶，弗損益之。

（竹本）□□ □□ □□ □□□□

（帛本）九二：利貞。正兇，弗損益之。

（阜本）□□ □□ □□ □□□□

（熹本）九二：利貞。征凶，弗損益之。

（敦本）九二：利貞。征凶，弗損益之。

（開本）九二：利貞。征凶，弗損益之。

（今本）六三：三人行則損一人，一人行則得其友。

（竹本）□□ □□□□□□□ □□□□□□□

---

① “橆”，原釋爲“無”，從侯乃峰釋爲“橆”。

（帛本）六三：三人行則損一人，一人行則得亓友。
（阜本）□□ □□□□□□□ □□□□□□□
（熹本）六三：三人行則損一人，一人行則得其友。
（敦本）六三：三人行則損一人，一人行則淂其友。
（開本）六三：三人行則損一人，一人行則得其友。

（今本）六四：損其疾，使遄有喜，无咎。
（竹本）□□ □□□ □□□□ □□
（帛本）六四：損亓疾，事端有喜，无咎。
（阜本）□四：損其□，□□□□，□□。
（熹本）□□ □□□ □□□□ □□
（敦本）六四：損其疾，使遄有喜，無咎。
（開本）六四：損其疾，使遄有喜，无咎。

（今本）六五：或益之十朋之龜，弗克違，元吉。
（竹本）□□ □□□□□□□ □□□ □□
（帛本）六五：　益之十傰之龜，弗克回，元吉。
（阜本）□□ □□□□□□□ □□□ □□
（熹本）□□：□□之十朋之龜，弗克違，元吉。
（敦本）六五：或益之十朋之龜，弗剋違，元吉。
（開本）六五：或益之十朋之龜，弗克違，元吉。

（今本）上九：弗損益之，无咎，貞吉，利有攸往，得臣无家。
（竹本）□□ □□□□ □□ □□ □□□□ □□□□
（帛本）尚九：弗損益之，无□，貞吉，　有攸往，得僕无家。
（阜本）□□ □□□□ □□ □□ □□□□ □□□□
（熹本）上九：弗□□□，□□，□□，□□□□，□□□□。
（敦本）上九：弗損益之，无咎，貞吉，利有攸往，得臣無家。
（開本）上九：弗損益之，无咎，貞吉，利有攸往，得臣无家。

42. 益

（今本）益：利有攸往。利涉大川。
（竹本）□ □□□□ □□□□
（帛本）益：利用攸往。利涉大川。

（阜本）□ □□□□ □□□□
（熹本）益：利用攸往。利涉大川。
（敦本）益：利有攸往。利涉大川。
（開本）益：利有攸往。利涉大川。

（今本）初九：利用爲大作，元吉，无咎。
（竹本）□□ □□□□□ □□ □□
（帛本）初九：利用爲大作，元吉，无咎。
（阜本）□□ □□□□□ □□ □□
（熹本）初九：利用爲大作，元吉，无咎。
（敦本）初九：利用爲大作，元吉，無咎。
（開本）初九：利用爲大作，元吉，无咎。

（今本）六二：或益之十朋之龜，弗克違，永貞吉。王用享于帝，吉。
（竹本）□□ □□□□□□□ □□□ □□□ □□□□□ □
（帛本）九二：或益之十傰之龜，弗亨回，永貞吉。王用芳于帝，吉。[1]
（阜本）□□ □□□□□□□ □□□ □□□ □□□□□ □
（熹本）六二：或益之十朋之龜，□□□，□□□。□□□□□，□。
（敦本）六二：或益之十朋之龜，弗克違，永貞吉。王用享于帝，吉。
（開本）六二：或益之□□□龜，弗克違。永貞吉。王用享于帝，吉。

（今本）六三：益之用凶事，无咎。有孚。中行告公用圭。
（竹本）□□ □□□□□ □□ □□ □□□□□□
（帛本）六三：益之用工事，无咎。有復。中行告公用閨。
（阜本）□□ □□□□□ □□ □□ □□□□□□
（熹本）□□：□□用凶事，无咎。有孚。中行告公用圭。
（敦本）六三：益之用凶事，无咎。有孚。中行告公用珪。
（開本）六三：益之用凶事，无□。□□。中行告公用圭。

（今本）六四：中行告公從，利用爲依遷國。
（竹本）□□ □□□□□ □□□□□□
（帛本）六四：中行告公從，利用爲家遷國。

① “亨”，丁四新認爲乃“克”之訛。

（阜本）□□　□□□□□　□□□□□□
（熹本）□□　□□□□□　□□□□□□
（敦本）六四：中行告公從，利用　依遷國。
（開本）六四：中行告公從，利用爲依遷國。

（今本）九五：有孚惠心，勿問，元吉。有孚惠我德。
（竹本）□□　□□□□　□□　□□　□□□□□
（帛本）九五：有復惠心，勿問，元吉。有復惠我德。
（阜本）□□　□□□□　□□　□□　□□□□□
（熹本）□□：□□惠心，勿問，元吉。有孚惠我德。
（敦本）九五：有孚惠心，勿問，元吉。有孚惠我德。
（開本）九五：有孚惠心，勿問，元吉。有孚惠我德。

（今本）上九：莫益之，或擊之，立心勿恒，凶。
（竹本）□□　□□□　□□□　□□□□　□
（帛本）尚九：莫益之，或毄之，立心勿恒，兇。
（阜本）□□　□□□　□□□　□□□□　□
（熹本）上九：莫益之，或擊之，立心勿恒，凶。
（敦本）上九：莫益之，或擊之，立心勿恒，凶。
（開本）上九：莫益之，或擊之，立心勿恒，凶。①

43. 夬

（今本）夬：揚于王庭，孚號有厲。告自邑，不利即戎，利有攸往。
（竹本）□　□□□□　□□□□　□□□　□□□□　□□□□
（帛本）夬：陽于王廷，復號有厲。告自邑，不利節戎。利有攸往。
（阜本）□　□□□□　□□□□　□□□　□□□□　□□□□
（熹本）夬：揚于□□，□□□□。□□□，□□□□，□□攸往。
（敦本）夬：楊于王庭，孚號有厲。告自邑，不利即戎，利有攸往。
（開本）夬：揚于王庭，孚號有厲。告自邑，不利即戎，利有攸往。②

（今本）初九：壯于前趾，往不勝，爲咎。

① 開本原文中“恒”缺末筆。下同。
② 開本原文中“號”缺末筆。下同。

（竹本）□□　□□□□　□□□　□□
（帛本）初九：牀于前止，往不勝，爲咎。
（阜本）□□　□□□□　□□勝，爲咎。
（熹本）初九：牀于前□，往不勝，爲咎。
（敦本）初九：壯于□□，□□勝，爲咎。
（開本）初九：壯于前趾，往不勝，爲咎。

（今本）九二：惕號，莫夜有戎，勿恤。
（竹本）□□：啻虐，莫譽又戎，勿卹。
（帛本）九二：傷號，蓦夜有戎，勿血。
（阜本）□□　□□　□□□□　□□
（熹本）□□　□□　□□□□　□□
（敦本）□□　□□　□□□□　□□
（開本）九二：惕號，莫夜有戎，勿恤。

（今本）九三：壯于頄，有凶。　君子夬夬獨行，遇雨若濡，有愠，无咎。

（竹本）九晶：藏于頯，又凶。　君子夬夬蜀行，遇雨女雺，又礪，亡咎。①

（帛本）□三：牀于頯，有凶。　君子缺缺獨行，愚雨如濡，有温，无咎。②

（阜本）□□　□□□　□□　□□□□□□　□□□□　□□□□

（熹本）□□：□□□，□□。　□子夬夬獨行，遇雨若濡，有愠，无咎。

（敦本）九三：壯于頄，有凶也。君子夬夬獨行，遇雨若濡，有愠，無咎。

（開本）九三：壯于頄，有凶。　君子夬夬獨行，遇雨若濡，有愠，无咎。

（今本）九四：臀无膚，其行次且。牽羊悔亡，聞言不信。

---

① 竹本“夬”下原爲重文符號。
② “頯”，原釋爲“頵”，侯乃峰、丁四新釋爲“頯”，經核對原圖版，從侯、丁釋。

（竹本）九四：誫亡肤，丌行緀疋。喪羊思亡，餌言不冬。
（帛本）九四：脤无膚，亓行郪胥。桑羊思亡，聞言不信。①
（阜本）□□　□□□　□□□□　□□□□　□□□□
（熹本）九四：臀无膚，其行次且。牽羊悔亡，聞言□□。
（敦本）九四：臀無膚，其　趑趄。牽羊悔亡，聞言不信。
（開本）九四：臀□□，其行次且。牽羊悔亡，□□不信。

（今本）九五：莧陸夬夬，中行无咎。
（竹本）九五：莧苂夬夬，中行亡咎。②
（帛本）九五：莧勲缺缺，中行无咎。
（阜本）□□　□□□□　□□□□
（熹本）□□　□□□□　□□□□
（敦本）□□　□□□□　□□□□
（開本）九五：莧陸夬夬，中行无咎。

（今本）上六：无號，終有凶。
（竹本）上六：忘啓，中又凶。
（帛本）尚六：无號，冬有兇。
（阜本）□□　□□　□□□
（熹本）□□：□號，終有凶。
（敦本）□□　□□　□□□
（開本）上六：无號，終有凶。

44. 姤

（今本）姤：女壯，勿用取女。
（竹本）敂：女藏，勿用取女。
（帛本）□：女壯，勿用取女。
（阜本）□　□□　□□□□
（熹本）姤：女壯，勿用取女。
（敦本）□　□□　□□□□
（開本）姤：女壯，勿用取女。

---

① “桑”，原釋爲“牽”，誤，應爲“桑”，參范常喜（2006）、侯乃峰（2007）、丁四新（2011）。
② 竹本“夬”下原爲重文符號。

（今本）初六：繫于金柅，貞吉。有攸往，見凶，羸豕孚蹢躅。
（竹本）初六：繫于金柅，貞吉。又卣逩，見凶，羸豕孚是蜀。
（帛本）初六：擊于金梯，貞吉。有攸往，見兇，羸豨復適屬。
（阜本）□□ □□□□ □□ □□□ □□ □□□□□
（熹本）□□ □□□□ □□ □□□ □□ □□□□□
（敦本）□□ □□□□ □□ □□□ □□ □□□□□
（開本）初六：繫于金柅，貞吉。有攸往，見凶，羸豕孚蹢躅。

（今本）九二：包有魚，无咎，不利賓。
（竹本）九二：橐又魚，亡咎，不利方。
（帛本）九二：枹有魚，无咎，不利賓。
（阜本）□□ □□□ □□ □□□
（熹本）□二：包有魚，无咎，不利賓。
（敦本）□□ □□□ □□ □□□
（開本）九二：包有魚，无咎，不利賔。

（今本）九三：臀无膚，其行次且，厲，无大咎。
（竹本）九晶：誫亡肤，丌行緀疋，礪，亡大咎。
（帛本）九三：□□□，□□□□，□，□□咎。
（阜本）□□ □□□ □□□□ □ □□□
（熹本）九三：臀无膚，其行次且，厲，无大咎。
（敦本）□□ □□□ □□□□ □ □□□
（開本）九三：臀无膚，其行次且，厲，无大咎。

（今本）九四：包无魚，起凶。
（竹本）九四：橐亡魚，巳凶。
（帛本）九四：枹无魚，正兇。
（阜本）□□ □□□ □□
（熹本）九四：包无魚，□□。
（敦本）□□ □□□ □□
（開本）九四：包无魚，起凶。

（今本）九五：以杞包瓜，含章，有隕自天。①

① 今本原文中“瓜”下缺點。開本同。

（竹本）九五：㠯芑棗苽，欽章，又憃自天。
（帛本）五五：以忌枹苽，含章，或塤自天。
（阜本）□□ □□□□ □□ □□□□
（熹本）□□ □□□□ □□ □□□□
（敦本）□□ □□□□ □□ □□□□
（開本）九五：以杞包瓜，含章，有隕自天。

（今本）上九：姤其角，吝，无咎。
（竹本）上九：敂丌角，吝，亡咎。
（帛本）尚九：狗亓角，閵，无咎。
（阜本）□□ □□□ □ □□
（熹本）□□：姤其角， 无咎。
（敦本）□□ □□□ □ □□
（開本）上九：姤其角，吝，无咎。

45. 萃

（今本）萃：亨，王假有廟。利見大人，亨，利貞。用大牲，吉，利有攸往。

（竹本）啐： 王畧于㝛。利見大人，卿，利貞。用大牲， 利又卣逌。

（帛本）卒： 王叚于廟。利見大人，亨，利貞。用大生，吉，利有攸往。

（阜本）□ □ □□□□ □□□□ □ □□ □□□ □ □ □□□

（熹本）萃：亨，王假有□。□□□□，□，□□。□□□，□，□□□□。

（敦本）□ □ □□□□ □□□□ □ □□ □□□ □ □ □□□

（開本）萃：亨，王假有廟。利見大人，亨，利貞。用大牲，吉，利有攸往。

（今本）初六：有孚不終，乃亂乃萃，若 號，一握爲笑，勿恤，往无咎。

（竹本）初六：又孚不冬，乃䜌卣啐，若 虖，一斛于芺，勿卹，逌亡咎。

（帛本）初六：有復不終，乃乳乃卒，若亓號，一屋于芺，勿血，往无咎。①

（阜本）初六：有□□□，□□□□，□□□，□□□□，□□，□□□。

（熹本）□□：□□□終，乃亂乃萃，若　號，一握爲芺，勿恤，往无咎。

（敦本）□□　□□□□　□□□□　□　□　□□□□　□□　□□□

（開本）初六：有孚不終，乃亂乃萃，若　號，一握爲笑，勿恤，往无咎。

（今本）六二：引吉，无咎，孚乃利用禴。
（竹本）□□　□□　□□　□□□□□
（帛本）六二：引吉，无咎，復乃利用濯。
（阜本）□□　□□　□□　□□□□□
（熹本）六二：引吉，无咎，孚乃利□□。
（敦本）□□　□□　□□　□□□□□
（開本）六二：引吉，无咎，孚乃利用禴。

（今本）六三：萃如嗟如，无攸利，往无咎，小吝。
（竹本）□□　□□□□　□□□　□□□　□□
（帛本）六三：卒若駐若，无攸利，往无咎，少閵。
（阜本）□□　□□□□　□□□　□□□　□□
（熹本）□□　□□□□　□□□　□□□　□□
（敦本）□□　□□□□　□□□　□□□　□□
（開本）六三：萃如嗟如，无攸利，往无咎，小吝。

（今本）九四：大吉，无咎。
（竹本）□□　□□　□□
（帛本）九四：大吉，无咎。
（阜本）□□　□□　□□

① “芺”，原釋爲“芙”，侯乃峰、丁四新釋爲“芺”，經核對原圖版，從侯、丁釋。

（熹本）□□：大吉，无咎。
（敦本）□□ □□ □□
（開本）九四：大吉，无咎。

（今本）九五：萃有位，无咎，匪孚，元永貞，悔亡。
（竹本）□□ □□□ □□ □□ □□□ □□
（帛本）九五：卒有立，无咎，非復，元永貞，㥶亡。
（阜本）□□ □□□ □□ □□ □□□ □□
（熹本）九五：萃有□ □□ □□ □□□ □□
（敦本）□□ □□□ □□ □□ □□□ □□
（開本）九五：萃有位，无咎，匪孚，元永貞，悔亡。

（今本）上六：齎咨涕洟，无咎。
（竹本）□□ □□□□ □□
（帛本）尚六：粢秋涕洎，无咎。
（阜本）□□ □□□□ □□
（熹本）□□ □□□□ □□
（敦本）□□ □□□□ □□
（開本）上六：齎咨涕洟，无咎。

46. 升

（今本）升：元亨。用見大人，勿恤。南征吉。
（竹本）□ □□ □□□□ □□ □□□
（帛本）登：元亨。利見大人，勿血。南正吉。
（阜本）□ □□ □□□□ □□ □□□
（熹本）□：□□。□見大人，勿恤。南征吉。
（敦本）□ □□ □□□□ □□ □□□
（開本）升：元亨。用見大人，勿恤。南征吉。

（今本）初六：允升，大吉。
（竹本）□□ □□ □□
（帛本）初六：允登，大吉。
（阜本）□□ □□ □□
（熹本）初六：允升，大吉。

（敦本）□□ □□ □□
（開本）初六：允升，大吉。

（今本）九二：孚乃利用禴，无咎。
（竹本）□□ □□□□□ □□
（帛本）九二：復乃利用濯，无咎。
（阜本）□□ □□□□□ □□
（熹本）九二：孚乃利　瀹，无咎。
（敦本）□□ □□□□□ □□
（開本）九二：孚乃利用禴，无咎。

（今本）九三：升虛邑。
（竹本）□□ □□□
（帛本）□□：登虛邑。
（阜本）九三：登虛邑。
（熹本）九三：□□□。
（敦本）□□ □□□
（開本）九三：升虛邑。

（今本）六四：王用亨于岐山，吉，无咎。
（竹本）□□ □□□□□□ □ □□
（帛本）六四：□□□□□□，□，无咎。
（阜本）□□：□□亨于枝山，吉，□□。
（熹本）□□ □□□□□□ □ □□
（敦本）□□ □□□□□□ □ □□
（開本）六四：王用亨于岐山，吉，无咎。

（今本）六五：貞吉，升階。
（竹本）□□ □□ □□
（帛本）六五：貞吉，登階。
（阜本）□□ □□ □□
（熹本）□□：□□，□階。
（敦本）□□ □□ □□
（開本）六五：貞吉，升階。

（今本）上六：冥升，利于不息之貞。
（竹本）□□ □□ □□□□□□□
（帛本）尚六：冥登，利于不息之貞。
（阜本）□□ □□ □□□□□□□
（熹本）上六：□□，利于□□□□。
（敦本）□□ □□ □□□□□□□
（開本）上□：□□，利于不息之貞。

47. 困

（今本）困：亨。貞大人吉，无咎。有言不信。
（竹本）□ □ □□□□ □□ □□□□
（帛本）困：亨。貞大人吉，无咎。有言不信。
（阜本）□：□。□□□□，□□。□言不□。
（熹本）□ □ □□□□ □□ □□□□
（敦本）□ □ □□□□ □□ □□□□
（開本）困：亨。貞大人吉，无咎。有言不信。

（今本）初六：臀困于株木，入于幽谷，三歲不覿。
（竹本）□□ □□□□□ □□□□ □□□□
（帛本）初六：辰困于株木，人于要浴，三歲不擅，凶。
（阜本）□□：□□□□□，□□□□，三歲不□。
（熹本）□□：□□□□□，入于幽谷，三歲不覿。
（敦本）□□ □□□□□ □□□□ □□□□
（開本）初六：臀困于株木，入于幽谷，三歲不覿。

（今本）九二：困于酒食，朱紱方來。利用亨祀。征凶，无咎。
（竹本）□□ □□□□ □□□□ □□□□ □□ □□
（帛本）九二：困于酒食，絑發方來。利用芳祀。正凶，无咎。
（阜本）□□：□于酒食，□□□□。□□□□。□□，□□。
（熹本）九二：困于酒食，朱紱方來。利用亨祀。征□，□□。
（敦本）□□ □□□□ □□□□ □□□□ □□ □□
（開本）九二：困于酒食，朱紱方來。利用亨祀。征凶，无咎。

（今本）六三：困于石，據于蒺蔾，入于其宮，不見其妻，凶。

（竹本）□□　□□□　□□□□　□□□□　□□□□　□

（帛本）六三：困于石，號于疾莉，人于亓宮，不見亓妻，凶。

（阜本）□□　□□□　□□□□　□□□□　□□□□　□

（熹本）□□　□□□　□□□□　□□□□　□□□□　□

（敦本）□□　□□□　□□□□　□□□□　□□□□　□

（開本）六三：困于石，據于蒺蔾，入于其宮，不見其妻，凶。

（今本）九四：來徐徐，困于金車，吝，有終。

（竹本）□□　□□□　□□□□　□　□□

（帛本）九四：來徐，　困于□□，閵，有終。

（阜本）□□　□□□　□□□□　□　□□

（熹本）□□　□□□　□□□□　□　□□

（敦本）□□　□□□　□□□□　□　□□

（開本）九四：來徐徐，困于金車，吝，有終。

（今本）九五：劓刖，困于赤紱，乃徐有說，利用祭祀。

（竹本）□□：□□，□□□□，□□□□，利用祭祀。

（帛本）九五：貳椽，困于赤發，乃徐有說，利用芳祀。

（阜本）□□　□□　□□□□　□□□□　□□□□

（熹本）□□　□□　□□□□　□□□□　□□□□

（敦本）□□　□□　□□□□　□□□□　□□□□

（開本）九五：劓刖，困于赤紱，乃徐有說，利用祭祀。

（今本）上六：困于葛藟，于臲卼，曰動悔有悔，征吉。

（竹本）上六：困于萃䔿，于剌□，曰迖悬又悬，征吉。

（帛本）尚六：困于褐纍，于貳掾，曰悬夷有悬，貞吉。

（阜本）□□　□□□□　□□□　□□□□□　□□

（熹本）□□：困于葛藟，于剌劊，曰動悔有悔，征吉。

（敦本）□□　□□□□　□□□　□□□□□　□□

（開本）上六：困于葛藟，于臲卼，曰動悔有悔，征吉。

48. 井

（今本）井：改邑不改井，无喪无得。往來井井。汔至亦未繘井，羸其瓶，凶。

（竹本）汬：改邑不改汬，亡喪亡旻。造𡉏汬汬。氣至亦母𦌓汬，羸丌缾，凶。①

（帛本）井：茝邑不茝井，无亡无得。往來井井。歆至亦未汲井，纍亓刑垪，凶。②

（阜本）□：□邑不□□，□□□□。□□□□。□□□□□□□，□□□，□。

（熹本）井：改邑不改井，无□□□。□□□□。□□□□□□□，□□□，□。

（敦本）□ □□□□□□ □□□□ □□□□ □□□□□□□ □□□ □

（開本）井：改邑不改井，无喪无得。往來井井。汔至亦未繘井，羸其瓶，凶。

（今本）初六：井泥不食。舊井无禽。

（竹本）初六：汬晉不飤。舊汬亡酓。

（帛本）初六：井泥不食。售井无禽。

（阜本）□□ □□□□ □□□□

（熹本）□□ □□□□ □□□□

（敦本）□□ □□□□ □□□□

（開本）初六：井泥不食。舊井无禽。

（今本）九二：井谷射鮒，甕敝漏。

（竹本）九二：汬浴矤豨，隹䋛縷。

（帛本）九二：井瀆射付，唯敝句。

（阜本）□□：□□□□，□敝屢。

（熹本）□□ □□□□ □□□

（敦本）□□ □□□□ □□□

（開本）九二：井谷射鮒，甕敝漏。

（今本）九三：井渫不食，爲我心惻。可用汲，王明，并受其福。

① 竹本“汬”下原爲重文符號。

② “井”，原釋爲“井”，今依丁四新釋爲“井”。“荆”，丁四新認爲爲未及圈去的訛字。

（竹本）九晶：汬朻不飤，爲我心寨。可㠯汲，王明，竝受丌福。
（帛本）九三：井茳不食，爲我心塞。可用汲，王明，竝受亓福。
（阜本）□□ □□□□ □□□□ □□□ □□ □□□□
（熹本）□□：□□□□，□□□□。□□□，□□，□□其福。
（敦本）□□ □□□□ □□□□ □□□ □□ □□□□
（開本）九三：井渫不食，爲我心惻。可用汲，王明，并受其福。

（今本）六四：井甃，无咎。
（竹本）六四：汬䮫，亡咎。
（帛本）六四：井椓，无咎。①
（阜本）□□ □□ □□
（熹本）六四：井甃，无咎。
（敦本）□□ □□ □□
（開本）六四：井甃，无咎。

（今本）九五：井洌，寒泉食。
（竹本）九五：汬𠛱，寒湶飤。
（帛本）九五：井戾，寒湶食。
（阜本）九五：井厲，□□□。
（熹本）九五：井洌，寒泉食。
（敦本）□□ □□ □□□
（開本）九五：井洌，寒泉食。

（今本）上六：井收勿幕，有孚，元吉。
（竹本）上六：汬朻勿寞，又孚，元吉。
（帛本）尚六：井收勿幕，有復，元吉。
（阜本）□□ □□□□ □□ □□
（熹本）上六：井收勿幕，□□，□□。
（敦本）□□ □□□□ □□ □□
（開本）上六：井收勿幕，有孚，元吉。

① “椓”，原釋爲“㑊”，考帛書圖版，改爲“椓”。

49. 革

（今本）革：巳日乃孚。元　亨，利貞，悔亡。
（竹本）革：攺日卤孚。元羕貞，利貞，晦亡。
（帛本）□：□□□復。元　亨，利貞，㥓亡。
（阜本）□　□□□□　□　□　□□　□□
（熹本）□　□□□□　□　□　□□　□□
（敦本）□　□□□□　□　□　□□　□□
（開本）革：巳日乃孚。元　亨，利貞，悔亡。

（今本）初九：鞏用黄牛之革。
（竹本）初九：⿱巩女用黄牛之革。
（帛本）初九：共用黄牛之勒。
（阜本）□□　□□□□□□
（熹本）□□　□□□□□□
（敦本）□□　□□□□□□
（開本）初九：鞏用黄牛之革。

（今本）六二：巳日乃革之，征吉，无咎。
（竹本）六二：攺日乃革之，征吉，亡咎。
（帛本）六二：□□乃勒之，正吉，□□。
（阜本）□□　□□□□□　□□　□□
（熹本）□□　□□□□□　□□　□□
（敦本）□□　□□□□□　□□　□□
（開本）六二：巳日乃革之，征吉，无咎。

（今本）九三：征凶。貞厲。革言三就，有孚。
（竹本）九晶：征凶。　　　革言晶⿰𦎫攴，又孚。
（帛本）□□：□□。貞□。□言三□，□復。
（阜本）□□　□□　□□　□□□□　□□
（熹本）□□　□□　□□　□□□□　□□
（敦本）□□　□□　□□　□□□□　□□
（開本）九三：征凶。貞厲。革言三就，有孚。

（今本）九四：悔亡。有孚改命，吉。
（竹本）□□　□□　□□□□　□
（帛本）九四：悬□。有復茝命，吉。
（阜本）□□　□□　□□□□　□
（熹本）□□：□□。□□□□，吉。
（敦本）□□　□□　□□□□　□
（開本）九四：悔亡。有孚改命，吉。

（今本）九五：大人虎變，未占有孚。
（竹本）□□　□□□□　□□□□
（帛本）九五：大人虎便，未占有復。
（阜本）□□　□□□□　□□□□
（熹本）九五：大人虎辯，未占有孚。
（敦本）□□　□□□□　□□□□
（開本）九五：大人虎變，未占有孚。①

（今本）上六：君子豹變，小人革面，征凶，居貞吉。
（竹本）□□　□□□□　□□□□　□□　□□□
（帛本）尚六：君子豹使，小人勒□，□□，居貞吉。
（阜本）□□：□□豹便，小人□面，戠兇，□□□。
（熹本）上六：君子豹辯，小人革□，□□，□□□。
（敦本）□□　□□□□　□□□□　□□　□□□
（開本）□□：君子□□，小人革面，征凶，居□□。

50. 鼎

（今本）鼎：元吉，亨。
（竹本）□　□□　□
（帛本）□　□□　□
（阜本）□　□□　□
（熹本）□　□□　□
（敦本）□　□□　□
（開本）鼎：元吉，亨。

① 開本原文中“虎”缺末筆。下同。

（今本）初六：鼎顛趾，利出否。得妾以其子，无咎。
（竹本）□□　□□□　□□□　□□□□□　□□
（帛本）初六：鼎填止，利□不。得妾以亓子，无咎。
（阜本）□□　□□□　□□□　□□□□□　□□
（熹本）□□　□□□　□□□　□□□□□　□□
（敦本）□□　□□□　□□□　□□□□□　□□
（開本）初六：鼎顛趾，利出否。得妾以其子，无咎。

（今本）九二：鼎有實，我仇有疾，不我能即，吉。
（竹本）□□　□□□　□□□□　□□□□　□
（帛本）九二：鼎有實，我栽有疾，不我能節，吉。
（阜本）□□　□□□　□□□□　□□□□　□
（熹本）□□　□□□　□□□□　□□□□　□
（敦本）□□　□□□　□□□□　□□□□　□
（開本）九二：鼎有實，我仇有疾，不我能即，吉。

（今本）九三：鼎耳革，其行塞，雉膏不食，方雨虧悔，終吉。
（竹本）□□　□□□　□□□　□□□□　□□□□　□□
（帛本）九三：鼎耳勒，亓行塞，雉膏不食，方雨□□，□□。
（阜本）□□　□□□　□□□　□□□□　□□□□　□□
（熹本）□□：□□□，□□□，□□□□，□□虧悔，終吉。
（敦本）□□　□□□　□□□　□□□□　□□□□　□□
（開本）九三：鼎耳革，其行塞，雉膏不食，方雨虧悔，終吉。

（今本）九四：鼎折足，覆公餗，其形渥，凶。
（竹本）□□　□□□　□□□　□□□　□
（帛本）□□：□□□，復公　，亓荆屋，凶。
（阜本）□□　□□□　□□□　□□□　□
（熹本）九四：鼎折足，覆公餗，其荆剭，凶。
（敦本）□□　□□□　□□□　□□□　□
（開本）九四：鼎折足，覆公餗，其形渥，凶。

（今本）六五：鼎黄耳金鉉，利貞。①

① 開本原文中“鉉”缺末筆。下同。

（竹本）□□　□□□□□　□□
（帛本）六五：鼎黄□□□，□□。
（阜本）□□　□□□□□　□□
（熹本）六五：鼎□□□□，□□。
（敦本）□□　□□□□□　□□
（開本）六五：鼎黄耳金鉉，利貞。

（今本）上九：鼎玉鉉，大吉，无不利。
（竹本）□□　□□□　□□　□□□
（帛本）□□：□□□，□□，无不利。
（阜本）上九：鼎□□，大吉，无不□。
（熹本）□□　□□□　□□　□□□
（敦本）□□　□□□　□□　□□□
（開本）上九：鼎玉鉉，大吉，无不利。

51. 震

（今本）震：亨。震來虩虩，笑言啞啞，震驚百里，不喪匕鬯。
（竹本）□　□　□□□□　□□□□　□□□□　□□□□
（帛本）辰：亨。辰來朔朔，芺言亞亞，辰敬百里，不亡釶觴。
（阜本）□　□　□□□□　□□□□　□□□□　□□□□
（熹本）□　□　□□□□　□□□□　□□□□　□□□□
（敦本）□　□　□□□□　□□□□　□□□□　□□□□
（開本）震：亨。震來虩虩，笑言啞啞，震驚百里，不喪匕鬯。①

（今本）初九：震來虩虩，後笑言啞啞，吉。
（竹本）□□　□□□□　□□□□□　□
（帛本）初九：辰來朔朔，後芺□啞啞，吉。
（阜本）□□　□□□□　□□□□□　□
（熹本）□□　□□□□　□□□□□　□
（敦本）□□　□□□□　□□□□□　□
（開本）初九：震來虩虩，後笑言啞啞，吉。

① 開本原文中“虩”缺末筆。下同。

（今本）六二：震來厲，億喪貝，躋于九陵，勿逐，七日得。
（竹本）□□ □□□ □□□ □□□□ □□ □□□
（帛本）六二：辰來厲，意亡貝，齍于九陵，勿遂，七日得。
（阜本）□□ □□□ □□□ □□□□ □□ □□□
（熹本）□□：□□□，□□□，齊 九陵，勿逐，七日得。
（敦本）□□ □□□ □□□ □ □□ □□ □□□
（開本）六二：震來厲，億喪貝，躋于九陵，勿逐，七日得。

（今本）六三：震蘇蘇，震行无眚。
（竹本）□□ □□□ □□□□
（帛本）六三：辰疏疏，辰行兟省。
（阜本）□□ □□□ □□□□
（熹本）六三：震蘇蘇，震行无省。
（敦本）□□ □□□ □□□□
（開本）六三：震蘇蘇，震行无眚。

（今本）九四：震遂泥。
（竹本）□□ □□□
（帛本）九四：辰遂泥。
（阜本）□□ □□□
（熹本）九□：□□□。
（敦本）□□ □□□
（開本）九四：震遂泥。

（今本）六五：震往來厲，意无喪，有事。
（竹本）□□ □□□□ □□□ □□
（帛本）六五：辰往來厲，意无亡，有事。
（阜本）□□ □□□□ □□□ □□
（熹本）□□ □□□□ □□□ □□
（敦本）□□ □□□□ □□□ □□
（開本）六五：震往來厲，億无喪，有事。

（今本）上六：震索索，視矍矍，征凶。震不于其躬，于其鄰，无咎。婚媾有言。

（竹本）□□ □□□ □□□ □□ □□□□□ □□□ □□ □□□□

（帛本）尚六：辰昔昔，視懼懼，正凶。辰不于亓竆，于亓鄰，往无咎。閩詬有言。

（阜本）□□ □□□ □□□ □□ □□□□□ □□□ □□ □□□□

（熹本）□□ □□□ □□□ □□ □□□□□ □□□ □□ □□□□

（敦本）□□ □□□ □□□ □□ □□□□□ □□□ □□ □□□□

（開本）上六：震索索，視矍矍，征凶。震不于其躬，于其鄰， 无咎。婚媾有言。

52. 艮

（今本）艮：艮其背，不獲其身，行其庭，不見其人，无咎。
（竹本）艮：艮亓伓，不膄亓身，行亓廷，不□□□，□□。
（帛本）□：根亓北，不濩亓身，行亓廷，不見亓人，无咎。
（阜本）□ □□□ □□□□ □□□ □□□□ □□
（熹本）□ □□□ □□□□ □□□ □□□□ □□
（敦本）□ □□□ □□□□ □□□ □□□□ □□
（開本）艮：艮其背，不獲其身，行其庭，不見其人，无咎。

（今本）初六：艮其趾，无咎。利永貞。
（竹本）□□：□亓止，亡咎。利羕貞。
（帛本）初六：根亓止，无咎。利永貞。
（阜本）□□ □□□ □□ □□□
（熹本）□六：艮其止，无咎。利永貞。
（敦本）□□ □□□ □□ □□□
（開本）初六：艮其趾，无咎。利永貞。

（今本）六二：艮其腓，不拯其隨，其心不快。
（竹本）六二：艮亓足，不陞亓陵，亓心不悸。
（帛本）六二：根亓肥，不登亓隋，亓心不快。
（阜本）□□ □□□ □□□□ □□□□

（熹本）六二：艮其腓，不抍其□，□□□□。
（敦本）□□ □□□ □□□□ □□□□
（開本）六二：艮其腓，不拯其隨，其心不快。

（今本）九三：艮其限，列其夤，厲薰心。
（竹本）九晶：艮丌瞳，𠜱丌𧗿，𥗼同心。
（帛本）九□：□□□，戾亓**肥**，厲薰心。
（阜本）□□：□□□，□□□，厲薰□。
（熹本）□□ □□□ □□□ □□□
（敦本）□□ □□□ □□□ □□□
（開本）九三：艮其限，列其夤，厲薰心。

（今本）六四：艮其身，无咎。
（竹本）六四：艮丌躳。
（帛本）六四：根亓竆。
（阜本）□□ □□□ □□
（熹本）□□ □□□ □□
（敦本）□□ □□□ □□
（開本）六四：艮其身，无咎。

（今本）六五：艮其輔，言有序，悔亡。
（竹本）六五：艮丌頌，言又畬，慁亡。
（帛本）六五：根亓胅，言有序，慁亡。
（阜本）□□：艮其父，□□□，□□。
（熹本）□□ □□□ □□□ □□
（敦本）□□ □□□ □□□ □□
（開本）六五：艮其輔，言有序，悔亡。

（今本）上九：敦艮，吉。
（竹本）上九：辜艮，吉。
（帛本）尚九：敦根，吉。
（阜本）□□ □□ □
（熹本）□□ □□ □
（敦本）□□ □□ □

（開本）上九：敦艮，吉。

53. 漸

（今本）漸：女歸吉，利貞。
（竹本）漸：女遈吉，利貞。
（帛本）漸：女歸吉，利貞。
（阜本）□ □□□ □□
（熹本）□ □□□ □□
（敦本）□ □□□ □□
（開本）漸：女歸吉，利貞。

（今本）初六：鴻漸于干。小子厲，有言，无咎。
（竹本）初六：鳿漸于鮹。少子礪，又言，不冬。
（帛本）初六：鳿漸于淵。小子癘，有言，无咎。
（阜本）□□ □□□□ □□□ □□ □□
（熹本）□□：□□□□。□□□，□□，□咎。
（敦本）□□ □□□□ □□□ □□ □□
（開本）初六：鴻漸于干。小子厲，有言，无咎。

（今本）六二：鴻漸于磐，飲食衎衎，吉。
（竹本）六二：鳿漸于坙，酓飤𥁕𥁕，吉。①
（帛本）六二：鳿漸于坂，酒食衎衎，吉。
（阜本）□□ □□□□ □□□□ □
（熹本）六二：鳿漸于般，飲食衎衎，吉。
（敦本）□□ □□□□ □□□□ □
（開本）六二：鴻漸于磐，飲食衎衎，吉。

（今本）九三：鴻漸于陸。夫征不復，婦孕不育，凶。利禦寇。
（竹本）九晶：鳿漸于陸。夫征不逡，婦孕而□，□。□□□。
（帛本）九三：鳿漸于陸。□□□復，婦繩不□，凶。利所寇。
（阜本）□□ □□□□ □□□□ □□□□ □ □□□
（熹本）九三：鳿漸□□。□□□□，□□□□，□。□□□。

① 竹本"𥁕"下原爲重文符號。

（敦本）□□ □□□□ □□□□ □□□□ □ □□□
（開本）九三：鴻漸于陸。夫征不復，婦孕不育，凶。利禦寇。

（今本）六四：鴻漸于木，或得其桷，无咎。
（竹本）□□ □□□□ □□□□ □□
（帛本）六四：鳿漸于木，或直亓寇，𣪊，无咎。①
（阜本）□□ □□□□ □□□□ □□
（熹本）□□ □□□□ □□□□ □□
（敦本）□□ □□□□ □□□□ □□
（開本）六四：鴻漸于木，或得其桷，无咎。

（今本）九五：鴻漸于陵，婦三歲不孕，終莫之勝，吉。
（竹本）□□ □□□□ □□□□□ □□□□ □
（帛本）九五：鳿漸于陵，婦三歲不繩，終莫之勝，吉。
（阜本）□□ □□□□ □□□□□ □□□□ □
（熹本）□□ □□□□ □□□□□ □□□□ □
（敦本）□□ □□□□ □□□□□ □□□□ □
（開本）九五：鴻漸于陵，婦三歲不孕，終莫之勝，吉。

（今本）上九：鴻漸于陸，其羽可用爲儀，吉。
（竹本）□□ □□□□ □□□□□□ □
（帛本）尚九：鳿漸于陸，其羽可用爲宜，吉。
（阜本）□□ □□□□ □□□□□□ □
（熹本）□□ □□□□ □□□□□□ □
（敦本）□□ □□□□ □□□□□□ □
（開本）上九：鴻漸于陸，其羽可用爲儀，吉。

54. 歸妹

（今本）歸妹：征凶，无攸利。
（竹本）□□ □□ □□□
（帛本）歸妹：正凶，无攸利。
（阜本）□□ □□ □□□

① “𣪊”，丁四新釋爲“𣪊”，侯乃峰釋爲“𣪠”，從原釋。

（熹本）□昧：征凶，无攸利。
（敦本）□□ □□ □□□
（開本）歸妹：征凶，无攸利。

（今本）初九：歸妹以娣。跛能履，征吉。
（竹本）□□ □□□□ □□□ □□
（帛本）初九：歸妹以弟。跛能利，正吉。
（阜本）□□ □□□□ □□□ □□
（熹本）初九：歸昧以娣。波能履，征□。
（敦本）□□ □□□□ □□□ □□
（開本）初九：歸妹以娣。跛能履，征吉。

（今本）九二：眇能視，利幽人之貞。
（竹本）□□ □□□ □□□□□
（帛本）九二：眇能視，利幽人 貞。
（阜本）□□：□□□，□幽人之貞。
（熹本）□□ □□□ □□□□□
（敦本）□□ □□□ □□□□□
（開本）九□：□□□，利幽□之貞。

（今本）六三：歸妹以須，反歸以娣。
（竹本）□□ □□□□ □□□□
（帛本）六三：歸妹以嬬，□歸以苐。
（阜本）□□ □□□□ □□□□
（熹本）□□ □□□□ □□□□
（敦本）□□ □□□□ □□□□
（開本）六三：歸妹以須，反歸以娣。

（今本）九四：歸妹愆期，遲歸有時。
（竹本）□□ □□□□ □□□□
（帛本）六四：歸妹衍期，遲歸有時。
（阜本）□□ □□□□ □□□□
（熹本）□□ □□□□ □□□□
（敦本）□□ □□□□ □□□□

（開本）九四：歸妹愆期，遲歸有時。

（今本）六五：帝乙歸妹，其君之袂不如其娣之袂良。 月幾望，吉。
（竹本）□□ □□□□ □□□□□□□□□□□□ □□□ □
（帛本）六五：帝乙歸妹，亓君之袂不若其苐之快良。日月既望，吉。
（阜本）□□ □□□□ □□□□□□□□□□□□ □□□ □
（熹本）□□ □□□□ □□□□□□□□□□□□ □既望，吉。
（敦本）□□ □□□□ □□□□□□□□□□□□ □□□ □
（開本）六五：帝乙歸妹，其君之袂不如其娣之袂良。 月幾望，吉。

（今本）上六：女承筐无實，士刲羊无血，无攸利。
（竹本）□□ □□□□□ □□□□□ □□□
（帛本）尚六：女承筐无實，士刲羊无血，无攸利。
（阜本）□□ □□□□□ □□□□□ □□□
（熹本）□□：□□□无實，□刲羊无血，无攸利。
（敦本）□□ □□□□□ □□□□□ □□□
（開本）上六：女承筐无實，士刲羊无血，无攸利。

55. 豐

（今本）豐：亨。王假之。勿憂，宜日中。
（竹本）□ □ □□□ □□ □□□
（帛本）豐：亨。王叚之。勿憂，宜日中。
（阜本）□ □ □□□ □□ □□□
（熹本）豐：亨。王假之。□□，□□□。
（敦本）□ □ □□□ □□ □□□
（開本）豐：亨。王假之。勿憂，宜日中。

（今本）初九：遇其配主，雖旬无咎，往有尚。
（竹本）□□ □□□□ □□□□ □□□
（帛本）初九：禺亓肥主，唯旬无咎，往有尚。[①]
（阜本）□□ □□□□ □□□□ □□□
（熹本）□□ □□□□ □□□□ □□□

① “肥”，張立文釋爲“肥”（《帛書周易注釋》第 222 頁）。

（敦本）□□ □□□□ □□□□ □□□
（開本）初九：遇其配主，雖旬无咎，往有尚。

（今本）六二：豐其蔀，日中見斗。往得疑疾，有孚發若，吉。
（竹本）□□ □□□ □□□□ □□□□ □□□□ □
（帛本）六二：豐亓剖，日中見斗。往得苵□，有復洫若，□。
（阜本）□□ □□□ □□□□ □□□□ □□□□ □
（熹本）□□：□□□，□中見□。□□□□，□□□□，□。
（敦本）□□ □□□ □□□□ □□□□ □□□□ □
（開本）六二：豐其蔀，日中見斗。往得疑疾，有孚發若，吉。

（今本）九三：豐其沛，日中見沬，折其右肱，无咎。
（竹本）九晶：豐丌芾，日中見茇，折丌右拡，亡咎。
（帛本）九三：豐亓薠，日中見茉，折亓右弓，无咎。
（阜本）□□ □□□ □□□□ □□□□ □□
（熹本）□□：□□□，□□□□，□□□肱，无咎。
（敦本）□□ □□□ □□□□ □□□□ □□
（開本）九三：豐其沛，日中見沬，折其右肱，无咎。

（今本）九四：豐其蔀，日中見斗，遇其夷主，吉。
（竹本）九四：豐丌坿，日中見斗，遇丌𡰥宔，吉。
（帛本）九四：豐亓剖，日中見斗，禺亓夷主，吉。
（阜本）□□ □□□ □□□□ □□□□ □
（熹本）九□：□□□，□□□□，□其夷主，吉。
（敦本）□□ □□□ □□□□ □□□□ □
（開本）九四：豐其蔀，日中見斗，遇其夷主，吉。

（今本）六五：來章，有慶譽，吉。
（竹本）六五：莱章，又慶憄，吉。
（帛本）六五：來章，有慶舉，吉。
（阜本）□□ □□ □□□ □
（熹本）六五：來章，有慶譽，吉。
（敦本）□□ □□ □□□ □
（開本）六五：來章，有慶譽，吉。

（今本）上六：豐其屋，蔀其家，闚其户，闃其无人，三歲不覿，凶。
（竹本）上六：豐其芾，坿丌豪，閨丌㡙，𢿙丌亡人，晶戠不𧡾，凶。
（帛本）尚六：豐亓屋，剖亓家，閨亓户，㷀亓无人，三歲不遂，兇。
（阜本）□□ □□□ □□□ □□□ □□□□ □□□□ □
（熹本）□□ □□□ □□□ □□□ □□□□ □□□□ □
（敦本）□□ □□□ □□□ □□□ □□□□ □□□□ □
（開本）上六：豐其屋，蔀其家，闚其户，闃其无人，三歲不覿，凶。

56. 旅

（今本）旅：小亨。旅貞吉。
（竹本）遊：少卿。遊貞吉。
（帛本）旅：少亨。旅貞吉。
（阜本）□ □□ □□□
（熹本）□ □□ □□□
（敦本）□ □□ □□□
（開本）旅：小亨。旅貞吉。

（今本）初六：旅瑣瑣，斯其所取災。
（竹本）初六：遊贏 ，此丌所取惥。①
（帛本）初六：旅瑣瑣，此亓所取火。
（阜本）□□ □□□ □□□□□
（熹本）□□ □□□ □□□□□
（敦本）□□ □□□ □□□□□
（開本）初六：旅瑣瑣，斯其所取災。

（今本）六二：旅即 次，懷其資，得童僕，貞。
（竹本）六二：遊既 𡨦，褱丌次，㝵僮僕之貞。
（帛本）六二：旅既 次，壞亓茨，得童剥，貞。
（阜本）六二：旅即其次，□□□，□□□，□。
（熹本）□□ □□ □ □□□ □□□ □
（敦本）□□ □□ □ □□□ □□□ □
（開本）六二：旅即 次，懷其資，得童僕，貞。

---

① 何琳儀（2006）疑簡文“贏”下脱重文符號。

（今本）九三：旅焚其次，喪其童僕，貞厲。
（竹本）九晶：遊焚丌宋，喪丌僮僕，貞礪。①
（帛本）九三：□□□□，□□□□，□□。
（阜本）□□ □□□□ □□□□ □□
（熹本）九三：旅焚□□，□其童僕，貞□。
（敦本）□□ □□□□ □□□□ □□
（開本）九三：旅焚其次，喪其童僕，貞厲。

（今本）九四：旅于處，得其資斧，我心不快。
（竹本）九四：遊□□，□□□□，□□□□。
（帛本）□□：□□□，□亓溍斧，□心不快。
（阜本）□□ □□□ □□□□ □□□□
（熹本）□□：□于處，得其齊斧，我心□□。
（敦本）□□ □□□ □□□□ □□□□
（開本）九四：旅于處，得其資斧，我心不快。

（今本）六五：射雉，一矢亡，終以譽命。
（竹本）□□ □□ □□□ □□□□
（帛本）六五：射雉，一矢亡，冬以舉命。
（阜本）□□ □□ □□□ □□□□
（熹本）□□ □□ □□□ □□□□
（敦本）□□ □□ □□□ □□□□
（開本）六五：射雉，一矢亡，終以譽命。

（今本）上九：鳥焚其巢，旅人先笑後號咷。喪牛于易，凶。
（竹本）□□ □□□□ □□□□□□□ □□□□ □
（帛本）尚九：鳥棼其巢，旅人先芙後摅桃。亡牛于易，兇。
（阜本）□□ □□□□ □□□□□□□ □□□□ □
（熹本）□□ □□□□ □□□□□□□ □□□□ □
（敦本）□□ □□□□ □□□□□□□ □□□□ □
（開本）上九：鳥焚其巢，旅人先笑後號咷。喪□于易，凶。

① 竹本“貞”下有重文符號，何琳儀（2006）疑因涉上文而誤。

57. 巽

（今本）巽：小亨。利有攸往，利見大人。
（竹本）□ □□ □□□□ □□□□
（帛本）□：□亨。利有攸往，利見大□。
（阜本）□ □□ □□□□ □□□□
（熹本）巽：小亨。利有攸往，利見大人。
（敦本）□ □□ □□□□ □□□□
（開本）巽：小亨。利有攸往，利見大人。

（今本）初六：進退，利武人之貞。
（竹本）□□ □□ □□□□□
（帛本）初六：進内，利武人之貞。
（阜本）□□ □□ □□□□□
（熹本）□□：□□，□□□之貞。
（敦本）□□ □□ □□□□□
（開本）初六：進退，利武人之貞。

（今本）九二：巽在牀下，用史巫紛若，吉，无咎。
（竹本）□□ □□□□ □□□□□ □ □□
（帛本）九二：筭在牀下，用使巫忿若，吉，无咎。
（阜本）□□ □□□□ □□□□□ □ □□
（熹本）九二：□□□□，用史巫□□，□，□□。
（敦本）□□ □□□□ □□□□□ □ □□
（開本）九二：巽在牀下，用史巫紛若，吉，无咎。

（今本）九三：頻巽，吝。
（竹本）□□ □□ □
（帛本）九三：編筭，閵。
（阜本）□□ □□ □
（熹本）□□：顛巽，吝。
（敦本）□□ □□ □
（開本）九三：頻巽，吝。

（今本）六四：悔亡，田獲三品。
（竹本）□□　□□　□□□□
（帛本）六四：思亡，田獲三品。
（阜本）□□　□□　□□□□
（熹本）六四：□□，□□□□。
（敦本）□□　□□　□□□□
（開本）六四：悔亡，田獲三品。

（今本）九五：貞吉，悔亡，无不利，无初有終。先庚三日，後庚三日，吉。
（竹本）□□　□□　□□　□□□　□□□□　□□□□　□□□□　□
（帛本）九五：貞吉，思亡，无不利，無□有終。先庚三□，後庚三日，吉。
（阜本）□□　□□　□□　□□□　□□□□　□□□□　□□□□　□
（熹本）□□　□□　□□　□□□　□□□□　□□□□　□□□□　□
（敦本）□□　□□　□□　□□□　□□□□　□□□□　□□□□　□
（開本）九五：貞吉，悔亡，无不利，无初有終。先庚三日，後庚三日，吉。

（今本）上九：巽在牀下，喪其資斧，貞凶。
（竹本）□□　□□□□　□□□□　□□
（帛本）尚九：筭在牀下，亡亓溍斧，貞凶。
（阜本）□□　□□□□　□□□□　□□
（熹本）上九：巽在牀下，喪其齊斧，貞凶。
（敦本）□□　□□□□　□□□□　□□
（開本）上九：巽在牀下，喪其資斧，貞凶。

58. 兑

（今本）兑：亨。　利貞。
（竹本）□　□　　□□

（帛本）奪：亨。小利貞。
（阜本）□ □ □□
（熹本）兑：亨。 利□。
（敦本）□ □ □□
（開本）兑：亨。 利貞。

（今本）初九：和，兑吉。
（竹本）□□ □ □□
（帛本）初九：休，奪吉。①
（阜本）□□ □ □□
（熹本）□□：□，□吉。
（敦本）初九：和，兑吉。
（開本）初九：和，兑吉。

（今本）九二：孚兑，吉，悔亡。
（竹本）□□ □□ □ □□
（帛本）九二：諄 ，吉，思亡。
（阜本）□□ □□ □ □□
（熹本）九二：孚兑，吉，悔□。
（敦本）九二：孚兑，吉，悔亡。
（開本）九二：孚兑，吉，悔亡。

（今本）六三：來兑，凶。
（竹本）□□ □□ □
（帛本）九三：來奪，兇。
（阜本）□□ □□ □
（熹本）□□ □□ □
（敦本）六三：來兑，凶。
（開本）六三：來兑，凶。

（今本）九四：商兑未寧，介疾有喜。
（竹本）□□ □□□□ □□□□

① “休”，侯乃峰釋爲右邊從“禾”。

（帛本）九四：章奪未寧，□疾有喜。
（阜本）□□　□□□□　□□□□
（熹本）□□：□□□□，□疾有憙。
（敦本）九四：商兑未寧，介疾有喜。
（開本）九四：商兑未寧，介疾有喜。

（今本）九五：孚于剥，有厲。
（竹本）□□　□□□　□□
（帛本）九□：□于□，□□。
（阜本）□□　□□□　□□
（熹本）九五：□□□，□□。
（敦本）九五：孚于剥，有厲。
（開本）九五：孚于剥，有厲。

（今本）上六：引兑。
（竹本）□□　□□
（帛本）尚六：景奪。
（阜本）□□　□□
（熹本）□□　□□
（敦本）上六：引兑。
（開本）上六：引兑。

59. 渙

（今本）渙：亨。王假有廟，　　　　　　利涉大川，利貞。
（竹本）[illegible]：卿。王叚于审，利見大人，利涉大川。
（帛本）渙：亨。王假于廟，　　　　　　利涉大川，利貞。
（阜本）□　□　□□□□　　　　　　□□□□　□□
（熹本）□　□　□□□□　　　　　　□□□□　□□
（敦本）渙：亨。王假有廟，　　　　　　利泏大川，利貞。
（開本）渙：亨。王假有廟，　　　　　　利涉大川，利貞。

（今本）初六：用拯馬壯，吉。
（竹本）初六：　　馬藏，吉，思亡。
（帛本）初六：　撜馬□，吉，思亡。

（阜本）□□　□□□　□
（熹本）□□：　□馬壯，吉。
（敦本）初六：　拯馬□，告。
（開本）初六：用拯馬壯，吉。

（今本）九二：渙奔其机，悔亡。
（竹本）九二：霰走丌凥，思亡。
（帛本）九二：渙賁亓階，思亡。
（阜本）□□　□□□□　□□
（熹本）九二：渙奔其机，悔亡。
（敦本）九二：渙犇其几，悔亡。
（開本）九二：渙奔其机，悔亡。

（今本）六三：渙其躬，无悔。
（竹本）六晶：霰丌躳，亡咎。
（帛本）六三：渙亓竆，无咎。
（阜本）□□　□□□　□□
（熹本）六三：渙其躬，□□。
（敦本）六三：渙其躬，无悔。
（開本）六三：渙其躬，无悔。

（今本）六四：渙其羣，元吉。渙有丘，匪夷所思。①
（竹本）六四：霰丌羣，元吉。霰丌丘，非台所思。
（帛本）九四：渙亓羣，元吉。渙□□，□娣所思。
（阜本）□□　□□□　□□　□□□　□□□□
（熹本）□□：□其羣，元吉。渙有丘，□□□□。
（敦本）六四：渙其羣，元吉。渙有丘，匪夷所思。
（開本）六四：渙其羣，元吉。渙有丘，匪夷所思。

（今本）九五：渙汗其大號，渙王居，无咎。
（竹本）九五：霰　丌大唐，霰丌凥，亡咎。
（帛本）九五：渙亓肝大號，渙王居，无咎。

① 今本原文中“丘”缺末筆。

（阜本）□□　□□□□□　□□□　□□
（熹本）□□：□□□□□，□□□，无咎。
（敦本）九五：涣汗其大號，涣王居，无咎。
（開本）九五：涣汗其大號，涣王居，无咎。

（今本）上九：涣其血去，逖出，无咎。
（竹本）上九：𩡶丌血欯，易出，□□。
（帛本）尚九：涣亓血去，湯出，□□。
（阜本）□□　□□□□　□□　□□
（熹本）上九：□□□□，□□，□□。
（敦本）上九：涣其血去，逖出，无咎。
（開本）上□：□其血去，□□，□□。

60. 節

（今本）節：亨。苦節，不可貞。
（竹本）□　□　□□　□□□
（帛本）節：亨。枯節，不可貞。
（阜本）□　□　□□　□□□
（熹本）□　□　□□　□□□
（敦本）節：亨。苦節，不可貞。
（開本）節：亨。苦節，不可貞。

（今本）初九：不出户庭，无咎。
（竹本）□□　□□□□　□□
（帛本）初九：不出户牖，无咎。
（阜本）□□　□□□□　□□
（熹本）□□　□□□□　□□
（敦本）初九：不出户庭，无咎。
（開本）初九：不出户庭，无咎。

（今本）九二：不出門庭，凶。
（竹本）□□　□□□□　□
（帛本）九二：不出門廷，凶。
（阜本）□□　□□□□　□

（熹本）□□：□出門庭，凶。
（敦本）九二：不出門庭，凶。
（開本）九二：不出門庭，凶。

（今本）六三：不節若，則嗟若，无咎。
（竹本）□□ □□□ □□□ □□
（帛本）六三：不節若，則□□，□咎。
（阜本）□□：不節若，則□□，□□。
（熹本）六三：不節若，則嗟若，无咎。
（敦本）六三：不節若，則嗟若，无咎。
（開本）六三：不節若，則嗟若，无咎。

（今本）六四：安節。亨。
（竹本）□□ □□ □
（帛本）六四：□□。□。
（阜本）□□ □□ □
（熹本）六四：安□。□。
（敦本）六四：安節。亨。
（開本）六四：安節。亨。

（今本）九五：甘節，吉，往有尚。
（竹本）□□ □□ □ □□□
（帛本）□□：□□，吉，往得尚。
（阜本）□□ □□ □ □□□
（熹本）□□：□節，吉，往有尚。
（敦本）九五：甘節，吉，往有尚。
（開本）九五：甘節，吉，往有尚。

（今本）上六：苦節，貞凶，悔亡。
（竹本）□□ □□ □□ □□
（帛本）尚六：枯節，貞凶，𢙢亡。
（阜本）□□ □□ □□ □□
（熹本）上六：□□，□□，□□。
（敦本）上六：苦節，貞凶，悔亡。

（開本）上六：苦節，貞凶，悔亡。

61. 中孚

（今本）中孚：豚魚吉，利涉大川，利貞。
（竹本）□□　□□□　□□□□　□□
（帛本）中復：豚魚吉，和涉大川，利貞。
（阜本）□□　□□□　□□□□　□□
（熹本）□□：□□□，利涉大川，利□。
（敦本）中孚：豚魚吉，利泄大川，利貞。
（開本）中孚：豚魚吉，利涉大川，利貞。

（今本）初九：虞吉，有它不燕。
（竹本）□□　□□　□□□□
（帛本）初九：杅吉，有它不寧。
（阜本）初九：吴□，□□□□。
（熹本）□□　□□　□□□□
（敦本）初九：虞吉，有他不燕。
（開本）初九：虞吉，有它不燕。

（今本）九二：鳴鶴在陰，其子和之。我有好爵，吾與爾靡之。
（竹本）□□　□□□□　□□□□　□□□□　□□□□□
（帛本）九二：鳴鶴在陰，亓子和之。□□□□，□□□羸□。
（阜本）□□：□□□□，□□□□。我有好爵，吾與□□□。
（熹本）□□：□□□□，□□□□。□□□□，□□□□之。
（敦本）九二：鳴鶴在陰，其子和之。我有好爵，吾與爾靡之。
（開本）九二：鳴鶴在陰，其子和之。我有好爵，吾與爾靡之。

（今本）六三：得敵，或鼓或罷，或泣或歌。
（竹本）□□　□□　□□□□　□□□□
（帛本）□□：□□，或鼓或皮，或汲或歌。
（阜本）□□　□□　□□□□　□□□□
（熹本）六三：得敵，或鼓或罷，或泣或歌。
（敦本）六三：得敵，惑鼓或罷，或泣或哥。
（開本）六三：得敵，或鼓或罷，或泣或歌。

（今本）六四：月幾望，馬匹亡，无咎。
（竹本）□□ □□□ □□□ □□
（帛本）六四：月既朢，馬必亡，无咎。
（阜本）六四：月幾𦣻，□□□，□□。
（熹本）六四：月幾望，□□□，□咎。
（敦本）六四：月幾望，馬疋亡，无咎。
（開本）六四：月幾望，馬匹亡，无咎。

（今本）九五：有孚攣如，无咎。
（竹本）□□ □□□□ □□
（帛本）九五：有復論如，无咎。
（阜本）□□ □□□□ □□
（熹本）□□：□□□攣，□□。
（敦本）九五：有孚攣如，无咎。
（開本）九五：有孚攣如，无咎。

（今本）上九：翰音登于天，貞凶。
（竹本）□□ □□□□□ □□
（帛本）尚九：𩡧音登于天，貞凶。
（阜本）上九：翰音□□□，□□。
（熹本）□□ □□□□□ □□
（敦本）上九：翰音登于天，貞凶。
（開本）上九：翰音登于天，貞凶。

62. 小過

（今本）小過：亨，利貞。可小事，不可大事。飛鳥遺之音，不宜上，宜下，大吉。

（竹本）□□ □ □□ □□□ □□□□ □□□□□ □□□ □□ □□

（帛本）少過：亨，利貞。可小事，不可大事。翡鳥遺之音，不㝖上，宜下，泰吉。①

① “㝖”，原釋爲“宜”，侯乃峰釋爲“㝖”。

（阜本）□□：□，□□。□□□，不可大吏。非鳥遺　音，不宜上，宜下，大吉。

（熹本）□過：亨，□□。□□□，□□□□。□□□□□，□□□，□□，□□。

（敦本）小過：亨，利貞。可小事，不可大事。飛鳥遺之音，不宜上，宜下，大吉。

（開本）小過：亨，利貞。可小事，不可大事。飛鳥遺之音，不宜上，宜下，大吉。

（今本）初六：飛鳥以凶。
（竹本）□□　□□□□
（帛本）初六：翡鳥以凶。
（阜本）□六：非鳥□□。
（熹本）□□　□□□□
（敦本）初六：飛鳥以凶。
（開本）初六：飛鳥以□。

（今本）六二：過其祖，遇其妣，不及其君，遇其臣，无咎。
（竹本）□□　□□□　□□□　□□□□　□□□　□□
（帛本）六二：過亓祖，愚亓比，不及亓君，愚亓僕，无咎。
（阜本）六二：過□□，□□□，□□其君，遇□□，□□。
（熹本）□□：過其祖，遇其妣，不及其君，遇其臣，无咎。
（敦本）六二：過其祖，遇其妣，不及其君，遇其臣，无咎。
（開本）六二：過其祖，遇其妣，不及其君，遇其臣，无咎。

（今本）九三：弗過防之，從或戕之，凶。
（竹本）□□　□□□□　□□□□　□
（帛本）九三：弗過仿之，從或臧之，凶。
（阜本）□□　□□□□　□□□□　□
（熹本）九三：弗過□□，□□□□，□。
（敦本）九三：弗過防之，從或戕之，凶。
（開本）九三：弗過防之，從或戕之，凶。

（今本）九四：无咎，弗過遇之，往厲必戒，勿用永貞。

（竹本）□□ □□ □□□□ □□□□ □□□□
（帛本）九四：无咎，弗過愚之，往厲必革，勿用永貞。
（阜本）□□：□□，弗過□之，往厲□□，□□□□。
（熹本）□□：无咎，弗□□□，□□□□，□□□□。
（敦本）九四：无咎，弗過□之，往厲必戒，勿用永貞。
（開本）九四：无咎，弗過遇之，往厲必戒，勿用永貞。

（今本）六五：密雲不雨，自我西郊，公弋取彼在穴。
（竹本）□□：□□□□，□□□□，□□取皮才坹。
（帛本）六五：密雲不雨，自我西茭，公射取皮在穴。
（阜本）□□：密雲不雨，自我西□，□□□□□□□。
（熹本）□□ □□□□ □□□□ □□□□□□□
（敦本）六五：蜜雲不雨，自我西郊，公弋取彼在穴。
（開本）六五：密雲不雨，自我西郊，公弋取彼在穴。

（今本）上六：弗遇過之，飛鳥離之，凶，是謂 災眚。
（竹本）上六：弗遇之𨾴，飛鳥羅之，凶，是胃亦𡿧禬。
（帛本）尚六：弗愚過之，翡鳥羅之，凶，是謂 兹省。
（阜本）□□ □□□□ □□□□ □ □□ □□
（熹本）□□ □□□□ □□□□ □ □□ □□
（敦本）上六：弗遇過之，飛鳥離之，凶，是謂 灾眚。
（開本）上六：弗遇過之，飛鳥離之，凶，是謂 災眚。

63. 既濟

（今本）既濟：亨小，利貞。初吉終亂。
（竹本）□□ □□ □□ □□□□
（帛本）即濟：亨小，利貞。初吉冬乳。
（阜本）□□ □□ □□ □□□□
（熹本）既濟：亨小，利貞。初吉終亂。
（敦本）既濟：亨小，利貞。初吉□亂。
（開本）既濟：亨小，利貞。初吉終亂。

（今本）初九：曳其輪，濡其尾，无咎。
（竹本）□□ □□□ □□□ □□

（帛本）初九：抴亓綸，濡亓尾，无咎。
（阜本）□□ □□□ □□□ □□
（熹本）初九：曳其輪，濡其尾，无□。
（敦本）初九：曳其輪，義， 无咎。
（開本）初九：曳其輪，濡其尾，无咎。

（今本）六二：婦喪其茀，勿逐，七日得。
（竹本）□□ □□□□ □□ □□□
（帛本）六二：婦亡亓發，勿遂，七日得。
（阜本）□□ □□□□ □□ □□□
（熹本）□□：□□□□，□逐，七日得。
（敦本）六二：婦喪其茀，勿逐，七日得。
（開本）六二：婦喪其茀，勿逐，七日得。

（今本）九三：高宗伐鬼方，三年克之，小人勿用。
（竹本）□□ □□□□□ □□□□ □□勿用
（帛本）□□：高宗伐鬼方，三年克之，小人勿用。
（阜本）□□ □□□□□ □□□□ □□□□
（熹本）□□ □□□□□ □□□□ □□□□
（敦本）九三：高宗伐鬼方，三年克之，小人勿用。①
（開本）九三：高宗伐鬼方，三年克之，小人勿用。

（今本）六四：繻有衣袽，終日戒。
（竹本）六四：需又衣絮，冬日戒。
（帛本）六四：襦有衣茹，冬日戒。
（阜本）□□ □□□□ □□□
（熹本）□□ □□□□ □□□
（敦本）六四：繻有衣袽，終日戒。
（開本）六四：繻□□□，終日戒。

（今本）九五：東鄰殺牛， 不如西鄰之禴祭，實受其福。

① 敦本原文中“鬼”缺首筆。開本同。下同。

（竹本）九五：東畧殺牛，　　不女西畧之酌祭，是受　福，吉。
（帛本）九五：東鄰殺牛以祭，不若西鄰之濯祭，實受亓福，吉。
（阜本）□□　□□□□　　□□□□□□□　□□□□
（熹本）□□　□□□□　　□□□□□□□　□□□□
（敦本）九五：東隣殺牛，　　不如西隣之禴祭，實受其福。
（開本）九五：東鄰殺牛，　　不如西鄰之禴祭，實受其福。

（今本）上六：濡其首，厲。
（竹本）上六：需丌百，礪。
（帛本）尚六：濡亓首，厲。
（阜本）□□　□□□　□
（熹本）□六：濡其首，厲。
（敦本）□□　□□□　□
（開本）上六：濡其首，厲。

64. 未濟

（今本）未濟：亨。小狐汔濟，濡其尾，无攸利。
（竹本）□□　□　□□□□　□□□　□□□
（帛本）未濟：亨。小狐氣涉，濡亓尾，无攸利。
（阜本）□□　□　□□□□　□□□　□□□
（熹本）未濟：亨。小狐汔濟，濡其尾，无攸利。
（敦本）□□　□　□□□□　□□□　□□□
（開本）未濟：亨。小狐汔濟，濡其尾，无攸利。

（今本）初六：濡其尾，吝。
（竹本）□□　□□□，利。
（帛本）初六：濡亓尾，閵。
（阜本）□□　□□□　□
（熹本）□□　□□□　□
（敦本）□□　□□□　□
（開本）初六：濡其尾，吝。

（今本）九二：曳其輪，貞吉。
（竹本）九二：湌丌輪，貞吉。利涉大川。

（帛本）九二：抴亓綸，貞。
（阜本）□□ □□□ □□
（熹本）□□：曳其輪，□□。
（敦本）□□ □□□ □□
（開本）九二：曳其輪，貞吉。

（今本）六三：未濟，征凶，利涉大川。
（竹本）六晶：未淒，征凶，利涉大川。
（帛本）六三：未濟，正凶，利涉大川。
（阜本）□□ □□ □□ □□□□
（熹本）□□ □□ □□ □□□□
（敦本）□□ □□ □□ □□□□
（開本）六三：未濟，征凶，利涉大川。

（今本）九四：貞吉，悔亡，震用伐鬼方，三年有賞于大國。
（竹本）九四：貞吉，□□，□□□□□，□□□□□□□。
（帛本）九四：貞吉，悬亡，□□□□方，三年有商于大國。
（阜本）□□：□□，□□，□□□□□，□□□□□大國。
（熹本）□□ □□ □□ □□□□□ □□□□□□□
（敦本）□□ □□ □□ □□□□□ □□□□□□□
（開本）九四：貞吉，悔亡，震用伐鬼方，三年有賞于大國。

（今本）六五：貞吉，无悔。君子之光，有孚，吉。
（竹本）□□ □□ □□ □□□□ □□ □
（帛本）□五：貞吉，悬亡。君子之光，有復，吉。
（阜本）□□ □□ □□ □□□□ □□ □
（熹本）□□ □□ □□ □□□□ □□ □
（敦本）□□ □□ □□ □□□□ □□ □
（開本）六五：貞吉，无悔。君子之光，有孚，吉。

（今本）上九：有孚于飲酒，无咎。濡其首，有孚失是。
（竹本）□□ □□□□□ □□ □□□ □□□□
（帛本）尚九：有復于飲酒，无咎。濡亓首，有復失是。
（阜本）□□ □□□□□ □□ □□□ □□□□

（熹本）上九：有孚于飲酒，无咎。濡　首，有孚失是。
（敦本）□□　□□□□□　□□　□□□　□□□□
（開本）□□：□□于飲酒，□□。□□□，□□失是。

結　語

本書運用漢字職用學的理論和方法，對《周易》六個出土本及今本的用字情況進行了全面統計和分析，包括統計字量、字位、字頻，分析字用屬性及字用功能，又對各本中同詞異字的現象進行了專題研究。在此基礎上，對比分析各本的用字情況，從總體上歸納《周易》出土本及今本的用字現象和演變規律，揭示漢字使用的傳承機製和變化原因。

從字量和字位數量上看，雖然各出土本存留的字量和字位數量不同，但出土本存留的字位數量與今本相同的字位數量之間没有必然的聯繫，不管存留的字位有多少，與今本相同的字位都是隨着出土本書寫時間的推移而增多的，先秦時期的出土本與今本的字位相同率最低，唐代的開本與今本的字位相同率最高。

從字頻上看，同一内容的出土文獻，不管其缺損程度如何，文本中的高頻字都基本一致。各本間高頻字的異文數量非常少，高頻字的使用是最穩定的。相反，只使用了一次或兩次的低頻字，是各本間用字差異的主要來源。

在字用屬性方面，首先，不管是哪個時代的出土本，字的本職使用都是占絶大多數的，70%以上的漢字承擔着它們在造字之初就被賦予的記録某個詞的職能，這是漢字使用的重要規律。雖然漢字産生之後經歷了數千年的發展演變，但人們至今依然能看懂大部分古人的字，讀懂古人的書，就是靠着這至少 70%的本用傳承。其次，有至少 16%的字，没有被用來記録本職詞項，而是被借用記録其他的詞項。漢字 16%的借用比例在唐代之後就相對固定了，與今本的比例幾乎没有差别，這説明經過歷代的發展演變，這 16%的借用，已經成爲漢字固定的用法，也就是説漢字使用者已經將這些字的借用職能當作了它們的基本職能。

在字用功能方面，對各本中一字記録一詞的單用字和一字記録多詞的多用字進行考察，發現竹本、阜本、熹本、敦本、開本的多用字比例相差不大，但是帛本的多用字明顯比其他幾個版本高。我們認爲，其主要原因是這幾個本子的殘損度比較高，以至於一個字記録别的詞的用法今已無法看到，而帛本多用字的比例比開本高，主要是因爲漢字發展到唐代，字的多用職能出於表達清晰的需求已經大部分被别的字分擔，只有少量帛本中的一字多用現象存留下來。

在一字多用專題研究中，對各本中一字記録多個詞項的情况進行統計分析。各本中一字記録多個詞項共 228 例，按照所記録詞義的屬性，可分爲因假借造成的一字多用、因詞義引申造成的一字多用、因多種原因造成的一字多用及因字形訛誤造成的一字多用四種情况。其中因假借或因詞義引申造成的一字多用數量最多，因假借造成的一字多用 90 例，占 39%；因詞義引申造成的一字多用 101 例，占 44%。在所統計的一字多用情况中，仍然記録本義的字共 108 例，記録了假借義的字共 123 例，記録了引申義的字共 133 例，由此可見詞義引申是一字多用最主要的原因。

在同詞異字專題研究中，將同詞異字字組的字際關係分成五類，包括本字與本字的關係、本字與借字的關係、借字與借字的關係、本字與訛字的關係以及以上多種字際關係的綜合。通過比較各本同詞異字出現的情况，可以發現：第一，先秦及漢初的出土本，同詞異字的情况較多。此後同詞異字字組數量的下降説明漢字與詞之間的職用關係越來越穩固。第二，漢字的借用是造成同詞異字的主要原因。我們又對每組同詞異字字組不同用字的出現頻率進行了考察，結果發現，在先秦及漢初的出土本中，如果一詞多字出現的次數比較多，不同用字出現的頻率會有明顯的差别；但是在漢代中期以後，很少有出現次數較多的詞存在同詞異字現象，一旦出現，不同用字基本上只是各用 1 次。

從各本用字的傳承和變化來看，在用字的傳承上，那些只記録詞語的本義和引申義、用法單一、使用頻率較高的本用字是最穩定的，它們無論是在字形還是在字用功能上，都很少發生變化，是漢字穩步發展的基礎成分。在用字的變化上，與今本比較而言，各出土本用字的差異表現在異體異文、通假異文和訛誤異文三個方面，整體而言，從先秦到漢代，再到唐代，因異體、通假以及訛誤而産生的異文的數量和比例都是逐漸下降的。具體到每個時代，漢字中異體異文的大量减少發生在漢代初期，這是因爲在漢字規範的過程中，字形的規範比字用屬性的規範更容易；通假異文的大量减少發生在漢代中後期，到唐代降到最低，因爲通假異文是借用一個字來代替另一個字，在具體用字過程中，隨着漢字記録職能逐漸穩定，特别是在具體的專書文獻中，用哪個字記録哪個詞項日漸固定，因此到了開本中幾乎没有因通假而産生的異文了。

本書通過出土文獻研究用字，考察封閉文獻範圍内用字的歷時變化，爲漢字史及漢字職用學的研究提供了方法及材料；書中提出的判斷文獻用字的“同一性”問題，對於漢字職用學的理論有一定的補充。但具體到文獻中每個字的使用，仍需更仔細推敲，有些字的用法還需進一步考證；在材料處理和研究角度方面，本書只是做出了探索和嘗試，如何更加科學有效地運用漢字職用學測查文獻用字，還需要更多的思考和實踐。

參考文獻

説明：所有著作及論文以出版、發表年代排序，同一作者的不同成果編排在一起，以第一個成果的時間編入，以便於查找。

一、古籍

［1］［漢］許慎．説文解字［Z］.
［2］［漢］京房．京氏易傳［Z］.
［3］［漢］鄭康成注．易緯［Z］.
［4］［魏］王弼、［晉］韓康伯．周易王韓注［Z］.
［5］［唐］陸德明．經典釋文［Z］.
［6］［唐］孔穎達．周易正義［Z］.
［7］［唐］李鼎祚．周易集解［Z］.
［8］［唐］郭京．周易舉正［Z］.
［9］［宋］蘇軾．東坡易傳［Z］.
［10］［宋］朱熹．周易本義［Z］.
［11］［宋］黎靖德編．朱子語類［Z］.
［12］［宋］王應麟編．周易鄭康成注［Z］.
［13］［清］劉淇．助字辨略［Z］.
［14］［清］李光地．周易折中［Z］.
［15］［清］段玉裁．説文解字注［Z］.
［16］［清］阮元校刻．十三經注疏［Z］.
［17］［清］孫詒讓．十三經注疏校勘記［Z］.
［18］［清］王引之．經傳釋詞［Z］.
［19］［清］李道平．周易集解纂疏［Z］.
［20］［清］朱駿聲．説文通訓定聲［Z］.
［21］［清］朱駿聲．六十四卦經解［Z］.
［22］［清］俞樾．群經平議［Z］.
［23］［清］孫詒讓．周禮正義［Z］.
［24］［清］皮錫瑞．經學歷史［Z］.

二、文字學專著

［1］蔣善國．漢字形體學［M］．北京：文字改革出版社，1959.

［2］王力．漢語史稿［M］．北京：中華書局，1980.

［3］王力．古代漢語［M］．北京：中華書局，1981.

［4］王力．中國語言學史［M］．太原：山西人民出版社，1987.

［5］陸宗達．説文解字通論［M］．北京：北京出版社，1981.

［6］陸宗達．訓詁研究［M］．北京：北京師範大學出版社，1981.

［7］陸宗達，王寧．訓詁方法論［M］．北京：中國社會科學出版社，1983.

［8］陸宗達，王寧．訓詁與訓詁學［M］．太原：山西教育出版社，1994.

［9］黄侃．文字聲韻訓詁筆記［M］．上海：上海古籍出版社，1983.

［10］齊佩瑢．訓詁學概論［M］．北京：中華書局，1984.

［11］胡朴安．中國文字學史［M］．上海：上海書店，1984.

［12］郭在貽．訓詁叢稿［M］．上海：上海古籍出版社，1985.

［13］蔣善國．漢字學［M］．上海：上海教育出版社，1987.

［14］濮之珍．中國語言學史［M］．上海：上海古籍出版社，1987.

［15］趙振鐸．訓詁學綱要［M］．成都：巴蜀書社，1987.

［16］裘錫圭．文字學概要［M］．北京：商務印書館，1988.

［17］孫鈞錫．中國漢字學史［M］．北京：學苑出版社，1991.

［18］詹鄞鑫．漢字説略［M］．北京：教育出版社，1991.

［19］王鳳陽．漢字學［M］．長春：吉林文史出版社，1992.

［20］王寧．訓詁學原理［M］．北京：中國國際廣播出版社，1996.

［21］王寧．漢字學概要［M］．北京：北京師範大學出版社，2001.

［22］王寧．古代漢語［M］．北京：北京出版社，2002.

［23］王寧．漢字構形學講座［M］．上海：上海教育出版社，2002.

［24］王寧．訓詁與訓詁學［M］．太原：山西教育出版社，2005.

［25］王寧，林銀生，周之郎，等．古代漢語通論［M］．北京：北京師範大學出版社，1996.

［26］何琳儀．戰國古文字典（下册）［M］．北京：中華書局，1998.

［27］唐作藩．音韻學教程［M］．北京：北京大學出版杜，2002.

［28］胡安順．音韻學通論［M］．北京：中華書局，2002.

［29］郭芹納．訓詁散論［M］．北京：中國社會科學出版社，2002.

［30］何九盈．中國古代語言學史［M］．北京：北京大學出版社，2006.

［31］徐在國．傳抄古文字編（上册）［M］．北京：綫裝書局，2006．
［32］黄德寬，陳秉新．漢語文字學史［M］．合肥：安徽教育出版社，2006．
［33］王新華．避諱研究［M］．濟南：齊魯書社，2007．
［34］沈澍農．中醫古籍用字研究［M］．北京：學苑出版社，2007．
［35］李運富．漢字漢語論稿［M］．北京：學苑出版社，2008．
［36］王華權．一切經音義刻本用字研究［M］．桂林：廣西師範大學出版社，2011．
［37］陳斯鵬．楚系簡帛中字形與音義關係研究．北京：中國社會科學出版社，2011
［38］李運富．漢字學新論［M］．北京：北京師範大學出版社，2012．

三、《周易》研究專著

［1］聞一多．聞一多全集・周易義證類纂［M］．上海：開明書店，1948．
［2］李鏡池．周易探源［M］．北京：中華書局，1978．
［3］尚秉和．周易尚氏學［M］．北京：中華書局，1980．
［4］李鏡池．周易通義［M］．北京：中華書局，1981．
［5］顧頡剛．古史辨（三）［M］．上海：上海古籍出版社，1982．
［6］屈萬里．漢石經周易殘石集證．屈萬里文集（第 11 册）［M］．台北：聯經出版事業公司，1984．
［7］唐明邦．周易縱横録［M］．武漢：湖北人民出版社，1986．
［8］陳夢家．殷墟卜辭綜述［M］．北京：中華書局，1988．
［9］趙誠．甲骨文簡明詞典——卜辭分類讀本［M］．北京：中華書局，1988．
［10］劉大鈞．周易概論［M］．濟南：齊魯書社，1988．
［11］劉大鈞．今、帛、竹書《周易》綜考［M］．上海：上海古籍出版社，2005．
［12］徐文鏡．古籀彙編［M］．武漢：武漢古籍書店影印本，1989．
［13］廖名春，康學偉，梁韋弦．周易研究史［M］．長沙：湖南出版社，1991．
［14］廖名春．帛書《易傳》初探［M］．台北：文史哲出版社，1998．
［15］廖名春．易學集成［M］．成都：四川大學出版社，1998．
［16］廖名春．《周易》經傳與易學史新論［M］．濟南：齊魯書社，2001．
［17］廖名春．帛書周易論集［M］．上海：上海古籍出版社，2008

［18］韓仲民．帛易説略［M］．北京：北京師範大學出版社，1992．
［19］李學勤．周易經傳溯源［M］．長春：長春出版社，1992．
［20］朱伯崑．易學哲學史［M］．北京：華夏出版社，1995．
［21］唐明邦主編．周易評注［M］．北京：中華書局，1995．
［22］陳偉．包山楚簡初探［M］．武漢：武漢大學出版社，1996．
［23］邢文．帛書周易研究［M］．北京：人民出版社，1997．
［24］高亨．周易大傳今注［M］．濟南：齊魯書社，1998．
［25］于省吾．雙劍誃群經新證［M］．上海：上海書店出版社，1999
［26］吴新楚．周易異文校證［M］．上海：華東人民出版社，2001．
［27］周山．解讀周易［M］．上海：上海書店出版社，2002．
［28］馬振彪．周易學説（張善文整理）［M］．廣州：花城出版社，2002．
［29］邓球柏．帛書周易校釋［M］．長沙：湖南人民出版社，2002．
［30］李守奎．楚文字編［M］．上海：華東師範大學出版社，2003．
［31］李零．簡帛古書與學術源流［M］．北京：三聯書店，2004．
［32］李零．死生有命富貴在天——《周易》的自然哲學［M］．香港：香港中文大學出版社，2012．
［33］陳戍國．周易校注［M］．長沙：嶽麓書社，2004．
［34］韓自强．阜陽漢簡周易研究［M］．上海：上海古籍出版社，2004．
［35］濮茅左．楚竹書《周易》研究——兼述先秦兩漢出土與傳世易學文獻資料［M］．上海：上海古籍出版社，2006．
［36］藺甲云．周易卦爻辭研究［M］．長沙：湖南大學出版社，2006．
［37］藺甲云．周易古禮研究［M］．長沙：湖南大學出版社，2008．
［38］吴辛丑．周易講讀［M］．上海：華東師範大學出版社，2007．
［39］徐山．周易詞義與結構分析［M］．北京：中國書店，2007．
［40］侯乃峰．《周易》文字彙校集釋［M］．台北：台灣古籍出版社，2007．
［41］張立文．帛書《周易》注釋［M］．鄭州：中州古籍出版社，2008．
［42］張涌泉．敦煌經部文獻合集（第1册）［M］．北京：中華書局，2008．
［43］張政烺．張政烺論易叢稿［M］．北京：中華書局，2010．
［44］陳仁仁．戰國楚竹書《周易》研究［M］．武漢：武漢大學出版社，2010．
［45］黄壽祺，張善文．周易譯注［M］．上海：上海古籍出版社，2011．

［46］丁四新．楚竹書與帛書周易校注［M］．上海：上海古籍出版社，2011．

［47］連劭名．帛書周易疏證［M］．北京：中華書局，2012．

四、相關出土文獻釋文、考古報道、概述、簡介等

［1］湖北省文化局文物工作隊．湖北江陵三座楚墓出土大批重要文物［J］．文物，1966（5）．

［2］張政烺，周世榮，等．長沙馬王堆漢墓帛書［J］．文物，1974（9）．

［3］張政烺．帛書《六十四卦》跋［J］．文物，1984（3）．

［4］曉菡．長沙馬王堆漢墓帛書概述［J］．文物，1974（9）．

［5］湖南省博物館，中國科學院考古研究所．馬王堆二、三號漢墓發掘簡報［J］．文物，1974（7）．

［6］王襄天，韓自强．阜陽雙古堆西漢汝陰侯墓發掘簡報［J］．文物，1978（8）．

［7］安徽省文物工作隊，阜陽地區博物館，阜陽縣文化局．阜陽雙古堆西漢汝陰侯墓發掘簡報［J］．文物，1978（8）．

［8］湖北省荆州地區博物館．江陵天星觀一號楚墓［J］．考古學報，1982（1）．

［9］國家文物局古文獻研究室，安徽省阜陽地區博物館阜陽漢簡整理組．阜陽漢簡簡介［J］．文物，1983（2）．

［10］馬王堆漢墓整理小組．馬王堆帛書《六十四卦》釋文［J］．文物，1984（3）．

［11］于豪亮．帛書《周易》［J］．文物，1984（3）．

［12］包山墓地竹簡整理小組．包山 2 號墓竹簡概述［J］．文物，1988（5）．

［13］湖北省荆沙鐵路考古隊包山墓地整理小組．荆門市包山楚墓發掘簡報［J］．文物，1988（5）．

［14］沙鐵路考古隊．江陵秦家咀楚墓發掘簡報［J］．江漢考古，1988（2）．

［15］北京圖書館金石組編．北京圖書館藏中國古代石刻拓本彙編（秦漢部分）第一册［M］．鄭州：中州古籍出版社，1989．

［16］熹平石經《周易》［A］//李慧．陝西石刻文獻目録集存［C］．西安：三秦出版社，1990．

［17］王少聞．《馬王堆漢墓文物》述評［A］//陳鼓應．道家文化研

究（第3輯）［C］. 上海：上海古籍出版社，1993.

［18］荆州地區博物館. 江陵王家臺15號秦墓［J］. 文物，1995（1）.

［19］湖北省文物考古研究所，北京大學中文系編. 望山楚簡［M］. 北京：中華書局，1995.

［20］廖名春. 馬王堆帛書周易經傳釋文《續修四庫全書》經部易類第1册［M］. 上海：上海古籍出版社，1995.

［21］景刊唐開成石經［M］. 北京：中華書局，1997.

［22］胡平生. 阜陽漢簡周易概述［A］//李學勤，謝桂華. 簡帛研究（第3輯）［C］. 南寧：廣西教育出版社，1998.

［23］幕本（部分）［A］. //陳鼓應. 道家文化研究（第18輯）［C］. 北京：三聯書店，2000.

［24］陳燮君. 上海博物館藏戰國楚竹書（一）［A］//馬承源. 上海博物館藏戰國楚竹書（一）［C］. 上海：上海古籍出版社，2001.

［25］河南省文物考古研究所，河南省駐馬店市文化局，新蔡縣文物局保護管理所. 河南新蔡平夜君成墓的發掘［J］. 文物，2002（8）.

［26］河南省文物考古研究所. 新蔡葛陵楚墓［M］. 鄭州：大象出版社，2003.

［27］濮茅左. 楚竹書《周易》釋文考釋［A］//馬承源. 上海博物館藏戰國楚竹書（三）［C］. 上海：上海古籍出版社，2003.

［28］馬承源. 上海博物館藏戰國楚竹書（三）［M］. 上海：上海古籍出版社，2003.

［29］王明欽. 王家臺秦墓竹簡概述［A］//艾蘭，邢文. 新出簡帛研究［C］. 北京：文物出版社，2004.

［30］韓自强. 阜陽漢簡《周易》研究［M］. 上海：上海古籍出版社，2004.

［31］李學勤. 周易溯源［M］. 成都：巴蜀書社，2006.

［32］葉紅慶.《阜陽漢簡》文字研究二題［D］. 西南大學，2008.

五、文字學論文

［1］李運富. 漢字形體的演變與整理規範［J］. 語文建設，1997（3）.

［2］李運富. 論漢字職能的變化［J］. 古漢語研究，2001（4）.

［3］李運富. 論漢字的記録職能（上）［J］. 徐州師範大學學報，2003（1）.

［4］李運富. 論漢字的記録職能（下）［J］. 徐州師範大學學報，2003

(2).

［5］李運富. 章太炎黄侃先生的文字學研究［J］. 古漢語研究，2004 (2).

［6］李運富. 論出土文本字詞關係的考證與表述［J］. 古漢語研究，2005 (2).

［7］李運富. 字理與字理教學［J］. 吉首大學學報（社會科學版），2005 (2).

［8］李運富，張素鳳. 漢字性質綜論［J］. 北京師範大學學報（社會科學版），2006 (1).

［9］李運富. 關於“異體字”的幾個問題［J］. 語言文字應用，2006 (1).

［10］李運富. 論漢字結構的演變［J］. 河北大學學報（哲學社會科學版），2007 (2).

［11］李運富. 漢字語用學論綱［A］//李運富. 漢字漢語論稿. 學苑出版社，2008.

［12］張曉明，李薇. 從《説文》重文看漢字字際關係的研究［J］. 山東理工大學學報（社會科學版），2004 (4).

［13］韓琳. 字際關係研究述評［J］. 勵耘學刊（語言卷），2005 (5).

［14］李吉東.《一切經音義》中所見的幾處《周易》經文異文［J］. 周易研究，2006 (2).

［15］盧烈紅. 古今字與同源字、假借字、通假字、異體字的關係［J］. 語文知識，2007 (1).

［16］韓琳.《黄侃手批説文解字》字詞關係批語辨析［J］. 山西大學學報（哲學社會科學版），2007 (2).

［17］韓琳，冀秀美. 近代字詞關係研究述評［J］. 中國青年政治學院學報，2007 (4).

［18］韓琳. 改革開放以來字詞關係研究現狀考察［J］. 辭書研究，2007 (6).

［19］韓琳. 中國傳統語言文字學字詞關係研究述評［J］. 社會科學論壇（學術研究卷），2008 (1).

［20］韓琳. 黄季剛字詞關係理論概述［J］. 殷都學刊，2008 (2).

［21］羅衛東. 漢字字際關係的界定與表述析論——以王力主編《古代漢語》注釋爲考察對象［J］. 語文知識，2008 (2).

［22］王貴元. 簡帛文獻用字研究［J］. 西北大學學報（哲學社會科

學版），2008（3）.

［23］曹建召，陶本一．三套小學低年級語文教材用字研究——以人教版、蘇教版和上教版教材爲研究對象［J］．教育學報，2008（3）.

［24］舒懷．漢字考釋必須兼顧字的本體認知和字用規律——從“臧”字説起［J］．湖北大學學報（哲學社會科學版），2008（3）.

［25］張仁明．墨經用字現象研究——繁文省文辨［J］．畢節學院學報，2008（6）.

［26］馬英新．淺析古今字、異體字、通假字的定義及區分［J］．語文學刊，2008（18）.

［27］李玉平．鄭玄《周禮注》從歷時角度對字際關係的溝通［J］．古漢語研究，2009（3）.

［28］雷黎明．楚簡古典籍字用研究略論［J］．北京理工大學學報（社會科學版），2009（5）.

［29］温敏．從字詞關係角度看異形詞整理［J］．語文知識，2010（1）.

［30］周健．分析字詞關係 改進字詞教學［J］．語言文字應用，2010（1）.

［31］王華權．《龍龕手鏡》所收《一切經音義》用字考探［J］．黄岡師範學院學報，2010（1）.

［32］蔡夢麒，張曉鳳．字際關係與歷史漢字的今讀審訂［J］．古漢語研究，2010（3）.

［33］蔡夢麒．字際關係與歷史漢字的今讀審訂［J］．長江學術，2010（3）.

［34］康國章．《説文・女部》所收《詩經》用字考［J］．史學月刊，2012（4）.

［35］康國章．從《説文》所收《詩經》用字談許慎《詩》學——以“從女”字爲例［J］．河南大學學報（社會科學版），2011（6）.

［36］于龍，陶本一．識字教學的問題與對策：基於語料庫的小學語文教材用字研究［J］．語言文字應用，2010（1）.

［37］李晶，劉曉明．阮刻《論語注疏》用字研究［J］．河北北方學院學報（社會科學版），2010（4）.

［38］楊秀恩．春秋金文用字研究［J］．寶鷄文理學院學報：社會科學版，2011（3）.

［39］徐加美．現代漢語字典中的字用學概念和研究内容［J］．語文學刊，2011（18）.

［40］匡鵬飛．俗文學視角下的《二拍》用字研究［J］．黄石理工學院學報（人文社會科學版），2012（1）．

六、學位論文

［1］覃勤．先秦古籍用字統計研究［D］．華中科技大學，2003．

［2］王彩琴．揚雄《方言》用字研究［D］．北京語言大學，2006．

［3］肖瑜．《三國志》寫本用字研究［D］．復旦大學，2009．

［4］熊加全．《正字通》溝通字際關係材料的測查與研究［D］．河北大學，2010．

［5］楊清臣．《爾雅》名物詞用字的歷時考察與研究［D］．河北大學，2011．

［6］樊瑩瑩．《左傳》用字研究［D］．新疆師範大學，2011．

七、《周易》研究論文

［1］張政烺．易辨——近幾年根據考古材料探討周易問題的綜述［A］//唐明邦，羅熾，張武，等．周易縱横録［C］．武漢：湖北人民出版社，1986．

［2］章太炎．易論［A］//傅傑編校．章太炎學術史論集［C］．中國社會科學出版社，1997．

［3］吴辛丑．《周易》“貞”字結構分析［J］．華南師範大學學報（社會科學版），2003（6）．

［4］廖名春．上海博物館藏楚簡《周易》管窺［J］．周易研究，2003（3）．

［5］廖名春．楚簡《周易》校釋記（一）［J］．周易研究，2004（3）．

［6］廖名春．楚簡《周易》校釋記（二）［J］．周易研究，2004（3）．

［7］廖名春．楚簡《周易》遯卦六二爻辭新釋［J］．周易研究，2005（4）．

［8］廖名春．楚簡《周易》睽卦新釋［J］．周易研究，2006（4）．

［9］林忠軍．從戰國楚簡看通行《周易》版本的價值［J］．周易研究，2004（3）．

［10］吴新楚．楚簡《周易》“不家而食”新解［J］．周易研究，2004（6）．

［11］劉大鈞．今、帛、竹書《周易》疑難卦爻辭及其今、古文辨析（一）［J］．周易研究，2004（5）．

［12］劉大鈞．今、帛、竹書《周易》疑難卦爻辭及其今、古文辨析

(二)[J]. 周易研究, 2004 (6).

[13] 劉大鈞. 今、帛、竹書《周易》疑難卦爻辭及其今、古文辨析(三)[J]. 周易研究, 2005 (1).

[14] 劉大鈞. 今、帛、竹書《周易》疑難卦爻辭補釋 [J]. 周易研究, 2011 (5).

[15] 劉保貞. 從今、帛、竹書對比解《易經》"亨"字 [J]. 周易研究, 2004 (6).

[16] 胡志勇. 戰國楚竹書《周易·字》卦"字"字考 [J]. 周易研究, 2004 (6).

[17] 王振復. 上博館藏楚竹書《周易》初析 [J]. 周易研究, 2005 (1).

[18] 鄭萬耕.《周易》釋讀八則——以楚竹書爲參照 [J]. 周易研究, 2005 (2).

[19] 鄭萬耕. 楚簡《周易》釋讀六則 [J]. 中國歷時文物, 2005 (2).

[20] 何琳儀, 程燕, 房振三. 滬簡《周易》選釋 (修訂) [J]. 周易研究, 2006 (1).

[21] 蕭漢明. 上海博物館藏戰國楚竹書《易經》釋卦二則 [J]. 周易研究, 2006 (2).

[22] 蕭漢明. 釋上海博物館藏戰國楚竹書《周易》豫、咸二卦 [J]. 周易研究, 2007 (6).

[23] 李尚信. 釋《周易·漸卦》[J]. 周易研究, 2006 (4).

[24] 范常喜. 簡帛《周易·夬卦》"喪"字補說 [J]. 周易研究, 2006 (4).

[25] 李零. 讀上博楚簡《周易》[J]. 中國歷史文物, 2006 (4).

[26] 劉信芳. 竹書《周易》文字試解三則 [J]. 周易研究, 2007 (6).

[27] 謝金良. 上博楚竹書《周易》研究管窺 [A] //劉大鈞. 簡帛考論. 上海古籍出版社, 2007.

[28] 蕭漢明. 上海博物館藏戰國楚竹書《易經》釋卦三則 [A] //鄭齊勇主編. 儒家文化研究 (第 1 輯《新 [29] 出楚簡研究專號》) [C]. 三聯書店, 2007.

[30] 侯乃峰. 楚竹書《周易》釋"盜"之字申說 [J]. 周易研究, 2009 (1).

[31] 林志鵬. 上博館藏楚竹書《周易》校釋七則 [J]. 周易研究, 2009 (2).

[32] 蘇建洲. 再論楚竹書《周易·頤卦》"融"字及相關的幾個字

［J］. 周易研究，2009（3）.

［33］丁四新. 楚竹書《周易》疑難卦爻辭校劄八則［J］. 武漢大學學報（人文科學版），2011（1）.

［34］丁四新. 楚竹書《周易》疑難卦爻辭校劄九則［J］. 社會科學戰綫，2011（8）.

［35］董春. 楚竹書與漢帛書周易校注［J］. 周易研究，2011（5）.

［36］何澤恒. 雜論楚竹書《周易》異文的可能價值［J］. 周易研究，2012（1）.

［37］蕭洪恩. 楚竹書與漢帛書《周易》校注評介［J］. 武漢大學學報（人文科學版），2012（4）.

附録　《周易》各本同詞異字總表

詞	詞項	字	用法	竹	阜	帛	熹	敦	開	今
{拔}	拔	犮	借							
		拔	本		+				+	+
{罷}	休，已	皮	借							
		罷	本					+	+	+
{百}	百	四	訛							
		百	本			+		+	+	+
{陂}	斜坡	波	借							
		陂	本						+	+
{背}	脊背	伓	借							
		北	本			+				
		背	本						+	+
{匕}	取食器具	釓	本							
		匕	本						+	+
{妣}	祖母	比	借							
		妣	本					+	+	+
{彼}	第三人稱代詞	皮	借							
		彼	借					+	+	+
{并}	都，俱	竝	本							
		并	本	+					+	+
{剥}	剥落	僕	借							
		剥	本			+	+	+	+	+
{跛}	跛	𤿎	本							
		跛	本		+	+			+	+
{筮}	卜筮	簭	本							
		筮	本			+		+	+	+

續表

詞	詞項	字	用法	竹	皁	帛	熹	敦	開	今
{不}	不是	而	訛							
		不	本	+	+	+	+	+	+	+
{逋}	逃亡	肤	借							
		逋	本					+	+	+
{寵}	寵愛	籠	借							
		寵	本					+	+	+
{仇}	配偶	𢦡	本							
		仇	本						+	+
{遄}	快速	端	借							
		遄	本					+	+	+
{牀}	牀	臧	借							
		牀	本		+		+	+	+	+
{次}	旅舍	𡧓	借							
		次	本			+			+	+
{叢}	灌木	總	借							
		叢	本					+	+	+
{摧}	退	浚	借							
		摧	本						+	+
{帶}	帶子	綁	本							
		帶	本			+		+	+	+
{窞}	坎中小坎	閻	借							
		窞	本					+	+	+
{得}	得到	旻	本							
		得	本		+	+	+	+	+	+
{耋}	老年	経	借							
		耋	本					+	+	+

續表

詞	詞項	字	用法	竹	阜	帛	熹	敦	開	今
{頂}	頭頂	釘	借							
		頂	本					+	+	+
{棟}	屋梁	橦	本							
		棟	本			+		+	+	+
{獨}	單獨	屬	借							
		獨	本		+	+	+	+	+	+
{敦}	敦厚	辜	借							
		敦	本		+	+		+	+	+
{貳}	兩	跡	借							
		貳	本					+	+	+
{防}	攔防	仿	借							
		防	本					+	+	+
{配}	匹配	肥	借							
		本	借						+	+
{非}	不是	非	本							
		匪	本				+	+	+	+
{紛}	衆多	忿	借							
		紛	本						+	+
{豶}	去猪牙	芬	借							
		豶	本					+	+	+
{缶}	瓦器	坻	本							
		缶	本	+		+		+	+	+
{伏}	埋伏	服	借							
		伏	本		+				+	+
{紱}	作祭服的蔽膝	發	借							
		紱	本		+		+		+	+

續表

詞	詞項	字	用法	竹	阜	帛	熹	敦	開	今
{負}	背負	偵	借							
		負	本		+	+	+	+	+	+
{富}	富	賵	本							
		富	本		+	+	+	+	+	+
{覆}	傾覆	復	借							
		覆	本				+		+	+
{咸}	感動	欽	借							
		咸	借					+	+	+
{歌}	唱歌	哥	本							
		歌	本			+		+	+	+
{革}	皮革	勒	本							
		革	本	+					+	+
{艮}	止	根	借							
		艮	借	+	+		+		+	+
{耕}	耕種	掙	借							
		耕	本		+	+		+	+	+
{工}	工事	工	本							
		凶	借					+	+	+
{功}	功績	工	借							
		功	本			+			+	+
{谷}	山谷	浴	本							
		谷	本		+		+		+	+
{股}	大腿	脊	本							
		股	本			+		+	+	+
{故}	緣故	古	本							
		故	本					+	+	+

續表

詞	詞項	字	用法	竹	阜	帛	熹	敦	開	今
{歸}	回歸、出嫁	逷	本							
		歸	本			+		+	+	+
{還}	返還	睘	借							
		旋	借				+	+		+
{害}	傷害	禽	存疑							
		害	本		+				+	+
{汗}	汗	肝	借							
		汗	本					+	+	+
{鴻}	鴻鵠	鳴	本							
		鴻	本					+	+	+
{後}	後來	遂	本							
		後	本		+	+			+	+
{户}	門庭	床	本							
		户	本			+		+	+	+
{渙}	流散、離散	[illegible]	借							
		渙	本			+	+	+	+	+
{晦}	昏暗	海	借							
		晦	本						+	+
{或}	或者	惑	借							
		或	本	+	+	+	+		+	+
{擊}	擊打	毄	本							
		擊	本				+	+	+	+
{躋}	登	齏	借							
		齊	借				+			
		躋	本						+	+

續表

詞	詞項	字	用法	竹	阜	帛	熹	敦	開	今
{齎}	嗟歎	粢	借							
		齎	本						+	+
{既}	已經	即	借							
		既	本				+	+		
{濟}	渡河	淒	借							
		濟	本			+		+	+	+
{繫}	維繫	毄	借							
		繫	本	+					+	+
{家}	家庭	豙	存疑							
		家	本			+	+	+	+	+
{漸}	漸進	漸	本							
		漸	本			+	+		+	+
{交}	交加	洨	借							
		交	本		+	+	+		+	+
{接}	接見	緌	借							
		接	本						+	+
{解}	解除	繲	借							
		解	本		+	+	+	+	+	+
{戒}	警戒	革	借							
		戒	本						+	+
{誡}	警敕	戒	借							
		誡	本					+	+	+
{晉}	進攻	濳	借							
		晉	本				+		+	+
{驚}	驚駭	敬	借							
		驚	本						+	+

續表

詞	詞項	字	用法	竹	阜	帛	熹	敦	開	今
{井}	水井	菾	本							
		井	本		+	+	+		+	+
{就}	依從	敦	本							
		就	本						+	+
{舊}	新舊	售	本							
		舊	本	+				+	+	+
{夬}	決斷，斷裂	缺	本							
		夬	本	+			+	+	+	+
{坎}	陷阱	贑	借							
		坎	本					+	+	+
{亢}	高亢	抗	借							
		亢	本						+	+
{嗑}	咬	閘	借		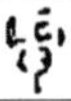					
		嗑	本						+	+
{枯}	乾枯	楛	借							
		枯	本		+			+	+	+
{苦}	以……爲苦	枯	借							
		苦	本					+	+	+
{睽}	分離，相背	楑	本							
		睽	本				+	+	+	+
{饋}	烹飪	貴	借							
		饋	本						+	+
{離}	網羅	羅	本							
		離	本			+		+	+	+
{鸝}	黄鸝	羅	借							
		離	本					+	+	+

續表

詞	詞項	字	用法	竹	阜	帛	熹	敦	開	今
{麗}	明麗、附麗	羅	借							
		離	借		+		+	+	+	+
{靈}	靈驗	霝	借							
		靈	本		+			+	+	+
{隆}	高	壟	借							
		隆	本					+	+	+
{龍}	龍	蠪	本							
		龍	本			+	+	+	+	+
{陸}	陸地	陸	本							
		陸	本			+			+	+
{輪}	車輪	綸	借							
		輪	本	+			+	+	+	+
{旅}	客旅	遊	本							
		旅	本			+	+		+	+
{履}	鞋子、行走、履行	禮	借							
		履	本	+	+		+	+	+	+
{律}	軍隊樂律	聿	借							
		律	本			+		+	+	+
{妹}	妹妹	昧	借							
		妹	本			+			+	+
{袂}	衣袖	快	訛							
		袂	本			+			+	+
{蒙}	蒙昧	龙	借							
		蒙	本			+	+		+	+
{靡}	共同	羸	借							
		靡	本					+	+	+

續表

詞	詞項	字	用法	竹	阜	帛	熹	敦	開	今
{密}	稠密，濃密	蜜	借							
		密	本		+	+			+	+
{眇}	盲	[目小]	本							
		眇	本			+		+	+	+
{廟}	廟	窗	本							
		廟	本			+		+	+	+
{滅}	毀壞	威	本							
		滅	本			+		+	+	+
{明}	光明	明	本							
		明	本	+					+	+
{冥}	夜晚	榠	借							
		冥	本			+	+		+	+
{暮}	日暮	蓦	本							
		莫	本	+	+		+	+	+	+
{拇}	拇指	栂	借							
		拇	本	+	+		+		+	+
{幕}	覆蓋	寞	借							
		幕	本			+	+		+	+
{柅}	車輪下的制動	柅	本	+						
		梯	借							
{寧}	安寧	寍	本							
		寧	本		+	+		+	+	+
{鞶}	腰帶	般	借							
		鞶	本					+	+	+
{牝}	雌性動物	匕	借							
		牝	本			+		+	+	+

續表

詞	詞項	字	用法	竹	阜	帛	熹	敦	開	今
{皤}	白色	蕃	借							
		皤	本		+					+
{帛}	帛	白	借			+				
		帛	本					+	+	+
{僕}	奴隸	儠	本							
		僕	本	+			+		+	+
{慼}	憂愁悲傷	慼	本							
		戚	本						+	+
{岐}	山名	枝	借							
		岐	本						+	+
{起}	起兵	已	借							
		起	本						+	+
{泣}	無聲哭泣	汲	借							
		泣	本					+	+	+
{棄}	離棄	弃	本							
		棄	本			+		+		+
{牽}	牽引向前	堅	借							
		牽	本			+	+	+	+	+
{乾 1}	健	鍵	借							
		乾	本						+	+
{戕}	殺害	臧	借							
		戕	本					+	+	+
{且}	還	虘	借							
		且	本		+	+	+	+	+	+
{侵}	侵伐	戠	借							
		侵	本						+	+

續表

詞	詞項	字	用法	竹	阜	帛	熹	敦	開	今
{禽}	禽獸	(今/凶)	本							
		禽	本		+	+		+	+	+
{傾}	傾斜	頃	本							
		傾	本						+	+
{比}	親比	(比+攵)	借							
		比	本		+	+	+	+	+	+
{丘}	小山	北	訛							
		丘	借	+	+		+	+	+	+
{去}	去除	(去+欠)	借							
		去	本			+		+	+	+
{泉}	泉水	湶	本							
		泉	本				+		+	+
{戎}	士兵	容	借							
		戎	本		+				+	+
{茹}	根之相連	如	借							
		茹	本			+			+	+
{嬬}	妾	嬬	本							
		須	借						+	+
{塞}	堵塞	寋	本							
		塞	本			+			+	+
{桑}	桑樹	(艹/桑)	本							
		桑	本						+	+
{沙}	沙地	[illegible]	借							
		沙	本			+			+	+
{上}	上面	尚	借							
		上	本	+	+		+	+	+	+

續表

詞	詞項	字	用法	竹	阜	帛	熹	敦	開	今
{裳}	裙褲	常	本							
		裳	本					+	+	+
{舌}	舌頭	胠	本							
		舌	本			+		+	+	+
{射}	射箭	弦	本							
		射	本		+	+		+	+	+
{涉}	涉水	沙	借							
		涉	本	+	+	+	+	+	+	+
{牲}	牛	生	借							
		牲	本	+					+	+
{勝}	能够	勳	本							
		勝	本			+			+	+
{失}	失去	遊	本							
		失	本		+	+		+	+	+
{師}	軍隊	帀	借							
		師	本			+	+	+	+	+
{食}	食物、食用	飤	本							
		食	本		+	+	+	+	+	+
{實}	滿	是	借							
		實	本			+	+	+	+	+
{鼫}	白鼠	炙	借							
		鼫	本						+	+
{史}	史官	使	借							
		史	本				+		+	+
{豕}	猪	豨	本							
		豕	本	+	+		+	+	+	+

續表

詞	詞項	字	用法	竹	阜	帛	熹	敦	開	今
{使}	致使	事	借							
		使	本					+	+	+
{視}	看	見	本							
		視	本			+		+	+	+
{收}	收取	糾	借							
		收	本			+	+		+	+
{狩}	巡守	守	本							
		狩	本						+	+
{碩}	大	石	借							
		碩	本	+	+			+	+	+
{思}	想	志	本							
		思	本			+		+	+	+
{素}	樸素	錯	借							
		素	本					+	+	+
{速}	召	楚	借							
		速	本						+	+
{愬}	恐懼	朔	借							
		愬	本					+	+	+
{歲}	年	戠	本							
		歲	本		+	+		+		+
{隼}	兇猛的鳥	夐	本							
		隼	本		+			+	+	+
{所}	所	迎	借							
		所	借	+		+		+	+	+
{索}	不安	昔	借							
		索	借						+	+

續表

詞	詞項	字	用法	竹	阜	帛	熹	敦	開	今
{瑣}	細小	羸	借							
		瑣	本			+			+	+
{坦}	平坦	亶	本							
		坦	本		+			+	+	+
{墉}	高墻	庸	本							
		墉	本						+	+
{咷}	大哭	桃	借							
		咷	本	+					+	+
{洟}	鼻涕	洦	借							
		洟	本						+	+
{惕 3}	驚懼	啻	借							
		傷	借			+				
		惕	本						+	+
{畋}	打獵	畋	本							
		田	本		+	+		+	+	+
{庭}	廳堂	廷	借							
		庭	本			+		+	+	+
{童}	小的、小孩	僮	本							
		童	本		+	+	+	+	+	+
{塗}	泥	坴	本							
		塗	本		+	+	+		+	+
{退}	後退	内	本							
		退	本		+	+			+	+
{屯}	囤積	肫	借							
		屯	本			+			+	+

續表

詞	詞項	字	用法	竹	阜	帛	熹	敦	開	今
{罔}	網羅	亡	借							
		罔	本						+	+
{違}	違背	回	借							
		違	本						+	+
{威}	威嚴	委	借							
		威	本				+		+	+
{位}	位置	立	本							
		位	本						+	+
{謂}	是	胃	借							
		謂	本			+		+	+	+
{聞}	聽到	䎽	借							
		聞	本			+	+	+	+	+
{嘻}	嘻笑	裹	借							
		嘻	本				+		+	+
{習}	重複	習	本							
		習	本		+	+		+		+
{係}	捆綁	系	本							
		係	本	+	+	+		+	+	+
{遐}	遠	騢	借							
		遐	本						+	+
{先}	前面	選	借							
		先	本	+	+	+			+	+
{閑}	防守	閒	借							
		閑	本						+	+
{險}	險阻	噞	借							
		險	本		+			+	+	+

續表

詞	詞項	字	用法	竹	皁	帛	熹	敦	開	今
{顯}	明顯	㬎	本							
		顯	本	+		+		+	+	+
{限}	腰部	[illegible]	借							
		限	借						+	+
{詳}	詳細	翔	借							
		祥	借						+	+
{巷}	街巷	衖	本							
		巷	本			+		+	+	+
{小}	小	少	本							
		小	本		+	+	+	+	+	+
{孝}	孝順	巧	借							
		考	借						+	+
{桓}	盤旋	遠	借							
		桓	本						+	+
{穴}	空穴	坑	本							
		穴	本		+	+		+	+	+
{牙}	牙齒	[illegible]	本							
		牙	本			+		+	+	+
{啞}	笑聲	亞	借							
		啞	本			+			+	+
{野}	郊外	壄	本							
		野	本		+	+			+	+
{夜}	夜晚	譽	借							
		夜	本			+			+	+
{疑}	懷疑	頪	借							
		疑	本			+			+	+

續表

詞	詞項	字	用法	竹	阜	帛	熹	敦	開	今
{儀}	儀式	宜	借							
		儀	借						+	+
{頤}	下頷	洍	借							
		頤	本	+	+	+		+	+	+
{易}	改易	㠯	借							
		夷	借		+	+			+	+
{意}	猜測	意	本							+
		億	借						+	+
{飲}	飲酒	酓	本							
		飲	本				+		+	+
{墉}	城墻	庸	借							
		墉	本					+	+	+
{永}	長久	羕	本							
		永	本			+	+	+	+	+
{幽}	幽閉	⿰肖尤	借							
		幽	本		+	+	+	+	+	+
{由}	從	繇	本							
		由	本					+	+	+
{有}	有	又	借							
		有	本		+	+	+	+	+	+
{祐}	保祐	右	本							
		祐	本						+	+
{顒}	嚴正之貌	⿰寵耳	借							
		顒	借						+	+
{欲}	意欲	容	借							
		欲	本					+	+	+

續表

詞	詞項	字	用法	竹	阜	帛	熹	敦	開	今
{御}	控制，治理	迦	本							
		御	本						+	+
{裕}	寬容，容忍	浴	借							
		裕	本						+	+
{繘}	汲水	[illegible]	借							
		繘	本						+	+
{原}	原野	备	本							
		原	本			+		+	+	+
{約}	繩子	药	借							
		約	本					+	+	+
{悦}	喜悦	奪	借							
		兑	本		+		+	+	+	+
{孕}	懷孕	繩	借							
		孕	本	+					+	+
{愠}	怒	温	借							
		愠	本				+	+	+	+
{在}	存在	才	借							
		在	本			+		+	+	+
{臧}	美善	[illegible]	借							
		臧	本			+		+	+	+
{邅}	困頓不前	壇	借							
		邅	本						+	+
{震}	震	辰	本							
		震	本				+		+	+
{祉}	福祉	齒	借							
		祉	本						+	+

續表

詞	詞項	字	用法	竹	阜	帛	熹	敦	開	今
{致}	召致	至	本							
		致	本			+	+	+	+	+
{疇}	類	檮	借							
		疇	借				+		+	+
{朱}	大紅	絑	本							
		朱	本		+		+		+	+
{主}	主人	宔	本							
		主	本		+	+		+	+	+
{咨}	嘆息	欶	借			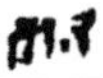				
		咨	本						+	+
{趾}	脚	止	本				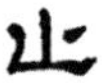			
		趾	本					+	+	+
{樽}	酒器	奠	借							
		樽	本					+	+	+
{盈}	滿溢	[illegible]	本							
		盈	本			+		+	+	+
{首}	人頭、首領	百	本							
		首	本		+	+		+	+	+
{前}	前面	歬	本							
		前	本		+	+	+	+	+	+
{用}	可施用	甬	借							
		用	本	+	+	+	+	+	+	+
{躍}	飛躍	鸙	本							
		躍	本				+		+	+
{般}	徘徊	煩	借							
		班	借						+	+

續表

詞	詞項	字	用法	竹	阜	帛	熹	敦	開	今
{荒}	荒蕪	妄	借							
		荒	本						+	+
{大}	大	泰	本							
		大	本	+	+	+	+	+	+	+
{載}	乘載	戴	訛							
		載	本	+	+	+	+		+	+
{西}	西邊	支	借							
		西	本	+	+	+	+	+	+	+
{辨}	分辨	辯	借							
		辨	本		+				+	+
{舍}	捨弃	豫	借							
		舍	借		+	+		+	+	+
{橈}	彎曲	韏	借							
		橈	本		+	+		+	+	+
{枕}	遇險	訦	借							
		枕	借					+	+	+
{徽}	繩索	諱	借							
		徽	本		+			+	+	+
{纆}	繩索	纆	本							
		纆	本					+	+	+
{棘}	酸棗樹	勒	借							
		棘	本					+	+	+
{信}	相信	冬	借							
		信	本			+		+	+	+
{則}	作連詞	即	借							
		則	借	+	+	+	+	+	+	+

續表

詞	詞項	字	用法	竹	阜	帛	熹	敦	開	今
{疇}	同類	𢧐	借							
		醜	借						+	+
{决}	斷裂、毁壞	抉	借							
		决	本						+	+
{曷}	何	畬	借							
		曷	借					+		+
{已}	已經	巳	借							
		已	本					+	+	+
{幽}	幽居、隱居	要	借							
		幽	本		+	+	+		+	+
{劓}	劓刑	貳	存疑							
		劓	本		+			+	+	+
{刖}	刖刑	椽	借							
		刖	本						+	+
{動}	行動	迖	本							
		動	本				+		+	+
{敝}	破舊	[illegible]	借							
		敝	本		+				+	+
{序}	次序	舍	借							
		序	本			+			+	+
{愆}	超過、延誤	衍	本							
		愆	本						+	+
{承}	承受	丞	借							
		承	本			+	+	+	+	+
{巽}	順從	筭	借							
		巽	借				+		+	+

續表

詞	詞項	字	用法	竹	阜	帛	熹	敦	開	今
{過}	超過、過度	⿱化止	借							
		過	本		+	+	+	+	+	+
{藩}	藩籬	⿱艹播	借							
		藩	本		+	+			+	+
{斗}	北斗星	⿰耳斗	借							
		斗	本			+			+	+
{喜}	喜悦	菜	借							
		喜	本			+		+	+	+
{商}	商量	章	借			+				
		商	本					+	+	+
{阪}	斜坡	陘	本							
		坂	本							
{磐}	水濱小丘	般	借							
		磐	本						+	+
{賓}	賓服	穷	本							
		賔	本							
		賓	本							+
{蔀}	草席	坿	借							
		剖	借							
		蔀	本						+	+
{掣}	牽引、拉	絜	借							
		諜	借							
		掣	本					+	+	+
{乘}	駕	⿰車乘	本							
		乗	本							
		乘	本		+	+	+			+

續表

詞	詞項	字	用法	竹	阜	帛	熹	敦	開	今
{遲}	延遲	迟	本							
		夷	借							
		遲	本						+	+
{褫}	奪去	褭	本							
		搋	借							
		褫	本					+		+
{憧}	意不定	童	借							
		慟	借							
		憧	本						+	+
{畜}	積蓄	筀	借							
		蓻	借							
		畜	本	+	+			+	+	+
{處 2}	處於	凥	本							
		虛	借							
		居	本			+		+	+	+
{萃}	病、憔悴	噿	借							
		卒	借							
		萃	本				+		+	+
{錯}	交錯	䓗	借							
		昔	借							
		錯	本					+	+	+
{眈}	注視	䨻	存疑							
		肍	本							
		眈	本		+				+	+

續表

詞	詞項	字	用法	竹	阜	帛	熹	敦	開	今
{娣}	隨嫁女子	弟	本							
		苐	借							
		娣	本				+		+	+
{瀆}	褻瀆	儥	借							
		擯	借							
		瀆	本						+	+
{爾 1}	語氣助詞	尒	本							
		而	借							
		爾	借					+	+	+
{爾 2}	你	壐	借							
		尒	借							
		爾	借					+	+	+
{發}	啓發	廢	本							
		泏	借							
		發	本						+	+
{焚}	焚燒	紛	借							
		棼	借							
		焚	本	+	+		+	+	+	+
{孚}	誠信	復	借							
		[illegible]	借							
		孚	借	+			+	+	+	+
{咈}	違背	[illegible]	借							
		柫	借							
		拂	借					+	+	+
{復}	返還	[illegible]	本							
		復	訛							
		復	本		+	+	+	+	+	+

續表

詞	詞項	字	用法	竹	阜	帛	熹	敦	開	今
{鮒}	鮒魚	豾	借							
		付	借							
		鮒	本						+	+
{幹}	匡正	榦	借							
		榦	本							
		幹	本				+	+	+	+
{假}	到達	器	借							
		叚	借							
		假	借				+	+	+	+
{葛}	葛藟	萃	借							
		褐	借							
		葛	本		+		+		+	+
{弧}	木弓	壺	借							
		柧	借							
		弧	本						+	+
{肱}	上臂	拡	本							
		弓	借							
		肱	本				+		+	+
{躬}	身體	躳	本							
		竆	本							
		躬	本				+	+	+	+
{鞏}	用皮革捆	巩	本							
		共	借							
		鞏	本						+	+
{姤 2}	遇到	敂	借							
		狗	借			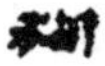				
		姤	本						+	+

續表

詞	詞項	字	用法	竹	阜	帛	熹	敦	開	今
{孤}	孤兒	⿰亻瓜	借							
		苽	借							
		孤	本					+	+	+
{牿}	牛角	樟	借							
		鞫	借							
		牿	本					+	+	+
{蠱}	惑亂	蛊	本							
		箇	借							
		蠱	本						+	+
{圭}	玉器	閨	借							
		珪	本							
		圭	本						+	+
{簋}	食器	巧	借							
		簠	本							
		簋	本						+	+
{含}	包容	欽	借							
		合	借							
		含	本			+			+	+
{號}	大哭	唐	本							
		搋	借							
		號	本				+	+	+	+
{盍}	聚合	歙	借							
		甲	借							
		盍	本						+	+
{恒}	長久	亟	本							
		經	借							
		恒	本			+	+	+		+

續表

詞	詞項	字	用法	竹	阜	帛	熹	敦	開	今
{狐}	狐狸	⿰鼠瓜	本							
		⿰豸瓜	本							
		狐	本				+	+	+	+
{懷}	藏	褱	本							
		壞	借							
		懷	本						+	+
{撝}	發揮	蔿	借							
		譌	借							
		撝	本						+	+
{獲}	獲得	臒	借							
		濩	借							
		獲	本		+			+	+	+
{穫}	收穫	穫	本							
		獲	借							
		穫	本			+		+	+	+
{即}	就、靠近、從事	既	借							
		節	借							
		即	本					+	+	+
{頰}	臉頰	夾	借							
		陝	借							
		頰	本					+	+	+
{介}	堅硬	⿰矢介	借							
		疥	借							
		介	本						+	+

續表

詞	詞項	字	用法	竹	阜	帛	熹	敦	開	今
{嗟}	嗟嘆	差	借							
		䟕	本							
		嗟	本						+	+
{拘}	拘禁	敂	借							
		枸	借							
		拘	本		+				+	+
{衎}	快樂	[illegible]	借							
		衍	借				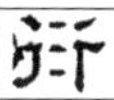			
		衎	本						+	+
{闚}	偷窺	閨	借							
		規	借							
		闚	本		+				+	+
{頄}	顴骨	[illegible]	本							
		頯	本							
		頄	本					+	+	+
{卼}	不安	掾	借							
		劊	借							
		卼	本		+				+	+
{羸}	瘦弱、殘破	羸	本							
		纍	借							
		羸	本		+	+			+	+
{彙}	同類	胃	借							
		[illegible]	借							
		彙	本						+	+
{列}	分裂	[illegible]	借							
		戾	借							
		列	本						+	+

續表

詞	詞項	字	用法	竹	阜	帛	熹	敦	開	今
{洌}	水清	[illegible]	借							
		戾	借							
		洌	本		+		+		+	+
{鄰}	鄰居	箬	本							
		隣	本							
		鄰	本		+	+	+		+	+
{漏}	破漏	縷	借							
		句	借							
		漏	本		+				+	+
{攣}	牽連	䜌	借							
		論	借							
		攣	本		+		+	+	+	+
{亂}	治亂	𤔔	本							
		乳	借							
		亂	本		+				+	+
{蔑}	輕視、忽視	蔑	本							
		𧀼	本							
		蔑	本					+	+	+
{沬}	星星	芨	借							
		茉	借							
		沬	本						+	+
{克}	能	亨	訛							
		剋	本							
		克	本			+		+	+	+
{泥}	泥地	坭	借							
		暜	借							
		泥	本			+			+	+

續表

詞	詞項	字	用法	竹	阜	帛	熹	敦	開	今
{䡾}	不安	貳	存疑							
		劓	存疑							
		䡾	本		+		+	+	+	+
{旆}	幡幔	芾	借							
		蕡	借							
		沛	借						+	+
{匹}	馬匹	必	借							
		疋	借							
		匹	本						+	+
{頻}	頻繁	編	借							
		顛	借							
		頻	本						+	+
{瓶}	汲水器	甁	本							
		垪	本							
		瓶	本						+	+
{其}	語氣助詞	丌	借							
		亓	借							
		其	借		+		+	+	+	+
{汔}	水乾涸	氣	借							
		鬾	借							
		汔	本						+	+
{謙}	謙虚	㢘	借							
		嗛	借							
		謙	本						+	+

續表

詞	詞項	字	用法	竹	阜	帛	熹	敦	開	今
{衢}	道理	乑	借							
		瞿	借							
		衢	本					+	+	+
{闃}	寂靜	歎	本							
		哭	借							
		闃	本						+	+
{如}	語末，然	女	借							
		茹	借							
		如	本		+	+	+	+	+	+
{若}	像……一樣	女	借							
		若	借							
		如	借		+	+		+	+	+
{袽}	破棉絮	絮	本							
		茹	借							
		袽	本					+	+	+
{入}	進入	人	訛							
		入	本		+	+	+	+	+	+
		納	借					+	+	+
{若}	或者	女	借							
		如	借							
		若	借				+	+	+	+
{三}	三	晶	借							
		曑	借							
		三	本		+	+	+	+	+	+
{賞}	賞賜	商	借							
		尚	借			+	+	+	+	+
		賞	本						+	+

續表

詞	詞項	字	用法	竹	阜	帛	熹	敦	開	今
{身}	身體	躳	本							
		竆	本							
		身	本	+		+			+	+
{胔}	脊肉	䘖	借							
		肥	本							
		胔	借						+	+
{眚}	灾禍	禬	本							
		省	借							
		眚	本		+		+	+	+	+
{尸}	尸體	殞	借							
		屎	本							
		尸	本		+		+	+	+	+
{噬}	咬	筮	存疑							
		筮	借							
		噬	本				+		+	+
{率}	率領	衠	本							
		衛	本							
		帥	借					+	+	+
{夙}	早	俑	本							
		宿	借							
		夙	本						+	+
{隨}	隨從，順從	陵	借							
		隋	借							
		隨	本						+	+
{攸}	攸	由	借							
		卤	借							
		攸	借			+	+	+	+	+

續表

詞	詞項	字	用法	竹	阜	帛	熹	敦	開	今
{它}	意外	池	借							
		他	借							
		它	本	+	+	+		+	+	+
{亡}	死亡	⿱止亡	本							
		忘	借							
		亡	本						+	+
{往}	行，去	⿺辶㞷	本							
		數	借	+						
		往	本		+	+	+	+	+	+
{望 1}	滿月	⿱臣𡈼	本							
		朢	本							
		望	本				+	+	+	+
{威}	威信	⿱畏心	借							
		委	借							
		威	本				+		+	+
{爲}	作爲	于	借							
		為	本							
		爲	本	+	+	+	+	+	+	+
{剭}	重大	屋	借							
		剭	本							
		渥	借						+	+
{屋}	房屋	斛	借							
		屋	本							
		握	借				+		+	+

續表

詞	詞項	字	用法	竹	阜	帛	熹	敦	開	今
{嫺}	嫺熟	班	借							
		闌	借							
		閑	借						+	+
{享}	祭祀	芳	借							
		亨	本							
		享	本					+	+	+
{笑}	笑	芺	本							
		笑	訛							
		笑	訛							+
{刑}	刑罰	荆	本							
		刑	本						+	+
		形	借						+	+
{凶}	凶	工	借							
		兇	本							
		凶	本	+		+	+	+	+	+
{恤}	擔憂	卹	本							
		血	借		+	+		+	+	+
		恤	本					+	+	+
{揚}	發揚	陽	借							
		楊	借							
		揚	本				+		+	+
{咥}	咬	實	借							
		真	借							
		咥	本					+	+	+
{夷 1}	平常	眙	借							
		娣	借							
		夷	借					+	+	+

續表

詞	詞項	字	用法	竹	阜	帛	熹	敦	開	今
{宜}	適宜	義	借		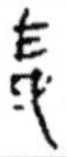					
		宜	本							
		宜	本							+
{荑}	嫩芽	苐	本							
		荑	本							
		稊	借					+	+	+
{夤}	脊肉	衠	借							
		肥	本							
		夤	本						+	+
{猶}	猶豫之猶	猷	借							
		允	借							
		由	借						+	+
{畬}	二歲治田	之	借							
		餘	借							
		畬	本					+	+	+
{輿}	車	璵	借							
		與	借							
		輿	本			+	+	+	+	+
{豫}	逸豫	余	借							
		餘	借							
		豫	本		+		+	+	+	+
{菑}	初耕的田	畜	訛							
		菑	本							
		菑	本			+			+	+
{昃}	太陽西斜	厢	本							
		昊	本							
		昃	本							+

續表

詞	詞項	字	用法	竹	阜	帛	熹	敦	開	今
{蹢}	蹢躅	是	借							
		適	借							
		蹢	本						+	+
{中}	内部，中間	宙	本							
		克	訛							
		中	本	+	+	+	+	+	+	+
{甃}	井壁	[illegible]	借							
		栜	借							
		甃	本				+		+	+
{侯}	諸侯	厌	借							
		矦	借							
		侯	借						+	+
{躅}	蹢躅	蜀	借							
		屬	借							
		躅	本						+	+
{壯}	健壯	藏	借							
		牀	借							
		壯	本		+	+		+	+	+
{資}	錢財	次	借							
		涾	借							
		資	本				+		+	+
{牿}	綁在牛角上的横木	樨	本							
		鞫	借							
		牿	本					+	+	+

續表

詞	詞項	字	用法	竹	阜	帛	熹	敦	開	今
{杞}	杞柳	芑	借							
		忌	借							
		杞	本						+	+
{撍}	急速	亟	借							
		讒	借							
		簪	借						+	+
{以}	使用、憑藉	㠯	本							
		巳	本							
		以	本		+	+	+	+	+	+
{惡}	醜惡	啞	借							
		亞	借							
		惡	本					+	+	+
{振}	振動、搖動	敒	借							
		夐	借							
		振	本						+	+
{藟}	葛藟	蘲	本							
		纍	借							
		藟	本				+		+	+
{羞}	羞耻	䫜	借							
		憂	借							
		羞	借		+				+	+
{惕}	憂患	昜	借							
		湯	借							
		逖	借					+		+

續表

詞	詞項	字	用法	竹	阜	帛	熹	敦	開	今
{翰}	高、高飛	鶾	借							
		榦	借							
		翰	本		+			+	+	+
{幾}	將近	既	借							
		幾	本		+	+	+	+	+	+
{脢}	背脊肉	拇	借							
		股	訛							
		脢	本					+	+	+
{包}	包容	橐	借							
		枹	借							
		苞	借							
		包	本							+
{變}	變化	便	借							
		使	訛			+①				
		辯	借				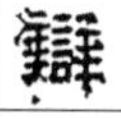			
		變	本							+
{賜}	賜予	賜	本							
		湯	借							
		瘍	借							
		錫	借					+	+	+
{德}	德行	悳	本							
		导	借							
		得	借							
		德	本			+	+	+	+	+

① 原圖版字形已無法辨識，此據釋文及《〈六十四卦〉校勘記》。

續表

詞	詞項	字	用法	竹	阜	帛	熹	敦	開	今
{朵}	鼓動	敾	借							
		端	借							
		搋	借							
		朵	本							
{飛}	飛翔	非	借							
		翡	借							
		翟	借							
		飛	本	+	+			+	+	+
{腓}	腿肚子	脊	本							
		𩪘	本							
		肥	借							
		腓	本					+	+	+
{否}	不	伓	本							
		婦	借							
		不	借							
		否	本				+	+	+	+
{膚}	皮膚	肤	借							
		父	借							
		簠	借							
		膚	本		+	+	+	+	+	+
{輻}	車輻	复	借							
		緮	借							
		輹	借							
		輻	本						+	+

續表

詞	詞項	字	用法	竹	阜	帛	熹	敦	開	今
{輔}	臉頰	頌	本							
		父	借							
		股	本							
		輔	本					+	+	+
{改}	改變	苣	借							
		巳	借							
		改	本							
		攺	本	+			+			+
{荷}	負荷、承擔	可	借							
		妸	本							
		荷	借							
		何	本		+	+		+	+	+
{亨}	亨通	亯	本							
		卿	借							
		芳	借							
		亨	本		+	+	+	+	+	+
{悔}	後悔	呣	本							
		𢘋	本							
		思	本							
		悔	本				+	+	+	+
{覿}	見面	𧢽	本							
		擯	借							
		遂	訛							
		覿	本		+		+		+	+

續表

詞	詞項	字	用法	竹	阜	帛	熹	敦	開	今
{艱}	艱難	堇	借							
		𡐦	本		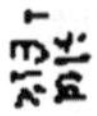					
		根	借			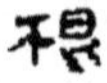				
		艱	本				+	+	+	+
{蹇}	行路困難	訐	借							
		蹇	借							
		寋	本							
		蹇	本						+	+
{郊}	郊外	蒿	借							
		鄗	借							
		茭	借							
		郊	本				+	+	+	+
{寇}	寇賊	寇	本							
		䘔	訛							
		宼	本							
		寇	本		+	+	+			+
{厲}	危險	礪	本							
		𥗭	本							
		癘	本							
		厲	本		+	+		+	+	+
{盤}	盤旋	般	本							
		半	借							
		磐	借						+	+

續表

詞	詞項	字	用法	竹	阜	帛	熹	敦	開	今
{超}	趑超	疋	借							
		胥	借							
		超	本							
		且	借				+		+	+
{濡}	潤澤	需	借							
		孠	借							
		襦	借							
		濡	本			+	+	+	+	+
{喪}	丢失	芒	借							
		亡	借							
		桑	借							
		喪	本	+	+		+	+	+	+
{骰（腿）}	大腿	陵	借							
		陸	借							
		隋	借							
		隨	本			+			+	+
{臀}	屁股	誫	借							
		脤	借							
		辰	借							
		臀	本		+		+	+	+	+
{望}	希望	忘	借							
		亡	借							
		孟	借							
		妄	借					+	+	+
{又}	又	卣	借							
		迺	借							
		乃	借	+		+	+		+	+
		或	借						+	+

續表

詞	詞項	字	用法	竹	阜	帛	熹	敦	開	今
{渝}	變化	愈	借							
		俞	借							
		諭	借							
		渝	本				+	+	+	+
{虞}	虞人	吴	借							
		華	借							
		杅	借							
		虞	本						+	+
{遇}	遇到	偶	本							
		愚	借							
		禺	借							
		遇	本		+	+	+	+	+	+
{譽}	稱贊	懇	借							
		輿	借							
		舉	借							
		譽	本	+		+	+	+	+	+
{禴}	禴祭	酌	借							
		濯	借							
		瀹	借							
		禴	本					+	+	+
{災}	灾難	烖	本							
		玆	借							
		灾	本							
		災	本						+	+

續表

詞	詞項	字	用法	竹	皐	帛	熹	敦	開	今
{征}	出行	延	本							
		政	借							
		正	借							
		戥	本							
		征	本	+			+	+	+	+
{執}	止住不動、兩手共持	玳	借							
		蓺	訛							
		共	本							
		執	本			+		+	+	+
{終}	最後，終了	中	借							
		衾	借							
		冬	本							
		終	本		+	+	+	+	+	+
{趑}	趑趄	縷	借							
		鄹	借							
		趑	本							
		次	本				+		+	+
{渫}	泄露	杫	借							
		茈	借							
		溹	本							
		渫	本							+
{窒}	阻塞	懥	借							
		恤	借							
		憤	借							
		窒	本					+	+	+

續表

詞	詞項	字	用法	竹	阜	帛	熹	敦	開	今
{盱}	張目	可	借							
		歌①	借							
		杅	借							
		盱	本						+	+
{無}	没有	亡	借	+						
		橆	本			+				
		先	訛							
		無	借							
		无	借		+	+	+	+	+	+
{几}	几案	凥	借							
		几	本							
		机	借				+		+	+
{顛}	上面	遉	借							
		奠	借							
		嗔	借							
		填	借							
		顛	本			+		+	+	+
{媾}	結婚	佝	借							
		茾	借							
		厚	借							
		詬	借			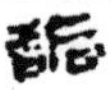				
		媾	本					+	+	+

① 原圖版字形的右半邊殘損，此據釋文。

續表

詞	詞項	字	用法	竹	阜	帛	熹	敦	開	今
{吝}	悔恨	嬰	本							
		闇	借							
		吝	本							
		㕁	本							
		吝	本						+	+
{惕}	謹慎、憂患	惪	借							
		易	借							
		湯	借							
		泥	借							
		惕	本					+	+	+
{遯}	豚	豚	本							
		椽	借							
		腞	本							
		豚	本			+			+	+
		遯	借						+	+
{脱}	脱離	敓	借							
		豕	存疑							
		兑	借							
		奪	借							
		説	借		+	+		+	+	+
{唯}	只有	隹	借							
		唯	借							
		惟	借		+				+	+
		維	借				+	+	+	+
		雖	借						+	+

續表

詞	詞項	字	用法	竹	阜	帛	熹	敦	開	今
{維}	維繫	曬	借							
		巂	借							
		雋	借							
		蘬	借			+①				
		維	本					+	+	+
{拯}	向上舉	陞	本							
		敓	本							
		撜	本							
		抍	本							
		拯	本					+	+	+
{逐}	追趕	由	借							
		攸	借							
		遂	訛							
		笛	借							
		逐	本				+	+	+	+
{升}	登上	乎	訛							
		陞	本							
		闕	訛							
		厥	訛				+		+	+
{祇}	多、大	智	借							
		堤	借							
		提	借							
		衹	訛							
		祇	借							
		祗	訛							+

① 原圖版無法辨識，此據原釋文。

續表

詞	詞項	字	用法	竹	阜	帛	熹	敦	開	今
{婚}	結婚	昏	本							
		昬	本							
		閩	借							
		闅	借							
		婚	本							
		婚	本					+		+
{曳}	拖，牽引	滑	借							
		遏	借							
		渫	借							
		抴	本							
		[illegible]	借							
		曳	本				+	+	+	+
{來}	到來	逨	本							
		[illegible]	本							
		棶	借							
		萊	借							
		来	借							
		來	借		+	+		+	+	+
{朋}	朋友、朋貝	塱	借							
		不	借							
		馮	借							
		倗	本							
		堋	借							
		倜	訛							
		崩	借							
		朋	本							

後 記

本書是在我博士論文的基礎上修改完善而成的。2012年，我開始在北京師範大學文學院師從李運富教授攻讀文字學博士。在系統學習了李老師的《漢字學新論》《漢字漢語論稿》等專著的基礎上，我以李老師提出的"漢字職用學"爲理論基礎，對《周易》七個不同版本展開用字測查，2015年完成博士論文并通過答辯。畢業以後，我根據外審和答辯專家的意見，對博士論文進行了補充完善。2018年，我以"《周易》各本用字比較研究"爲題申報國家社科基金後期資助項目，有幸得以入選。評審專家認爲，"這項研究對於總覽《周易》各版本漢字的使用情況、發現用字的傳承演變及各本用字總體特徵、進行基於古代文獻整理基礎上的文化傳承研究具有積極的意義，有利於促進各版本校勘和歷史演變的研究"，但也存在部分章節比較單薄、理論總結不够深入、研究口徑不够寬廣等問題。於是，在隨後這幾年時間裏，我在原稿的基礎上繼續完善打磨，充實薄弱章節的内容，提升用字規律的理論性總結，并從共時和歷時的角度拓寬了研究角度，最終於2025年結項并交付出版。

本書能够順利完成，主要歸功於求學與工作道路上給予我悉心指導、親切鼓勵和無私關懷的諸位恩師。首先要感謝我的博士導師李運富教授。李老師的漢字職用學理論開闊了我的視野和思路，也爲本書的完成奠定了堅實的基礎。在博士論文寫作答辯、國家社科後期資助項目申報、書稿充實完善、項目結項的過程中，每當遇到困難向老師請教時，老師都會從繁重的工作之中抽出時間，逐句答復我的每一個問題，指出問題癥結、給出具體分析、提出解決方案。印象中，他每封回復郵件都在深夜，令我深感不安。感恩老師的鼓勵、肯定和指導，使我得以在挫敗中踉蹌前行，抵達一個又一個彼岸。

飲水思源，還要特别感恩我的碩士導師黨懷興教授。黨老師是我漢字研究的啓蒙者，也是我《周易》入門的引路人，我最初學習《周易》就是在老師的"《周易》導讀"課上，老師主編的《十三經辭典·周易卷》是本書確定字詞義項的主要依據。在博士論文和書稿的寫作過程中，我也曾多次向老師請教疑難困惑，每次都能得到提綱挈領的解答，我發表的幾篇與本書相關的論文也都得到老師逐字逐句的修改。遺憾的是，我對於《周易》仍然僅得文字之皮毛，未悟哲理之堂奥。黨老師不僅是我的授業恩師，也是我留校工作後一路成長的引領者，我的每一點進步都與老師的指點、鼓勵和幫助分不開。我對恩師的感激之情無法用語言形容，唯有繼續砥礪前行，不負先生教誨。

衷心感謝陝西師範大學文學院趙學清教授。趙老師既是我讀研時《説文》課的老師，也是我工作後的第一屆領導，更是我教學科研的帶領者。從課堂教學到科研指導，從論文修改到書稿完善，趙老師都曾給予我關鍵性的幫助。趙老師的夫人蔣鵬舉老師在生活與工作中對我的温暖關懷同樣令我銘記於心。感謝陝西師範大學文學院胡安順、杜敏、黑維强等諸位教授，以及國際漢語言文化學院負責科研的孫建偉副院長對項目申報和書稿修改提出的重要建議。感謝學校社科處處長柯西鋼教授，以及史紅慶、魯雙、王卓等老師在項目的全流程管理中給予的全力支持。

特别感謝碩士同門張磊教授協助獲取《周易》敦煌本珍貴資料，王婭維師妹分享《周易正義》等最新電子文獻，馬乾、陳正正、黄耀明三位師弟在字例研究方面提供了支持。博士同門雷勵教授幫助我設計了《周易》用字資料庫電子表格，蔣志遠、何余華兩位師兄在資料庫使用和字詞關係研究方面提供了幫助，李娟師妹在博士論文寫作方面給予協助。諸位同門的專業協助與無私分享，既是本研究的重要支撑，更見證了同門之間的寶貴情誼。感謝碩士研究生初美瑶協助修訂附録中的“同詞異字總表”，在項目結項期間幫我争取了寶貴的時間。

誠摯感謝北京師範大學文學院王寧教授、李國英教授、周曉文教授、王立軍教授、齊元濤教授，以及中國社科院語言研究所孟蓬生教授等諸位先生在博士論文開題、預答辯及答辯過程中提出的寶貴建議；感謝澳門漢字學會趙誠教授、張桂光教授、陳曦教授、朱歧祥教授、陳偉武教授、宋建華教授、秦曉華教授等諸位先生對本書相關研究的指點賜教；感謝《漢字漢語研究》編委張青松教授及審稿專家俞紹宏教授對拙文《戰國楚書〈周易〉同詞異字例釋》的嚴謹審閲，使我在楚竹書《周易》文字釋讀方面的疏漏得以修正；同時向國家社科基金辦公室及匿名評審專家致敬，感謝諸位專家在項目評審過程中提出的意見建議。

特别感恩我的家人。父母的無私奉獻、丈夫的全力支持與女兒的懂事體貼，共同構築了我一路走來最堅實的後盾。家人的支持和理解使我能够去北師大完成學業夢想。丈夫曾爲我的博士論文聯繫英文翻譯，在我赴美訪學期間代爲辦理項目申報手續，在結項階段協助查重事務。這份成果的每一個字句，都凝聚着你們沉甸甸的付出。

衷心感謝陝西人民出版社晏藜女士及其同事爲本書付出的辛勞和耐心。本書涉及大量疑難字形，排版難度極大；加之繁複的統計數據，編校工作十分艱巨。承蒙各位編校老師不厭其煩地反復核對、精心調整，以專業態度化解了古文字形的出版技術難題。

由於能力水平有限，本書還存在許多不足，誠盼讀者批評指正。

張喆於陝師大雁塔校區

2025 年夏